大田年鉴

2022

中共大田县委党史和地方志研究室　编

方志出版社
Publishing House of Local Records

图书在版编目（CIP）数据

大田年鉴. 2022 / 中共大田县委党史和地方志研究室编. —北京 ： 方志出版社，2022.12
ISBN 978-7-5144-5393-5

Ⅰ. ①大… Ⅱ. ①中… Ⅲ. ①大田县－2022－年鉴
Ⅳ. ①Z525.74

中国版本图书馆CIP数据核字(2022)第240550号

责任编辑：刘方圆
责任校对：刘玉霞
责任印制：梅中英
出 版 者：方志出版社
地　　址：北京市朝阳区潘家园东里9号（国家方志馆4层）
邮　　编：100021
网　　址：http://www.zgfzcb.cn
发　　行：方志出版社图书营销中心（010-67110500）
印　　刷：福建名彩印刷有限公司
开　　本：889毫米×1194毫米　1/16
印　　张：19.25
字　　数：582千字
版　　次：2022年12月第1版
印　　次：2022年12月第1次印刷
定　　价：280.00元

《大田年鉴》编辑部

编辑说明

一、《大田年鉴》是由中共大田县委、大田县人民政府主办，中共大田县委党史和地方志研究室承编，全面记述大田地情的大型综合性年度资料性文献。《大田年鉴》以马克思列宁主义、毛泽东思想、邓小平理论、“三个代表”重要思想、科学发展观、习近平新时代中国特色社会主义思想为指导，坚持辩证唯物主义和历史唯物主义的立场、观点和方法，实事求是，存真求实，力求思想性、科学性、资料性三者有机统一。《大田年鉴》编纂宗旨是为国内外各界人士及时提供全面、准确的大田县情资料，坚持为大田县经济建设、政治建设、文化建设、社会建设、生态文明建设服务。

二、《大田年鉴（2022）》采用条目体，入鉴文稿务求观点正确、资料翔实、文风朴实、文字简洁，且突出本年度的地方特色和时代特色，符合国家保密规定。《大田年鉴（2022）》为第二十五卷，结构为类目、分目、条目三个层次，主要记载2021年1月1日至12月31日大田县自然、政治、经济、文化、社会等方面的大事、要事、新事、特事，个别条目为了交代前因后果及保存资料的完整性，内容有适当的上溯或下延。

三、《大田年鉴（2022）》数据，原则上以县统计局公布的数据为准，县统计局没有数据的，参照各专业部门提供的数据。

四、《大田年鉴（2022）》稿件资料由大田县各部门、各乡（镇）提供，单位负责人审稿，在类目标题下署责任编辑姓名，条目后署撰稿人姓名。所有稿件均经过中共大田县委党史和地方志研究室《大田年鉴》编辑部编辑加工，并经县有关领导、有关部门审定。

五、《大田年鉴（2022）》“县领导”收录在职副处级以上领导；“先进人物”收录受到省委、省政府及以上机关表彰的先进人物，或作出贡献、在全省范围有影响的人物；“逝世人物”收录曾担任过正科级以上（含正科级）的领导干部、离休干部及省级以上劳动模范。“县领导”按县委、人大、政府、政协排列；“先进人物”按表彰时间先后排列；“逝世人物”按卒月排列。

国家 AAAA 级大仙峰·茶美人旅游景区　　（苏晋锻 摄于 2021 年）

绿色生态的上京镇黄城村景观　　（陈庆合 摄于 2021 年）

闽湖风光　　（苏晋锻 摄于 2021 年）

云雾缥缈的济阳乡济中村“问佛”民宿区　　（陈庆合 摄于 2021 年）

2021 年 12 月 15 日，中国人民政治协商会议第十一届大田县委员会第一次会议在县影剧院召开

（林建伟 摄）

2021 年 12 月 16 日，大田县第十八届人民代表大会第一次会议在县影剧院召开 （林建伟 摄）

3月9日，省委常委、常务副省长郭宁宁（中）到大田县调研金融服务工作（林璐 摄）

12月9日，兴泉铁路大田段三阳隧道贯通（林建伟 摄）

7月27日，国道235（纵五）线大田县梅山德州至均溪溪柏林段通车（苏晋锻 摄）

7月27日，国道235（纵五）线大田县梅山德州至均溪溪柏林段公路桥投入使用（苏晋锻 摄）

2021 年 6 月 28 日，“永远跟党走 老区再启航”大田县庆祝建党 100 周年——“走进红色武陵”文艺演出在武陵溪举行。图为《大田后生仔》原唱、网红歌手林敨得在表演（林建伟 摄）

2021 年 2 月 5 日，大田县书法家向抗疫一线医务工作者送春联（林建伟 摄）

2021 年 11 月 8 日，庆祝中国共产党成立 100 周年福建摄影展大田站在县文化馆举行（林建伟 摄）

2021 年 11 月 20 日，广平镇第四届银杏文化节在万宅村银杏公园举行（陈庆合 摄）

2021 年 12 月 25 日，大田县第三届红色康养茶海跑在国家 AAAA 级大仙峰·茶美人景区举办（林建伟 摄）

2 月 9 日，县公安局聘请大田籍网红歌手林敞得（右）担任反诈宣传大使
（范承耀 摄）

4 月 16 日，县公安局联合均溪镇举行“百警入万户”反诈防骗宣传活动启动仪式（范承耀 摄）

5 月 11 日，三明市第 31 次全国助残日暨“互联网 +”辅助器具服务宣传月活动启动仪式在大田文化广场举行
（刘冬春 摄）

6 月 5 日，县公安局党委在融媒体中心一楼演播大厅举行“光荣在党 50 年”纪念章颁发仪式

（范承耀 摄）

12 月 17 日，福建医科大学附属协和医院与大田县总医院合作共建医疗联合体签约仪式举行

（蒋丽蓉 供图）

目 录

专 文

大事记

大田概貌

中共大田县委员会

大田县人民代表大会

大田县人民政府

政协大田县委员会

中共大田县纪委　大田县监委

群众团体

法 治

自然资源管理

生态环境

经济管理与市场监督

金 融

农业 农村

林 业

工业 建筑业

交通 邮政 通信

商业贸易

财政 税务

城乡建设

科学技术

教 育

文化 体育 旅游

卫生健康

社会生活

乡镇（社区）概况

人 物

重要文件选编

统计资料

附 录

索 引

专 文

□ 编辑 林生钟

用好红色资源 促进老区发展

大田县政协调研组

一、大田县红色资源概况

主要有以下几个特点：

（一）革命遗址类别齐全。主要包括“重要历史事件和重要机构旧址”“重要历史事件及人物活动纪念地”“纪念设施”“烈士墓”和“革命领导人故居”等多种类型。截至2021年5月，全县发现确认革命遗址遗迹75处，红军标语26幅，境内安葬烈士139名。列为文物保护单位的有61处，其中国保2处、省保33处、县保26处；被列为爱国主义教育基地的有19处，其中省级1处、市级5处、县级13处；“第二集美学村”被列入第三批国家级抗战纪念设施遗址、名录；入选中宣部、财政部、文旅部、国家文物局公布的《革命文物保护利用片区分县名单（第一批）》（闽浙赣片区）红色文物7处；入选《福建省第一批革命文物名录》可移动文物6件（套）、不可移动革命文物30处；被纳入市第一批红色文化遗址名录7处、第二批9处。

（二）红色历史底蕴厚重。主要体现在“五个一”“二个中心”上。“五个一”：全国最早苏维埃区域县之一（1930年1月编入《中国苏维埃》）；中国工农红军进入三明区域第一站（1929年8月）；红军北上抗日先遣队攻占的第一座县城（1934年7月）；大田武陵是抗日战争时期闽西北第一支革命武装诞生地（1940年2月）；中共大田县妇女党支部是新中国成立前我省仅有的一个妇女支部（妇女党员12人）。“二个中心”：抗战时期闽西北抗日救亡运动和抗日反顽斗争中心（1937年3月至1945年9月）；抗战文化中心之一（以永安、大田为中心形成的东南抗战文化中心，成为与重庆、桂林齐名的国统区三大抗战文化中心之一）。1958年1月，朱德亲笔为大田县革命烈士纪念碑题词“为革命事业而牺牲的烈士们永垂不朽”，中央领导为县级烈士陵园题词是全省少有的。

（三）红色革命时间跨度长。大田是长期坚持革命斗争20年红旗不倒的革命苏区老区，以土地革命、抗日战争时期为最。1929年8月，朱德率红四军出击闽中开辟革命根据地，成为闽西苏区扩展时期的重要组成部分，并随着土地革命的广泛开展，大田红色区域不断巩固。1933年后，中央苏区主力红军红三军团（东方军）、红七军团（北上抗日先遣队）、红九军团、福建省军区红九团等，在大田开展一系列军事行动以及北上抗日先遣队攻占大田县城，更大范围地拓展了大田红色区域。抗日战争时期，大田成为闽西北抗日救亡运动和抗日反顽斗争中心，是中共闽中工委和闽西北特委的所在地。

（四）红色人文影响深远。朱德、彭德怀、罗荣桓、粟裕等20多位红军高级将领，曾在这里播下革命火种，开展一系列军事行动，领导革命斗争。叶炎煌、林鸿图、林大蕃、林志群等在福建省有重大影响的大田籍革命人物，留下了宝贵的精神财富。建设镇红军“标语房”，朱德赠送屏山郭景云的法兰西铅笔，“红色挑夫”丁刚、“用脚丈量长征奇迹”郑玉尚、集美学子投笔从戎等革命故事，“中央红军村”“中央红军堡”“红军井”“红军墓”“红军街”“红军桥”“红军树”等至今在民间广为流传。

（五）红色资源保护利用初具共识。近年来，县委、县政府重视红色资源保护利用工作，出台红色文化保护传承和弘扬“六个一”工程、“风展红旗如画•红色大田”品牌工作常态化机制等文件，保护修缮了部分革命遗址（群）、烈士纪念设施、红军标语房、濒危损毁遗址遗迹；红色文化挖掘取得较大成效，拍摄红色电影《无悔的心》，编撰出版《中国共产党福建省大田县历史（第二卷）》（1949—1978）及《大田县革命老区发展史》《抗战时期档案汇编•大田卷》《大田红色故事》等，有力提升大田红色文化影响力；县里推动红色旅游景观与自然景观和人文景观有机整合，策划建设大田中央苏区主题公园和县博物馆革命历史主题陈列展示项目等，各乡（镇）也开展较具特色的红色项目建设，以红色旅游为主题的宣传、宣讲等系列活动持续开展，重温红色记忆、追寻红色足迹、传承红色基因，已成为我县干部群众红色旅游的常态。

二、存在的主要问题

大田县红色资源保护利用工作还存在一些不足，主要薄弱环节有：

（一）红色遗址现状令人担忧。主要是思想认识不足，对打造红色文化品牌信心不够，办法措施不多，社会参与度低，致使一些具有保护价值的遗址遗迹保护不理想，除了祖房、祠堂、宗庙类的旧址遗迹等有一定保护维护外，有的遗址遗迹平时仅参观需要时开放，管理跟不上，加上位置偏僻、年久失修及水灾、火灾等因素影响，处于自然性损毁和严重老化现象；有的遗址为了得到更多资金和政策支持，重申报、轻保护，过度包装造成保护性破坏；有的遗址面貌不全或荡然无存，只能用历史照片、资料等来寻找点滴回忆，如闽西北特委建立旧址武陵百束村新阳堡、大田游击队军政训练地旧址桃源王山、上京丰田寨党训班遗址等。

（二）红色遗址管理合力不强。红色遗址和纪念馆管理权属多元，有的归民政部门管理，有的归文旅部门管理，有的归当地乡（镇）或村委会管理，有的归居（村）民个人管理。县级层面综合协调机构尚未健全，管理部门与其他部门、属地相互之间管理没有形成合力。在保护利用方面，由谁来保护开发，开发后怎么管理、使用和维修，责任主体不够明确，存在多头管理、条块分割现象，保护开发的主动性不强。

（三）红色资源保护利用不足。我县虽然拥有丰富的红色资源，但止于表象，未能引起全县上下共鸣和充分利用。县级层面虽然已经把红色文化纳入“十四五”规划和二〇三五年远景目标纲要，但尚未进行统一有效的规划，项目策划形式单一、聚焦全县性项目少又小。红色旅游品牌打造意识不强，没有形成核心拳头产品，品牌有效载体和重要基地比较弱小，至今没有一座全县性革命纪念馆，重点红色革命遗址、红色线路未能持续打造并形成规模效益，对外缺乏吸引力。红色旅游景区建设尚处于初级阶段，没有真正意义上的红色旅游运营主体，策划和宣传推介缺乏持之以恒，红色旅游产品开发主要依赖红色资源的静态现状，以参观学习、现场教学为主，大多是“走一圈”，停留在参观考察点、看展板、听讲解等传统方式，缺乏参与式、互动式、体验式新业态。红色资源带动促进县域经济作用不明显，“红色+”融合发展仍处于自发、点状发展状态，与“中国天然氧吧”、富硒产业等自然资源优势和高山茶、古堡、民俗等地域特色融合度一般，既没有统一性，又缺乏个性，未能成为红色旅游产品的重要卖点。

（四）保护维护利用经费短缺。除列入省级以上重点文保的遗址向上级争取部分维护经费外，有些未列入文保的遗址保护经费和保护措施受到很大制约，有的纪念场馆利用革命遗址作为展陈馆，陈列设施落后，维护和运转资金不足。2016—2020年度，县财政安排红色文化保护相关经费计358.74万元，其中2016年43万元、2017年173万元、2018年76.24万元、2019年31.5万元、2020年35万元，总体量小，难以满足众多修缮保护费用和红色旅游产业发展需求。

（五）红色文化深度挖掘不足。红色文化特色定位不突出，没有充分展现红色文化元素，老区苏区氛围也不浓；红色资源市场主体培育不够，缺乏方向性指引和标志性吸引物，能够起到品牌宣传作用的红色文创业态、文创商品、文创作品较少，创意不足；从事红色资源保护利用的专业人才缺乏，高层次复合型人才不足，创新领军人才匮乏，市场拓展、品牌宣传等环节缺乏专业人才团队的市场运作手段；红色文化挖掘、红色文物收集、红色题材作品编创、红色景点解说人才较为匮乏，宣传影响力主要停留在本县，史料书籍主要停留在史料研究部门和官方内部，难以适应我县红色旅游产业发展需要。

三、意见建议

大田是革命老区县和中央苏区县，红色资源丰富，红色历史事件影响深远，我们有责任把它们保护好、传承好、利用好。综合本次调研，建议结合《国务院关于新时代支持革命老区振兴发展的意见》（国发〔2021〕3 号）等加快构建新时代支持革命老区振兴发展的“1+N+X”政策体系精神，坚持“事业 + 产业”做好“红色 +”文章，坚持“红色教育”“红色旅游”融合发展，坚持“品牌培育”“文化传播”有机结合，挖掘转化红色资源教育、旅游、品牌价值，打造“十四五”时期县域经济新增长极的“红色引擎”。

（一）打造“一心四片”红色品牌。建议由县国投或者其他市场主体负责实施，坚持发展红色旅游“城区主重点、乡镇重特点”的工作思路，倾力打造“一心四片”红色品牌。“一心”：在城区规划建设大田历史文化中心，主题包括闽中革命纪念馆（主要展陈朱德出击闽中、红军北上抗日先遣队、抗战文化、大田县红色革命等）、实训实践教育基地（包括闽中党性教育基地、闽中红色研学基地、革命传统教育基地、爱国主义教育基地），以及土堡、茶文化、知青、民俗等地域特色文化展馆。“四片”：精心选择中央红军村等重要节点红色遗址遗迹，在“面”上规划精准，在“线”上串联精细，在“点”上打造精致，串联形成“朱德出击闽中传播革命圣火”“红军北上抗日先遣队攻占首座县城”“第二集美学村”“闽西北抗日救亡运动和抗日反顽斗争中心”等“四张名片”的红色旅游精品线路，以此作为“一心”的红色旅游产业发展实景支撑点，实现红色资源的系统性、立体式、智慧化、活态化展示，推出一批具有地方特色的红色文化小镇、红色文化街、红色文化村，推动红色文化产业多样化发展，全力做大全域红色旅游胜地。

（二）坚持规划引领发展。要精准普查，建议以庆祝中国共产党成立 100 周年为契机，制定普查方案，由相关部门组成联合调查组，发动干群，广泛开展全县性革命遗址普查工作，对遗漏的遗址遗迹全部纳入申报；对已经确认但未确定保护级别的革命遗址全部认定为县级保护文物并对外公布，及时划定保护范围、建控地带，设置保护标志，建立文物档案；对已认定的遗址遗迹立即着手征集文字、图片、影视等资料，分门别类进行详细登记、合理归档和规范管理。要精准规划，建议探索以利用促保护模式，按照“先规划后建设”要求，聘请经验丰富的专业机构、专业人员在充分研究上级政策、红色旅游发展趋势等基础上，结合全县红色资源禀赋和旅游发展前景、二〇三五年远景目标和“十四五”规划、国土空间规划，研究确定我县红色旅游产业发展思路，充分挖掘特有红色文化元素，重点对“一心四片”提出系统性全县红色资源保护利用顶层设计规划方案，进一步唱响大田红色品牌。要精准落实，要将编制出台的红色资源保护利用规划纳入法治化、规范化轨道，组织专家、“两代表一委员”、相关部门评审、提交县人大审议后，由县政府公布实施，各级各有关部门不折不扣地抓好落实。

（三）推动资源融合发展。坚持以红色旅游为龙头，大力推动资源整合，全力打造全域红色生态康养旅游。做大红色 + 生态旅游融合发展，建议整合策划红色 + 地质公园、红色 + 闽湖、红色 + 高山茶、红色 + 生态康养等各类资源，通过以红推绿、以绿带红，全力推进红色旅游与自然生态旅游、文化体验旅游和户外运动旅游等业态的融合发展，着力打造闽中“红 + 绿”生态旅游带，深度融入大戴云旅游产业集聚区，打造高端红色生态康养旅游。做强红色 + 乡村振兴融合发展，建议借助乡村振兴全面推动时机，充分利用传统村落历史古迹、2 个中央红军村和各种民俗活动的资源，通过红色 + 乡村、红色 + 民俗等，将红色资源开发与田园康养、精品民居、农事体验、乡村休闲等深度体验产品开发相结合，逐步形成集美丽乡村游、红色教育游、农业生态游于一体的“红 + 绿 + 古”乡村田园旅居康养旅游。做好红色 + 革命教育融合发展，建议由教育部门、县委党校牵头，充分利用省教育厅等挂钩大田的机会，借鉴各地典型教育培训基地建设模式，高起点摸索以党员干部红色主题教育、红色研学旅行主题课程、青少年革命传统教育为内容的“红色 + 研学”模式产品，逐步形成青少年、干部培训基地，切实做到讲好党的故事、讲好红军的故事、讲好大田革命的故事，传承好大田红色基因。做实红色 + 区域合作融合发展，建议主动对接文旅部、中宣部、中央党史和文献研究院、国家发展改革委联合推出的“建党百年红色旅游百年精品线路”，借助“三明红色旅游推广联盟”平台，主动融入开展“跟着三明实践游三明”等活动，加强与周边县（市、区）红色景区对接，加快形成资源共享，融合形成精品红色旅游专线，更好地宣传我县红色文化景点、网红打卡地，实现红色文化产业合作共赢。

（四）加大政策资金支持。要着力破解红色资源保护利用工作过程中资金短缺问题。加强中、省项目对接，用好用足用活加快构建新时代支持革命老区振兴发展的“1+N+X”政策体系精神，重点围绕“一心四片”策划打包生成重大项目，细化并动态储备管理项目库，争取获得省级以上重大支持。要积极跑部、跑省、跑市，主动向中央、省、市争取红色文化传承保护利用资金，加强重点文物遗址遗迹的保护修缮工作。加强专项扶持，建议县委、县政府尽快出台扶持发展红色文化旅游产业的政策措施，把发展红色文化旅游作为一项政治工程、民心工程来抓，纳入全县新的经济增长点来培育。加大年度预算内资金投入，抓好革命遗址保护维护、革命纪念场馆的建设和改造等，提升展陈水平，增强内部“造血”功能，支持红色文化发展。推动资金筹措多元化，引导社会资本参与红色资源保护利用建设，鼓励文保单位采取“认领”“认养”模式和做法，形成“政府引导、社会参与、市场运作”的红色资源保护利用新格局；加大招商引资力度，引进有实力旅游集团或客商整合开发红色旅游资源；加强资金募集，如把握“第二集美学村”入选第三批“国家级抗战遗址”名录、获评第五批省级历史文化街区的契机，探索运营机制，注入新业态，极力争取集美大学等支持，加快“第二集美学村”保护利用专项规划，探索成立“第二集美学村”基金等，打响“第二集美学村”品牌。

（五）弘扬传承红色精神。深挖文化内涵，建议加强红色文化研究力量，保证研究经费，鼓励和发动更多的红色文化爱好者参与党史研究，进一步提高红色历史研究水平；大力发掘红色文化，通过寻访亲历者、见证者和各种史料，征集民间红色实物、档案、史料，编撰红色文史资料，编印校本教材、红色研学读本等，深度挖掘政治、经济、文化、教育等价值；组织艺术创作，组织编排“朱德出击闽中大田”“红军北上抗日先遣队攻克首座县城”等原创红色文艺节目，开展革命山歌、红色歌曲和戏曲创作、书画摄影艺术展览，发掘拍摄红色文化影视、剧目，制作推送红色系列宣传片、专题片等。创新展览展示，建议打造“云遇大田红”VR主题红色体验馆、“红色大田”数字图书馆、“流动纪念馆”等，推动革命文物资源“活”起来；举办闽中工委、闽西北特委等全省性红色文化研讨会、红色发展论坛等主题活动；开展红色业态文创产品征集大赛，集中社会力量研发推广红色文创产品，征集推出一批红色主题和元素的伴手礼、工艺品、土特产品，引导电商企业在产品包装设计、店铺文化打造方面植入红色文化元素，扶持线上线下相关红色文创产品网销企业，打造红色业态文创产品体系。加大宣传推介。坚持政府主导、部门联合、政企联手机制，举办在全国、全省有影响力、宣传效益明显的大型活动，推介大田红色旅游品牌；整合涉及红色资源的相关部门职能，多途径、多形式、有针对性地开展红色大田宣传；充分利用互联网传播技术，综合发挥宣讲团作用，多开展旅游营销，让红色大田向全国推广；加大红色文化专业人才队伍的培育，着力解决大田县红色讲解员素质不高、讲解水平较低问题，不断提高游客吸引力，并通过选派人员到全国重点红色景区跟班学习、比赛选拔、培训提升等方式，充实红色宣讲员队伍。

（六）凝聚红色发展合力。加强工作力量，建议全县牢树“一盘棋”思想，成立由组织、史志、宣传、发改、财政、教育、文旅、民政、老促会、退役军人事务、党校等相关部门及乡（镇）为成员的红色旅游产业工作领导小组，组长由县主要领导担任，同时确定一个管理主体，整合部门力量，建议探索县老区办、苏区办合署办公，定编定岗定责，抽调得力干部充实，并建立联席会议制度，强力推动红色资源保护利用工作。整合民间力量，建议拓展红色教育培训，制定专项培训计划，加强红色文化人才业务培训，建立一支高素质、高质量的从业人员队伍，树立红色旅游良好形象；适当调整增加史志、文旅等部门红色文化人才编制，在当前人员编制还不能有效解决的地方，通过公益性岗位配齐红色革命遗址专（兼）职管理人员，建立乡、村两级文化协管员队伍，健全激励约束机制，打造一支活跃在基层一线的“义工”红色文化建设生力军。科学有效监管，建议广泛宣传红色革命文物有关保护条例，制定县级红色文化遗产保护利用工作办法，健全安全、消防等责任。要将红色资源保护利用工作纳入考核内容，建立由县政府统一规划、文化管理部门统筹协调、所在乡（镇）进行保护管理和开发利用的管理机制，各乡（镇）在此基础上成立红色资源管理委员会，通过与所在地村委会、管理人员签订《红色资源保护管理责任书》，层层明确职责任务，确保重要遗址及时得到管护和修复。

大事记

□ 编辑 林生钟

1月

4日　大田县生态环境保护暨水土保持“河长制”工作推进会召开，湖美乡、县检察院作典型发言，县领导陈文华、林金龙、夏寿南、陈磊参加。

8日　《人民法院报》评选出2020年度人民法院十大案件，大田县章公祖师肉身坐佛像追索案入选。1995年12月，供奉在吴山镇阳春村普照堂的章公祖师肉身坐佛像被盗，2015年3月在匈牙利被发现。阳春村和东埔村通过法院平行诉讼，对佛像进行追索。2020年12月，三明市中级人民法院对该起物权保护纠纷案公开宣判，判令被告荷兰收藏者奥斯卡·凡·奥沃雷姆返还佛像，案件成为中国通过民事司法渠道追索流失文物的开创性案例。

6日　县长林金龙赴泉州参加闽西南协同发展区联席会议第三次会议。

10日　首个“中国人民警察节”座谈会召开，县领导陈文华率队到县公安局看望慰问公安民警，县公安局举行重温入警誓词、警营开放日活动，开展以“一心为民110，砥砺奋进新征程”为主题的宣传活动。

19日　三明市公安局（大田）网安情报侦查中心举行授牌仪式，获福建省公安厅授予的首个“全省治安部门案件侦查战略支撑点”称号。

23—24日　厦门海洋职业技术学院校领导、校友会，到大田县调研大田“第二集美学村”旧址，到屏山乡考察调研茶产业协作事宜，县委常委、统战部部长施正立陪同。

2月

1日　全闽乐购“阳光1+1”首届大田助农直播年货节启动，活动由福建省民政厅指导，大田县人民政府主办。全县18个乡镇的名优农产品在直播间推介，创新农副产品网络销售模式，增加农民收入。

2日　省移民中心主任阮伏水、市水利局调研员余有军到高才村调研移民后帮扶项目建设管理情况，县领导黄春明陪同。

4日　省政协党组副书记、副主席杜源生到武陵乡百束村慰问困难户和脱贫户，调研三明市（大田）网络生态治理中心、城区河滨栈道三期民生项目，县领导陈文华陪同。

9日　大田县举行防范电信网络诈骗宣传形象大使聘任仪式，聘请《大田后生仔》原创作者林啟得担任家乡反诈宣传形象大使，助力打击治理电信网络违法犯罪工作。

17日　集美大学原党委书记辜芳昭、厦门大学原副校长邬大光、集美大学办公室主任王建、集美大学美术学院院长陈其端等7人到大田“第二集美学村”旧址参观调研，县委常委、统战部部长施正立陪同。

3月

3—5日　县长林金龙到省文物局、财政厅、农业农村厅、高速公路建设指挥部等单位对接工作。

9日　省政府副省长郭宁宁到大田网络生态治理中心调研，市政府副市长张元明、县长林金龙陪同。

10日　厦门建发国旅集团与大田县政府签订全面战略合作协议，县长林金龙参加活动。

17日　公安部刑侦局副局长姜国利一行到大田县调研打击涉网涉诈犯罪、数字治理、数字反诈等工作，副市长、公安局局长王锡章，县长林金龙陪同。

18 日　省文联党组成员、书记处书记、副主席，福建省作协主席陈毅达一行到大田调研，县领导黄芳陪同。

20 日　省法院在龙山宾馆一楼会议室召开章公祖师案件协调会，县领导茅有温陪同。

20—21 日　厦门海洋职业技术学院党委书记陈一端率领考察团 45 人，到大田“第二集美学村”旧址、职业中专学校调研，县委常委、统战部部长施正立陪同。

4 月

7 日　县委五人小组会和县委常委会（扩大）会议召开，县委中心组学习习近平法治思想及《福建省宗教事务条例》《省纪委、省委组织部、省监委关于严肃换届纪律加强换届风气监督的通知》《市纪委、市委组织部、市监委关于严肃换届纪律落实“五不得、六带头”纪律要求的通知》；传达学习全国、全省、全市统战部长会议精神，全国、全省、全市关工委工作会议精神，省政府副省长郭宁宁到县调研讲话精神，研究县贯彻意见；研究讨论 2020 年度科级干部年度考核有关事宜；县委常委会会议审议通过《2021 年全县审计项目计划方案（送审稿）》《中共大田县委领导班子述职报告（送审稿）》，学习全国、全省审计工作会议精神，研究县贯彻意见，研究讨论县委组织部提请解决的有关事宜。

8—9 日　省委统战部部务会议成员、省中华职教社党组书记黄玲，三明市政协副主席、市民盟主委、市职教社主任曾明生等 5 人，到大田县开展职业教育产教融合、职业教育服务乡村振兴专题调研，县委常委、统战部部长施正立陪同。

15 日　县委书记陈文华调研烈士纪念设施保护管理工作，实地察看均溪镇范维舟、华兴镇叶首聚 2 处烈士墓，召开专题会。

16 日　县公安局联合均溪镇党委、镇政府举行“百警入万户”反诈防骗宣传活动启动仪式，约 120 人参加，建立全方位、全覆盖的反诈提醒机制和区域全民化的防骗宣传参与机制，努力实现电信诈骗案件少发生、不发生，群众少被骗、不被骗，切实守住群众的“钱袋子”，维护人民群众财产安全和合法权益。

19 日　大田县融媒体中心记者采写的《清明刚过，为烈士守护 36 年的闽中 7 旬老人开启为烈士寻亲的新旅程》报道，经中央广播电视总台《中国之声》栏目播出后，在江苏省常州市引起巨大反响。常州电视台和当地爱心人士、志愿者几经努力寻访，在武进区孝都乡大河小刘家村，找到了刘元嵩烈士年已八旬的堂弟刘元喜。1950 年，刘元嵩在福建省漳平市剿匪牺牲，牺牲后埋葬在大田县武陵乡百束村，战友林通道和他的儿子林首水一家四代人为刘元嵩守墓 71 年。

21 日　县委全委（扩大）会、县委常委会召开，研究讨论县第十四次党代会、乡（镇）党委换届有关事宜；研究审定《2021 年县委换届工作实施方案（送审稿）》《中国共产党大田县第十三届委员会第十三次全体会议关于召开中国共产党大田县第十四次代表大会的决议（草案）（送审稿）》；县委书记陈文华主持召开县委十三届十三次全体会议。

29 日　大田广平至安溪官桥（大田段）项目建设模式专题会召开，县几套班子领导参加。

5 月

10 日　县委五人小组会和县委常委会召开，研究讨论县委组织部提请解决的有关事宜，研究讨论中国共产党大田县第十四次代表大会代表名额分配有关事宜；县委书记陈文华主持召开县委全委（扩大）会，县委委员参加。

11 日　三明市第 31 次全国助残日暨残疾人辅助器具政策宣传服务月活动启动仪式在大田举行，县委常委、统战部部长施正立出席活动。

12 日　福建大田柏科信息科技有限公司司法鉴定所揭牌成立，是经福建省司法厅批准，除福州、厦门外在山区地市成立的首家电子数据司法鉴定所，填补了三明市在该领域空白。司法鉴定所可从事电子数据存在性、真实性、功能性和相似性鉴定，协助司法机关打击网络赌博、网络诈骗、电信诈骗等新形态科技犯罪，维护公私企业知识产权和保护人民群众财产权益，为司法诉讼提供电子数据证据提取、保全、检验分析的重要技术保障。

13 日　市长余红胜到大田调研高考中考备考和乡村振兴工作，到科华石墨调研项目建设情况，县长林金龙陪同。

15 日　第二届大田美人茶开茶节、2021 年国际茶日福建省系列活动启动仪式在大田县举行，活动由三明市人民政府、福建省农业农村厅共同主办，大田县人民政府、三明市农业农村局承办。

21日　全国政法队伍教育整顿中央第八督导组下沉大田县督导调研座谈会举行，县领导陈文华、黄芳、茅有温、黄家发、陈磊参加。

30日　“我为群众办实事”实践活动——北京名医来闽“师带徒”基层医疗帮扶活动座谈会召开，县委常委、宣传部部长黄芳参加。

5月　大田县政府拨款94.5万元重奖发明专利，兑现2020年度授权专利补助奖励经费89.5万元、新认定的省知识产权优势企业专项资金补助5万元，补助金额同比增长123.5%，创历史新高。大田县已连续9年对新授权的发明专利给予每件1万元的补助，实用新型专利每件补助2000元，外观设计专利每件补助1000元。

6月

4—5日　十八届中央委员、中国林学会理事长、原国家林业局局长赵树丛一行到大田县调研森林康养工作，并出席在大田举办的国家级森林疗养师（初级）培训班开班仪式，县领导陈文华、林金龙陪同。

5日　县公安局党委在融媒体中心一楼演播大厅举行“光荣在党50年”纪念章颁发仪式，纪念章获得者代表、党员民警代表参加。

12日　吴山镇阳春村举行朱德红军馆揭牌仪式暨学党史重走红军路活动，县领导陈剑生、陈磊、王焕华参加。

18日　大田县发改局牵头组织参加第十九届中国·海峡创新项目成果交易会云上展会，开展11场专场对接活动，征集行业领域技术需求13个，选送展品34件，签约项目14个，获市海创会组委会优秀组织奖。

26日　永远跟党走·庆祝中国共产党百年华诞——第七届三明（湖美）“中国梦·七星湖美”音舞诗会暨第一届湖美山水艺术季启动仪式，在湖美乡举行，县委常委、宣传部部长黄芳参加。

29日　大田县庆祝中国共产党成立100周年暨表彰大会召开，收看全国“七一勋章”颁授仪式，县领导陈文华、林金龙、黄芳、茅有温、陈磊参加。

7月

2日　中国中铁援建前坪乡上地村冷链物流项目奠基仪式举行，县委副书记夏寿南参加。

5日　县委理论学习中心组集中学习会召开，组织学习习近平总书记在庆祝中国共产党成立100周年大会上的重要讲话、《中共福建省委关于贯彻〈中国共产党统一战线工作条例〉的实施意见》；县委书记陈文华主持召开县委常委会（扩大）会议，传达学习省委十届十二次全会、市委九届十六次全会精神、全市政法队伍教育整顿指导意见反馈会精神，并研究县贯彻意见；组织观看《警钟长鸣》教育警示片。县几套班子领导参加。

6日　华兴镇杞溪村被中国地质学会评为全国首批挂牌筹建地质文化村（镇），全省共有3个村（镇）入选。杞溪村火山地质遗迹资源和人文资源丰富，2015年被列入“福建省第一批传统村落”，2016年被列入“第四批中国传统村落”。

7日　县委十三届十四次全体会议召开，县委委员、候补委员，县几套班子党员领导，县纪委常委、监委委员，各乡镇党委书记、乡（镇）长，县有关单位领导，党代表，列席人员等参加。

7—8日　福建省普通高等教育学校招生全国统一考试在县一中举行，全县参加高考1430人，设考场62个。

12日　县委书记陈文华主持召开五人小组会；主持召开县委常委会，县委常委、人大常委会主任、政协主席、县委二级调研员参加；参加县政协主要领导调整宣布大会。

22日　省铁路建设发展中心主任史原增一行到大田县开展兴泉铁路三明段拟开通项目现场调研，县领导詹冬华陪同。

27日　国道235（纵五）线大田县境梅山德州至均溪溪柏林段公路工程项目通车仪式举行，县委副书记夏寿南参加。

27—29日　中国共产党大田县第十四次代表大会召开。

8月

9日　三明市委副书记、代市长李春到三明市网络生态治理中心大田分中心调研，县长林金龙陪同。

16日　大田县重点项目“依法和谐征迁”大会召开，县委书记陈文华主持，县领导林金龙、夏寿南、詹冬华参加。

22日　省退役军人事务厅厅长伍斌到大田县前坪乡上地村等地调研，县委副书记夏寿南陪同。

22—23日　首届中国美人茶大赛活动新闻发布会在福州举行，

县委常委、宣传部部长翁淑燕参加。

31日　2021第二届闽台茶文化交流活动大田“美人茶”专场在屏山乡大仙峰美人茶基地举行，活动由三明市委台港澳办、大田县委台港澳办指导，大田县融媒体中心、大仙峰美人茶基地、县茶叶协会、台湾南投县农业暨观光发展策进会承办，县领导吴文旗参加。

9月

6日　大田县精神文明建设先进命名暨新一届省级文明县城创建动员大会及全县“大招商招好商”攻坚战役动员大会召开，县几套班子领导参加。

24日　大田县脱贫攻坚成果巩固与乡村振兴工作暨城乡建设品质提升、深化集体林权制度改革现场推进会召开，县长林金龙主持。

10月

7日　市委书记余红胜调研广平集镇建设、闽鹭矿业项目情况，县委书记陈文华陪同。

11日　乡村振兴“串点连线成片”综合示范线创建工作推进会召开，部署“游古村落・品美人茶”市级重点示范线创建工作，县领导夏寿南参加。

22日　县医改领导小组会议召开，研究审议《大田县推进医改再出发实施方案（2021—2023）（送审稿）》《大田县提升村级医疗卫生服务能力实施方案（送审稿）》《大田县总医院两院区资源优化实施方案（送审稿）》《大田县总医院关于加强与福建医科大学附属协和医院全方位帮扶协作方案（送审稿）》，研究讨论大田总医院总会计师人选配备等有关事宜。县领导夏寿南、翁淑燕参加。

11月

2日　省教育厅王飚副厅长等省直挂钩单位调研毓秀中学、香山学村、大田“第二集美学村”、吴山数字阳春项目、大田美人茶研究所等，县领导夏寿南陪同。

3日　省政协党组副书记、副主席杜源生主持召开挂钩帮扶对接座谈会，到前坪乡调研乡镇工作情况，县领导陈文华等人参加。

7日　中国美人茶产业发展研讨会召开，县领导陈文华、夏寿南参加。

同日　庆祝第22个中国记者节座谈会召开，县领导陈文华、翁淑燕参加。

9日　“集美大学附属大田小学”在大田县城关第二小学举行揭牌仪式。

10日　福建省农业科学院农业工程技术研究所科技示范基地在大田县建设镇建忠村揭牌。建忠村是乌衣、黄衣、红衣红粬制备的发源地和主产地，有700多年的历史。

9—10日　县委副书记夏寿南赴福州对接医疗合作等工作，推动大田医疗改革。

10—11日　省委常委、纪委书记李仰哲调研屏山茶美人景区、维真园、巡察保障中心、网络生态治理中心、泽惠养老服务中心、桃源镇纪委，市领导吴国顺参加，县领导陈文华、童作光陪同。

28日　大田县举办永春、德化、安溪和大田四县乒乓球联谊赛，4个县20名乒乓球运动员在大田县体育馆进行比赛。四县乒乓球联谊赛从2010年开始，每年由各县乒乓球协会轮流承办。

26日　国家数字乡村试点阶段性评估福建专家组在吴山镇开展专项评估，县领导翁淑燕陪同。

30日　“大田美人茶文化创研基地”授牌暨知名作家看三明（大田）主题采风活动启动仪式举行，县领导夏寿南、翁淑燕参加。

12月

3日　“创元•凤凰豪庭特教奖”捐赠仪式举行，创元房地产开发有限公司向大田特校捐赠30万元，奖励县特殊教育学校爱岗敬业、无私奉献、教育教学业绩突出的教职工，优秀学生、困难学生和最美家长。县领导翁淑燕参加。

4日　2021年“健康八闽行”义诊宣教走进大田，9位大田籍在榕省级医院医生在县总医院开展多学科联合义诊活动，举行“田医回田”名医工作室签约授牌仪式。“田医回田”名医工作室共有25位大田籍在榕省级医院医生加入，每星期派出2位专家到大田坐诊，对县总医院医生进行培训。

10—11日　三明生态茶・大田美人茶专场推介会在福州市举行。推介会由三明市人民政府主办，三明市农业农村局、大田县人民政府、三明市商务局承办，三明市融媒体中心、三明市海峡茶业交流协会协办，通过以茶会友、以茶联姻、以茶促旅，以品牌推介、招商引资，加强交流合作，吸引社会各界关心、关注、投资大田美人茶产业。现场组织10家品牌茶企参加活动，采用短片介绍、会场推介、“大田和大田的朋友们”系列大田美人茶线上品鉴会、“直播品鉴+带货”、大田美人茶行茶法解说与演示、茶艺表演等形式，以线上线下结合的方式进行推介，扩大传播面和影响力。

14日　省道217线大田县鲤鱼坑大桥改造工程开工。大桥位于建设镇与广平镇交界处，跨越文江溪，是大田县通往三明市和三明市通往泉州市、厦门市等沿海地区的重要通道，日均交通量6000辆。项目总投资2069万元，计划改造工期为13个月。

15—19日　大田县第十八届人民代表大会第一次会议、政协第十一届大田县委员会第一次会议召开，县几套班子领导参加。

17日　福建医科大学附属协和医院与大田县总医院医疗联合体签约仪式举行，县领导陈文华、夏寿南参加。

同日　由大田县民政局、福建（大田）居敬泽惠养老产业发展有限公司和三明市民政局、福建省标准化研究院等单位联合制定的福建省地方标准《农村居家养老服务规范》通过专家审定。

18日　县政府招商顾问和企业家代表周末茶话会暨县政府招商顾问推荐引进第一批项目签约仪式举行，县领导陈文华、林金龙、夏寿南参加。

25日　“运动绿都·最氧三明”大田县第三届红色康养茶海跑在屏山乡大仙峰·茶美人景区举行，来自厦门、泉州、三明等地的600多名运动员和游客参加了活动，分为19千米的茶海康养越野跑和4千米茶海康养趣味跑，是2021年三明市绿水青山体育消费季系列活动之一。本次赛事由三明市体育局、大田县人民政府主办。

29日　大田茶美人景区古堡民宿获批首届三明“网红打卡地”。经过网络投票、专家评选等一系列综合测评，全市共评选出20个“网红打卡地”。

31日　县委经济工作会召开，县几套班子领导参加；县委常委会（扩大）会议召开，县委中心组学习《粮食流通管理条例》《中共中央办公厅印发〈关于加强和改进新时代市县政协工作的意见〉的通知》《中共福建省委关于开展向潘东升同志学习活动的决定》；传达学习中央农村工作会议精神，研究大田县贯彻意见；研究审定《法治大田建设规划（2021—2025年）（送审稿）》《大田县贯彻落实市委涉粮专项巡察反馈问题责任分解方案（送审稿）》。县几套班子领导参加。

大田概貌

□ 编辑 林生钟

基本情况

【地理位置】 大田县位于福建省中部、戴云山脉西侧；地处北纬25°28′53″—26°09′42″，东经117°28′58″—118°03′13″；东临德化，西接永安，南靠永春、漳平，北连三元、沙县、尤溪；总面积2233.12平方千米。域内交通便利，兴泉铁路（大田段）续建、莆炎高速公路（大田段）、国道“纵五线”（大田段）竣工通车，县城至福州高速公路371千米、至厦门223千米、至泉州141千米、至三明126千米，经省道306线至三明105千米。

【建置沿革】 大田县域从周朝至元朝先后隶属七闽地、吴越地、闽中郡、江南东道福州、福建路南剑州、福建道延平路；明嘉靖十四年（1535年）建县，隶属延平府；清雍正十二年（1734年）改属永春州；民国时期属福建南路道、厦门道和仙游、龙岩、永安等专署；1949年9月6日大田县解放，先后隶属永安、晋江和三明专区，1983年撤专区建市，大田县属三明市至今。

【自然地理】 大田县境地处闽西南华力西—印支坳陷带之大田—龙岩坳陷的东北部，政和—大埔断裂带斜贯全境。地质构造复杂，可分为褶皱、断裂两大构造类型，岩性复杂。河流多年平均径流量19.79亿立方米；地下水总量3.54亿立方米，地下热水有石牌镇老厝、桃源镇广汤、太华镇汤泉、广平镇大竹林、华兴镇京口5处，水温29℃—79℃，平均流量11.56升/秒。县境为中低山地带，地势大致由南向东北倾斜，山岭、谷地分布趋向与境内构造基本一致；境内千米以上山峰175座，大仙峰海拔1553.4米，居全县之首；溪流纵横，是闽江、九龙江和晋江支流发源地之一，汇水面积30平方千米以上河流25条，均溪河境内主干流长81.7千米，是街面水库电站的主要水源。

【气候概况】 大田属中亚热带季风湿润气候区，无严寒酷暑，雨量丰沛，日照充足。2021年，大田县年平均气温异常偏高，其中3月、5月、9月异常偏高，其余月份正常或偏高；全年降水量偏少，其中1月异常偏少，7月显著偏少，10月异常偏多，其余月份正常或偏多（少）；全年日照偏多，1月、2月、9月异常偏多，10月偏少，其余月份正常。

气温　2021年，大田县年平均气温20.4℃，比常年偏高1.0℃；年极端最高气温37.8℃，出现在7月28日；年极端最低气温-4.2℃，出现在1月13日；气温≥35.0℃的高温日数有37天，比常年偏多12天；“23型”“20型”秋寒同时出现在10月17日。其中年平均气温20.4℃，与上年持平；3月平均气温17.7℃，为历年同期次高值；5月平均气温24.9℃，为历年同期第三高值；9月平均气温26.8℃，为历年同期最高值。

降水　2021年，大田县年降水总量为1364.0毫米，比常年偏少13%；单日最大降水量为114.8毫米，出现在6月22日；降水量≥0.1毫米的降水日数有149天，比常年偏少12天；降水量≥50.0毫米的降水日数有3天，比常年偏少1天。其中1月降水总量为0.3毫米，为历年同期最小值。

日照　2021年，大田县年日照总时数为1785.4小时，比上年少233小时。其中1月日照时数234.8小时，为历年同期次多值；2月日照时数204.1小时，为历年同期最多值；9月日照时数221小时，为历年同期次多值。

气象灾害　2021年，影响大田县的灾害性天气有局部暴雨、冰雹、大风等。6月21—23日，受切变南压影响，部分乡镇出现暴雨天气，并不同程度受灾。全县受灾人口63人，农作物受灾面积0.4公顷，其中粮食作物0.4公顷，农业直接经济损失2.1万元；河堤受损20米、道路塌方3处、房屋受损13座，基础设施经济损失11.2万元。但总体气象灾害损失不大。2020年12月24日至2021年2月9日，因无有效降水，出现气象干旱，最高等级达重旱，无明显灾情。

水文　2021年，大田县均溪河年平均水位352.96米，年平均流量4.43立方米每秒，最高水位353.92米，发生于6月22日，相应流量65.7立方米每秒；最低水位352.76米，发生于4月21日，相应流量0.39立方米每秒；年径流量1.4亿立方米。年平均输沙率0.46千克/秒，最大日平均输沙率20.9千克/秒；年平均含沙量0.1千克/立方米，最大断面平均含沙量1.92千克/立方米，最小断面平均含沙量为0；年输沙量1.45万吨。

【区划人口】　2021年，大田县设12个镇、6个乡，辖8个社区和266个建制村。年末总户数10.72万户，期末总人口43.83万人，户籍人口41.19万人，常住人口29.98万人，其中城镇人口13.84万人，城镇化率33.6%；人口自然增长率3.26‰。

国民经济与社会发展

2021年，大田县完成地区生产总值249.38亿元，比上年增长6.6%，其中第一产业增加值46.61亿元，增长6.4%；第二产业增加值124.13亿元，增长4.9%；工业增加值增长3.7%；第三产业增加值78.64亿元，增长9.5%。人均地区生产总值8.32万元，增长6.3%。规模以上工业产值增长3.7%。农林牧渔业总产值78.25亿元，增长6.3%。固定资产投资增长17.7%。社会消费品零售总额60.67亿元，增长11.2%。实际利用外资1349万元。一般公共预算总收入119.1亿元，增长3.8%，其中地方一般公共预算收入7.81亿元，增长3.2%。城镇居民人均可支配收入4.26万元，增长8.4%；农村居民人均可支配收入2.19万元，增长11.1%。

【农业产业】　2021年，大田县耕地面积2.02万公顷，完成粮食播种面积1.69万公顷，粮食产量8.97万吨；举办第二届大田美人茶开茶节暨2021年国际茶日福建省系列活动，举办第二届“乐购三明”直播节活动；新培育家庭农（林）场35家、专业合作社67家；华兴油茶获欧盟（EU）有机产品认证；玖悟茶叶、方宇茶叶等5个重点特色农业项目开工建设，银顶农业、屏山智慧茶园等一批重点特色农业项目基本建成；“三品一标”（无公害农产品、绿色食品、有机农产品和农产品地理标志）认证产品78个；吴山镇被评为全国脱贫攻坚先进集体，桃源镇入选第十一批全国“一村一品”示范镇名单；“‘阳光1+1’打造消费助农新路径”入选全国消费帮扶助力乡村振兴优秀典型案例；福建桃农源生态农业有限公司、大田县茶天下度假旅游开发有限公司被福建省海洋与渔业局、福建省文化和旅游厅授予第十四批“水乡渔村”休闲渔业示范基地称号。

【工业产业】　2021年，大田县签约亿元及以上项目46个、总投资144.97亿元，新落地开工亿元及以上项目34个、总投资111.74亿元；铸造和装备制造、水泥建材、石墨（烯）等产业发展，新岩水泥技改项目部分投产，科华石墨增资扩产实施；新增三级以上建筑企业13家；新培育规模以上工业企业9家，上市后备企业8家，国家级高新技术企业7家，科技“小巨人”企业4家，科技型中小企业14家，全社会研究与试验发展（R&D）经费投入增长12.4%；向上争取补助资金14亿元，专项债券12.34亿元；工业用地征收84.15公顷，新开发园区面积120公顷，上京铸造装备园成片开发方案为三明市已获批的规模最大方案；落实减税降费2.82亿元，发放小微企业纾困贷款1.01亿元，降低企业融资成本0.14亿元，办理应急转贷2.21亿元、政府性融资担保0.96亿元。

【第三产业】　2021年，大田县制定“数字大田”建设方案，在第四届数字中国建设峰会上签约项目2个，总投资36.1亿元；现代服务业重点建设项目18个，投资8.6亿元；三明市首家电子数据司法鉴定所在大田挂牌成立；举办首届（云上）樱花节；乐顺物流园建成运营，鸿蒙蝴蝶云物联网、桃源里游客集散中心等项目开工建设；湖美七星湖、吴山张坑古村落景区创评国家AAA级景区；雾海茶、阳春村森林康养基地入选省级森林康养基地；翰霖泉森林康养基地被评为省职工疗休养基地、市级首批森林康养样板基地；茶天下度假旅游、青年旅行社等4家企业，入选三明市文旅康养主导产业企业。

【重点项目】 2021年，大田县新增省级“五个一批”（谋划一批、签约一批、开工一批、投产一批、增资一批）项目201个、总投资1135亿元，市级“五个一批”项目183个、总投资1086.95亿元，县级重点项目164个、完成投资130.05亿元；英仑陶瓷、毓秀中学等88个项目开工建设，合鑫金属、凯沃机械等65个项目建成或部分建成；兴泉铁路等7个项目获第二批地方政府专项债券支持，12.34亿元全额到位；白岩山北路、站前广场及道路等2个项目，获县城补短板强弱项信贷支持3亿元，到位资金1.7亿元；毓秀中学、机械铸造产业集聚区获高质量发展专项贷款授信6.3亿元，到位资金2亿元；推进兴泉铁路（大田段）建设，莆炎高速（大田段）、国道235（纵五）线大田县境梅山德州至均溪溪柏林段公路工程项目完工通车。

【基础设施】 2021年，大田县商住用地征收38.43公顷；新改（扩）建农村公路30千米，农村饮水管网37.7千米，乡（镇）污水配套管网26.9千米；新建改造便民小市场6个；建设智慧停车位292个；白岩山北路至梅林林场段沥青路投入使用；城区地表水厂扩建完工；澹多桥、三角亭、蔡公亭等城市历史记忆文化项目启动建设。

【城乡建设】 2021年，大田县农村人居环境整治裸房1550座，拆除“两违”（违法用地、违法建设）建筑42起；国土空间规划村庄规划编制106个；城乡建设品质提升项目40个，总投资13.2亿元；建成儿童微乐园5个，老旧小区改造2908户，整治背街小巷301条；城乡供水一体化一期工程项目城区地表水厂扩建工程建成通水，城区配水管网改造及延伸、户表改造、二次供水泵房改造、智慧水务等工程开工建设，二期工程（湖美、桃源等7个乡镇及13个单村供水工程）完成施工总承包招投标和施工图设计，坑口水库分层取水工程施工招标，总投资0.51亿元；主动融入新阳中心片区建设，基本建成广平中心幼儿园、国道534线铭溪至栋仁段等11个项目。

【社会事业】 2021年，大田县民生投入25.53亿元，比上年增长2.91%，占一般公共预算支出的85%；27项为民办实事项目基本落实；新增城镇就业700人，农村劳动力转移就业2500人，城镇登记失业率2.07%，控制在三明市下达目标内；城乡低保、特困供养人员等社会救助标准提高，发放各类稳就业奖补资金55.79万元；实施18个教育补短板项目建设，总投资12.13亿元，香山小学、福塘幼儿园、武陵中心幼儿园等8个项目建成投入使用；新增中小学和幼儿园学位4630个；采用“委托办学”方式，整合济阳、前坪等5所九年一贯制学校初中部，城区和园区务工人员随迁子女入学问题得到解决；中考优秀率居全市前列；成立县疾病预防控制局，设立“田医回田”名医工作室，空白村卫生所建设25个，建成县总医院传染病防治综合楼、太华卫生院；县总医院获三明市委、市政府“十三五”期间医改集体嘉奖，入选国家卫健委县医院医疗服务能力推荐标准名单；夕阳红闽中康养服务中心二期建设完工，提升改造农村幸福院2个、区域性养老服务中心2个，新增养老床位190张；华兴镇仙峰村幸福院养老服务案例入选福建省养老服务改革创新优秀案例。

【生态文明】 2021年，大田县加强生态文明建设，实施水土流失综合治理面积0.21万公顷，废弃矿山生态修复治理项目获得创新示范正向激励资金奖励0.15亿元；8个山水林田湖草生态保护修复治理项目建成投入使用并通过省级整体验收，山贵崎煤矿、惠峰矿业等7家矿山企业入选省级绿色矿山名录；全年优良天气比例达99.7%，“绿盈乡村”认定231个；探索推行林票制、碳票制和林长制，开发林业碳票碳减排量2.3万吨，营造“碳中和”示范林82公顷，设立林长780人；发放“福林贷”“益林贷”等林业普惠性贷款2.5亿元，全年绿色贷款增长13%；建立“多员合一”生态综合管护队，生态环境保护指挥中心、屏山生态茶园、五龙山生态茶园、武陵大石村被列入首批“三明实践”现场教学基地；《从“九龙治水”到“攥指成拳”》获评第三届“推进机制活、建设新福建”全省机关体制机制创新优秀案例；参与起草的福建省《河湖长制工作管理规范》发布实施。

（黄钟煊　周培）

中共大田县委员会

□ 编辑 陈妮

综 述

【**概况**】 2021 年，中共大田县委坚持以习近平新时代中国特色社会主义思想为指导，全面贯彻中共十九大和十九届历次全会精神，学习贯彻习近平总书记到闽、到三明考察重要讲话重要指示精神，落实省委、市委工作部署要求，团结带领全县广大干部群众牢记嘱托、担当实干，推进“三抓一促”（抓学习、抓作风、抓党建，促改革发展）、深化“五比五晒”、争当“五个先行示范者”，全力推进多彩大田全方位高质量发展超越，保持经济持续健康发展和社会大局稳定。大田县被海峡两岸茶业交流协会授予“中国美人茶之乡”称号，被中国农业国际合作促进会授予“全国区域特色美丽茶乡”称号，被省委、省政府评为 2018—2020 年度省级文明县城，获 2021 年度全市“五比五晒”活动县（市、区）组考评二等奖，第二季度和第四季度分别获省“五个一批”项目正向激励考评前期工作经费奖励。

【**党的建设推进**】 2021 年，县委全面贯彻新时代党的建设总要求，坚持以党的政治建设为统领，坚定不移推进全面从严治党，以高质量党建引领保障高质量发展。加强党的全面领导，发挥县委总揽全局、协调各方作用，进一步加强对各方面的组织领导。落实全面从严治党主体责任，全力抓好主体责任检查反馈问题整改和市委涉粮专项巡察反馈问题整改工作。针对主体责任清单，开展落实情况检查、集体约谈，召开述责述廉、抓基层党建工作述职评议会，层层传导责任压力。严肃党内政治生活，严明政治纪律和政治规矩。强化正风反腐肃纪，坚持严的主基调，发挥巡察利剑作用，开展“天价茶”背后的“四风”和腐败问题集中整治，点题整治群众身边腐败和不正之风，不断提高不敢腐、不能腐、不想腐的综合功效。开展 2 轮 3 批次常规巡察，1 次专项巡察，发现问题 74 个，移交问题线索 24 条，新立案 125 件 126 人。全面落实意识形态工作责任制，巩固壮大主流思想舆论。全面夯实基层基础，贯彻落实新时代党的组织路线，深化党建引领乡村治理现代化的“大田路径”，抓好“跨村联建、人才回引、居民夜谈会”等基层党建三大品牌。加强党管武装工作，推进军地共建，持续巩固双拥共建成果。完成县乡领导班子、村（社区）“两委”（党支部委员、村民委员会委员）换届，新提任乡镇党委书记 6 名、乡镇长 7 名、人大主席团主席 5 名，新一届乡镇领导班子的年龄、性别、文化层次和专业知识结构更加合理。新一届村（社区）“两委”换届一次性选举成功率、“一肩挑”率、指标完成率均达到省、市、县提出的要求。坚持新时期好干部标准和党管干部原则，严格干部选拔任用程序，研究干部人事调配 6 批次 118 人。

【**中央精神学习贯彻落实**】 2021 年，县委加强政治理论学习，召开县委常委会（扩大）会议，传达学习习近平总书记重要讲话重要指示精神和中央、省、市会议精神，研究部署贯彻落实意见。召开县委理论学习中心组学习会，举办县管干部专题研讨班，县委常委带头学习研讨，撰写学习体会文章。整合党史工作者、领导干部、乡村讲师团等宣讲力量，组建县委宣讲团、后生仔理论宣讲队等宣讲队伍 76 支，邀请专家为 200 名宣讲员授课。召开县委十三届十四次全会、县第十四次党代会，学习宣传贯彻习近平总书记到闽、到三明考察重要讲话重要指示精神，审议通过《关于学习贯彻习近平总书记到闽考察重要讲话精神，当好三明市革命老区高质量发展示范区建设中坚力量的决定》，推动习近平总书记重要讲话重要指示精神落地落实。贯彻习近平总书记重要嘱托，制订出台《推进医改再出发的实施方案（2021—2023）》《实施“八项创新”推进林改再出发行动方案》《落实“六大行动”推进乡村振兴再出发实施方案》。

【新冠肺炎疫情防控】 2021年，县委学习习近平总书记关于统筹疫情防控和经济社会发展重要论述，坚持人民至上、生命至上，按照“快、严、实、细”要求，做好疫情防控工作，守住疫情防控“零感染”成果。针对疫情防控新形势特点，适时调整领导小组和指挥部，充实各工作组，严格落实政府属地责任、部门监管责任、单位主体责任、个人自我管理责任，推动防控工作更加科学高效有序。按照“外防输入、内防反弹”工作要求，排查境外到大田人员414人、重点地区到大田人员6198人，实施集中医学观察409人。开展疑似病例生活场所、集中医学观察点等疫源地消杀工作，消杀面积3万多平方米，核酸检测27.66万人份、市场医疗卫生机构外环境和冷链食品6263份。根据属地原则，摸排接种疫苗人员的底数和基本信息，有序推进疫苗接种，接种新冠病毒疫苗59.06万剂次，居全市第四位。组建核酸采样队伍155支465人，储备应急备战人员85人、核酸检测试剂6.9万份，每日最大检测能力6000份。组建专业化流调队伍3支，明确县体育场作为方舱医院的设置点，与13家在营酒店和宾馆签订协议，储备602间房间作为集中医学观察点。建立医疗物资战略储备机制和滚动轮替制度，储备呼吸机30台、各类医用口罩80万只、医用连体防护服1.8万套、隔离衣1.5万套、隔离面罩1.7万个、消毒液2634升等。

【经济建设】 2021年，县委坚持发展第一要务，推动经济社会平稳健康发展。开展“大招商招好商”攻坚，新签约亿元及以上项目46个，总投资144.97亿元，落地开工34个，总投资111.74亿元。完成工业用地征收84.15公顷，商住用地征收38.44公顷、出让11.82公顷。

新增“五个一批”入库项目201个，总投资1135亿元，其中列入省重点项目（含参照省重点管理项目）28个，居全市第三位，164个县级重点项目完成投资130.05亿元，英仑陶瓷、毓秀中学等88个项目开工建设，合鑫金属、凯沃机械等65个项目建成或部分建成，新开发园区面积120公顷。

上报老区振兴发展政策诉求24项、项目195个、总投资951.12亿元，向上争取补助资金14亿元、专项债券12.34亿元。举办铸造和装备制造产业发展交流论坛，清航无人直升机入选福建省庆祝中国共产党成立100周年主题展，金门油压机有限公司入选2021年省科技“小巨人”企业名单。

新增规模以上工业企业9家，上市后备企业8家，新增三级以上建筑企业13家，国家级高新技术企业7家，科技“小巨人”企业4家，科技型中小企业14家。

发展绿色经济、文旅经济，茶叶全产业链产值36.6亿元。做大数字经济，编制《“十四五”数字经济发展专项规划》，出台“数字大田”建设实施方案，在第四届数字中国建设峰会上签约项目2个、总投资36.1亿元，上报2021年省数字经济重点项目16个，总投资70.98亿元。落实减税降费政策，减税降费2.82亿元，发放小微企业纾困贷款1.01亿元，降低企业融资成本1400万元，办理应急转贷2.21亿元、政府性融资担保9551万元。

2021年，全县完成地区生产总值249.38亿元，比上年增长6.6%，农林牧渔业总产值78.25亿元，同比增长6.3%，规模以上工业增加值同比增长3.7%，固定资产投资同比增长17.7%，社会消费品零售总额60.67亿元，同比增长11.2%，地方公共财政收入7.81亿元，同比增长3.2%，城镇居民人均可支配收入42645元，同比增长8.4%，农村居民人均可支配收入21874元，同比增长11.1%。

【改革创新深化】 2021年，县委坚持问题导向、实效导向，发扬“大田后生仔”敢闯敢拼、敢为人先的精神，用改革的思路、创新的办法解决问题、推动发展。深化医药卫生体制改革，成立县疾病预防控制局，县总医院与福建医科大学附属协和医院共建紧密型医联体，设立“田医回田”名医工作室。探索推行林票制、碳票制和林长制，开发林业碳票碳减排量2.3万吨，完成“碳中和”示范林82公顷，发放“福林贷”“益林贷”等林业普惠性贷款2.5亿元，推动梅林林场与福州丰灿实业有限公司合作造林37.57公顷，发行林票28.09万元。推进“总校制”办学改革、新高考综合改革等路径，开展教育“双减”、校外培训机构整治、课后服务等工作，采用“委托办学”方式整合济阳、前坪等5所九年一贯制学校初中部，中考优秀率居全市前列。深化生态综合执法制度、河湖长制，建立“多员合一”生态综合管护队；探索山区养老服务等创新做法，全域全产业链发展文旅康养。

【乡村振兴推进】 2021年，县委围绕产业、人才、文化、生态、组织“五个振兴”，成立县乡村振兴局，实施乡村振兴“六大行动”。推动巩固拓展脱贫攻坚成果同乡村振兴有效衔接，落实“四个不摘”（贫困摘帽不摘责任、不摘政策、不摘帮扶、不摘监管）要求，健全防止返贫监测和帮扶机制，拓展“一家四业”（拓宽“房前”劳务业、挖掘“屋后”种养业、提升“院内”手工业、管好“屋顶”光伏业），持续巩固“两不愁三保障”和饮水安全成果。吴山镇、武陵乡分别获评全国、全省脱贫攻坚先进集体，加快推进“游古村落·品美人茶”等乡村振兴示范线、示范点建设，3条乡村振兴路线被列入市2021年乡村振兴“串点连线成片”示范线，因地制宜发展美人茶、油茶、富硒萝卜、富硒大米等特色现代农业，完成上级下达的粮食工作目标任务，改良茶叶品种88.67公顷，种植无公害蔬菜1.19万公顷，新培育家庭农（林）场35家、专业合作社67家，茶企通过食品生产许可认证9家，华兴油茶获欧盟有机产品认证，“‘阳光1+1’打造消费助农新路径”入选全国消费帮扶助力乡村振兴优秀典型案例。桃源镇被农业农村部认定为第十一批全国“一村一品”示范村镇，文江镇大安村被省委实施乡村振兴战略领导小组办公室评为乡村振兴实绩突出村。实施乡村建设行动，建设美丽宜居乡村，完成村庄规划编制106个，整治裸房1550座，拆除“两违”（违法、违规）建筑42处，新改（扩）建农村公路30千米、农村饮水管网37.7千米，完成乡镇污水配套管网26.9千米，创建“绿盈乡村”累计230个，4个村被省绿化委员会办公室命名为“福建省森林村庄”。

【民生事业发展】 2021年，县委坚持以人民为中心，办好惠民实事。莆炎高速（大田段）、国道235（纵五）二期（大田段）建成通车，加快推进兴泉铁路、田安高速等重大交通基础设施项目，27项为民办实事项目基本完成，建成教育项目8个、新增学位4630个，夕阳红闽中康养服务中心二期建设完工，提升改造农村幸福院2个、区域性养老服务中心2个，新增养老床位190张。实施城乡建设品质提升项目40个，完成投资13.2亿元，老旧小区改造2908户，建成儿童微乐园5个，新建改造便民小市场6个，整治背街小巷301条，白岩山北路至梅林林场段沥青路投入使用，城区地表水厂扩建完工。均溪河、文江河流域各监测断面水质年均值达标率连续六年100%，城区及乡镇集中饮用水水源地水质达标率100%，城区空气质量优良天数比例99.7%。挖掘孝道、抗战、美人茶、土堡等特色文化资源，启动建设澹多桥、三角亭、蔡公亭等城市历史记忆文化项目，常态化开展文化下乡、农村电影放映等活动。加强食品药品监管，提升应急管理能力。

（范倩倩）

重要会议与活动

【概况】 2021年，中共大田县委十三届委员会召开全体会议2次，常委会（扩大）会议12次，专题会议3次，专门研究巡察工作等。县委十四届委员会召开全体会议2次，常委会（扩大）会议14次，专题会议4次，专门研究新冠肺炎疫情防控、巡视工作、粮食安全、涉田高铁等工作。

【中共大田县第十四次代表大会】 7月27—29日，中国共产党大田县第十四次代表大会在影剧院召开，应出席会议代表299人，到席人员294人，县委副书记、县长林金龙主持会议。县委书记陈文华代表第十三届县委作《牢记重要嘱托 敢于先行示范 为当好三明革命老区高质量发展示范区建设中坚力量而不懈奋斗》的工作报告。县委常委、纪委书记童作光向大会作纪委工作报告。大会选举产生十四届县委委员32人、候补委员6人，纪委委员23人，出席市第十次党代会代表31人。

【县委全体会议】 7月7日，县委十三届十四次全体会议在龙山宾馆召开。县委书记陈文华主持并代表县委常委会作报告。审议通过《中共大田县委关于学习贯彻习近平总书记来闽考察重要讲话精神 当好三明市革命老区高质量发展示范区建设中坚力量的决定》《中国共产党大田县第十三届委员会第十四次全体会议决议》。

12月19日，县委十四届二次全体会议在龙山宾馆召开。县委书记陈文华主持并代表县委常委会作报告。审议通过《中共大田县委关于深入学习贯彻党的十九届六中全会精神 汇聚推进多彩大田全方位高质量发展超越强大精神动力的决定》《中国共产党大田县第十四届委员会第二次全体会议决议》。

【县委常委会会议摘录】 1月8日，县委常委会会议研究讨论推荐省人社厅、省卫健委关于表彰2016—2019年度卫健系统先进集体、先进工作者的有关事宜。

1月13日，听取领导干部个人有关事项填报工作，县人大、县政府、县政协及县总工会、团县委、县妇联工作汇报；研究讨论村（社区）党组织书记届中调整，推荐2018—2020年度市级精神文明单位（村镇、校园、家庭）名单，推荐2021年度全国巾帼建功标兵人选等有关事宜。

2月7日，传达学习国务院反诈联席办督导组赴大田开展“断卡”行动督导工作会议精神，研究贯彻意见；讨论2021年县委经济工作会议材料、2020年度全县绩效管理综合考评情况、2020年度“五比五晒”推进高质量发展活动考评情况、2020年度平安先进乡（镇、单位、学校、卫生院）和平安乡（镇、单位、学校、卫生院）考评情况、文联和社科联换届有关事宜；研究审定《大田县推进铸造和装备制造产业发展三年行动方案（2021—2023）》。

3月2日，研究审定《大田县2021年度征地拆迁工作实施方案》《大田县2021年度向上争取资金专项奖励实施方案》《大田县开展重点项目建设“百日攻坚”行动实施方案》《大田县2021年十大攻坚会战组实施方案》《关于开展“再学习、再调研、再落实”活动的实施方案》《2021年县委、县政府为民办实事工作计划》《关于全面推进乡村振兴加快农业农村现代化的实施意见》；研究讨论2020年度“五比五晒”推进高质量发展活动奖励名额分配方案，2021年全国五一劳动奖状和五一劳动奖章推荐集体和个人等有关事宜。

3月30日，传达学习习近平总书记在福建、在三明考察时的重要讲话精神和全省领导干部大会、市委常委会（扩大）会议精神，研究贯彻意见；开展党史学习教育交流活动；听取“再学习、再调研、再落实”活动交流汇报；研究讨论2020年“五比五晒”活动表彰奖励人选、推荐全省“两优一先”表彰人选等有关事宜。

4月7日，研究审定《2021年全县审计项目计划方案》《中共大田县委领导班子述职报告》；研究讨论2020年度科级干部年度考核和县委组织部提请解决的有关事宜。

5月18日，研究讨论全市“两优一先”表彰建议对象名单、县纪委监委提交的案件处理等有关事宜，审定《大田县优化招商引资项目准入的若干意见（试行）》；传达学习习近平总书记对打击治理电信网络诈骗犯罪工作重要指示精神、福建省脱贫攻坚总结表彰大会精神，研究贯彻意见。

6月7日，传达学习全省、全市基层党建工作重点任务推进会议精神、全省深化医药卫生体制改革工作推进会议精神、全市电信网络诈骗重点地区集体约谈会议精神，并分别研究贯彻意见；研究审定《大田县贯彻落实省生态环境保护例行督察报告整改方案》《2021年度大田县“五比五晒”推进高质量发展活动方案》《中共大田县委全面依法治县委员会2021年工作要点》；讨论县2020年度绩效奖金发放、县考评办设置单位调整等有关事宜。

6月25日，开展“一季一警示”活动，分析通报典型案例；研究审定《2021年度大田县绩效管理工作方案》；讨论表彰全县政法系统先进集体和先进个人、2021年全县“两优一先”等有关事宜。

7月20日，审议通过《十三届县委报告》《十三届县纪委工作报告》；研究讨论县召开第十四次党代会、调整部分县委领导工作分工等有关事宜。

8月10日，传达学习全市上半年经济会议、市委“牢记新嘱托、增创新优势、再上新台阶”活动动员部署会议、全市政法队伍教育整顿总结大会、全市党委国安办主任会议暨社会安全工作协调机制会议精神，分别研究贯彻意见；研究审定《关于开展“牢记新嘱托、增创新优势、再上新台阶”活动的实施方案》；组织观看《生命重于泰山——学习习近平总书记关于安全生产重要论述》电视专题片；研究讨论拟命名县级精神文明建设各类先进名单等事宜。

8月20日，传达学习全市“大招商招好商”攻坚战役动员大会精神、全省和全市组织工作推进会和村（社区）“两委”换届工作会精神，研究贯彻意见；研究审定《中共十四届大田县委巡察工作五年规划》；研究讨论县乡两级人大换届选举工作、团县委换届工作、县纪委监委提交的案件处理等有关事宜。

9月3日，开展“牢记新嘱托、增创新优势、再上新台阶”活动和《习近平在福建》采访实录学习研讨活动；传达学习全市开展“法治服务零距离 自治增强‘邻’聚力”活动主要精神、《福建省人民政府关于漳州市相关县2020年统计违法案件情况的通报》精神，研究贯彻意见；研究审定《大田县“大招商招好商”攻坚战役行动方案》等文件。

9月30日，传达学习中国共产党三明市第十次代表大会会议精神、全市对外宣传工作专题培训班暨宣传思想工作推进会议精神、省委全面依法治省委员会第十次会议和市委全面依法治市委员会第五次会议精神，研究贯彻意见；研究审定《大田县党委（党组）意识形态工作责任制实施细则》《关于当前大田县意识形态领域情况的通报》《中共大田县委宣传部、大田县司法局关于在全县公民中开展法治宣传教育的第八个五年规划（2021—2025）》《大田县行政复议体制改革实施方案》《关于发展党员违规违纪问题认定处理和责任追究办法》。

10月20日，传达学习全市乡村振兴再出发现场推进会精神、全市县乡两级人大换届选举业务培训会精神，研究贯彻意见；研究讨论县乡两级人大换届选举有关工作提请事项及县委组织部提请解决的有关事宜。

11月16日，传达学习中国共产党十九届中央委员会第六次全体会议、省委常委会（扩大）会议、省委传达贯彻中共十九届六中全会视频会议、市委传达贯彻中共十九届六中全会会议精神，研究贯彻意见；传达学习省委常委周联清、省纪委书记李仰哲、省政协副主席杜源生到县调研讲话精神，研究贯彻意见；研究审定《数字大田建设实施方案（2021—2023）》《大田县落实“六大行动”推进乡村振兴再出发实施方案》《大田县实施“八项创新”推进林改再出发行动方案》《大田县推进医改再出发的实施方案（2021—2023）》；研究讨论召开大田县第十八届人民代表大会第一次会议、政协第十一届大田县委员会第一次会议、增加大田县政协第十一届委员名额等有关事宜。

12月1日，传达学习中国共产党福建省第十一次代表大会、中国共产党福建省第十一届委员会第一次全体会议精神，省委书记尹力等省领导参加省第十一次党代会三明市代表团审议时的讲话精神及市委常委会（扩大）会议精神，研究贯彻意见；研究讨论关于召开大田县工商联第十次代表大会、政协大田县第十一届委员会建议人选名单。

12月6日，传达学习全省宣传文化系统学习宣传贯彻省第十一次党代会电视电话会议精神，研究贯彻意见；研究审议《大田县县直有关部门和乡镇生态环境保护责任清单》，审定县十八届人大一次会议和县政协十一届一次会议有关材料。

【县委专题会议摘录】 1月6日，县委书记、县委巡察工作领导小组组长陈文华主持召开县委巡察工作专题会议，听取十三届县委第十三轮对县委办、政府办、人大常委会机关、政协机关、宣传部（含文联、社科联、融媒体中心）、政法委、侨联、公安局等11个县直单位开展常规巡察报告，对县林业局、人社局等2个县直单位开展巡察“回头看”，对均溪镇福塘村、太华镇小华村等2个重点村开展常规巡察，以及安全生产领域专项巡察的综合情况汇报，研究讨论巡察发现的问题，提出处置意见和整改要求。

6月15日，陈文华主持召开县委“五人小组”会暨县委巡察工作专题会议，听取十三届县委第十三轮巡察整改情况，第十四轮对吴山镇和洋村、济阳乡上丰村、前坪乡下地村、石牌镇上坡村、奇韬镇文经村、梅山镇西书村等6个重点村常规巡察和延伸巡察所在乡镇其他村以及对社保领域专项巡察情况汇报，政法队伍巡察整改“回头看”专项监督检查的综合情况，研究讨论巡察发现的问题，提出处置意见和整改要求。

7月30日，陈文华主持召开县委常委议军会议，听取县人武部国防动员和后备力量建设情况汇报、县双拥共建办工作开展情况汇报，研究讨论县双拥共建办提请研究解决的有关问题。

10月9日，陈文华主持召开县委专题会议，组织学习习近平总书记关于巡视工作的重要论述、关于国家粮食安全系列重要讲话和重要指示批示精神及党中央关于巡视工作的决策部署和省委、市委工作要求，研究贯彻意见。

11月16日，县委副书记夏寿南召集县发改局、财政局、交通运输局、铁办等有关部门负责人召开会议，专题研究涉田高铁有关事宜。

【上级领导调研】 1月26日，市委常委、政法委书记严峻到吴山镇阳春村和网络生态治理中心调研，县领导茅有温陪同。

3月3日，市委宣传部部长宋志强到吴山推普馆、阳春村以及第二集美学村、融媒体中心调研，县领导黄芳陪同；市委常委、组织部部长刘宝怀到广平镇调研乡村振兴、村“两委”换届选举等工作，慰问困难党员，县领导陈磊陪同。

3月9日，省委常委、常务副省长郭宁宁到大田调研屏山茶香小镇、创新创业产业园、电商公共服务中心、阳光壹加壹农业科技有限公司、绿色金融服务中心、三明市网络生态治理中心，详细了解大田县在乡村振兴和经济发展过程中落实各类金融支持政策的情况，县长林金龙陪同。

3月10日，副省长、公安厅厅长田湘利到县实地察看三明市网络生态治理中心，县委书记陈文华陪同。

3月12日，省纪委常委、监委委员方齐苗调研察看“第二集美学村”、县生态环保指挥中心，县领导陈文华、林金龙、黄家发陪同。

5月13日，市长余红胜到大田调研高考中考备考和乡村振兴工作，到福建科达新能源科技有限公司调研项目建设情况，县领导林金龙陪同。

6月4日，中国林学会理事长、原国家林业局局长赵树丛到县调研森林康养工作，县领导陈文华、林金龙陪同。

6月9—10日，省委全面从严治党主体责任检查组调研融媒体中心、三明市网络生态治理中心、泽惠居家养老服务中心、赤岩社区等，县领导林金龙、黄芳、黄家发陪同。

7月7—8日，省审计厅副厅长廖德铨到县调研基本公共服务均等化机制，县领导詹冬华陪同。

7月19日，市委常委徐林森一行到县调研“五比五晒”“项目攻坚年”和安全生产工作，县领导詹冬华陪同。

8月12日，市委常委、宣传部部长宋志强一行到屏山乡、三明市网络生态治理中心、桃源镇调研，县领导翁淑燕陪同。

8月27日，市委副书记丘毅到县察看吴山数字阳春项目、大田美人茶研究所、三明市网络生态治理中心项目，县领导夏寿南陪同。

9月9日，市委常委、纪委书记吴国顺到上京镇、桃源镇调研基层纪检监察工作情况，并参加座谈会，县领导夏寿南、童作光陪同。

9月14日，市委常委徐林森到石牌镇政府检查村“两委”换届工作，到县总医院南院区检查疫苗接种工作，到县城关第三小学检查核酸采样工作，到冠超市和县疾控中心检查疫情防控工作，县领导夏寿南陪同。

10月7日，市委书记余红胜到县调研广平集镇建设和闽鹭矿业项目情况，县委书记陈文华陪同。

10月13日，市委常委徐林森、市政协副主席谢家芹调研组到县调研市党代会贯彻情况，到华兴镇仙峰村调研，县领导陈文华、夏寿南陪同。

10月26日，市委书记余红胜调研维真园生物制剂和卫生用品生产项目、赤岩社区、三明市网络生态治理中心项目，县委书记陈文华陪同。

11月2—3日，省政协副主席杜源生在大田接访，主持召开挂钩帮扶对接座谈会，陈文华、茅有温、夏寿南陪同。

11月8—9日，省委常委周联清调研第二集美学村、苏桥煤矿、郭居敬旧居、五龙山茶园，县领导陈文华、翁淑燕陪同。

11月9—10日，省煤监局副局长戴文鹏到广平镇调研煤矿相关工作，县领导茅有温陪同。

11月10—11日，省委常委、纪委书记李仰哲调研屏山茶美人景区、巡察保障中心、网络生态治理中心、泽惠养老服务中心、桃源镇纪委工作等，市领导吴国顺参加，县领导陈文华、童作光陪同。

12月14—15日，市委常委、政法委书记严峻到市场监管局、岩城明珠小区、网络生态治理中心、第二集美学村、华兴镇京口村调研，县领导茅有温陪同。

12月30日，市委副书记丘毅、市人大常委会副主任刘万年、市农业农村局副局长杨敏等调研大田美人茶产业，察看广平镇五龙山生态茶园、屏山茶美人基地、屏山大方广茶业有限公司和茶业集中加工区、大田美人茶文化创业产业园等地，县领导夏寿南陪同。

【美人茶大赛暨产业发展研讨会召开】 11月6日，首届中国美人茶大赛在县体育中心举行，大赛评审会于9月12日完成专家评审，主题为“大田美人 贵雅天成”，采用会场直播、短片介绍、网络互动等方式进行全矩阵宣传。海峡两岸茶叶交流协会授予大田“中国美人茶之乡”称号。海峡两岸茶叶交流协会会长、教授陈绍军出席并授牌，市政府副市长郭海阳致辞，县领导陈文华、陈剑生、吴初增、夏寿南等出席。

11月7日，首届中国美人茶产业发展研讨会在大田县龙山宾馆七楼会议室召开，福建省农业农村厅、国家茶叶质量监督检验中心、中国国际茶文化研究会、海峡两岸茶叶交流协会、浙江大学茶叶研究所等多名专家学者到场研讨交流，县领导陈文华、陈汉良、陈剑生等参加。

（范倩倩）

组织工作

【概况】 2021年，中共大田县委组织部坚持党建引领，聚焦聚力服务县委中心工作，以基层党建“三大品牌”（跨村联建、人才回引、居民夜谈会）深耕培育为抓手，推动基层党建工作。做好县乡村换届、干部队伍建设、培训教育和监督工作。用党建引领乡村治理，回引乡贤返村助力乡村振兴，促进基层党组织建设。全县基层党组织831个（党委39个、总支45个、支部747个），其中乡镇党委18个、建制村党组织282个、社区党组织16个。党员19855人，其中，女性4388人，占22.1%；高中及以上文化程度12918人，占65.06%。“跨村联建”创新做法在《八闽快讯》《三明快讯》刊发。

【干部队伍建设】 2021年，县委组织部做好县乡领导班子换届工作，完成乡镇换届人事安排以及县乡党代会、人代会和县政协会的各项组织工作，换届过程平稳有序，班子整体结构优化。新一届乡镇领导班子平均年龄39.6岁，其中，35岁以下77人，占39%，比上届提高14个百分点，每个乡镇配备30岁以下干部和“五方面人员”（乡镇事业编制人员、优秀村党组织书记、到村任职过的选调生、第一书记、驻村工作队队员）。干部人事调配6批次118人，其中，提拔正科21人、副科53人，进一步使用16人，晋升职级28人。完善干部经常性考察机制，开展换届后乡镇领导班子运行情况“回头看”工作，全面了解、客观分析乡镇领导班子运行状况和干部队伍履职尽责情况，听取有关意见建议，为县委决策提供参考。统筹推进年度考核、平时考核、专项考核工作，把考核结果作为干部选拔任用、培养教育、管理监督、激励约束的重要依据，提拔重用11名2020年度“五比五晒”竞赛活动获记功和嘉奖的人员。依托“驻村第一书记”“驻村工作队”等平台，新选派安排48名年轻干部到乡村振兴、项目建设、征地拆迁、维稳等工作一线磨砺，提拔30岁以下的年轻干部21人。接收省组选调生3人，新招录公务员（含参照公务员管理事业单位工作人员）47人。开展干部精准化培训和专业化培养，开设培训班16期，参训1710人次；举办岩城大讲堂1场，参加82人；组织优秀年轻科级干部116人参加省委、市委党校主体班次以及疫情防控、乡村振兴等专题培训；在福建干部网络学院注册学习干部2586人、总学分194754.16分。

【干部监督】 2021年，县委组织部做好干部选任监督，全程纪实96名提（转）任干部的选任过程，做好任前廉政对照检查和知识测试、个人有关事项公开、任前公示等，调查核实群众信访反映的问题9个（干部考察对象问题2个）。重新备案国家工作人员出国（境）登记18人，集中保管出国（境）证照128本。办理变更学历（学位）18人，批复1名离（退）休干部在社团兼职。检查县交通运输局等6个单位股级干部选拔任用程序。续聘干部德情观察员44人，动态收集、汇总干部特别是主要领导、关键岗位干部8小时以外生活圈、社交圈的德行情况。持续开展任期和任中经济责任审计以及领导干部自然资源资产离任审计工作，乡镇和县直部门主要领导任中经济责任审计离任审计5人，县直部门领导干部自然资源资产管理专项审计1人。

【基层组织建设】 2021年，县委组织部加强村级组织建设，落实县级领导班子包村联户制度，摸排整顿软弱涣散村党组织12个、换届重难点村18个，发展农村党员1922人。完成村（社区）级组织换届，实现一次性选举成功率、“一肩挑”率、结构指标优化率3个100%，信访问题同比减少75.6%。集中举办新任村（社区）干部培训班27期，培训1686人次。助力村财增收，自有经营性收入10万元以下村全部清零，扶持村集体经济发展试点村村财增收项目20个。开展基层干部教育培训和党员普遍轮训培训21期，参加936人次。在大田城区、福州、厦门、泉州、三明等地组建驻外流动党员党组织30个，引导非公党员、流动党员就近就便参加组织生活。非公企业党组织整合撤并6个、新建4个，覆盖率87.06%，“三有”（有固定经营场所、有生产经营活动、有10名以上员工）占比95.2%。

【人才引智工作】 2021年，县委组织部组织专项招聘会10场，招聘各类专业技术人才231人，其中紧缺急需人才102人。邀请福建船政交通职业学院专家，指导宝山机械申报“基于V法铸造的工程机械桥壳规模化生产关键技术研发”区域发展项目并获得省级立项。邀请福建农林大学国家甘蔗工程技术研究中心科技特派员团队进行技术指导，深都汇农业申报“地方特色果蔗品种——雪蔗高品质保鲜与深加工技术示范”省级星火项目并获得立项。培养后备人才，公费委培师范生47名、卫生技术人才81名；认定各类人才823人次，兑现人才政策经费420.47万元，解决2名人才子女入学工作问题，走访慰问各类人才187人次。成立“田医回田”名医工作室，邀请17名在榕大田籍名医每周末回到大田坐诊。县贰号、叁号人才公寓通过验收，入住紧缺型企事业单位人员30人。县融媒体开播《人才之窗》栏目，播报人才相关新闻报道89条次。建立在外优秀人才常态化对接回引机制，回村任职优秀人才57人，其中，在外务工经商32人，机关企事业单位退居二线人员、退休干部25人，该做法被省委党建办授予全省党建重点课题调研成果三等奖。

【换届风气监督】 2021年，县委组织部坚持换届风气监督与换届工作同谋划、同部署、同落实，签订严守换届纪律承诺书1700多份，县领导与干部谈心谈话800余人次，组织专题学习教育1830人次、专题党课1283人次。换届纪律知晓率100%，换届风气测评满意率99%，没有发现违反换届纪律情况。

【党建“跨村联建”】 2021年，县委组织部创新推行“四联四促”（组织联建促提升、项目联动促融合、产业联兴促发展、区域联治促和谐）跨村联建工作法，重点培育吴山镇数字党建联盟、桃源镇田园党建联盟等一批“跨村联建”党建示范点。组建42个联村党组织，覆盖102个行政村。

【“居民夜谈会”制度推广】 2021年，县委组织部创新实践“三谈三办三落实”（线上线下结合谈、定期定点集中谈、重点专项攻坚谈；简单事马上办、专项事专人办、重大事联合办；过程反馈促落实、督查督办促落实、考核评议促落实）工作法，召开“居民夜谈会”700多场，解决群众反映的问题1100余件。

（池正）

宣传教育

【概况】 2021年，大田县宣传思想文化工作坚持以习近平新时代中国特色社会主义思想为指导，全面贯彻中共十九大和十九届二中、三中、四中、五中、六中全会精神，学习贯彻习近平总书记关于意识形态工作的重要论述和到闽、到三明考察重要讲话精神，紧扣庆祝中国共产党成立100周年、党史学习教育重大主题主线，聚焦举旗帜、聚民心、育新人、兴文化、展形象的使命任务，扛紧压实主体责任，坚决维护意识形态领域安全，全县意识形态领域保持健康向上的良好态势。按照“治理+服务+产业”思路，抓好数字乡村建设工作，通过国家数字乡村试点建设专家组阶段性评估。县社科联获省社科联第15期“庆祝中国共产党成立100周年”网上有奖竞答比赛优秀组织奖。3月，均溪镇建山路大田“第二集美学村”旧址被省委宣传部认定为省级历史文化街区和省爱国主义教育基地。8月，大田“第二集美学村”旧址被省政府列入第五批省级历史文化街区名单。

【意识形态工作责任落实】 2021年，中共大田县委宣传部（简称县委宣传部）制定《大田县党委（党组）落实意识形态工作责任制实施细则》，落实意识形态工作责任。抓好县委巡察、全面从严治党检查存在问题清单整改，制定下发《关于落实意识形态工作责任制的提示》2期，整改问题8个，督促落实基层党委（党组）意识形态工作主体责任。巡查重点文化场所、校园周边文化市场、文保单位1000余家，确保文化领域安全。

【网络舆情管理】 2021年，县委宣传部制订《突发事件敏感舆情舆论引导和舆情处置工作方案》，建立网络舆情每周一报制度、重大舆情提醒机制和部门会商联动机制，确保舆论导向正确。强化属地自媒体监管，开展网络安全宣传，定期巡查县内网站、微信公众号等媒体，编报《网络舆情专报》14期、《网络舆情提示》9期。

【理论学习与宣传】 2021年，县委推进全县党史学习教育、“再学习、再调研、再落实”和“牢记新嘱托、增创新优势、再上新台阶”活动，县处级领导参加党史学习教育专题读书班、上专题党课31场次；开展“七一”重要讲话精神、习近平总书记到闽考察重要讲话精神、中共十九届六中全会精神等专题学习研讨16场次，县委中心组集中学习31次。把好导向，向基层党组织下发《学习内容提示》10期，引导各级党组织通过主题党日、“三会一课”等形式开展学习交流。开展宣讲活动1115场（次），听众6万多人次。

以督促学，巡回指导36个党委开展党史学习教育，推动基层组织和干部群众学史明理、学史增信、学史崇德、学史力行。

【新闻宣传】 2021年，县融媒体中心稿件被省级主流媒体采用97条，“学习强国”学习平台刊稿338篇，《三明日报》刊发379条，均位居全市第一，被福建省委宣传部授予全省优秀县级融媒体中心30强三等奖；三明电视台采用新闻稿383条，位居全市第五。摄制“国家读书日”“近听老人言”等公益广告短视频127个。拍摄《大田红色故事》《航拍大田》等专题片23部。90多条短视频的点击浏览量超过10万人次，其中“朱德为大田烈士纪念碑题词”点击浏览量268.2万人次。融媒体作品获省级以上表彰6部，其中，微电影《寄爱回家》获中宣部全国县级融媒体中心优秀作品双月赛二等奖；通信稿《官员直播，为“福”带货》获中国期刊协会、中国党刊研究会举办的“决战脱贫攻坚、决胜全面建成小康社会，迎接建党100周年”重大主题宣传活动优秀作品一等奖。

【社会宣传】 2021年，县委宣传部聚焦学习贯彻中共十九届五中、六中全会精神和习近平总书记到闽、到三明考察重要讲话、重要指示精神，持续开展“脱贫攻坚”“大招商招好商”等重大主题宣传。持续推进大田城市名片宣传，举办“首届中国美人茶大赛”等新闻发布会2场，人民网、新华社等18家中央和省市媒体集中宣传报道。推进康养文旅产业发展，“大田美人茶乡红色之旅”被中国农业国际合作促进会评为全国中国共产党成立100周年百条红色茶乡旅游精品路线。广平镇元沙村被省文联确定为大田美人茶文化创研基地。

【意识形态专题培训】 11月16日，县委宣传部在县委党校举办全县意识形态专题培训班。邀请市委宣传部副部长、网信办主任张建林，市社科联主席、党组书记蔡建境，市委宣传部部务会成员、讲师团团长陈首龙授课，各乡镇宣传委员、县直各党组（党委）分管领导以及宣传战线业务骨干75人参加。

【中共十九届六中全会精神宣讲】 12月10—29日，县委宣讲团在各乡镇党委、县直有关单位、社区、学校开展学习贯彻中共十九届六中全会精神宣讲活动，作报告24场，听众1400余人。宣讲团由县委宣传部、县委组织部、县纪委监委、县委政法委、县社科联及县委党校派员10人组成。

【文艺工作成果】 2021年，县文联发挥文艺的城市宣传功能、文旅融合功能、党性教育功能，加强与经济社会各方面的深度融合，发挥文艺工作在大田高质量发展进程中的应有作用。县文艺志愿服务改革创新经验获中国文联肯定推广，县文联被省文联评为“全省文联系统先进集体”。6月，陈其瑞、张佳丽、叶善俊、黄沛等4位作者的画作入选省文联举办的庆祝中国共产党成立100周年“八闽丹青奖”第三届福建省美术双年展；高忠锐、连克墨的4幅摄影作品入选“庆祝中国共产党成立100周年福建摄影展”，分获优秀奖和入选奖。7月，范代尺、范绍团、张知松、余小妹、苏惠蓉5人加入省民间文艺家协会，成为会员。11月，颜建光在教育部举办的第三届中华经典诵写讲大赛“笔墨中国”汉字书写中获教师组软笔一等奖；高上双的《悠哉系列·玩手机》、叶善俊的《露浓压架葡萄熟》入选省美协举办的庆祝中国共产党成立100周年“意之大者——第八届福建省写意画大展”，林培龙的《香远花清》获优秀奖；郭盛泉的书法作品入展福建省第七届书坛新人新作展。

【中国共产党成立100周年宣传教育活动】 2021年，县委宣传部推进中国共产党成立100周年宣传教育活动。开展“党史上的今天”万屏联动宣传，采取设置景观主题标识、大型公益广告、灯杆宣传挂图等形式，让大街小巷“红”起来，营造庆祝中国共产党成立100周年浓厚氛围。在全县开展“永远跟党走”群众性主题宣传教育，举办“永远跟党走 奋进新征程”文艺晚会等群众性宣传教育活动45场次，推动党史学习教育不断走深走心走实。讲好大田红色故事，推出百年党史“12345”套餐（1部快闪、2期音频、3家联合、4个平台、5部纪录片）和“云上说党史”“党史百年·大田之声”“主播说大田”3个特色专栏，发布融媒作品1780条（次），党史学习教育专题刊稿位居全市第四名。

（张钦谋）

统一战线

【概况】 2021年，中共大田县委统一战线工作部（简称县委统战部）凝聚政治共识，积极建言献策，推进统战各项工作，力促非公经济发展。开展党史学习教育，做到“学史明理、学史增信、学史崇德、学史力行”；做好民营经济代表人士综合评价工作，加强评价成果运用，落实党外代表人士在县人大、政协安排规定要求。推荐百余名优秀民营经济代表人士成为政协委员、人大代表人选和工商联领导班子成员。

【党外干部工作】 2021年，县委统战部会同有关部门，做好人大代表、人大常委会组成人员中党外候选人的推荐提名工作，县十八届人大代表中党外代表人士82人（占35.7%），常委会组成人员中党外代表人士10人（占30.3%）；坚持广泛协商，做好各级政协委员人选提名，第十一届县政协委员中党外代表人士139人（占60.96%），常委27人（占69.23%）。

【少数民族工作】 2021年，县委统战部组织开展第十四个民族团结进步宣传月活动，发放宣传资料8587份，悬挂宣传标语636条。少数民族干部巫振桂被省政府授予福建省民族团结进步模范个人称号。抓好东坂村少数民族特色村寨建设，东坂畲族村花海乐园项目，总投资2亿元，完成停车场、服务中心、游客中心、管理房建设。慰问20户少数民族群众，发放慰问金6000元。

【宗教工作】 2021年，县委统战部加强宗教领域规范化管理和安全隐患排查，将全县宗教活动场所和民间信仰场所纳入常规排查工作范围，联合相关部门开展消防安全标准化现场演练、扫黄打非等活动，举办各类培训7场次，参加60人次。支持宗教团体加强自身建设，向3个宗教团体拨付工作经费各1.8万元，慰问宗教界人士37人，发放慰问金1.11万元。会同县文明办、民政局、道教协会开展宗教领域移风易俗活动，倡导厚养薄葬孝道理念，推行佛（法）事简办，缩短“追思度亡”时间。开展宗教界“砥砺初心 爱我中华”党史学习教育，引导宗教与社会主义社会相适应。

【新的社会阶层人士工作】 2021年，县委统战部组织县新的社会阶层人士联谊会（简称新阶联）会员23人，到龙岩市开展“学党史、铸信念、跟党走”主题党史学习教育。组织新阶联会员参与志愿服务和社会公益活动，开展为环卫工人送爱心早餐活动、大田县新阶联践行社会责任公益活动。县新阶联吸收新会员26人，办公地点设在福万通大厦十楼，在大田颖公口腔建立阅读之家实践基地。县新阶联会员当选省、县人大代表各1人，市、县政协委员分别为2人、27人。

【非公经济领域工作】 2021年，县委统战部调整充实工商联领导班子，完成县工商联（总商会）、泉州大田商会换届。成立18个乡镇商（分）会。发挥异地商会作用，助推“田商回归”，10月，福州大田商会举办“乡村振兴”系列专题活动暨大田县招商推介会，签订“古堡振兴”、商会联盟带货等项目协议。2021年引进大田籍从商人员回归项目7个，总投资8.46亿元。

开展民营经济人士理想信念教育活动，组织民营企业家学党史、参观红色教育基地、参加党史知识网络竞赛。实施企业家素质提升工程，举办民营企业法律法规政策解读会2场、普法讲座2场。组织民营企业家、涉企干部54人到南京大学参加企业管理人才高级研修班培训。在县融媒体中心有线电视台开设“五湖四海大田人”专栏，播出4期，宣传大田乡贤先进事迹。联合县检察院下发《大田县人民检察院 大田县工商业联合会关于建立健全检察机关与工商联沟通联系机制的意见》，并开展“联百企、结百亲、解百难”活动，建立检察官、法官结对民营企业家制度。引导民营企业、商会组织参与“万企兴万村”精准扶贫行动，以产业帮扶、就业帮扶、公益帮扶等多种形式帮助结对贫困村群众增收脱贫，捐资捐物60多万元。厦门大田商会出资30多万元完成吴山梓溪村的光伏工程，所得利润由村38户贫困户分享。福建茶天下度假旅游开发有限公司以“旅游+贫困户+村财收入”的扶贫新路，获省工商联、市委统战部表彰。综合评价推进民营经济代表人士181人。县工商联获2020—2021年度全国“五好”县级工商联和2021年度市乡村振兴促进会先进单位称号。

【两岸融合发展】 2021年，县委统战部推荐市第八次台湾同胞代表会议代表4名及理事候选人2名。做好台湾省籍考生身份证明及政策解释工作，解决办理问题6件。10月28—29日，省台联、市台联在县举办2021年“乡亲相爱一家人”在三明台胞联谊活动，三明定居台胞、常住台胞、两岸婚姻家庭父母及子女、三明学院台湾教师参加。

（黄宇婷）

精神文明建设

【概况】 2021年，大田县精神文明建设工作围绕庆祝中国共产党成立100周年这个主题，弘扬社会主义核心价值观，持续推进群众性文明创建工作，为推进新时代多彩大田建设提供强大精神力量和良好社会环境。3月22日，中共大田县委精神文明建设办公室（简称县委文明办）被省委文明办评为2020年度全省精神文明创建信息工作先进集体。4月23日，大田县被省委、省政府评为2018—2020年度省级文明县城。

【创建活动】 2021年，全县2018—2020年度精神文明建设一批先进单位获得各级表彰。建设镇和桃源镇蓝玉村获全国文明镇（村）称号，中国人民银行大田支行获全国文明单位称号；被评为省级精神文明建设先进单位12个、校园4个、村镇7个、社区1个、家庭1个；被评为市级精神文明建设先进单位64个、村镇19个、校园22个、社区3个、家庭8个；被评为县级精神文明建设先进单位51个、村镇137个、社区（小区）20个、校园24个、家庭17个。新申报参评2021—2022年度国家级精神文明各类先进单位3个、省级49个、市级131个、县级290个。

【未成年人思想道德建设】 2021年，县委文明办组织开展年度“新时代好少年”推选活动，评选出县级“新时代好少年”10名。武陵中学林优鑫获三明市2021年“新时代好少年”称号。组织全县学校开展“童心向党•唱支红歌给党听”“童心向党•党的故事我来讲”系列主题活动，其中，“党的故事我来讲”系列活动录制上传的9个视频在“学习强国”党史宣讲平台展播。

【公民思想道德建设】 2021年，县委文明办组织开展“庆祝党的百年华诞•我来说句心里话”主题作品征集、“全闽共舞•欢庆建党百年”福建省第四届广场舞大赛（大田赛区）等系列主题活动。持续做好“我推荐我评议身边好人”活动，丁丽青和廖新记分别获评第五届三明市诚实守信类、孝老爱亲类道德模范。开展县第三届道德模范评选表彰活动，评选出县第三届道德模范8人，并在县融媒体中心一楼演播厅召开颁奖晚会，在全县树立学习、尊崇、争当先进典型的良好风尚。

【志愿服务活动】 2021年，县委文明办加强志愿服务项目制度化和品牌化建设，依托“志愿三明”网上平台，全县注册志愿服务用户15965户，全年新注册团队229个，审核开展志愿服务活动项目730个。选送的“居敬故里•孝道文化传承”志愿服务项目，获福建省志愿服务项目大赛组委会主办的2021年福建省志愿服务项目大赛铜奖、三明市志愿服务项目大赛组委会主办的首届2021年三明市志愿服务项目大赛银奖，大田一中的“带法回家”特色普法实践项目、县文化馆的戏曲进社区项目分获首届2021年三明市志愿服务项目大赛铜奖，县农业农村局的茶产业志愿服务项目获优秀奖。

【诚信建设工作】 2021年，大田县多措并举开展“诚信经营示范街区”创建活动，建山路北段金融商贸一条街被福建省精神文明建设指导委员会评为第四批省级“诚信经营示范街区”。福建岩兴气体有限公司、华宇（福建）置业集团有限公司被省诚信促进会评为2019—2020年度诚信先进单位。全县3家企业和3家个体户被县委文明办、县市场监督管理局评为“诚信经营示范单位”。

（叶高千）

党校教育

【概况】 2021年，县委党校完成年度教育培训、科研资政等工作，实施名师工程，培养教师队伍人才。在编在岗16人（专职教师13人），其中，研究生学历1人、本科10人、大专1人；高级讲师4人、讲师5人、助理讲师3人。

【干部培训】 2021年，县委党校举办各类干部培训班15期、1755人次。聘请专家学者和领导授课56人次，其中，省市领导专家12人次，县领导8人次，县直部门领导专家36人次。

【理论宣传】 2021年，县委党校举办岩城大讲堂专题讲座2场，党员领导干部参加听讲220多人次。选派理论骨干教师7人到基层宣讲习近平新时代中国特色社会主义思想、“四史”、习近平总书记“七一”

重要讲话精神和中共十九届六中全会精神 56 场（次），受众 2800 多人次。

【现场教学基地建设】 2021 年，县委党校接待省市县各类现场教学活动 8 个班、612 人。4 个现场教学基地被市委干训领导小组列入全市首批“三明实践”现场教学基地，其中，县生态环境保护指挥中心现场教学基地被评为五星级基地，屏山生态茶园现场教学基地被评为四星级基地，武陵乡大石村“党建 + 河长制”现场教学基地被评为三星级基地，广平镇五龙山生态茶园现场教学基地被评为三星级基地。

【科研咨政】 2021 年，县委党校课题立项 4 个，其中，市社科联课题 1 个，市委党校课题 3 个。课题结项 5 个，其中，省委党校 2020 年中国特色社会主义理论体系研究基地课题 2 个，市社科联 2020 年课题 2021 年立项 1 个，市委党校课题 2 个。2021 年，教师发表论文 5 篇，其中，省级 CN 刊物、三明论坛各 1 篇，三明党校论坛 3 篇。县委党校获 2021 年度三明学院系统科研组织奖二等奖，其中咨政件《关于梅山镇抢抓新阳片区建设机遇，打造生态康养原乡小镇的对策建议》获优秀决策咨询成果二等奖。

【名师工程】 2021 年，县委党校培育建设名师队伍，建设名师工程，派员外出培训学习 19 人次。市委党校、行政学院（校）东南片区 2021 年教研活动在大田举办，永安、沙县、尤溪、明溪、大田党校的教师 20 人参加。县委党校副校长乐进朝的专题课“坚持高质量发展 扎实推动共同富裕——学习贯彻习总书记关于共同富裕重要论述”获三明市县（市、区）委党校、行政学校 2021 年精品课一等奖。

（王娇华）

党史和地方志研究与编纂

【概况】 2021 年，县委党史和地方志研究室（简称县委党史方志室）围绕庆祝中国共产党成立 100 周年和开展党史学习教育，发挥史志“存史、资政、育人”功能，强化主业主责，勇担新使命，做好地方志编纂、党史征编工作，掀起党史学习教育的热潮。2021 年，党史书籍《中共大田县委大事记（1949 年 9 月—2018 年 12 月）》完成初稿，《中共大田县历次代表大会》完成资料搜集。

【年鉴编纂】 2021 年，县委党史方志室出版发行《大田年鉴（2020）》600 册，35 个类目，201 个分目，1398 个条目，63 万字。《大田年鉴（2021）》完成编纂，36 个类目，209 个分目，1413 个条目，63 万字，并交付出版。

【《大田红色故事》出版发行】 5 月，县委党史方志室与县老促会、县文旅局联合编纂的《大田红色故事》由海峡文艺出版社出版发行，筛选收录 89 篇红色故事，27 万余字，记载自中国共产党成立以来，大田县革命先辈们为争取民族独立和谋求人民幸福舍生忘死的抗争故事。年内，向县直机关、企事业单位、乡镇等赠送《大田红色故事》2000 余册。

【党史学习教育】 2021 年，县委党史方志室分别与县图书馆、县文联、县行政服务中心联合设立党史书屋，在显著位置布置党史学习教育主题读物专区，上架数百本党史读物，方便读者学习党史知识。与县融媒体中心在微信公众号联合推出“大田党史上的今天”“图说大田党史”专栏，每日展播大田大事记、每周展播图片 + 文字的红色故事，与广大群众共同回顾党史上的重要时刻。到乡村、校园、社区开展以“风展红旗如画 • 红色大田”为主题的大田革命简史图片巡展 36 场次。

【红色展馆建设】 2021 年，县委党史方志室与宣传部门共同梳理出县级党史学习教育参观点 16 个，高才红色小镇成为党史学习教育“网红”打卡点。进一步拓展大田爱国主义教育基地的辐射面，3 月，县委党史方志室与均溪镇共同筹建的城区革命红色主题馆开馆；6 月，与县老促会共同筹建的林大蕃烈士纪念馆开馆，与湖美乡共同筹建的湖美北上抗日先遣队纪念馆开馆。

【党史宣讲】 2021 年，县委党史方志室干部到县直各单位、学校、基层党支部为党员干部讲授以“大田县革命斗争史”“历史为什么选择共产党”“百年大党的历史经验”等为主题的党课 100 余场，受众 6000 余人。

（吴小华）

档案管理

【概况】 2021 年，县档案馆落实档案工作各项制度，科学管理，有效利用，为全县经济、社会发展提供信息服务。开展档案工作服务农村基层社会治理全国试点工作，确保村级档案收得起来、管得安全。指导疫情防控、精准脱贫、土地确权、重点项目等民生档案工作做到安全、完整、规范。检查各立档单位的档案安全状况，发现问题的责令整改到位。

【档案数字化】 2021年，县档案馆做好到期档案的实体和数字化后“双套制”进馆工作，验收合格进馆档案80458卷、资料8174册。指导农村土地承包经营权确权登记档案、脱贫攻坚档案、疫情防控档案、纪检巡察档案、会计档案等数字化业务。年底，县档案馆有档案资料128453卷（册），其中档案120279卷、资料8174册；抢救破损档案57卷、5774页。

【档案服务】 2021年，县档案馆全年查阅档案1704人次、1230卷，打印档案资料全文2509页，抄录136页，复印2094页，出具证明51份；提供档案咨询服务218人次，查阅资料12人次、101册。

【档案宣传和利用】 2021年，县档案馆举办大田革命历史图片展；协助布置党史纪录片拍摄场景，提供档案史料35份（次），协助县融媒体拍摄《党史百年、红色大田》专题短视频；结合“6·9”国际档案日宣传活动，联合县融媒体制作《档案话百年》《带你认识大田档案馆》短视频，发放宣传折页及档案文化产品1000多份，提升档案文化社会影响力。

【农村基层档案建设】 2021年，县档案馆规范化建设乡镇档案工作，乡镇档案员12人次到县档案馆实地学习培训。5月，组织均溪、华兴、石牌、前坪等乡镇档案员到石牌镇参加“村档乡管”档案业务技能培训。全县18个乡镇266个行政村、8个社区全部建档，其中，村级档案9583卷，系统录入案卷级目录9583条、文件级目录6117条。

【民生和专业档案管理】 2021年，县档案馆做好农村土地承包经营权确权登记档案、脱贫攻坚档案、疫情防控档案、纪检巡察档案、学校教学档案、会计档案等民生和专业档案业务指导。整理土地确权登记档案6.77万卷，全文数字化扫描187.64万页、文件级目录87.75万条，经验收合格、消毒和检查后全部接收进馆。

（李建忠）

老干部工作

【概况】 2021年，县委老干部局贯彻习近平总书记对全国老干部工作的重要指示精神，按照全国、省、市委组织部部长和老干部局局长会议部署，围绕县委、县政府的中心工作，推进全县老干部工作。加强队伍和阵地建设，开展业务培训3期，岗位轮换7人。管理服务离休干部16人（享受处级待遇5人），其中行政机关10人、事业单位4人、企业2人；“5·12”（1949年10月1日至1950年5月12日参加工作）退休干部19人；原任副处级以上职务退休干部23人。2021年亡故8人（刘应术、唐骅、林以欢、郑敁水、季本善、邱清和、刘世德、邓国仁）。开展庆祝中国共产党成立100周年系列活动3场，千余名老干部参加；组织党史知识学习6场，参加336人次；开展“学党史、颂党恩、跟党走”“铭记初心使命·助力乡村振兴”主题党日活动2场，老干部党员百余人参加；组织离退休干部党支部书记到老党员之家、国网电力大田县供电公司党支部、自然资源局退休干部党支部等学习。

【老干部服务】 2021年，县委老干部局落实老干部的政治待遇和生活待遇有关政策，精准服务离休干部、“5·12”退休干部，更新完善老干部服务信息台账，准确掌握离退休干部基本情况，做好分类管理。常态化开展老干部“大走访”，做到“月联系、季走访”。老干部出席县重大会议6场、36人次；参加县委工作通报会1次。邀请离退休干部参加老年大学学习和活动，开展送学上门，为老干部送去学习资料，向他们宣传党中央和省、市、县的重要决策部署，确保他们思想常新、与时俱进。建立全县离退休干部党建工作群，定期推送学习资料和典型案例，强化线上学习。利用离退休干部工作、福建离退休干部、三明市委老干部局等微信公众号，加强日常学习。按时足额发放离休干部、“5·12”退休干部生活待遇，为35人购买50元/人·月的老年人政府社会服务项目。走访联系老干部292人次，发放慰问金24.42万元，协助2位失能老干部申请护理费补贴、8位离世老干部的家属领取抚恤金。

【党史学习教育】 2021年，县委老干部局通过全国离退休干部公众号和“福建老干部”App等平台，组织离退休干部党员收看全国和全省离退休干部专题学习报告会6场，200多人参加。组织全县离退休干部党支部书记参加《大田革命斗争简史》专题党史讲座1场，《陈嘉庚与共产党人》《学习百年党史，汲取奋进力量》专题党课2场；参观省离退休干部党员传承红色基因学习教育基地（高才苏维埃遗址），广平镇元沙村五龙山生态茶园、初心馆、知青馆。

【离退休党支部工作】 2021年，县委老干部局推进全县51个离退休干部党支部标准化、规范化建设，县委老干部局离退休干部党支部等11个支部被省委离退休干部工委、省委老干部局评为省级离退休“示范党支部”，县自然资源局离退休干部党支部等12个支部被市委离退休干部工委、市委老干部局评为市级离退休干部“示范党支部”。建设老党员工作室9个，引导离退休干部、老党员在扶贫、乡村治理、纠纷调解、文化传承、乡村振兴、村级换届等多领域发挥作用。通过“党建+老党员正能量+志愿服务”工作模式，发挥老党员工作室的正面影响示范作用。老党员茶美人工作室助力《大田美人茶》团体标准的制定和申报，助力茶产业发展；方圆老党员工作室化解各重大项目推进过程中的矛盾纠纷；林乐坚、林佳山等一批老党员带领工作室团队奋战在乡村振兴、疫情防控、环境整治、移风易俗整治等乡村建设一线；在村级组织换届中，离退休干部发挥优势，协助做好村级组织换届工作；组织金秋农业科技志愿者队、红色文化宣讲队等17支银发志愿服务队到社区、村开展防疫宣传、文化宣传、技术帮扶等公益服务。范立洋获省委老干部局授予的“八闽银发先锋”称号。

【老年大学】 2021年，县委老干部局注重提高老年大学教学质量，抓好2所分校、5个教学点、3个教学实习基地、2个学习点的教学工作；教师队伍有专（兼）职教师30人（大学本科24人、专科5人、中专1人），其中高级职称13人、中级14人、未评3人。开设太极拳、形体、烹饪等31个专业33个班，全年新增6个班，入学1311人次。班级平均满员率80%，平均年龄下降2.6岁。推广老年大学教育联盟“1+N”发展模式，建立健全“县—乡镇—村（社区）”三级老年教育网络，推动教育文化资源向基层分校辐射延伸，构建开门办学、联合办学、合作办学的格局。

（林新桂 傅晓燕 罗晓明）

机构编制

【概况】 2021年，大田县深化行政管理体制改革和规范机构编制管理，机构编制工作服务县委、县政府中心工作和发展大局，为全面推进大田高质量发展、超越发展、提供坚强有力的体制机制和机构编制保障。

【机构编制核查】 9月，中共大田县委机构编制委员会办公室（简称县委编办）开展第二次全国机构编制核查工作，以机构编制实名制数据库为基础，审核全县党政群机关和事业单位的机构设置、编制和实有人员、领导职数配备及编外聘用人员基本信息完整性等情况，提高实名制数据的准确性和完整性。将机构编制统计及实名制主要数据，分别与县委组织部有关干部配备情况、县财政有关预算单位信息、县人社部门有关人员参保信息等相关数据比对，落实中央、省、市有关机构编制核查的任务要求。

【属地管理改革】 2021年，县委编办在均溪镇、桃源镇开展属地管理试点经验的基础上，全面推广规范属地管理工作。落实县、乡镇属地管理事项主体责任和配合责任清单制度，建立边界清晰、分工合理、权责一致、运行高效、依法保障的基层管理体制。依托“e三明”网上公共服务平台，探索完善“乡呼县应、上下联动”通道，督促乡镇合理利用“乡呼县应”通道，开展辖区内日常事务监管。8月，调整补充县乡属地管理事项，形成《大田县县乡“属地管理”事项主体责任和配合责任清单目录（修订）》。调整后县乡“属地管理”事项95项，其中，保留16项，整合1项，重新规范24项，领域归类调整11项，新增43项。全年，通过“乡呼县应”渠道，处置各类问题10件。

【“编制周转池”制度创新】 2021年，县委编办创建“编制周转池”制度，在全省率先建立《大田县中小学、幼儿园教师编制周转池》制度，市委编委调剂1246名事业编制到周转池，专项用于补充大田县中小学、幼儿园教师。全年使用《大田县中小学、幼儿园教师编制周转池》编制1063名。新华社《瞭望》周刊、《福建教育通讯》等报道这一创新做法；在全市率先建立《大田县非教育系统事业单位空编周转池》制度，收回全县现有事业单位空余编制，由县委编委集中统一管理，统筹调剂用于保障县委县政府重点工作和民生领域的用编需求，有效保障非教育系统事业单位招聘紧缺急需专业人才用编需求；创设《社区党组织书记事业编制周转池》制度，划转财政核拨事业编制4名，用于招聘社区党组织书记为乡镇事业编制人员，实行专编专用，动态管理。

【机构编制资源配置】 2021年，县委编办优化配置编制资源，保障教育、医疗卫生等重点领域的编制需求，补齐民生领域短板，提高编制资源使用效益。全年，成立事业单位2个，调剂事业编制10名；增设县直行政单位内设机构1个，调剂行政编制7名；加挂牌子单位1个；重新核定18个乡镇领导班子职数198名、县经济开发区管委会科级领导职数3名。办理机关、事业单位申请入编事项520人次，其中，非教育系统134人次，教育系统135人次，新招录（招聘）申请用编224人次（公务员38人、县直和乡镇事业单位33人次、医疗卫生系统35人次、教育系统118人次），安置选调生和村干部10人次、退役士官2人次，安排卫生系统临床医学委培生15人次。

【统一社会信用代码管理】 2021年，县委编办加强机关事业单位统一社会信用代码管理，推行事业单位简易注销；继续做好事业单位法人年度报告公示工作，开展事业单位法人公示信息抽查，按时完成事业单位年度报告公示工作。加强党政群机关和事业单位网上名称管理，增强网上名称规范性。2021年，全县党政群机关负责人变更登记21家，事业单位法人年度报告公示完成率100%，事业单位法人证书变更事项32家（次）。

（周庆锋）

机关党建

【概况】 2021年，中共大田县委县直机关工作委员会（简称县直机关党工委）以庆祝中国共产党成立100周年为主线，弘扬伟大建党精神，推进党史学习教育，推动党建工作与业务工作深度融合，提高机关党的建设质量。3月30日，在县委党校举办发展党员业务培训班1期，党务干部87人参训。全年收缴党费173.05万元，拨补县税务局、县总医院机关党委和县委政法委、县公安局、广平中学等8个党组织阵地建设共12万元；走访慰问生活困难党员和光荣在党65周年老党员240人次，发放慰问金22.38万元。选树县税务局、检察院、县委巡办、总医院、发改局等机关党建示范点5个，县税务局党员政治生活馆被县直机关党工委授予“县直机关党建示范基地”称号。年底，县直机关党工委下辖党委20个、党总支18个、党支部279个，党员4619人（年内新发展党员98人）。机关事业单位在职干部职工党员3521人，离退休干部职工党员1098人；女党员1243人，少数民族党员21人；大专及以上学历党员3736人；30岁以下党员364人。

【党建工作会议召开】 1月27日，县直机关党工委在县政府四楼会议室召开2020年度县直机关党委书记抓基层党建工作述职评议会，下辖各党委书记、副书记，党办主任，机关党工委班子成员41人参会。县直机关各党委书记逐一述职，县委常委、组织部部长、县直机关党工委书记陈磊点评各党委述职并作重要讲话。6月24日，县直机关党工委在县税务局八楼会议室召开县直机关党建工作推进会，下辖各党委书记、副书记，党办主任，机关党工委班子成员等46人参会。县检察院和县税务局就深化“党建服务品牌”创建、加强党建与业务融合作交流发言，陈磊出席会议并讲话。

【系列活动举办】 3月8日，县直机关党工委与县行政服务中心管委会、县妇联在县行政服务中心共同举办喜迎中国共产党成立100周年“巾帼心向党　奋斗新征程”窗口茶艺比赛，县行政服务中心和税务局窗口82名选手参赛，评出一等奖2名、二等奖6名、三等奖12名、优秀奖30名。

4月22日，县直机关党工委主办，县委党史和地方志研究室、县总工会协办的全县机关“风展红旗　如画三明”党史故事宣讲比赛在县融媒体中心举办，19个机关党委37名选手参赛，评出一等奖2名、二等奖4名、三等奖6名、优秀选手奖22名；优秀组织奖单位3个。带队参加三明市直机关工委举办的全市机关“风展红旗　如画三明”党史故事宣讲比赛，获优秀组织奖。

【领导调研】 5月27—28日，市直机关工委常务副书记龚其明，工委委员、组织部部长范成火一行2人到县调研机关党建工作，参观县公安局网络安全监察大队党支部、县税务局党员政治生活馆，并到济阳乡调研党建引领乡村振兴工作。

【党建创新探索】 2021年，县直机关党工委落实“五抓五做”（抓政治统领，做“两个维护”的模范；抓班子建设，做奋勇争先的模范；抓任务攻坚，做担当作为的模范；抓素养提升，做本领高强的模范；抓作风转变，做真抓实干的模范）创建模范机关，引导机关党组织、广大党员围绕中心工作，组建攻坚先锋队、服务专班，成立项目一线临时党支部，亮职责、解难题、促发展。深化“党建服务品牌”创建，推动机关党组织结合业务工作制定务实举措，促进机关党员干部融入党建服务品牌创建工作。深化在职党员“进社区、亮身份、强服务”活动，2427名在职党员到社区报到，参与社区居民夜谈会等活动，摸排解决社区小区居民急难愁盼问题。

【意识形态工作责任落实】 2021年，县直机关党工委贯彻落实《中国共产党宣传工作条例》和意识形态工作责任制，把意识形态工作列入年度机关党建工作要点、党建工作责任书内容，纳入机关党委书记抓基层党建述职评议的重要内容和每季度机关党建工作督查范围，做到与机关党建工作同部署、同落实、同检查、同考核。组织机关各级党组织围绕13个机关党建重点课题开展调研，创新思想政治工作方法，加强党建宣传阵地建设。

【党建责任制落实】 2021年，县直机关党工委聚焦主业主责，落实主体责任。强化党建督导，制定下发年度机关党建工作要点、党建工作责任书，完善工委班子成员挂钩联系基层党委和基层党委委员挂钩联系党支部工作制度，加强季度党建督导，严格机关党建工作责任制考评，抓实机关党建工作逐级述职评议考核，层层压实责任。2021年督导30多个单位的党建工作。11月23—30日，检查省、市属驻大田31家单位2021年全面从严治党主体责任落实情况，形成问题清单，督促制定整改台账，并严格销号管理，确保整改到位一项、销号一项。12月20—24日，检查列入县绩效考评的57家县直机关单位2021年度落实机关党的基层组织建设工作情况，并形成问题清单，督促建立整改台账，明确责任人和整改时限，确保问题整改“实打实”。落实“一岗双责”（一个单位的领导干部应当对业务工作和党风廉政建设负双重责任），严格落实全面从严治党主体责任，专题研究部署全面从严治党、党风廉政建设和反腐败工作，将党风廉政建设融入党建工作，深化党章党规党纪和法律法规宣传教育，推动责任落实落细。坚持“三重一大”（重大事项决策、重要干部任免、重要项目安排、大额资金的使用）事项集体研究决策，落实民主集中制，规范开展领导干部述责述廉。

（方新花）

机要保密

【概况】 2021年，中共大田县委机要局、县国家保密局围绕人员教育、技术防范、安全检查、深化保密管理、机要密码运转等，打好主动仗，确保党和国家秘密的绝对安全，服务与保障多彩大田建设。获评全市机要系统优秀单位。依托县丰富红色文化资源，深入挖掘和宣传学习红军“挑夫”故事，制作的相关短视频获省机要系统红色短视频大赛二等奖。

【机要工作开展】 2021年，县委机要局坚持日常巡查与定期检查相结合，及时组织人员检查密码通信机房、密码设备等，确保密码通信设备安全。按照“零差错、零失误、零停留、零阻断、零意见”工作要求，执行机要密码设备的巡查检查、24小时值班和面对面工作交接制度，严格办报规程和时效，安全高效完成各项机要密码工作任务。

【保密管理】 2021年，县委保密局突出保密工作规范管理，结合县实际，编写《大田县保密工作管理手册》，明确保密工作重点和重要环节，为各单位有序开展保密工作提供保障。坚持单位自查与现场检查相结合，先后3次组织人员督促指导检查全县37个单位的涉密场所建设、涉密文件以及内部文件资料管理等情况，及时堵塞工作漏洞，提升各单位保密工作水平，全县未发生泄密事件。参与高等职业教育入学考试、中考和全国高考保密工作，提出保密工作意见建议，保密工作措施落实到位，坚决杜绝失窃密事件发生。

（余昌潜）

大田县人民代表大会

□ 编辑 郑祥果

综 述

【概况】 2021年，县人大以习近平新时代中国特色社会主义思想为指导，全面贯彻落实中共十九大、十九届历次全会精神和习近平总书记关于坚持和完善人民代表大会制度的重要思想、中央人大工作会议精神，坚持党的领导、人民当家作主、依法治国有机统一，认真履行法定职责，积极主动担当作为。围绕“政治机关、国家权力机关、工作机关、代表机关”的定位和要求，以政治建设为统领，深化思想、作风、制度和基层基础等各项建设。坚持党组、常委会和机关各项学习制度，推进“两学一做”学习教育常态化制度化，开展党史学习教育，做好人大工作的政治自觉、思想自觉和行动自觉。服从县委领导，执行县委决定，及时向县委请示报告，发挥党组把方向、管大局、促落实的作用，确保县人大工作与县委决策部署同频共振、同向发力。坚持党管干部和人大依法任免有机统一，落实任前法律知识测试、表态发言，任后颁发任命书、宪法宣誓等制度。全年召开人民代表大会2次、常委会会议9次、主任会议22次，听取审议专项工作报告20项，组织开展调研视察、执法检查和专题检查13项，组织满意度测评12次，配合省市人大常委会开展调研视察、执法检查等活动16次。

【市人大常委会领导调研】 3月2日，市人大常委会副主任张知通率调研组一行9人到大田调研《三明市人大常委会关于全面落实河湖长制保护河道水生态的决定》贯彻落实情况，县人大常委会党组成员、三级调研员涂剑峰，副县长陈秀达等领导陪同。3月16日，市人大常委会副主任余建率调研组一行8人，到县开展宗教商业化治理情况调研，县人大常委会副主任余维语、副县长詹冬华等陪同调研。7月12—13日，市人大常委会副主任刘万年率调研组一行9人到县开展民事审判工作调研，县人大常委会副主任郑宜堆、县法院院长杨绍东等陪同调研。8月18日，市人大常委会副主任杨兴忠、王立文带领市人大常委会调研组一行7人到大田调研县医疗保障基金使用健康效益情况，县人大常委会副主任张爱兰、刘永生，副县长赖晶等陪同调研。9月14日，市人大常委会副主任刘万年率检查组一行10人到县联动开展《中华人民共和国消防法》和《福建省消防法条例》（以下简称“一法一例”）贯彻实施情况执法检查，县人大常委会党组副书记余维语、副县长姜妍等陪同调研。10月8—9日，市人大常委会党组书记赖碧涛到县调研，县人大常委会主任陈汉良、党组书记陈剑生陪同调研。10月27日，市人大常委会环城工委主任江长虹一行5人到县开展2022—2026年立法规划和2022年立法计划立法项目建议征集调研，县人大常委会副主任郑宜堆陪同调研。

【省人大常委会领导到大田调研】 3月3—4日，省人大监察司法工委主任卢厚实率调研组一行6人，到县开展司法服务法治化营商环境和多元化解纠纷工作调研，市人大常委会副主任刘万年、市人大监察司法工委主任谢辉添、县人大常委会副主任郑宜堆、副县长姜妍陪同调研。4月23日，省人大常委会委员、教科文卫工委主任林辉带领省人大部分委室负责人到县调研文化遗产保护工作，市人大常委会副主任余建地、县人大常委会副主任张爱兰、副县长廖卉喆陪同调研。6月2日，省人大社会委副主任委员、财经委委员张炯佳带领省人大调研组一行8人到县调研应急管理体系建设工作情况，市人大社会委副主任委员黄月珍、县人大常委会副主任余维语、副县长廖卉喆陪同调研。

【人大常委会机关党支部主题党日活动】 3月26日，县人大常委会机关支部组织党员干部赴沙县、三元区开展“学党史 悟思想 践行动”主题党日活动，参观中共沙县特别支部旧址、俞邦村及万寿岩博物馆。4月20日，开展“重走红军路”主题党日活动，县人大常委会机关支部组织党员干部参观翰林泉城区红色主题馆，回顾大田革命时期发生的重大历史事件，深切缅怀革命先辈的光辉业绩。

【厦门市人大常委会领导考察】 5月13—14日，厦门市人大常委会副主任刘育生带领考察团一行5人到县学习考察生态文明建设方面的先进做法和经验。考察团先后到桃源最氧睡眠小镇、屏山美人茶景区、济阳“灵动济阳”景区，通过实地查看、问询交流的方式，详细了解县生态文明建设工作相关情况。市人大财经工委主任林坚、县人大常委会副主任刘永生、副县长陈秀达陪同考察。

【邵武市人大常委会领导考察】 6月9—10日，邵武市人大常委会副主任李友生带领考察组一行5人到县考察学习茶产业发展先进做法和经验。考察组先后到屏山大方广茶业、大田瑞边龙茶厂、大田美人茶研究所、五龙山生态茶园等地，详细了解茶园种植管护、茶叶种植加工和品牌推广等情况。县人大常委会党组成员、三级调研员涂剑峰和农工委主任黄军晖陪同考察。

【市人大代表调研】 11月3日，市十三届人大代表（明溪团）一行18人到县调研。代表团实地调研桃源里旅游度假区、东风公馆、屏山茶旅融合示范点、数字阳春等项目，详细了解县产业发展、乡村振兴、重点项目建设等情况，县领导陈剑生、张爱兰、廖正楼陪同调研。

【尤溪县人大常委会领导考察】 11月15日，尤溪县人大常委会党组成员、二级调研员林景源一行8人到县考察学习矿产资源管理与利用工作的经验做法和创新思路。考察组先后到建设、太华等乡镇，实地考察当地矿产资源管理和利用情况，并召开座谈会，就无主矿山治理、资源盗采及废弃矿山修复等问题交流探讨。县人大常委会党组副书记、副主任余维语陪同考察。

【服务经济社会发展】 2021年，县人大始终围绕经济建设中心，把保障发展作为履行职责的重中之重，坚持以高质量发展为主题，做好“六稳”工作、落实“六保”任务，坚持依法监督与支持促进有机结合，助推全县经济发展更高质量、更有效率。县人大常委会领导和机关干部坚持以上率下，强化责任担当，主动融入大局，投入乡村振兴、茶产业发展、文明创建等中心工作。协调推进兴泉铁路、香山学村等21个挂钩重大项目建设，完成虎母顶和原火电厂片区等地块征迁任务。年中开展半年经济运行情况调研，听取半年计划执行情况的报告，把对中长期规划审查监督贯穿于年度监督之中。按照经济高质量发展的新趋势、新规律、新要求，对症下药，提出合理布局中长远规划、落实落细项目政策、激发市场活力和社会创造力等意见建议，督促政府抓好稳增长、促改革、调结构等重要措施的贯彻落实，力促全县经济社会发展稳中有进、稳中有升、稳中向好，县域综合实力进一步提升。落实全过程人民民主要求，在审议报告、决议决定、执法检查等一系列工作中，坚持深入群众，吸纳民意，汇聚民智。

【人民代表主体作用发挥】 2021年，县人大常委会尊重代表主体地位，搭建代表履职平台，完善联系服务代表机制，支持保障代表履职行权，发挥代表作用。注重代表素质提升，通过集中培训、网络专题学习、寄送报纸杂志、定期向代表宣传法律法规等形式，提高代表履职能力。坚持“建好、管好、用好”代表活动阵地，强化18个乡镇“代表联系群众活动室”、75个“代表小组活动室”提档升级，确保规范运行。推动互联网代表履职，运用“福建省三级人大代表履职服务网络平台”，完善“大田县人大代表在身边”微信公众号功能，畅通群众诉求渠道，打通代表联系群众“最后一公里”。重视代表履职激励和管理，坚持代表向选民报告履职情况、履职登记等制度，落实代表履职补助、活动经费，更好地支持和保障代表依法行权。发布人大工作动态，展现代表履职风采。把高质量办理代表建议作为发挥代表履职实效的重要抓手，采取常委会领导挂包督办、相关委室对口督办，重大问题集中督办、跨年度问题跟踪督办等方式，着力提高代表建议办理实效。在县十七届人大五次会议期间，代表提出建议107

件，2 件议案经主席团决定转为建议办理，代表建议办理件件有着落、事事有回音，一批影响经济发展、城市建设、民生改善、社会稳定的问题得到较好解决，代表满意率 92.72%。

（钟岑　杨棋）

人民代表大会与人大常委会会议

【概况】　2021 年，召开人民代表大会 2 次、人大常委会会议 9 次、主任会议 22 次，听取和审议“一府两院”专项工作报告 20 项。

【县第十七届人民代表大会第五次会议召开】　1 月 6—8 日，大田县第十七届人民代表大会第五次会议在县影剧院召开，代表共 199 人，出席代表 194 人，列席人员 179 人。会议听取和审议县人民政府县长林金龙作的《政府工作报告》、县人大常委会主任陈汉良作的《县人大常委会工作报告》、县人民法院院长杨绍东作的《县人民法院工作报告》、县人民检察院代检察长应学军作的《县人民检察院工作报告》，并通过相应的决议。会议审议县发展和改革局局长温如凤作的《关于大田县 2020 年国民经济和社会发展计划执行情况与 2020 年国民经济和社会发展计划（草案）的报告》和《关于大田县国民经济和社会发展第十四个五年规划和二〇三五年远景目标纲要（草案）》、县财政局局长郑丁炫作的《关于大田县 2020 年预算执行情况和 2021 年预算（草案）的报告》，并通过相应的决议。

【县第十七届人大常委会第三十八次会议】　1 月 28 日，第三十八次会议在县人大会议室召开（下同），副主任郑宜堆主持，会期半天。县人大常委会全体委员，县人大常委会党组成员、三级调研员涂剑峰，县委常委、副县长詹冬华，县监察委副主任许志鹏，县检察院检察长应学军，县法院副院长史小闽，县人大社建委副主任委员，各乡镇人大主席，县政府办负责人参加会议。会议主要内容：人事任免事项，开展部门工作评议。

【县第十七届人大常委会第三十九次会议】　4 月 8 日召开第三十九次会议，副主任余维语主持，会期半天。县人大常委会全体委员，副县长吴文旗，县监察委副主任许志鹏，县检察院检察长应学军，县法院院长杨绍东，县人大社建委副主任委员，各乡镇人大主席，市县人大代表 8 人，县政府办负责人参加会议。会议主要内容：听取县政府关于 2020 年度法治政府建设情况的报告（书面），听取和审议县法院关于多元化纠纷解决机制工作情况报告，听取和审议县政府关于小学“强基”工程实施情况报告，审议关于提请重新确定各乡镇人大代表名额的议案，人事任命事项。

【县第十七届人大常委会第四十次会议】　6 月 4 日召开第四十次会议，副主任张爱兰主持，会期半天。县人大常委会全体委员，县人大常委会党组书记陈剑生，县委常委、副县长詹冬华，县监察委副主任许志鹏，县检察院检察长应学军，县法院副院长肖雄忠，县人大社建委副主任委员，各乡镇人大主席或主席候选人，市县人大代表 8 人，县政府办负责人参加会议。会议主要内容：听取和审议县政府关于 2020 年度环境状况和环境保护目标完成情况报告（书面），听取和审议县政府关于县属国有资产基本情况及国有地下防空设施规划建设管理和资金使用情况报告，听取和审议县检察院关于认罪认罚从宽制度落实情况报告。

【县第十七届人大常委会第四十一次会议】　7 月 23 日召开第四十一次会议，副主任刘永生主持，会期半天。县人大常委会全体委员，县人大常委会党组书记陈剑生，县委常委、副县长詹冬华，县监委副主任许志鹏，县法院副院长史小闽，县检察院检察长应学军，县人大社会委副主任委员，各乡镇人大主席或主席候选人，市县人大代表 8 人，县政府办负责人参加会议。会议主要内容：人事事项，听取和审议县政府关于 2021 年上半年国民经济及社会发展计划执行情况报告，听取和审议县政府关于 2021 年上半年财政预算执行情况报告。

【县第十七届人大常委会第四十二次会议】　8 月 27 日召开第四十二次会议，副主任郑宜堆主持，会期半天。县人大常委会全体委员，县人大常委会党组书记陈剑生，党组成员、三级调研员涂剑峰，县委常委、副县长詹冬华，县监委副主任田有彬，县法院代院长王有章，县检察院检察长应学军，县人大社会委副主任委员，县政府办负责人参加会议。会议主要内容：传达全省换届选举工作会议精神，通报换届选举前期工作情况及下阶段工作安排，审议关于提请确定县乡两级人民代表大会代表选举日的议案，审议关于提请设立县乡选举委员会、县选举委员会办公室及任命相关组成人员的议案，审议关于提请县第十八届人大代表名额分配议案，人事任免事项。

【县第十七届人大常委会第四十三次会议】 9月18日召开第四十三次会议，副主任余维语主持，会期半天。县人大常委会全体委员，县人大常委会党组书记陈剑生，党组成员、三级调研员涂剑峰，副县长廖正楼，县监委副主任许志鹏，县法院代院长王有章，县检察院副检察长蒋原成，县政府办负责人参加会议。会议主要内容：听取和审议县政府关于高标准生态茶园建设情况报告，听取和审议县政府关于基层医疗服务能力情况报告，县乡人大换届选举有关事项。

【县第十七届人大常委会第四十四次会议】 9月29日召开第四十四次会议，副主任张爱兰主持，会期半天。县人大常委会全体委员，县人大常委会党组书记陈剑生，县政府党组成员范德溥，县监委副主任田有彬，县法院代院长王有章，县检察院检察长应学军，县人大社会委副主任委员参加会议。会议主要内容：听取和审议县政府关于2020年度县财政收支决算草案的报告及2020年度县本级财政预算执行和其他财政收支情况的审计工作报告，开展关于县政府办理国有资产管理审议意见落实情况满意度测评，开展关于县政府办理推进国有企业改革审议意见落实情况满意度测评，开展关于县政府办理小学“强基”工程实施审议意见落实情况满意度测评，开展关于县法院办理多元化纠纷解决机制工作审议意见落实情况的满意度测评。

【县第十七届人大常委会第四十五次会议】 11月26日召开第四十五次会议，副主任刘永生主持，会期半天。县人大常委会全体委员，副县长姜妍，县监委副主任许志鹏，县法院代院长王有章，县检察院检察长应学军，县人大社会委副主任委员，各乡镇人大主席或主席候选人，县政府办负责人参加会议。会议主要内容：开展学习贯彻中央人大工作会议精神专题研讨，听取和审议县政府关于历史文化名镇名村和传统村落保护情况报告，听取和审议县政府《关于在全县公民中开展法治宣传教育的第八个五年规划（2021—2025）》并作出机关相应决议，听取和审议关于召开大田县第十八届人民代表大会第一次会议的决定，听取和审议县政府关于县十七届人大五次会议和闭会期间代表提出的议案、建议办理情况报告并开展满意度测评，开展关于县检察院认罪认罚从宽制度落实情况满意度测评，接受选举委员会部分组成人员辞职事项，有关县法院人事任命事项。

【县第十七届人民代表大会第四十六次会议】 12月10日召开第四十六次会议，副主任郑宜堆主持，会期半天。县人大常委会全体委员，县人大常委会党组书记陈剑生，县人大常委会党组成员、三级调研员涂剑峰，县委常委、常务副县长詹冬华，县监察委副主任田有彬，县法院代院长王有章，县检察院检察长应学军，县人大社会委副主任委员，县政府办负责人参加会议。会议主要内容：听取和审议《县政府关于提请调整2021年县本级财政收支预算的议案》；审议代表资格审查委员会关于代表资格审查情况的报告；听取大田县第十八届人民代表大会第一次会议筹备工作情况的报告，提请大会预备会议通过；审议大田县第十八届人民代表大会第一次会议议程和日程（草案），提请大会预备会议和主席团第一次会议通过；审议关于设立大田县第十八届人民代表大会专门委员会的决定（草案），提请大会第一次全体会议通过；审议财政经济审查委员会和议案审查委员会名单（草案），提请大会预备会议通过；审议各代表团划分及团长名单（草案），提请大会预备会议通过；审议大田县第十八届人民代表大会第一次会议主席团和秘书长、副秘书长、主席团常务主席、执行主席分组名单（草案），提请大会预备会、主席团第一次会议通过；审议邀请上主席台就座人员和列席会议人员名单（草案）；审议大田县第十八届人民代表大会第一次会议选举和表决人选办法（草案），提请大会第一次全体会议通过；审议县人大常委会工作报告（草案）。

【县第十八届人民代表大会第一次会议召开】 12月16—19日，大田县第十八届人民代表大会第一次会议在县影剧院召开，代表230人，出席会议226人，列席人员184人。会议听取和审议县长林金龙作的《政府工作报告》、县人大常委会主任陈汉良作的《县人大常委会工作报告》、县人民法院代院长王有章作的《县人民法院工作报告》、县人民检察院副检察长蒋原成作的《县人民检察院工作报告》，并通过相应的决议。会议审议县发展和改革局局长温如凤作的《关于大田县2021年国民经济和社会发展计划执行情况与2022年国民经济和社会发展计划（草案）的报告》、县财政局局长郑丁炫作的《关于大田县2021年预算执行情况和2022年预算（草案）的报告》，并通过相应的决议。大会选举产生大田县第十八届人民代表大会常务委员会组成人员：

主　任　陈剑生

副主任　张钦梅（女）

余维语

刘永生

郑宜堆

委　员　28人

（排名不分先后）

丁梅芳（女）

严秀兰（女）

杜建辉

李方广

李家宝

杨玉全（女）

连青阳

张正春

陈永明

陈建文

林起严

林爱红（女）

林雁强

郑小玲（女）

郑开京

郑雪珍（女）

郑新平

柳百财

施秋萍（女）

郭振椿

涂剑峰

涂振鹏

黄圣洁

黄军晖

章宗炼

程美花（女）

谢锦秀（女）

颜清德

选出大田县第十八届人民代表大会法制委员会组成人员：

主任委员　陈钦梅（女）

副主任委员　林起严

委　员　吴绍锯

林爱红（女）

施秋萍（女）

涂振鹏

颜清德

选出大田县第十八届人民代表大会财政经济委员会组成人员：

主任委员　余维语

副主任委员　李方广

委　员　严秀兰（女）

张正春

陈永明

陈艳艳（女）

林雁强

选出大田县人民政府县长、副县长：

县　长　林金龙

副县长　詹冬华

姜　妍

陈博天

黄和新

陈秀达

廖正楼

范德溥

赖　晶（女）

选出大田县人民法院院长：

王有章

选出大田县人民检察院检察长：

应学军

选出三明市第十四届人民代表大会代表38人（排名不分先后）：

王雪强

田起杨

吕国健

刘持标

刘娉婷（女）

江秀华（女）

池明流

苏迎平

杜肆贰

巫振桂

李序扶

连荣诗

肖桂兰（女）

吴文盘

吴同永

何天仁

陈文华

陈如双

陈建秋

陈春华（女）

陈剑生

陈晓艳（女）

陈联双

陈鹏飞

陈　磊

林进城

林良叔

林启双

林金龙

郑丁炫

郑花榕（女）

钟先礼

涂东山

涂辉燕（女）

曹玉华（女）

章赞德

童作光

詹积富

（钟岑　杨棋）

重大事项审议决定

【概况】　2021年，县人大常委会贯彻中央和省市委的重大决策部署，落实有关法律规定，对本行政区域改革开放、经济建设、民主法治建设及召开重要会议、人事任免等进行审议，并作出决议或决定。全年作出决议2项、决定4项。

【县乡两级人大代表选举日的决定】 8月27日，县第十七届人大常委会第四十二次会议决定，大田县县乡两级人民代表大会代表选举日为2021年12月1日。

【设立县、乡镇人大代表选举委员会办公室的决定】 8月27日，县第十七届人大常委会第四十二次会议决定，2021年县、乡两级人民代表大会代表换届时，设立县和乡镇人大代表选举委员会，主持县、乡两级人民代表大会代表的选举，县、乡选举委员会下设办公室。

【设立各选区选举办事处的决定】 9月18日，县第十七届人大常委会第四十三会议决定，2021年县、乡两级人民代表大会代表换届时，县选举委员会在各乡镇、县直机关企事业单位和永安煤业公司选区设立选举办事处，作为派出机构，组织实施所辖选区人大代表选举工作，其中各乡镇选举办事处与乡镇选举委员会实行两块牌子、一套人马，县直机关企事业单位和永安煤业公司6个选区设立6个选举办事处。

【批准县本级财政决算的决议】 9月29日，县第十七届人大常委会第四十四次会议听取了县人民政府《关于2020年大田县本级财政收支决算（草案）的报告》和《关于2020年大田县本级财政预算执行情况和其他财政收支的审计工作报告》，对2020年县本级财政决算（草案）进行了审查。会议同意县人大财政经济委员会提出的《关于2020年大田县本级财政决算的审查报告》，决定批准2020年县本级财政决算。

【召开县第十八届人民代表大会第一次会议的决定】 11月26日，大田县第十七届人大常委会第四十五次会议决定，大田县第十八届人民代表大会第一次会议于2021年12月15日在城关召开，会期4天。建议会议主要议程：听取和审议大田县人民政府工作报告，并通过相应的决议；听取和审议大田县2021年国民经济和社会发展计划执行情况及2022年国民经济和社会发展计划草案的报告，审查和批准大田县2021年国民经济和社会发展计划执行情况的报告及2022年国民经济和社会发展计划；听取和审议大田县2021年预算执行情况及2022年预算草案的报告，审查大田县2021年预算执行情况的报告及2022年预算草案，批准大田县2021年县本级预算执行情况的报告及2022年县本级预算；听取和审议大田县人大常委会工作报告，并通过相应的决议；听取和审议大田县人民法院工作报告，并通过相应的决议；听取和审议大田县人民检察院工作报告，并通过相应的决议；选举大田县第十八届人民代表大会常务委员会主任、副主任、委员；选举大田县人民政府县长、副县长；选举大田县监察委员会主任；选举大田县人民法院院长；选举大田县人民检察院检察长；选举三明市第十四届人民代表大会代表；表决通过大田县第十八届人民代表大会法制委员会、财政经济委员会、社会建设委员会的主任委员、副主任委员、委员名单；大会主席团决定提请大会审议的其他事项。

【批准调整县本级财政收支预算议案的决议】 12月10日，县第十七届人大常委会第四十六次会议，听取《大田县人民政府关于提请调整2021年县本级财政收支预算的议案》，并对议案进行审查。会议同意县人民代表大会财政经济委员会的审查报告，决定批准调整2021年县本级财政收支预算的议案。

（钟岑 杨棋）

监督工作

【概况】 2021年，县人大履行宪法和法律赋予的职责，坚持正确监督、有效监督，服务经济社会发展，提升监督实效。全年，听取和审议"一府两院"专项工作报告20项，组织开展调研、视察、专题询问、执法检查13项，组织满意度测评12次，配合省、市人大常委会开展调研、视察、执法检查等活动16次。

【部门工作满意度测评】 1月28日，县十七届人大常委会第三十八次会议，根据《中共大田县委转发〈大田县人民代表大会常务委员会关于开展部门工作评议的办法（试行）〉的通知》（田委〔2017〕72号）、《大田县第十七届人大常委会工作评议实施方案》（田人大〔2017〕46号）和《大田县人大常委会办公室关于开展部门工作评议活动的通知》（田人大办〔2021〕1号）的要求，县人大常委会组织开展对县政府办、公安局等22个部门及单位的工作评议，并将测评结果通过县电视台向社会公布。

【乡镇产业发展情况调研】 3月中旬，县人大常委会组成以主任陈汉良为组长，部分委室主任为成员的调研组5人，到太华镇科华石墨科技有限公司、广平镇五龙山茶叶园，开展“再学习、再调研、再落实”活动，详细了解企业发展规划以及存在的困难和问题，提出指导性意见。

【小学强基工程实施情况调研】 3月中旬，县人大常委会组成以副主任张爱兰为组长、部分人大常委会委员、人大代表、乡镇人大主席为成员的调研组一行11人，通过实地察看、座谈交流等形式，对全县小学强基工程实施情况调研。调研组到奇韬、文江、广平等乡镇，实地了解小学强基工程实施情况。

【多元化纠纷解决机制工作调研】 3月下旬，县人大常委会组成由县人大常委会副主任郑宜堆为组长、部分人大常委会委员和乡镇人大主席为成员的调研组一行8人，通过实地察看、座谈交流等形式，对县人民法院多元化纠纷解决机制工作情况调研。调研组一行先后到华阳光电有限公司、建设法庭、县法院机关诉讼服务中心、县法院驻交警大队交通巡回审判庭了解纠纷工作开展情况，并召开座谈会。

【水库建设与管理情况调研】 4月下旬，县人大常委会组成由县人大常委会党组成员、三级调研员涂剑峰为组长、部分人大常委会委员和乡镇人大主席为成员的调研组一行8人，对全县水库建设与管理情况开展专题调研。调研组到华兴、湖美、吴山等乡镇实地查看，并召开由县水利局、生态环境局、林业局等部门领导参加的座谈汇报会，广泛了解和征求各方面意见和建议。

【县属国有资产管理情况调研】 4月下旬，县人大常委会组成以副主任刘永生为组长、部分人大常委会委员、人大代表、乡镇人大主席为成员的调研组一行10人，对县属国有资产基本情况及国有地下防空设施建设使用管理情况开展专题调研。调研组实地查看国投公司、福塘标准厂房、碧桂园一期、樾龙湾等地，并召开由县财政局、自然资源局、发改局等部门领导参加的座谈汇报会，广泛了解和征求各方面意见和建议。

【县检察院认罪认罚从宽制度适用情况调研】 5月上旬，县人大常委会组成以副主任郑宜堆为组长、部分人大常委会委员、人大代表、乡镇人大主席为成员的调研组一行9人，对县检察院认罪认罚从宽制度适用情况进行专题调研。调研组到检察机关、广平镇实地调研，并召开座谈会。与会的法院、公安局、司法局人员针对各自工作开展情况，遇到的问题、困难及相应对策建议等方面进行了交流、探讨。

【养老服务体系建设情况调研】 6月中旬，县人大常委会组成以副主任余维语为组长、部分人大常委会委员、人大代表、乡镇人大主席为成员的调研组一行10人，对县养老服务体系建设情况进行调研。调研组到厦门思明区莲花爱心护理院、厦港街道照料中心、湖里区温馨家园养老中心等地，学习考察养老服务体系建设先进经验和做法。实地察看上京镇延京村幸福院、华兴镇仙峰村幸福院、建设镇敬老院、湖美乡敬老院等，并召开座谈会，听取全县养老服务体系建设管理工作情况汇报。

【乡镇人大工作和建设情况调研】 7月上旬，县人大常委会组成以党组书记陈剑生为组长，部分人大常委会委员、人大代表、乡镇人大主席为成员的执法检查组一行6人，对县各乡镇人大工作和建设情况进行调研。调研组到均溪、济阳、吴山等乡镇，通过实地查看、听取汇报、查阅资料等方式详细了解各乡镇人大工作和建设情况，并提出建议和意见。

【禁毒工作开展情况调研】 8月上旬，县人大常委会组成以副主任郑宜堆为组长，部分人大常委会委员、县人大代表、乡镇人大主席为成员的执法检查组一行9人，对县禁毒工作开展情况进行调研。调研组一行先后走访察看均溪镇社区戒毒／社区康复（集中）管理工作站、县中小学生毒品预防教育社会实践基地、均溪中心小学林则徐禁毒宣教室、鸿图中学林则徐禁毒宣教室，并听取县公安局、人社局、市管局、卫健局、县教育局、均溪镇城区办等单位禁毒工作情况汇报。

【生物防火林带建设情况调研】 8月中旬，县人大常委会组成以党组成员、三级调研员涂剑峰为组长，部分人大常委会委员、县人大代表、乡镇人大主席为成员的调研组一行8人，对县生物防火林带建设情况进行调研。调研组到华兴、建设、前坪等乡镇实地查看，召开由县林业局、财政局、应急局等部门领导参加的汇报座谈会，广泛了解和征求各方面意见和建议。

【金融及财政支持实体经济发展情况调研】 10月下旬，县人大常委会组成以副主任刘永生为组长，部分人大常委会委员、县人大代表、乡镇人大主席为成员的执法检查组一行10人，开展对县金融及财政性资金支持县域实体经济发展情况的调研。调研组到京口园区、罗丰园区、石牌及武陵工业区、福塘双创园、鑫城水泥等企业进行实地了解，召开由9家县金融部门及部分政府成员单位、经济开发区管委会、国投公司等领导参加的座谈会。

【《中华人民共和国土壤污染防治法》执法检查】 10月下旬，县人大常委会组成以副主任余维语为组长、部分人大常委会委员、人大代表、乡镇人大主席为成员的调研组一行8人，到均溪、太华镇开展《中华人民共和国土壤污染防治法》执法检查。检查组实地查看了均溪镇东坑村银场沟土壤污染源头防控项目、太华镇西埔村受污染耕地安全利用集中区、太华镇崩额前矿山生态修复治理项目，并召集相关部门负责人召开座谈会，详细了解县土壤污染防治情况。

【传统村落保护工作情况调研】 11月上旬，县人大常委会组织部分人大常委会委员、县人大代表，由县人大常委会副主任余维语带领，对历史文化名镇名村和传统村落保护工作进行调研。调研组到石牌、太华、建设、济阳等乡镇，实地查看京程村、小华村、建国村、上丰村等中国传统村落，并召开座谈会，详细了解历史文化名镇名村和传统村落保护工作基本情况、主要举措和存在问题。

【县属国有企业改革情况调研】 12月中旬，县人大常委会组成以副主任刘永生为组长的调研组一行6人，开展县属国有企业改革情况调研。召开县国资、工信、财政、审计、商务、住建、文旅、水利、交通运输、农业农村、林业、自然资源等部门领导参加的座谈会；走访县国投公司、国新建材公司、煤炭工业公司、城投公司、大田水泥厂、矿产开发公司、商业总公司、锦田公司等企业，重点了解当前县属国有企业改革进展情况及存在的困难和问题。针对部分企业干部职工存在养老保险、住房公积金缴纳不及时及企业资产产权不清、未来发展方向不明等问题提出意见建议。

（钟岑　杨棋）

人事任免

【概况】 2021年，县人大常委会坚持党管干部与依法任免有机统一，全年任免（接受辞职）县政府副县长5人次、县政府工作部门人员6人次、县监委工作人员8人次、县法院审判人员6人次、人大常委会机关工作人员1人次。

【人大常委会机关工作人员职务任免】 1月28日，县第十七届人大常委会第三十八次会议审议通过，决定免去郭振椿县人大常委会环境和城乡建设委员会副主任职务。

【县人民政府副县长职务任免】 4月8日，县第十七届人大常委会第三十九次会议审议通过，决定任命廖卉喆为县人民政府副县长；7月23日，县第十七届人大常委会第四十一次会议审议通过，决定任命廖正楼为县人民政府副县长，接受吴文旗、廖卉喆辞去县人民政府副县长职务的请求；8月27日，县第十七届人大常委会第四十二次会议审议通过，决定任命赖晶为县人民政府副县长。

【县人民法院审判委员会委员、审判人员职务任免】 4月8日，县第十七届人大常委会第三十九次会议审议通过，任命高艳青为县人民法院审判员、立案庭副庭长；7月23日，县第十七届人大常委会第四十一次会议审议通过，任命王有章为县人民法院审判员、审判委员会委员、副院长、代理院长，接受杨绍东辞去县人民法院院长、审判委员会委员、审判员职务的请求；8月27日，县第十七届人大常委会第四十二次会议审议通过，免去曾海鹰县人民法院审判员职务；11月26日，县第十七届人大常委会第四十五次会议审议通过，任命方来能为县人民法院审判员。

【监察委员会委员职务任免】 7月23日，县第十七届人大常委会第四十一次会议审议通过，任命童作光为县监察委员会副主任、代理主任，接受黄家发辞去县监察委员会主任职务的请求，任命田有彬为县监察委员会副主任，免去黄丽玲县监察委员会副主任职务、田有彬县监察委员会委员职务；8月27日，县第十七届人大常委会第四十二次会议审议通过，任命郑祥云、肖基库为县监察委员会委员。

【乡镇人大主席、乡镇长、副乡镇长选举】 7月20—23日，县部分乡（镇）先后召开人民代表大会，依法选举李序扶为均溪镇人民政府镇长，王淮为副镇长；刘翰生为华兴镇人民政府副镇长；严景业为石牌镇人民政府副镇长；陈振耀为屏山乡人民政府副乡长；林凤芫为谢洋乡人民政府副乡长；林新捷为上京镇人民政府副镇长；翁作湖为广平镇人民政府副镇长；张皇滨为湖美乡人民政府副乡长。12月11—14日，县18个乡（镇）先后召开了新一届乡（镇）人民代表大会第一次会议，依法选举田美颂为均溪镇人大主席，李序扶为均溪镇人民政府镇长，林斌、陈新闯、王淮、陈丽媛为副镇长；郑开京为华兴镇人大主席，吴煌珠为华兴镇人民政府镇长，陈之策、刘翰生、涂剑辉为副镇长；张兆钡为石牌镇人大主席，陈建伟为石牌镇人民政府镇长，严景业、曾垂术、魏善演为副镇长；吴绍锯为屏山乡人大主席，林开聪为屏山乡人民政府乡长，陈振耀、章儒、陈秋萍为副乡长；陈振宋为吴山镇人大主席，黄坤为吴山镇人民政府镇长，刘志省、颜建动、张颖为副镇长；余有龙为济阳乡人大主席，连华状为济阳乡人民政府乡长，廖正钧、蒋联凯、张燕兰为副乡长；方亮为武陵乡人大主席，林惠萍为武陵乡人民政府乡长，颜会元、叶美权、严振毅为副乡长；周联灯为谢洋乡人大主席，罗春苗为谢洋乡人民政府乡长，林凤芫、柯起臻、林晨丽为副乡长；李明东为桃源镇人大主席，柳书报为桃源镇人民政府镇长，廖世旺、邱悦、郑祥阵为副镇长；方来炽为上京镇人大主席，林芳炳为上京镇人民政府镇长，章宇光、颜建福、林新捷、林小珍为副镇长，张正春为太华镇人大主席，涂育严为太华镇人民政府镇长，田美弟、陈文行、郭新耀、林丽华为副镇长；林玉安为建设镇人大主席；陈文校为建设镇人民政府镇长，施生孜、章龙洪、冯凤、章永高为副镇长；余成建为广平镇人大主席，柯永晋为广平镇人民政府镇长，叶以相、翁作湖、陈兴琳、施素奋为副镇长；林起杰为奇韬镇人大主席，涂锦发为奇韬镇人民政府镇长，罗春生、吴其津、范清萍为副镇长；蒋联生为文江镇人大主席，涂绍甫为文江镇人民政府镇长，施发东，黄文武、田成烨为副镇长；柯春艳为梅山镇人大主席，涂一彪为梅山镇人民政府镇长；黄初绪、高学鹏、刘利烽、涂文化为副镇长；陈文集为前坪乡人大主席，陈先烂为前坪乡人民政府乡长，戴燕伟、张登山、林芳坂为副乡长；陈世忠为湖美乡人大主席，陈志堂为湖美乡人民政府乡长，林宏师为副乡长。

【县政府工作部门人员职务任免】8月27日，县第十七届人大常委会第四十二次会议审议通过，决定任命连峰为县工业和信息化局局长、林芳庆为县水利局局长、涂东明为县农业农村局局长，免去杨维瓦县工业和信息化局局长职务、林建明县水利局局长职务、郑成鑫县农业农村局局长职务。

（涂婉琴）

代表工作

【概况】 2021年，县人大常委会重视代表工作，不断完善工作机制，提升代表履职服务水平，促进代表作用有效发挥。高度重视换届选举工作，精心组织、周密部署，顺利完成市、县、乡三级人大换届选举工作。

【县乡两级人大代表换届选举】3—12月，县乡两级人大代表选举经历准备、宣传发动和选民登记、提名推荐、协商确定代表候选人和投票选举四个阶段。12月1日，经选民投票，并经县第十七届人大常委会代表资格审查委员会审查，提交县第十七届人大常委会第四十六次会议审议确定，依法选举产生县第十八届人大代表230人，其中，工人代表9人，占代表总数的3.91%；农民代表123人，占代表总数的53.48%；专业技术人员代表18人，占代表总数的7.83%；公务员代表71人，占代表总数的30.87%；事业单位负责人3人，占代表总数的1.3%；非公有制经济人士2人，占代表总数的0.87%；其他基层代表4人，占代表总数的1.74%。代表中，女代表60人，占26.09%；群众代表82人，占35.65%；少数民族代表4人，占1.74%；连任代表75人，占37.69%。选举产生新一届乡级人大代表1078人，其中，工人代表25人，占代表总数的2.32%；农民代表828人，占代表总数的76.81%；专业技术人员代表34人，占代表总数的3.15%，其他基层代表32人，占代表总数的2.97%；公务员代表125人，占代表总数的11.60%。代表中，女性代表338人，占代表总数的31.35%；群众代表384人，占代表总数的35.62%；少数民族代表4人，占代表总数的0.37%；连任代表276人，占25.60%。

全县选举县级代表的选区划分为123个，选举乡级代表的选区划分为563个。县级代表登记选民30.94万人，参加选举选民27.76万人，占89.72%；乡级登记选民30.26万人，参加选举选民26.99万人，占89.19%。

【代表建议督办】 县十七届人大五次会议期间，代表提出建议 110 件，其中主任会议研究确定重点督办件 10 件。3 月 30 日，县人大与县政府召开县十七届人大五次会议代表建议交办会。县人大将本届代表多次提的 20 件建议列入“回头看”工作，并将其中未得到较好落实的 4 件列入重点督办件。7 月，通过向代表征询建议办理意见，满意的 73 件，占 66.36%；基本满意的 29 件，占 26.36%；不满意的 8 件，占 7.28%。9 月，对 8 件不满意件全部限期一个月内重新办理，对重新办理结果再次征询意见，代表再次不满意 2 件。

【市第十三届人大代表（大田团）调研活动】 10 月 13—15 日，县人大常委会组织市第十三届人大代表（大田团）一行 24 人，由县人大常委会主任陈汉良带队到建宁、泰宁开展调研活动。

【县第十八届人大代表名单】 12 月 1 日，选举产生县第十八届人民代表大会代表 231 人；10 日，经县第十七届人大常委会代表资格审查委员会审查、提交县第十七届人大常委会第四十六次会议审议确定，当选的代表中，230 名代表的选举程序符合法律规定，代表资格有效，名单如下：

县直机关、企事业单位、永安煤业公司

陈文华　林金龙
乐继灵　张春妙（女）
陈艳艳（女）郑庆振
王建军

均溪镇：

夏寿南　张爱兰（女）
黄永强　林雁强
杨玉全（女）郑新平
柳百财　田美颂
范一平　范七二
张登晟　范先右
陈美华（女）方爱华（女）
陈有桂　张卿明（女）
范秀桂（女）温荣炼
温荣锟　茅有浪
陈丽真（女）严昌垓
陈六八　严千年
郑善池　张维炼
杨宜淼　周调堆
周庆连　廖明镜
叶晓蓉（女）林永根
张丽美（女）林淑香（女）
杜小燕（女）郑淑梅（女）

华兴镇：

严秀兰（女）林起洲
郑开京　翁扬伦
叶玉团　张太管
卢雪明（女）杨连怀

石牌镇：

刘永生　杜建辉
谢锦秀（女）陈结章
陈建伟　张兆钡
陈　富　陈学煊
李丽珠（女）杜小香（女）
乐建木　吴文教

屏山乡：

陈汉良　林生长
吴绍锯　郭晓敏（女）
苏启理　陈文煌
章永渊　连丽红（女）

吴山镇：

陈剑生　范清玲（女）
陈振宋　刘振华
陈兴繁　陈志耕
林开安

济阳乡：

童作光　杨道成
余有龙　涂振级
涂继星　章志雄
林　燕（女）

武陵乡：

施秋萍（女）陈如双
方　亮　叶　红（女）
林历祥　林广文
林发琳

谢洋乡：

陈钦梅（女）张乃军
周联灯　林开品
林起满　林清华（女）

桃源镇：

涂剑峰　章宗炼
陈开尧　柳书报
李明东　张钟伟
林玉窗　吴　嘉（女）
巫叶星　肖基武
翁文淦　涂汉超
林珍妹（女）

上京镇：

陈永明　黄圣洁
乐永权　方来炽
田美琴（女）陈乘侔
吴平诗　陈建圳
林娥秀（女）刘美万
陈双满（女）田美依

太华镇：

吴初增　陈建文
颜清德　廖上培
涂育严　张正春
陈兴泉　林新标
柳碧云（女）连良钢
陈首锵　连广周
陈维善　詹尾娇（女）
陈开茂　连建华（女）
廖发煖　章先篇
叶美江　蒋春妹（女）

建设镇：

陈　磊　黄军晖
林起严　陈建锋
林玉安　高　洁（女）
黄文津　陈成地

吴士海　林起堑
林　敏（女）蒋丽华（女）
高忠裕　李梅莲（女）
廖尚洋

广平镇：

郑宜堆　李方广
郑雪珍（女）田起杨
余成建　蒋兆烘
范润金（女）林丽莉（女）
郭立清　郑宣斌
张玉成　张玉团
张占潘　廖新标
林珠香（女）池永圳
张裕森　郑燕华（女）
郑新设　王升平
高金花（女）

奇韬镇：

余维语　王有章
陈庆进　林起杰
吴成校　郑上照
方胥金　方来烧
方雪花（女）

文江镇：

郭振椿　连青阳
丁梅芳（女）黄兴烈
蒋联生　余　洁
廖世辉　廖尚木
李凤铨　叶琼玲（女）
周学辉　杨丽贞（女）
廖美花（女）

梅山镇：

涂振鹏　林爱红（女）
李家宝　吴善寨
柯春艳　吴春芳（女）
吴春盛　詹联燎
雷玉华（女）叶德谦
吴巧梅（女）张菊英（女）
陈占地　陈上华

湖美乡：

黄春明　应学军
郑小玲（女）陈世忠
林清霞（女）颜建规
林芳伦　卢新郁
林宗庆

前坪乡：

程美花（女）陈光伟
陈文集　郑美华（女）
丁首棋　林青初

【“亮身份、晒履职、办实事”实践活动】　2021年，县人大常委会组织各级代表围绕“四个一”，开展“亮身份、晒履职、办实事”实践活动，开展“人大代表在身边”工作，推进人大代表联系群众工作常态化，发挥人大代表作为党和国家联系人民群众的桥梁纽带作用。

（涂婉琴）

大田县人民政府

□ 编辑 陈妮

综 述

【概况】 2021年，大田县人民政府坚持以习近平新时代中国特色社会主义思想为指导，贯彻中共十九大和十九届历次全会精神及习近平总书记到闽、到三明考察重要讲话重要指示精神，全方位推进高质量发展超越，完成县十七届人大五次会议确定的目标任务。全县地区生产总值249.38亿元，比上年增长6.6%；规模以上工业增加值增长3.7%；地方公共财政收入7.81亿元，同比增长3.2%；社会消费品零售总额60.67亿元，同比增长11.2%；城镇居民人均可支配收入42645元，同比增长8.4%；农村居民人均可支配收入21874元，同比增长11.1%。落实粮食安全省长责任制，完成上级下达的粮食工作目标任务。大田县举办首届中国美人茶大赛，被中国农业国际合作促进会评为全国区域特色美丽茶乡，被海峡两岸茶业交流协会授予“中国美人茶之乡”称号。桃源镇入选农业农村部第十一批全国“一村一品”示范镇名单。“大田美人茶乡红色之旅”被中国农业国际合作促进会评为中国共产党成立100周年全国百条红色茶乡旅游精品路线。大田县被省委、省政府评为2018—2020年度省级文明县城。“第二集美学村”被省政府认定为历史文化街区和省爱国主义教育基地。“‘阳光1+1’打造消费助农新路径”工作模式入选全国消费帮扶助力乡村振兴优秀典型案例，“互联网+山区居家养老”工作模式入选国家数字乡村试点案例。杂剧作场戏入选国家级非物质文化遗产代表性项目名录。吴山镇和武陵乡分别被评为全国、全省脱贫攻坚先进集体，元沙村获评全国民主法治示范村，阳春村获评全国乡村治理示范村。

【产业发展】 2021年，县政府推进铸造和装备制造、水泥建材、石墨（烯）等产业发展，制定“一业一策”提升方案，举办铸造和装备制造产业发展交流论坛，全县工业园区新入驻企业16家、总投资29.1亿元；新岩水泥技改项目部分投产，科华石墨增资扩产，94个省市重点技改项目完成投资36.84亿元；全年新增三级以上建筑企业13家，入库税收增长30%；新培育规模以上工业企业9家，上市后备企业8家，国家级高新技术企业7家，科技“小巨人”企业4家，科技型中小企业14家，全社会研究与试验发展经费投入同比增长12.4%。改良茶叶品种88.67公顷，屏山、吴山、广平美人茶集中加工区开工建设，建成大田美人茶文化创意园和美人茶研究所，茶叶全产业链产值36.6亿元；玖悟茶叶、方宇茶叶等5个重点特色农业项目开工建设，银顶农业、屏山智慧茶园等一批重点特色农业项目基本建成。制订“数字大田”建设方案，在第四届数字中国建设峰会上签约项目2个、总投资36.1亿元。新培育规模以上服务业、限额以上贸易企业20家，新增物流企业17家，房地产业入库税收同比增长20%。茶天下度假旅游、青年旅行社等4家企业入选全市文旅康养主导产业企业。

【项目建设】 2021年，县政府开展重点项目建设“百日攻坚”行动，新增省级“五个一批”项目201个，总投资1135亿元，列入省重点项目28个，居全市第三位；164个县级重点项目完成投资130.05亿元，英仑陶瓷、毓秀中学等88个项目开工建设，合鑫金属、凯沃机械等65个项目建成或部分建成。开展“大招商招好商”攻坚战役，全年新签约亿元及以上项目46个、总投资144.97亿元，新落地开工

34 个、总投资 111.74 亿元。将政策资金争取、征地拆迁纳入专项奖励，向上争取补助资金 14 亿元、专项债券 12.34 亿元。完成工业用地征收 84.15 公顷、商住用地征收 38.44 公顷，新开发园区面积 120 公顷，上京铸造装备园成片开发方案为全市已批规模最大的方案。全年落实减税降费 2.82 亿元，发放小微企业纾困贷款 1.01 亿元，降低企业融资成本 1400 万元，办理应急转贷 2.21 亿元、政府性融资担保 9551 万元。

【民生事业发展】 2021 年，县政府民生支出 25.53 亿元，同比增长 2.91%，占一般公共预算支出的 85%。开展“我为群众办实事”活动，为民办实事项目 27 项基本完成；提高城乡低保、特困供养人员等社会救助标准，发放各类稳就业奖补资金 55.79 万元，新增城镇就业 700 人，农村劳动力转移就业 2500 人，城镇登记失业率 2.07%。落实新冠感染疫情“外防输入、内防反弹”防控要求，推进疫苗接种，巩固疫情防控“零确诊”成果。推进教育补短板建设项目 18 个，香山小学、福塘幼儿园、武陵中心幼儿园等 8 个项目建成投入使用，全县新增学位 4630 个；优化教育资源配置，采用“委托办学”方式，整合济阳、前坪等 5 所九年一贯制学校初中部，城区和园区务工人员随迁子女入学问题得到妥善解决，中考优秀率居全市前列。郭燕兰、林文君等在第十四届全运会和第十一届残运会上斩获 3 金 3 银 1 铜。夕阳红闽中康养服务中心二期建设完工，提升改造农村幸福院、区域性养老服务中心各 2 个，新增养老床位 190 张。提升城乡建设品质项目 40 个，完成投资 13.2 亿元，建成儿童微乐园 5 个，完成老旧小区改造 2908 户，新建改造便民小市场 6 个，建设智慧停车位 292 个，整治背街小巷 301 条，铺设白岩山北路至梅林林场宿舍楼段沥青路面并投入使用，城区地表水厂扩建完工，启动澹多桥、三角亭、蔡公亭等城市历史记忆文化项目建设。新改（扩）建农村公路 30 千米、农村饮水管网 37.7 千米，完成乡镇污水配套管网 26.9 千米。管前镇融入新阳中心片区建设，广平中心幼儿园、国道 534 线铭溪至栋仁段等 11 个项目基本建成。

【乡村振兴工作推进】 2021 年，县政府成立县乡村振兴局，推进脱贫成果巩固与乡村振兴有效衔接，3 条乡村振兴路线被列入市乡村振兴“串点连线成片”示范线，首批国家数字乡村试点地区建设通过阶段性评估。推进国土空间规划，完成村庄规划编制 106 个。农房规划建设管理机制有效落实，整治裸房 1550 座，拆除“两违”（违法、违规）建筑 42 处。

【生态治理】 2021 年，县政府整改中央生态环保督察组转办的污染防治信访件 38 件并销号；实施闽湖湖美库区水质提升、均溪流域生态廊道和坑口水库水源保护区等生态治理项目，全年空气质量优良天数比例 99.7%，创建“绿盈乡村”230 个，其中省生态环境厅认定的高级版 9 个。8 个山水林田湖草生态保护修复治理项目投入使用并通过省财政厅、省发展和改革委员会、省生态环境厅、省自然资源厅整体验收，山贵崎煤矿、惠峰矿业等 7 家矿山企业入选省自然资源厅绿色矿山名录。

【社会治理】 2021 年，县政府做好“平安大田”建设工作，常态化推进扫黑除恶工作，政法队伍教育整顿取得实效；开展安全生产专项整治三年行动、打击治理电信网络新型违法犯罪专项行动，建国村、赤岩社区等 6 个村（社区）被市司法局评为 2021 年全市民主法治示范村（社区）。

（赖世雄）

县政府常务会议

【概况】 2021 年，县政府召开常务会议 13 次，主要研究城乡建设、产业发展、招商引资、生态环境保护、乡村振兴、道路交通建设、政府采购等重大事项。

【第一次常务会议】 1 月 28 日，在政府二楼会议室召开（下同）。传达贯彻全省城市和农村建设工作会议精神，审议《大田县生活垃圾应急外运处置方案》，研究国道 534 线大田文江镇至奇韬水泥厂段项目和凯立达国际创新中心孵化器项目合同纠纷等问题。

【第二次常务会议】 2 月 6 日，审议《大田县推进铸造和装备制造产业发展三年行动方案》，研究延续县铁合金企业稳生产财政补助政策、亚行贷款项目苗木采购等问题。

【第三次常务会议】 2 月 26 日，传达贯彻省生态环境保护例行督察整改工作推进会精神，审议《2019 年大田县城镇（乡）基准地价》《大田县公办幼儿园保育教育费收费标准调整方案》《大田县优化招商引资项目准入的若干意见（试行）》《2021年县委、县政府为民办实事工作计划》《关于全面推进乡村振兴 加快农业农村现代化的实施方案》《2021年大田美人茶产业实施方案》，研究县人大常委会关于进一步推进县属国有企业改革建议落实情况的报告、县锦田公司下属子公司运营管理、原武陵乡老年人活动中心副楼宗地出让方案等问题。

【第四次常务会议】 3月22日，传达贯彻全国和省市自然资源工作会议主要精神，审议《大田县产业链招商地图》，部署县人大代表建议和政协委员提案办理工作，研究进藏（疆）退役士兵安置、县城投公司等两家企业申请使用县企业贷款应急基金、县总医院等两个单位更新购置公务用车等问题。

【第五次常务会议】 4月23日，审议《协同处理生活垃圾合作意向协议书》《大田县石墨和石墨烯产业生产用电奖励暂行办法》，研究鲤鱼坑大桥路段移线改造、征收大田县明盛矿业公司国有土地使用权及房屋所有权、福建兴田混凝土公司申请使用县企业贷款应急基金、广平镇政府等两个单位购置公务用车、永安煤业公司仙亭煤矿等两家企业申请采矿权延续登记、原石凤水泥厂区宗地（二期）等两宗地块出让等问题。

【第六次常务会议】 5月24日，审议《2021年“五比五晒”推进高质量发展活动方案》《大田县贯彻落实省生态环境保护例行督察报告整改方案》《大田县“十四五”民政事业发展规划》，研究整合购买社工站服务和社会救助服务、征收大田县金门油压机制造公司等两家企业国有土地使用权及房屋所有权、调整原石凤水泥厂区宗地（二期）土地使用权拍卖出让方案、县矿业流通服务中心等两个单位更新购置公务用车、招聘城管协管员和县法院、检察院在职及退休四级高级法官、检察官纳入县副处级医疗待遇财政预算保障等问题。

【第七次常务会议】 6月24日，传达贯彻全国乡村振兴系统建设和工作推进电视电话会议精神，审议《大田县“十四五”教育事业发展专项规划》等4个专项规划及《关于废止和修改部分行政规范性文件的决定》《大田县消防安全责任制实施意见》，研究县小学“强基”工程实施情况和加强水库建设和管理工作的县人大常委会审议意见落实情况、2021年教育规划建设项目资金安排、延续铁合金行业财政补助措施、福建兴田混凝土公司申请使用县企业贷款应急基金、增加事业单位车辆编制、提高参加城乡居民基本养老保险低保对象代缴保费比例、县城投公司接拍金象温泉城项目房产和土地权属不一致处置方案等问题。

【第八次常务会议】 7月23日，审议《大田县“十四五”工业转型升级高质量发展专项规划》《全县道路交通安全隐患大排查大整治工作方案》，研究2021年现代农业发展等8个专项资金安排方案、国有投资房屋建筑和市政基础设施工程项目试行“评定分离”办法、调整城市基础设施配套费征收标准、编制（修编）城区详细规划、坂（面）梅（山）线公路巫仕岬三岔口宗地出让、大田县海鑫矿业公司龙凤场硫铁矿等3个矿山采矿权延续变更登记、县卫生进修学校办公场所搬迁、县教育局新招聘教师周转房和县交通局申请购置更新公务用车等问题。

【第九次常务会议】 8月23日，审议《大田县“大招商招好商”攻坚战役行动方案》《大田县招商引资特别贡献奖评选奖励工作方案（试行）》《大田县“十四五”城乡基础设施建设专项规划》《在全县公民中开展法治宣传教育的第八个五年规划》《大田县九年一贯制学校初中部委托办学（2021—2014年）和七中办学工作方案》，研究县城投公司与华宇集团合作经营、东风农场申请购置更新公务用车、县总医院增加车辆编制及添置负压救护车、国道356线上京长下坡路段255千米+200米处建设紧急避险车道等问题。

【第十次常务会议】 9月22日，审议《大田县农房建设管理“房长制”实施方案（试行）》《大田县“十四五”交通运输发展规划》《大田县基础测绘“十四五”专项规划（2021—2025）》，研究均溪镇东坑垅北侧地块等5宗地块出让、建设政法系统跨部门执法办案管理平台、国道356线大田长溪至梅林段路面改造工程、兴泉铁路大田客运站3号三线大桥及2号站台桥和大田特大桥Ⅱ类变更设计出资等问题。

【第十一次常务会议】 10月27日，审议《大田县“十四五”林业发展专项规划》等4个专项规划及《数字大田建设实施方案（2021—2023）》《大田县推进医改再出发实施方案（2021—2023）》《大田县县属国有企业领导人员任用办法》《大田县实施“八项创新”推进林改再出发行动方案》《大田县落实“六大行动”推进乡村振兴再出发实施方案》，研究大田县美人茶文化创意园入驻运营、2021年实施亚行贷款项目、大田县均溪中心幼儿园等三个幼儿园变更建设业主、更新购置执法执勤车辆等问题。

【第十二次常务会议】 11月26日，审议《2021年政府工作报告》《2021年国民经济和社会发展计划执行情况及2022年国民经济和社会发展计划草案的报告》《2021年财政预算执行情况及2022年预算草案的报告》《2022年财政预算支出情况汇报》《大田县县直有关部门和乡镇生态环境保护责任清单》《法治大田建设规划（2021—2025）》《大田县行政败诉案件责任追究办法（试行）》《大田县人民政府行政决策事项合法性审查规定》《大田县2021年申请公共租赁住房保障条件和标准及完善管理机制的通知》，研究大田县县属国有企业管理部门职责、毓秀中学建设项目（二期）建设模式、2021年综合性生态保护提升性补偿资金预安排方案、县城投公司等三家企业申请使用县企业贷款应急基金、文江镇等两个单位更新购置公务用车等问题。

【第十三次常务会议】 12月27日，审议《大田县“十四五”卫生健康事业发展专项规划》《大田县“十四五”数字经济发展专项规划》《大田县停车设施专项规划》《大田县充（换）电设施专项规划》《关于进一步落实教育教学质量提升工程的实施意见》《高标准生态茶园建设情况审议意见办理情况的报告》，研究大田广平至安溪官桥高速公路（三明段）勘察设计费、成立市政设施经营企业、村镇生活污水处理及配套管网建设和运行管理维护、城市污水处理厂保底污水处理量、生活垃圾应急填埋场垃圾处理服务费等问题。

（赖世雄）

其他重要会议

【县政府全体会议暨廉政会议】 1月8日，县政府全体会议暨廉政工作会议在县政府五楼会议室召开。县长林金龙主持，副县长吴文旗、詹冬华、姜妍、黄和新、陈秀达和政府成员单位负责人参加。会议要求坚定不移推进全面从严治党，进一步压紧压实管党治党责任，充分发挥关键少数作用，认真履行第一责任人职责、“一岗双责”。持之以恒正风肃纪，严守纪律底线，始终做到清白做人，干净做事，筑牢思想防线，构建亲而有度、清而有为的“亲”“清”政商关系。

【防范重特大生产安全事故会议】 3月29日，全县第二季度防范重特大生产安全事故会议在县政府五楼会议室召开。县长林金龙主持，副县长陈秀达、各乡（镇）长、县直有关单位主要负责人、各相关企业主要负责人参加。会议要求统筹发展和安全，既要抓全面，更要抓重点，要紧密结合二季度的季节性特点和当前安全生产所面临的形势，全力以赴除隐患、堵漏洞、补短板，确保全县安全生产形势持续稳定。

【石灰石开采和水泥业发展座谈会】 7月14日，全县石灰石矿开采和水泥产业发展座谈会在县政府四楼会议室召开，县长林金龙，副县长黄和新、陈秀达，有关乡镇、部门负责人及石灰石矿山企业、水泥生产企业负责人参加。会议要求持续推进石灰石矿山绿色发展，各部门要加强矿山资源开发利用的规划引导，各乡镇要积极引导水泥企业延伸产业链条。本着“应帮尽帮”“能解尽解”原则，能够立即解决的问题，马上落实、马上办理，一时难以解决的问题，及时给予回应。

【铸造和装备制造业发展座谈会】 8月3日，全县铸造和装备制造产业发展座谈会在县政府五楼会议室召开。县长林金龙，副县长黄和新，有关乡（镇）长，县直有关单位主要负责人，各相关企业主要负责人参加。会议要求坚持问题导向抓提升，围绕延伸产业链抓好项目谋划，全方位推进铸造和装备制造产业高质量发展。加快园区的基础设施建设，强化要素保障，帮助解决企业发展过程中遇到的各类问题。

【重点项目“依法和谐征迁”大会】 8月16日，全县重点项目“依法和谐征迁”大会在县政府五楼会议室召开。县长林金龙，副县长詹冬华、黄和新、陈秀达、范德溥和有关乡（镇）长、县直有关单位主要负责人参加。会议要求进一步增强做好征迁工作的思想自觉、行动自党，结合开展“再学习、再调研、再落实”以及“牢记新嘱托、增创新优势、再上新台阶”专项活动，提振精气神，奋力勇争先，切实发挥政府部门抓落实的主体作用，确保如期完成县委年初下达的目标任务。

【“大招商招好商”攻坚战役推进会】 10月25日，全县“大招商招好商”攻坚战役推进会在县政府五楼会议室召开。县长林金龙，副县长黄和新和政府成员单位负责人参加。会议要求明确招商重点，紧紧围绕县委、县政府提出的“二三四”现代产业体系，绘制招商图、列出作战表、研究招商策略、拓宽招商渠道，营造全员招商的浓厚氛围。主动靠前抓招商，当好企业和企业家的“娘家人”，全方位支持企业家在大田干事创业、安家落户。

（赖世雄）

政务活动

【概况】 2021年，县政府全力抵御新冠肺炎疫情，帮助企业复工复产；开展村居换届工作，完成换届选举；创新招商引资方式方法，引导乡贤反哺家乡。全年召开现场办公会议21次，组织人员外出考察培训15次，专家、学者、副厅级以上及相关部门领导到县考察调研、指导工作54次，外出招商引资15次。

【上级领导调研】 2月4日，省政协副主席杜源生到县生态治理中心调研，县长林金龙陪同。2月10日，省民政厅厅长池秋娜到县开展节前慰问，副县长黄和新陪同。3月9日，省委常委、常务副省长郭宁宁到县电商公共服务中心、网络生态治理中心、阳光壹加壹（福建）农业科技有限公司调研，县领导林金龙、吴文旗、姜妍、陈秀达陪同。5月13日，市长余红胜到县调研高考中考备考、乡村振兴工作、项目建设情况，县长林金龙陪同。6月4日，中国林学会理事长、原国家林业局局长赵树丛到县调研森林康养工作，县长林金龙、副县长陈秀达陪同。7月12日，住建部村镇司一级巡视员董红梅到县调研农村房屋结构安全隐患排查整治情况，副县长陈秀达陪同。10月9日，市人大常委会党组书记赖碧涛到上京工业园区调研，副县长黄和新陪同。10月26日，市委书记余红胜到县调研三明市网络生态治理中心项目、维真园生物制剂和卫生用品生产项目，副县长姜妍、黄和新陪同。11月8日，省委常委周联清到县察看大田第二集美学村、苏桥煤矿、郭居敬书院、郭居敬百香诗院，副县长廖正楼、赖晶陪同。

【招商引资】 3月4—5日，副县长詹冬华到泉州市开展招商活动。9月7日，县长林金龙，副县长黄和新、陈秀达到厦门市参加第二十一届中国国际投资贸易洽谈会，走访厦门开元国有资产投资有限公司、厦门源昌集团有限公司。9月8日，县长林金龙、副县长黄和新到南安市考察走访企业。10月29日，副县长黄和新到福州市参加福州市大田商会“乡村振兴”系列专题活动暨大田招商推介会。11月6—11日，县长林金龙、副县长黄和新到上海市参加中国国际进口博览会，并到上海市、安徽省马鞍山市、浙江省温州市开展“大招商招好商”活动。

【县政府领导学习培训】 1月11—14日，副县长黄和新到三明市参加“三明实践”专题研讨系列培训班（第二期）。5月24—28日，副县长陈秀达到武夷山市参加全面推行林长制建设美丽新福建专题培训会。8月25—28日，县长林金龙到福州市参加全省县（市、区）党政正职培训班。10月20—22日，副县长赖晶到沙县区参加全省文物建筑活化利用管理培训班。11月1—19日，副县长陈秀达到福州市参加省委党校县（市、区）党政领导政治能力提升班（第6期）学习。11月29—30日，县长林金龙、副县长陈秀达到市委党校参加“山水城融合”规划建设管理培训班。

【新冠肺炎疫情防控检查指导】 8月2日，副县长詹冬华到广平镇检查指导新冠肺炎防疫工作。3日，县长林金龙到均溪镇检查指导新冠肺炎防疫工作。4日，县政府党组成员范德溥到县市场监督管理局、城区各药店检查指导新冠肺炎防疫工作。5日，县政府办副主任（正科长级）赖晶到京口工业园区、桃源镇、县总医院检查新冠肺炎防疫工作。6日，县长林金龙、县政府党组成员范德溥分别到上京镇、文江镇检查指导新冠肺炎防疫工作。10日，副县长姜妍到太华镇检查指导新冠肺炎防疫工作。11日，副县长詹冬华、县政府党组成员范德溥分别到广平镇、文江镇检查指导新冠肺炎防疫工作。9月13日，副县长廖正楼到桃源镇督导新冠肺炎防疫工作。14日，副县长陈秀达到前坪乡督导新冠肺炎防疫工作。15日，县长林金龙，副县长黄和新、姜妍，县政府党组成员范德溥分别到上京工业园区、上京镇、太华镇、县汽车站、交通运输局检查指导新冠肺炎防疫工作。16日，副县长陈博天到前坪乡检查指导新冠肺炎防疫工作。17日，县长林金龙到吴山镇检查指导新冠肺炎防疫工作。

【村级换届调研】 8月6日，县长林金龙，县政府党组成员范德溥分别到上京镇、文江镇调研村级组织换届工作。10日，副县长姜妍、陈秀达分别到太华镇、前坪乡调研村级组织换届工作。11日，副县长詹冬华、黄和新、廖正楼，县政府党组成员范德溥分别到广平镇、上京镇、桃源镇、文江镇调研村级组织换届选举工作。13日，副县长廖正楼到桃源镇调研村级组织换届工作。14日，副县长陈秀达到前坪乡调研村级组织换届工作。15日，副县长姜妍、黄和新分别到上京镇、太华镇调研村级组织换届工作。16日，副县长陈博天到前坪乡调研村级组织换届工作。24日，县政府党组成员范德溥到文江镇调研村级组织换届工作。10月20日，副县长廖正楼到桃源镇调研村级组织换届工作。11月19日，县政府党组成员范德溥到石牌镇调研指导村委会换届选举试点工作。24日，县政府党组成员范德溥到文江镇、奇韬镇、广平镇调研村级组织换届工作。12月7日，县长林金龙到上京镇调研村级组织换届工作。10日，副县长陈秀达到前坪乡调研村级组织换届工作。

（赖世雄）

政府信息公开

【概况】 2021年，大田县人民政府贯彻落实《国务院办公厅关于印发2021年政务公开工作要点的通知》《福建省人民政府办公厅关于印发2021年全省政务公开工作主要任务分解表的通知》精神，加强政策解读、回应社会关切、聚焦重点领域、规范信息管理、强化平台建设、完善制度体系、统一规范公开方式，完成政府信息公开平台改造升级。推进全县政务公开工作稳步有序开展，取得良好实效。至年底，全县主动公开信息737条，全文电子化率100%。

【政府信息管理】 2021年，县政府健全完善县政务公开领导小组，各级各部门分管领导、工作人员各1名负责政府信息公开工作，确保公开信息的收集、编辑、审核、发布及时到位。修订《大田县人民政府门户网站信息上网发布签发单》，由信息责任单位分管领导复审、主要领导定审，严格把关拟发布信息内容的准确性、完整性、时效性以及是否涉密，落实“三审”（初审、复审、终审）制度。建立“一季度一培训”制度，全年开展政务公开业务培训会4场次，参训210人。

【政策文件解读回应】 2021年，县政府及时公开、精准解读群众关心关切的政策性文件，做到政策性文件与解读方案、解读材料同步组织、同步审签，全年开展在线访谈9次，制作政策图解15篇。围绕年度工作重点和民众关切的热点问题开展调查征集活动，做到件件有落实、事事有回音；通过县政府网站开展民意征集和网上调查各10期。

【政务监督保障】 2021年，县政府进一步健全完善《大田县人民政府信息公开制度》《大田县人民政府信息公开工作考核办法（试行）》《大田县推进政务公开工作联席会议制度》等文件。将政务公开纳入政府绩效考核体系，督促指导各责任单位按照要求落实政务公开工作。

（赖世雄）

政务督查

【概况】 2021年，县政府督查室围绕县政府各项决策和部署，有计划、有重点、有针对性地开展督查活动，确保工作落实，杜绝以会议传达会议、以文件落实文件，甚至是不了了之现象，确保政令畅通。专项督查新冠肺炎疫情防控、值班带班、保护发展森林资源目标责任制、中央环保督察问题整改、重点项目推进、“五比五晒”等工作。

【事项督办】 2021年，县政府督查室开展重要会议议定事项督办30次，重要文件确定事项督办50次，办理县政府领导批转请示件686件、批办信访件122件，全部按时限要求办理并回复，做到“件件有着落、事事有结果、项项有回声”。

【建议提案督办】 2021年，县政府督查室将人大代表提出的110件建议和政协委员提出的69件提案分别落实到部门和乡（镇）办理，动态更新办理进度，通报办理情况，促使各承办单位按期限、高质量地办理。所有人大建议和政协提案均在法定时限内办结。

【联合督查】 2021年，县政府督查室增强督查工作的力度和权威性，联合发改、政法、应急、信访、农业、住建、环保等部门就生态环保、疫情防控、项目推进、安全生产、电信防诈等工作开展督查活动20余次。

【《督办情况》编发】 2021年，县政府督查室编发《督办情况》7期，专项通报全县乡镇国土空间规划和村庄规划编制工作进展和乡村建设规划许可证核发情况及农村乱占耕地建房整改问题进展情况；专项督查县政府常务会议议定事项落实情况并汇总通报；督促相关单位按县人大代表建议办理期限安排好办理、答复工作；督查通报2021年县政府工作报告主要目标任务、为民办实事项目进展情况。

（赖世雄）

事业单位人事管理

【概况】 2021年，全县事业单位工作人员6484人。县人力资源和社会保障局加强事业单位人事管理，做好政府系统事业单位科级以下干部、工勤人员调配管理及聘用、考核，专业技术人员职称评定、奖惩和继续教育等工作。完成机关事业单位工作人员2020年度考核6487人，其中优秀983人。全年调配干部职工39人，其中，县外调入3人、调县外13人、县内调整22人、县内选聘1人。安置退役士官X人，安排临床医学专业定向委培生15人（本科8人、大专7人）。全年机关事业单位招聘186人，占计划的59.6%，其中，管理人员11人，专业技术人员175人，定向委培人员15人。参加继续教育培训学习6000多人。

【人事档案管理服务】 2021年，县人社局管理人事档案3754册，其中，事业单位在职干部档案1825册，退休人员档案877册，公务员在职干部596册、退休干部328册，死亡干部档案128册。审核干部人事档案1759册，填写、认定全国干部人事档案专项审核专用干部任免审批表323份，整理归档新聘用干部材料319份，查找出干部档案缺少材料2035项，办理学历更改26人次，接待县直机关事业单位查阅档案72人次。通过专人送达、机要渠道转递档案，接收转入干部档案112册、转出28册，县人才服务中心接收大中专毕业生档案119件，转出526件。

【事业单位工资福利管理】 2021年，县人社局做好事业单位工作人员工资福利管理，完成2020年度6120人考核工资晋升薪档，审核2020年度文明奖、综治奖的工资基数及事业单位追加年终绩效工资。核定事业单位新聘人员工资206人。核定转正定级人员工资318人，岗位调整工资变动1063人，学历变更工资变动24人，调出、调入人员及乡镇机关改革人员划转核增核减工资1021人，核减解聘人员工资28人，降低受处分人员岗位工资3人，退休人员离退定薪129人、高龄补贴129人，核减死亡人员工资47人，审批机关工勤及事业单位在职、离退休人员死亡抚恤47人。调整机关事业单位退休人员基本养老金3469人，调整后人均每月增加180.15元，人均月养老金4645.97元。

【专业技术职务评审】 2021年，县人社局委托推荐企事业单位专业技术人员229人参加职称评审，其中高级84人、中级119人、初级26人。获批专业技术职务任职资格578人，其中，高级35人、中级99人、初级444人。年底，全县事业单位高级专业技术职务人员905人、中级2761人、初级2251人。召开全县首次中小学教师中级职称评审委员会，申报70人，评审通过62人。做好机关事业单位工勤人员技能等级岗位考核工作，报名40人，其中，初级工4人、中级工8人、高级工14人、技师14人。

（施发谱）

信访工作

【概况】 2021年，大田县信访局贯彻落实习近平总书记关于加强和改进人民信访工作的重要指示批示精神和中央、省、市关于信访工作的决策部署，围绕党和国家工作大局，坚持稳中求进工作总基调，统筹推进疫情防控和信访工作，完善信访工作机制，抓好矛盾化解、夯实基层基础、健全工作机制，确保社会大局和谐稳定。全年受理信访1016批2682人，其中，到省上访11批22人，到市上访3批6人。全县设立信访评理室293个，开展信访评理394件，化解387件，化解率98.22%。吴山镇“氏大人评理室”被省信访联席办、省信访局评为“十佳信访评理室”。

【县信访工作会议及联席会议召开】 2月5日，全县信访工作会议在县政府五楼会议室召开，副县长姜妍主持，县委副书记夏寿南、县委政法委书记茅有温出席。县信访工作联席会议成员单位负责人和各乡镇主要领导等43人参加。

6月3日，全县信访工作联席会议在县政府五楼会议室召开。副县长姜妍主持，县委书记陈文华作重要讲话，县领导茅有温和公安局、检察院、法院主要领导出席，信访工作联席会议成员单位负责人、各乡镇主要领导和分管领导等79人参加。

11月5日，在县政府五楼会议室召开中共十九届六中全会期间信访工作会议，副县长姜妍主持，县领导夏寿南、茅有温、黄春明和公安局、检察院、法院主要领导出席，信访工作联席会议成员单位负责人、各乡镇主要领导和分管领导等78人参加。

【省市领导接访调研督导】 6月24日，省信访局二级巡视员陈建辉一行4人到县实地督查，市信访局副局长黄祥丰、副县长姜妍陪同；9月13—14日，陈建辉一行5人再次到县开展省领导挂包信访积案当事人走访活动，市信访局二级调研员黄建渊、副县长姜妍陪同。

【信访积案化解】 2021年，县信访局开展中央部署的治重案化积案专项行动，全县推进重点领域、重点问题信访矛盾化解攻坚，办结化解中央交办的重复信访积案40件，办结化解率100%；分别化解省、市领导挂包积案3件、2件。

（章高乾）

行政服务工作

【概况】 2021年，大田县行政服务中心管委会（简称县行政服务中心）坚持县委县政府关于深化“放管服”改革各项决策部署，打造为民、便民、利民的服务平台，提升政务服务质效，持续优化政务服务环境，提高人民群众的获得感和满意度。率先推行政务服务“乡镇通办”，覆盖全县18个乡镇，打破地域限制，破解乡镇、村居群众文化水平不高，留守老人较多，办事来回跑的难题，实行全流程无障碍通办，为群众提供高效、便捷的政务服务。《大田县政务服务“乡镇通办”改革工作方案》被《三明日报》、“学习强国”平台采用。全年受理各类行政审批和公共服务事项13.46万件，办结13.06万件，承诺件提前办结率97.03%。

【线下服务提质】 2021年，县行政服务中心设立专窗、指定专人负责企业政策咨询、兑现办理惠企金额6239.18万元，比上年提高23.5%。全程跟踪重点项目，提供“一对一”审批指导和全程帮代办服务21件。针对群众“上班没空办事，下班无处办事”难题，开通周六单独便民窗口20个、综合窗口1个，全年周六窗口办理366件。设立“办不成事”反映窗口，受理审批“疑难杂症”，破解放管服改革的“痛点”“难点”“堵点”，解决问题16个次。

【线上服务升级】 2021年，县行政服务中心采用“互联网+政务服务”服务方式，推动线上服务升级。标准化梳理“五级十五同”目录清单（省、市、县、乡、村五级面向企业群众依申请办理的政务服务事项的事项名称、颗粒度、基本编码、实施编码规则、事项类型、设立依据、申请材料、办事流程、业务经办流程、事项办理深度、承诺时限、表单格式、审查要点、办理条件、收费项目等要素在全省范围内规范统一）。在省、市网上办事大厅办理绑定并发布审批服务事项1660个。水、电、气、广电网络等报装业务全部纳入工改系统，与房建、市政、交通等工改项目一体化开展并联审批，全年办理524件。在县城重点街区和主要乡镇布设“e政务”一体机11台，实现公共服务“就近办”；在福万通大厦一楼布设自助服务机8台，实现政务服务“随时办”。

【行政审批环节精简】 2021年，县行政服务中心精简审批环节，县直部门所有审批事项的审批环节总数4209个，平均环节数2.51个；乡镇审批环节总数6414个，平均环节数2.01个。压缩审批时限，县直部门所有事项的法定时限35882个工作日，压缩为3708个，压缩率89.67%；乡镇法定时限68910个工作日，压缩为9514个工作日，压缩率86.19%。推行“最多跑一趟”，县直部门挂网事项1685项，其中，“最多跑一趟”109项，占6.47%；“一趟不用跑”1574

项，占93.41%。

【公共资源交易平台建设与服务】 2021年，县行政服务中心以“阳光交易”为抓手，推动公共资源交易平台建设规范化。健全完善管理制度42项，建立登记表簿册12个，形成制度汇编。加强场内监管，出台中介代理机构场内信用考评办法，建立诚信档案，规范代理机构场内执业信用管理。实行预约、延时、点对点等特色服务，采取“特事特办、急事先办、要事加场”措施，保障重点紧急项目招标需要，提升服务水平。全年完成公共资源交易476项，其中，政府采购205项，工程建设232项，其他39项；流标54项。总交易金额29.02亿元，增值3.57亿元，增值率61.66%；节支1.95亿元，节支率9.15%。

【“12345”便民服务平台运行】 2021年，县行政服务中心提高“12345”便民服务平台受理效率。分析、查找乡镇街区存在的共性问题，统一提出解决方案，达到未诉先办，举一反三，成片处理。聚焦影响企业办事痛点堵点和群众投诉的难点急点，建立“特诉特办”快速反应机制，及时、高效处置合理诉求。协调有关单位现场办公解决职责交叉不清的诉求。全年接收群众诉求件6585件，办结6434件，及时查阅率和回复率均100%，群众满意率99.6%。

（苏晋平）

机关事务保障

【概况】 2021年，县机关事务保障中心做好后勤保障、公有房产和公务用车管理、公共机构节能等工作。加强日常巡查巡检，做好门禁管理及来访人员、车辆的登记和确认。按照“非必要不进入”“凡进必检”原则，做好新冠肺炎疫情防控常态化工作。公务用车定点加油、定点维修和统一保险纳入省公务用车综合管理平台统一管理。推进节约型机关创建行动，深化公共机构节约能源资源消费总量和强度双控，加强公共机构重点用能单位管理，推进公共机构垃圾分类、节能改造等工作，推动形成简约适度、绿色低碳的工作和生活方式。第一批创建节约型机关单位15个，通过市机关事务保障中心验收，开展第二批节约型机关创建。

【公有房产管理】 2021年，县机关事务保障中心按照“合理使用、有效运行”原则用好国有资产资源，优化公有房产资源整合，形成配置科学、使用高效、处置规范、监管有力的运行机制，保证国有资产保值增值。出租店面87处，接收公有住房79套（间），出租15套（间），公有房产租金年收入220.8万元。

【公务用车管理】 2021年，县机关事务保障中心贯彻落实《党政机关公务用车管理办法》，巩固拓展公务用车制度改革成果，加强公务用车编制和标准管理，严控车辆总量规模。持续推进公务用车管理规范化、制度化、信息化。交运集团大田分公司公务车平台有公务车44辆，全年更新5辆。

（王珺珏）

政协大田县委员会

□编辑 陈妮

综 述

【概况】 2021年，政协大田县委员会（简称县政协）学习贯彻习近平新时代中国特色社会主义思想和关于加强和改进人民政协工作的重要指示精神，引导政协委员牢记“两个确立”、做到“两个维护”，促进政协工作质量提升。在协商议政方面，坚持调研、协商、监督一体推进，做到选题求精、调研求准、协商求实、督办求真，开展多层协商、围桌协商、现场协商，推动协商成果转化落实。全年完成重点协商议题5个、民主监督和提案办理协商议题各4个，开展各类协商活动15场（次），提出建议90多条，“用好红色资源 促进大田革命老区发展”调研成果得到县委主要领导批示肯定；办理提案65件，办结率、满意率均为100%。按照县委部署要求，抓项目、抓招商、抓征迁、促发展，县政协班子成员挂钩的22个重点项目、9个项目落地投产，13个在建项目加快建设；班子成员带队到广东、福州、厦门、泉州等地企业、商（协）会招商推介，多个项目达成投资意向，展晖机械、合鑫金属两个项目建成，正晟机械、速光通讯两个项目落地；挂包的两个征迁片区，凤山鸡公形地块挂拍，原麻纺厂四期片区完成征迁。

【领导考察调研】 7月23日，市政协副主席李茂胜到县开展“做好绿色+文章，发展壮大绿色经济”专题协商调研，县政协副主席阮芳陪同。

8月10日，市政协副主席蒋先东到县开展“关于构建跨区域教育协同发展机制，实施教育对口帮扶的建议”重点提案摘报办理“回头看”，县政协副主席陈钦梅陪同。

9月9日，市政协党组书记宋志强、市工信局局长郑文理、华峰华锦有限公司副总裁陈锦程等到上京工业园区、耀锐体育用品有限公司考察工业项目用地情况，并召开座谈会，县政协党组书记吴初增陪同。

10月13日，市政协副主席谢家芹到县调研重点项目建设等工作，县政协副主席阮芳陪同。

11月2日，市政协港澳台侨委主任林远程到县走访市政协香港籍委员赖思毅，阮芳陪同。

11月26日，市政协副主席谢家芹到县调研挂包重点项目工作，并到石牌镇调研村级组织换届工作，吴初增陪同。

【政协委员及小组活动】 4月26日、8月4日，县政协副主席杨兴和带领部分委员到县城市监督管理局、均溪镇各社区调研“基层社区管理和服务体系建设”工作。

6月2—3日，县政协副主席阮芳带领农业界委员和县农业局有关技术人员到吴山镇、屏山乡、前坪乡开展“我为群众办实事——走进茶山、服务茶企，助力我县茶产业发展”活动。

6月7日，县政协副主席林宗镇带领部分委员到武陵乡、吴山镇、屏山乡调研“用好红色资源 促进大田县革命老区发展”工作。

6月21日，县政协副主席陈钦梅带领医药卫生界委员和县卫健局、总医院、计生协会有关人员到上京镇开展“我为群众办实事——送医下乡 服务群众”活动。

7月26—30日，陈钦梅带领部分委员到均溪镇、上京镇、太华镇、石牌镇、吴山镇、京口工业园区部分企业，调研“加强法治建设 促营商环境改善”工作。

7月27—28日，阮芳带领部分委员到均溪镇、太华镇、吴山镇、前坪乡部分机械铸造企业，调研“加快推动铸造和装备制造产业发展”

工作。

8月11日、16日，阮芳带领部分委员分别到上京镇、太华镇和建设镇、广平镇，调研“推进农村生活垃圾治理　助力乡村振兴”工作。

9月2日，县政协党组书记吴初增、副主席杨兴和带领部分委员到县鸿图中学、第三实验小学、赤岩幼儿园、香山学村等开展教育工作专项视察调研活动。

9月15—16日，阮芳带领部分委员到城区周边垃圾中转站、华兴镇垃圾处理中心、桃源镇，调研“推进农村生活垃圾治理　助力乡村振兴”工作。

【联谊交流】　3月10—11日，县政协主席陈剑生参加市政协莆田学习考察活动。

4月14日，县政协副主席陈钦梅参加市政协“做活第三产业、做大地方税源”协商课题调研组，到莆田市学习考察。

7月9日，厦门市海沧区政协党组书记、主席曹放到县考察“第二集美学村”抗战文化，县政协主席陈剑生、副主席阮芳陪同。

8月6日，永安市政协副主席陈根潘到县考察发展教育事业及学习开展课后服务工作的做法，县政协副主席杨兴和陪同。

8月18日，县政协党组书记吴初增到福州市走访福州市大田商会。

8月26—27日，县政协党组书记吴初增、副主席阮芳带队到泉州市广州佳福斯阀门有限公司、泉州机械配件行业协会、泉州市宏楷工程机械有限公司、泉州大田商会、泉州泉航机械有限公司、南安盛泰阀门有限公司等企业、商（协）会开展招商推介。

9月7日，吴初增、阮芳带队到泉州科瑞创华铸造机械有限公司、勤峰机械制造有限公司开展招商项目考察。

9月8—9日，阮芳带队到武夷山市、光泽县、顺昌县考察学习农村生活垃圾治理工作经验及做法。

10月12日，尤溪县政协主席林思文到县考察学习历史文化村、古建筑保护工作的做法，吴初增陪同。

10月21—22日，全市政协提案工作会议在龙山宾馆召开，市政协副主席蒋先东、各县（区）政协分管副主席、提案和法制委主任等32人参会，吴初增致辞。

【学习培训】　2月8日，县政协领导班子余真华、陈剑生、陈钦梅、杨兴和、阮芳、林宗镇参加全县领导干部警示教育大会。

2月23日，县政协领导班子陈剑生、陈钦梅、杨兴和、阮芳、林宗镇收听收看市委“再学习、再调研、再落实”活动交流推进会暨中央苏区三明讲坛。

3月1—4日，县政协领导班子陈剑生、陈钦梅、杨兴和、阮芳、林宗镇收听收看市委学习贯彻中共十九届五中全会精神视频会议。

3月8日，县政协领导班子陈剑生、陈钦梅、杨兴和、阮芳、林宗镇参加市委县管干部学习贯彻中共十九届五中全会精神研讨班开班式。

3月11日，县政协领导班子陈钦梅、杨兴和、林宗镇参加全县党史学习教育动员大会。

3月20日，县政协领导班子陈剑生、陈钦梅、杨兴和、阮芳、林宗镇收听收看党史学习教育中央宣讲团报告会。

3月24日，县政协领导班子陈剑生、陈钦梅、杨兴和、阮芳、林宗镇收听收看市委党史学习教育交流推进会暨中央苏区三明讲坛。

6月10日，县政协领导班子陈剑生、陈钦梅、林宗镇、阮芳，参加县政协庆祝中国共产党成立100周年系列活动——“红色故事阅读分享会”。

12月8日，县政协党组书记吴初增到太华镇宣讲中共十九届六中全会和省第十一次党代会精神。

12月26日，县政协主席吴初增参加十一届市政协新任委员培训班。

（杨景洲）

重要会议

【县政协十届二十一次常委会】　4月8日，县政协召开十届二十一次常委会，县政协主席陈剑生主持，副主席陈钦梅、杨兴和、阮芳、林宗镇，秘书长陈德强等31人参加。会议传达学习习近平总书记在福建、在三明考察时的重要讲话精神及省、市、县委有关会议精神；习近平总书记在全国“两会”上的重要讲话和全国“两会”精神；中央和省委党史学习教育动员大会精神、市委有关部署要求，以及全县党史学习教育动员大会会议精神；省委书记尹力在省管干部学习贯彻中共十九届五中全会精神研讨班开班式暨开展“再学习、再调研、再落实”活动动员会上的讲话精神，协商通过有关人事事宜；开展党史学习教育专题讲座。

【县政协十届二十二次常委会】　8月25日，县政协召开十届二十二次常委会，县政协副主席陈钦梅主持，主席陈剑生，副主席杨兴和、阮芳、林宗镇，秘书长陈德强等 29 人参加。会议传达学习中国共产党大田县第十四次代表大会精神和《中华人民共和国乡村振兴促进法》《国务院关于新时代支持革命老区振兴发展的意见》及县政府关于上半年经济社会发展情况的通报，协商通过《关于“用好红色资源 促进大田县革命老区发展”的调研报告》和有关人事事宜。

【县政协十届二十三次常委会】 11 月 12 日，县政协召开十届二十三次常委会，县政协副主席杨兴和主持，主席陈剑生，副主席陈钦梅、阮芳、林宗镇，秘书长陈德强等 27 人参加。组织县政协常委会委员视察大田经济开发区京口工业园区英仑卫生陶瓷洁具、维真园生物制剂和卫生用品两个生产项目，会议传达学习习近平总书记在纪念辛亥革命 110 周年大会上的重要讲话精神、中国共产党三明市第十次代表大会会议精神和市委书记余红胜在大田代表团的讲话精神，协商通过《加强和完善我县社区管理与服务体系的建议》和有关人事事宜。

【县政协十届二十四次常委会】 12 月 7 日，县政协召开十届二十四次常委会，县政协副主席阮芳主持，主席陈剑生，副主席陈钦梅、杨兴和、林宗镇，秘书长陈德强等 30 人参加。会议传达学习中共十九届六中全会精神；省第十一次党代会、省委十一届一次全会精神，省委书记尹力等省领导参加三明代表团审议时的讲话精神及市委、县委常委会（扩大）会议精神，协商通过政协第十一届大田县委员会委员名额、人选和界别设置有关事宜；关于召开政协第十一届大田县委员会第一次会议的决定；关于政协第十一届大田县委员会第一次会议议程、日程、列席人员组成原则、邀请上主席台就座人员组成原则、提案审查委员会成员有关事宜；关于授权主席会议审议政协第十届大田县委员会常务委员会第二十四次会议未尽事宜的决定，协商通过《政协第十届大田县常务委员会工作报告》《政协第十届大田县委员会关于五年来提案工作情况的报告》。

（杨景洲）

政治协商与参政议政

【概况】 2021 年，县政协围绕县委、县政府中心工作，开展协商议政、建言献策，围绕“用好红色资源 促进大田革命老区发展”“推动机械铸造和装备制造产业升级”“助推营商环境优化”“社区管理和服务体系建设”“推进农村生活垃圾治理”等议题，开展协商建言活动 15 场（次），形成调研报告 5 篇，提出建议 90 多条。

【铸造和装备制造专题调研】 2021 年，县政协经济和港澳台侨委员会围绕“推动铸造和装备制造产业升级 助力我县高质量发展”议题成立调研组，结合“再学习、再调研、再落实”活动，到有关乡镇、工业园区考察 22 家铸造和装备制造企业发展情况，形成《关于推动铸造和装备制造产业升级 助力我县高质量发展的调研报告》，从持续推进主导产业壮大发展、努力推动和促进铸造和装备制造企业向高端化协同化发展、发挥行业协会协调管理作用、探索以市场化运作方式实施配套设施建设等方面提出 16 条建议，助推县铸造和装备制造产业高质量发展。

【优化营商环境专题调研】 2021 年，县政协提案和法制委员会围绕“加快法治政府建设 推进营商环境优化”议题开展调查研究，县政协副主席陈钦梅带领部分工商界委员和县司法局相关负责人到吴山、石牌、上京、太华、建设、湖美等乡镇及京口工业园区，通过实地考察、听取汇报、召开座谈会等方式，全面了解县在加快法治政府建设、优化营商环境方面所取得的成绩及存在的困难问题，形成《关于加快法治政府建设 推进营商环境优化的调研报告》，从加强制度建设、提高行政办事效率、保障政令顺畅、规范执法行为等方面提出 11 条建议，助力县法治化营商环境建设。

【社区管理与服务体系专题调研】 2021 年，县政协社会事业委员会成立“加强和完善大田县社区管理与服务体系”议题调研组，开展专题调研，形成《关于加强和完善我县社区管理与服务体系的建议》，在县政协十届二十三次常委会上经协商通过。建议从设立街道办事处、增加社区设置、加强队伍建设、完善保障机制和网格构架、加强党建引领、坚持群策群力等方面提出 21 条意见，助力提升社区管理与服务体系建设。

【生活垃圾治理专题调研】 2021 年，县政协农业农村委员会围绕

“我县生活垃圾治理情况”议题，组织部分政协委员和相关职能部门开展生活垃圾治理情况专项调研，形成《关于我县生活垃圾治理情况的调研报告》，从建立齐抓共管运行机制和考核管理办法、加快环卫基础设施建设、推进转运处置市场化改革进程、持续完善餐厨垃圾管理工作、提升处置水平、推动源头减量和资源化利用等方面提出13条建议，助力生活垃圾治理能力提升。

【革命老区发展专题调研】 2021年，县政协文史学习和民主宗教委员会围绕“用好红色资源　促进大田革命老区发展”议题成立调研组，经实地走访、听取汇报、调阅材料、座谈协商等调查研究，形成《关于“用好红色资源　促进大田县革命老区发展”的调研报告》，在县政协十届二十二次常委会上协商通过。报告从打造红色品牌、坚持规划引领发展、推动资源融合发展、加大政策资金支持、弘扬传承红色精神、凝聚红色发展合力等方面提出16条建议，助力大田县革命老区发展。

（杨景洲）

民主监督

【概况】 2021年，县政协围绕党政重视和群众关心关注的网络生态治理、重大交通基础设施建设、工业园区建设、乡村建设治理、新冠肺炎疫情防控等重要领域和重点工作，开展专题调研、民主监督和指导，通过民主监督，让群众感到政协就在群众身边，政协委员在为人民说话。

【新冠肺炎疫情防控监督】 1月21日、25日和2月2日，县政协主席陈剑生、副主席陈钦梅、党组书记余真华到华兴镇、谢洋乡、石牌镇部署节前疫情防控工作。6月26日，县政协领导班子陈剑生、陈钦梅、阮芳、林宗镇分别到挂钩乡镇督导新冠肺炎疫苗接种工作。8月13—16日，县政协领导班子陈剑生、吴初增、陈钦梅、杨兴和、阮芳、林宗镇分别到挂钩乡镇督导新冠疫苗接种工作。8月24日，县政协副主席杨兴和到屏山乡督导新冠肺炎疫苗接种工作。8月28—29日，陈钦梅、杨兴和分别到谢洋乡、屏山乡督导新冠肺炎疫苗接种工作。9月13—14日，县政协党组书记吴初增、副主席杨兴和分别到太华镇、屏山乡督导新冠肺炎疫苗接种工作。9月18日，杨兴和到屏山乡督导新冠肺炎疫苗接种工作。9月23—30日，杨兴和到均溪镇锦都宾馆、桃源镇华伦特职工宿舍督导疫情防控隔离点工作。

【项目工作监督】 2月9日，县政协主席陈剑生到华兴镇检查指导安全生产工作。3月11日、4月7日、5月27日、11月18日，县政协副主席杨兴和到太华镇调研太华卫生院迁建项目。3月19日、4月21日，县政协副主席陈钦梅到原麻纺厂片区（四期）征迁指挥部调研征迁工作推进情况。3月17日、5月24日、5月28日，县政协主席陈剑生到华兴镇协调推进华兴木业项目用地有关事宜。7月13日，县政协党组书记吴初增到原麻纺厂（四期）项目征迁指挥部指导推进征地工作。

【乡村建设治理民主监督】 8月26日，县政协副主席林宗镇带队到济阳乡开展“乡村建设治理”民主监督活动。11月3日、4日、10日，县政协党组书记吴初增到太华镇指导处理金竹坑矿山+430中段掘进遇断层涌水问题。11月17日、12月3日、12月6日、12月22日、12月30日，吴初增到太华镇督导金竹坑矿区村民搬迁工作。

（杨景洲）

提案工作

【概况】 2021年，县政协提案委收到委员提案93件，立案65件，立案率69.89%。其中，个人提案30件，联名提案33件，界别提案2件。8月底全部办复。所提问题解决或基本解决的25件，占38.46%，正在解决或计划解决的32件，占49.23%，因受条件限制留作参考的8件，占12.31%；委员对办理结果表示满意的60件、基本满意的5件，满意和基本满意率100%。

【优秀提案】 2021年，县政协评选的5件优秀提案分别是：关于培育壮大铸造产业，再展工业强县风采的建议；关于推进大田美人茶产业发展的建议；关于争取天然气长输管线引入，降低气源成本、提高保供能力的建议；关于实施更加优惠的引才政策，为引进人才安心工作提供必要服务保障的建议；关于建设儿童公园的建议。

（杨景洲）

文史与宣传

【概况】 2021年，县政协文史学习和民族宗教委员会做好“大田土堡”“大田传统村落”“大田工业记忆”“大田城市建设记忆”等史料以及2010年度以来的大田县政协史料的摸底、收集工作。举办“向中国共产党成立100周年献礼——庆元旦 迎新春”主题书画摄影展。开展“颂党恩——向建党百年献礼”主题征文活动，收到征文稿件385篇，评出优秀奖、提名奖各50篇，获奖作品重点反映建党百年来大田县发生的深刻变化、个人的难忘经历和生活变迁、各条战线代表人物的感人故事，生动地反映时代的脉动、喜人的发展，集智聚力讲好大田故事，传播大田好声音。

【编写《巫朝顺》】 2021年，县政协文史学习和民族宗教委组织编写人物传记《巫朝顺》一书，该书由杨荣凯、巫祯来编著，主要叙述清代易学大师、名医巫朝顺悬壶济世的一生。全书5章22万字，有图片80多张。

（杨景洲）

中共大田县纪委 大田县监委

□ 编辑 陈妮

综 述

【概况】 2021年，中共大田县纪委、大田县监委落实党委主体责任和纪委监督责任“两个责任”，带头牢记“两个确立”、增强“四个意识”、坚定“四个自信”、做到“两个维护”，坚定稳妥推进全面从严治党、党风廉政建设和反腐败斗争，充分发挥监督保障执行、促进完善发展作用，为全县经济社会发展提供坚强保障。

【纪检监察干部队伍建设】 2021年，县纪委监委着眼高素质专业化，全方位锻造过硬干部队伍，分级分层开展“廉政家访”“流动走访”活动，动态更新干部廉政档案，开展全系统警示教育3轮次，强化对“八小时以外”的监督管理，坚决防止“灯下黑”。坚持多渠道、高站位选优配强干部队伍，吸收系统外优秀干部41名，为省市纪委监委输送干部2名，干部提拔或转任重要岗位12名，确保队伍良性发展。深化全员培训，健全履职交流、岩城清风讲坛、青年读书会等平台载体，抽调乡镇纪委、派驻机构年轻干部到机关“联动接访”、科室锻炼、巡察实战57人次，3名乡镇纪委书记在全市履职交流活动中取得较好成绩。

【宣传信息工作】 2021年，县纪委在市级以上各类媒体刊发党风廉政建设宣传稿件261篇（条）。其中，《中国纪检监察报》刊登11篇，中央纪委国家监委网站16篇（单篇7篇）；省纪委网站采用60条，省纪委微信29条；市纪委网站73条，市纪委微信46条；《福建日报》等其他中央省市媒体刊载26篇。县纪委上稿量在《中国纪检监察报》、中央纪委网站文字类、图片类中居全市第一。

（陈秀权）

重要会议

【概况】 2021年，中共大田县纪委委员23人（常委7人）；监委委员7人。召开纪委全委会2次，常委会、常委扩大会29次。

【县纪委十三届六次全会】 2月8日，中共大田县纪律检查委员会十三届六次全体会议在县影剧院召开，县纪委委员20人出席会议，县委、县人大常委会、县政府、县政协领导，乡镇党委书记、乡镇长、纪委书记，县直单位和纪检监察机构主要负责人参加会议。会议听取并审议通过县委常委、县纪委书记、县监委主任黄家发代表县纪委常委会作的《推动新时代纪检监察工作高质量发展 为谱写全面建设社会主义现代化国家 多彩大田篇章提供坚强保证》的工作报告。县委书记陈文华讲话。

【县纪委十四届一次全会】 7月29日，中共大田县纪律检查委员会十四届一次全体会议在县纪委会议室召开，县纪委委员23人出席会议。会议选举中国共产党大田县第十四届纪律检查委员会常务委员会委员7名、书记1名、副书记2名。童作光当选县纪委书记并在会上讲话。

【县纪委常委会】 2021年，县纪委召开常委会、常委会扩大会议29次，传达学习中共十九届六中全会和十九届中央纪委五次全会精神，部署全县纪检监察工作；研究“1364”下沉监督（聚焦下沉监督具体化常态化这一工作目标，推动责任压实、重点落实、力量夯实在一线，推行一月一清单、一片一协作、一户一访查、一村一分析、一季一巡回、一季一专项的“六个一”工作法，做到信访处置、维护民利、纠治“四风”、廉洁教育在身边，以乡镇纪委作风转变来监督和推动基层工作作风转实）；三级纪委“挂钩联建”有关工作；研究审查调查案件的有关意见和其他问题。

（陈秀权）

党风廉政监督和反腐败工作

【概况】 2021年，纪检监察机关加强党风廉政监督和反腐败工作，落实从严治党两个责任清单，重视信访线索调查，严厉查处违规违纪和腐败行为。全县乡镇纪委（监察组）18个，县纪委监委派驻（出）纪检监察机构10个，纪检监察干部119人，其中乡镇纪检监察干部52人。

【“两个责任”清单落实】 2021年，县纪委履行协助县委深化全面从严治党政治责任，常态化开展县委、县纪委主要领导“二对一”约谈下级“一把手”活动，开展2021年度全面从严治党主体责任检查及乡镇党委书记向县纪委全会述责述廉接受评议活动，推动“两个责任”一体落实。综合梳理运用日常监督、信访举报、巡察审计等成果，选取巡察整改不力、信访问题较多、重点工作推进滞后的乡镇及县直部门开展“一对一”约谈5批次，督促全县各级党组织落实管党治党政治责任。

【信访线索调查】 2021年，县纪委监委建立“四定四清”（分类定级，力求底数清；任务定量，坚持措施清；全员定责，突出目标清；督办定期，做到时限清；着力推动信访办理提质增效，保障镇村两级换届选举顺利进行）护航镇村换届工作机制，深化运用“四访”（开门接访、全员接访、带信下访、入户走访）、“逢十住村”等做法，受理检控类初信初访182件，办结163件，入户走访364户，化解信访积案5件。全面落实“三个区分开来”（把干部在推进改革中因缺乏经验、先行先试出现的失误错误，同明知故犯的违纪违法行为区分开来；把尚无明确限制的探索性试验中的失误错误，同明令禁止后依然我行我素的违纪违法行为区分开来；把为推动发展的无意过失，同为谋取私利的违纪违法行为区分开来），健全澄清正名机制，激励保护敢担当善作为干部，为6名受到不实举报的党员干部澄清正名。把握政策策略，运用“四种形态”批评、教育、帮助、处理457人次，四种形态分别占73.1%、19%、1.5%、6.4%。

【违规违纪查处】 2021年，县纪委坚持一体推进“三不”（不敢腐、不能腐、不想腐），深化“室组地”（监督检查室、派驻纪检组、乡镇纪委）联合办案、片区协作“三个中心”（调度中心、研判中心、协作中心）等有效做法，持续保持反腐败高压态势，全年立案125件126人（科级干部12人）。配合开展政法队伍教育整顿工作，查处政法系统干部11人（适用自查从宽政策10人、从严政策1人）。紧盯“四风”新表现新问题，常态化开展“小分队”明察暗访，查处违反中央八项规定问题18起、形式主义问题11起，发出基层反映函告书6份。召开全县领导干部警示教育大会，针对“三圈”（社交圈、生活圈、朋友圈）、违规经商办企业、违规借贷、“八小时之外”管理监督等领域开展专项整治，发现问题线索16条，立案处理5人。深度剖析个案背后深层次问题，开展案后整改2件，发出纪检监察建议书9份，推动公安等部门健全财经管理等制度规范5项。

（陈秀权）

巡察工作

【概况】 2021年，全县开展常规巡察2轮3批次，涉及6个县直部门、1家县属国有企业、6个重点村，同步开展社保领域专项巡察和政法队伍巡察整改“回头看”，参与涉粮领域省市县三级联动专项巡察，发现“三大问题”74个，移交问题线索24条93人，立案8人，给予党纪政务处分4人，推动民政、人社等部门完善便民服务机制5项。探索制定《关于做好巡察整改工作的有关要求》，发出整改督办函11份，督促巡察整改政治责任落实到位。

【巡察工作创新】 2021年，大田县充分发挥巡察综合监督作用，率先在全市制定出台《中共十四届大田县委巡察工作五年规划》，提出新一届县委今后五年巡察工作的“时间表”和“路线图”，从坚守政治定位、提升两种能力、强化三项协作、把好四道关口等四个方面，创新打造“1234”巡察工作新模式，重点村、重点领域巡察全覆盖，推动生活垃圾清理、农民工欠薪、社保领域等一批急难愁盼问题有效解决。7月，全市新任乡镇纪委书记培训班专门讲解大田县在基层开展巡察监督的经验做法；9月，专文《立足“巡”的职能、彰显“专”的优势，做深做实专项巡察》在《福建巡视巡察参考》（2021年第4期）刊发；11月，省委常委、省纪委书记、省监委主任李仰哲到县委巡察保障中心调研，肯定大田县巡察工作。

（陈秀权）

群众团体

□ 编辑 潘梅

大田县总工会

【概况】 2021年，大田县总工会用新思想武装头脑，增强“四个意识”、坚定“四个自信”、做到“两个维护”，始终保持工会工作正确的政治方向，团结引导广大职工听党话、跟党走。用新要求谋划工作，准确把握新发展阶段、新发展理念、新发展格局的核心要义，坚持系统观念，找准工会工作的切入点、着力点。用新举措推动落实，持续推进产业工人队伍建设改革，强化维权服务，夯实基层基础。用新成效衡量检验，在服务大局、服务职工中积极作为，高标准、高质量推进县总工会工作创新发展。当年，新增工会组织17个、会员1797人。年底，全县有工会组织517个，其中，非公企业工会428个、国企工会25个、乡镇（园区）工会19个，会员3.38万人。2021年，县总工会被市委、市政府评为2018—2020年市级文明单位，被省总工会评为2021年度县级工会经审工作规范化建设A级单位。

【劳动技能竞赛】 3月20—21日，县总工会与县教育局联合举办第四届全县中小学幼儿园教师教学技能大赛，全县各中小学、幼儿园组队参赛，经过激烈角逐，4个组别共评出一等奖44人、二等奖64人、三等奖97人。9月2—3日，与市总工会联合主办的“建功‘十四五’· 奋进新征程”第二届大田美人茶制茶技能竞赛在屏山大方广茶业有限公司举行，来自全县各乡镇的19名制茶能手参加。经过角逐，林开珍获得一等奖，被市总工会评为“五一劳动标兵”。9—12月，与县公安局联合举办全县公安机关全警实战大练兵比武竞赛4期，参加比武竞赛682人次，按4个比赛项目综合成绩共评出劳动标兵1人、劳动能手9人。9月6日，与广电网络大田分公司联合举办全县广电网络维护大比武竞赛活动，采取理论知识和实际技能操作相结合的方式进行，全县各广电网络中心站网格人员参加，评出一、二、三等奖各1人。11月9日，与县消防救援大队联合举办“119”消防宣传月启动仪式暨首届消防所业务技能比武竞赛，来自全县18个消防所的70余名消防工作人员参加，竞赛设置一人两盘水带连接操作、百米负重等灭火救援实战科目，共评出一等奖2人、二等奖4人、三等奖6人。

【县总工会十六届三次全委会（扩大）会议召开】 3月29日，县总工会十六届三次全委（扩大）会议在县龙山宾馆七楼会议室召开，党组书记、常务副主席黄圣洁代表十六届常委会作《建功“十四五”•奋进新征程，引领广大职工在多彩大田建设中展现新作为》的报告，县委常委、统战部部长、总工会主席施正立出席会议并讲话。

【县首届职工文化节活动】 4月30日，县总工会以“中国梦•劳动美——永远跟党走•建功新时代”为主题的大田县首届职工文化节开幕，至10月，陆续举办党史知识灯谜展、职工文艺会演、书法作品征集、摄影作品征集、“三工”征文等系列文化活动，以及八段锦工间操展示、健身徒步走、气排球赛、篮球赛等系列体育健身活动，参与职工上万人。

【市级业务培训班在县举办】 5月17—19日，全市职工疗休养工作业务培训班在县翰霖泉森林康养基地举办，市总工会党组成员、副主席李伸安，县委常委、统战部部长、总工会主席施正立出席开班式。5月19—20日，全市工会联系引导社会组织工作培训班在屏山茶天下职工疗休养基地举办，省总工会社联部部长王德红为培训班授课，市总工会党组成员、副主席李伸安主持开班式，县总工会党组书记、常务副主席黄圣洁出席开班式并致辞。

【何吓俊参加省职工文化节活动】 6月11—12日，县总工会选送的全国职工职业道德建设先进个人、桃源国有林场湖美森林管护站站长何吓俊参加省总工会在厦门举办的福建省（厦门）职工庆祝中国共产党成立100周年大型红色经典诵读活动暨第六届福建省职工文化节开幕式，并在开幕式上参演《人民至上》节目，为三明市唯一参演的代表。

【县总工会十六届四次全委会会议召开】 8月5日，县总工会十六届四次全委会会议召开，县委常委、统战部部长吴文旗当选县总工会十六届委员会主席，颜良重当选县总工会十六届委员会常委。

【省领导到县调研】 11月9日，省委常委周联清带领省总工会党组书记、副主席祝荣亮一行到永安煤业公司苏桥煤矿调研产业工人队伍建设改革工作，并看望慰问一线产业工人，县委书记陈文华陪同。

【县政府与总工会第14次联席会议召开】 12月28日，县政府与县总工会第14次联席会议召开，会议听取县总工会2021年工作情况、提请联席会议定事项汇报，县长林金龙主持会议。经会议议定，县财政预算“金秋助学”助学金10万元；确定“岩城工匠”评选、表彰人选；同意县总工会对出租房产收回改造。

【职工关爱活动】 2021年，县总工会开展“夏送清凉”活动，为重点项目和环卫、交警等12家单位从事高温一线工作的职工送去防暑降温慰问品800余份，价值3.95万元；医疗互助活动受益职工1280人次、补助金额133.6万元；举办青年职工交友活动1场，创建户外劳动者示范休息站1个，帮助50名环卫工人实现微心愿；组织县11个征迁工作组一线职工和援外抗疫医务人员开展专场疗休养活动2期，50人参加；为31名“八大群体”（货车司机、快递员、护工护理员、家政服务员、商场信息员、网约送餐员、房产中介员、保安员）一线女职工进行专项体检；面向公安、总医院、园区企业等单位开办职工子女暑托班3个；以城南小学为试点，开展“四点半”课后服务，受益职工子女1000余人；为263名快递员、网络送餐员、保安员等新就业形态劳动者赠送入会爱心礼包263份。

【职工权益维护】 2021年，县总工会在春节前夕向外省籍职工发出《多彩大田，邀您一起过大年》倡议书，向相关企业发出《保障农民工工资支付》提示函55份，联合县有关部门出台10条措施鼓励外省籍职工留田过年。向全县新就业群体平台企业发出《工会劳动法律监督提示函》，提醒平台企业在劳动合同、工资支付、社会保险等方面依法依规，保障劳动者合法权益。开展集体协商“特别要约”行动，培育2个行业性协会（屏山茶业协会、县建筑行业协会）、2个区域性地区（大田经济开发区、石牌镇）、2家单独企业（南湖针织时装有限公司、大田红狮水泥有限公司）建立集体协商签订合同制度。与县人社局联合开展“情暖职工维权活动”，免费为职工提供法律咨询、维权服务，向全县有关用人单位发出《防暑降温提示函》60份。参与劳动争议调解仲裁工作，县总工会2名兼职仲裁员参加案件审理32件。

【助推经济发展】 2021年，县总工会加强对县职工疗休养基地的宣传推介，在全省首创向1000余家机关企事业单位工会发出邀请函，并组织基地负责人参加厦漳泉三明专场推介活动，推动县文旅康养产业发展；全县基地共接待异地职工（劳模）疗休养88批2410人次，职工春秋游96批5246人次。是年，为受疫情影响的23家小微企业返还工会经费12.28万元、7家小微企业减免医疗互助金1.37万元。引导全县基层工会在“乐购三明”活动期间采购价值167.4万元的本县农特产品作为会员节日慰问品。

【工会成员荣誉获得】 2021年，永安煤业职工吴上京获“福建省五一劳动奖章”；华宇（福建）置业经营科获“福建省工人先锋号”称号；县卫健局职工林晓丹、吴成智家庭获评2021年省“职工最美家庭”；大田红狮水泥有限公司被省总工会办公室命名为2021年“福建省非公企业党建带工建示范点”；大方广茶业有限公司（大田县闽台茶文化交流中心）被省总工会办公室确认为2021年度“闽台职工交流基地”；翰霖泉森林康养基地、屏山大仙峰·茶美人景区通过第二轮省、市复评，再度分别获得“福建省职工疗休养示范基地”“三明市职工疗休养基地”称号。国网大田供电公司市场用电检查班等 10 个单位服务窗口、企业车间班组被评为市级工人（五一）先锋号；大田五中李晓华劳模工作室被评为市级劳模工作室；福乐盲人推拿中心苏文炜获评 2021 年度“三明工匠”；敬天茶叶专业合作社陈春梅、御华园大酒楼刘鑫和中石油大田加油站肖新飞等 3 人获评 2021 年度“三明青年工匠”；县职工服务中心被市妇联授予“巾帼文明岗”称号。

【“五小”创新大赛】 2021 年，县总工会组织全县职工参加省“五小”创新大赛，全县申报 87 项，申报和获奖数均位全市前列。其中，一等奖 2 项、二等奖 2 项、三等奖 8 项。智能控温覆蜡机的自动识别操作和控制方法（三明市飞驰科技有限公司）及铸件生产用中频炉修整用铁屑收集装置（福建工友机械有限公司）获一等奖。

【金秋助学活动】 2021 年，县总工会开展“金秋助学”助学活动，筹集资金 14.2 万元，资助就读全日制普通高校（含本科、专科）的困难职工子女 62 人、高中阶段（含中专、技校）的 17 人。

【“岩城工匠”评选】 2021 年，通过宣传发动、组织报名、资格审查、部门协审、网络投票、专家评审、征求部门意见等程序，首次以县政府名义评选出 2021 年“岩城工匠”10 人，分别来自工业、农业和手工业及服务业。

（蒋鹏、叶怡晴）

共青团大田县委

【概况】 2021 年，共青团大田县委（简称团县委）围绕县委、县政府中心工作，以服务大局、服务社会、服务青年为宗旨，适应群团改革创新要求，推动团的各项工作。全县有基层团委 42 个，团员 9584 人。新发展团员 610 人，超龄退团 63 人。

【新冠疫情防控志愿活动】 2 月 8—21 日，团县委组织返乡大学生志愿者 28 人，联合闽通长运大田分公司开展公交车随车以及车站入口防疫志愿活动。志愿者们协助驾驶员对乘客进行体温测量、信息登记；在汽车站进站口、购票大厅，告知进站旅客应正确佩戴口罩，提前准备八闽健康码，保持安全距离有序进站，同时协助车站工作人员对旅客进行引导，维持候车秩序，帮助旅客取票等。

【义务植树活动】 3 月 10 日，团县委组织 25 名志愿者与县几套班子领导及机关干部一起，在香山北路隧道口开展义务植树活动，栽种枫香苗 1000 多株。在开展全民义务植树运动 40 周年、第 43 个植树节之际，各基层团委以“两沿一环”森林景观带建设和区域生态森林景观圈为主线，组织广大青年团员投身城乡生态环境建设，累计植树 3000 多株。

【清明祭英烈活动】 4 月 2 日，团县委联合县文明办在实验小学举办 2021 年清明祭英烈活动启动仪式，开展祭扫革命烈士陵园、宣讲红色故事、追寻英雄足迹、传承烈士精神等活动。清明节期间，全县 17 所中小学开展烈士陵园祭扫活动，累计参与 1370 人次。

【城乡手拉手研学活动】 5 月 24 日，团县委在武陵八一希望小学开展“青春护雏·爱润童心”城乡手拉手研学活动，实施革命传统教育和爱国主义教育，用红色文化引领留守儿童健康成长；让孩子们感受到来自社会的关爱，同学的帮助，团队的凝聚力和温暖；激励留守儿童自强不息，学会自学、自理、自护、自强、自律，做生活的强者。参加活动的留守儿童共 36 对。

【禁毒公益健步走活动】 6 月 18 日，团县委在白岩公园举办 2021 年“健康人生·绿色无毒”禁毒公益健步走活动，倡导绿色无毒健康新风尚。活动由团县委、禁毒办、公安局主办，法院、检察院、教育局、妇联、融媒体、六中、美团外卖、徒步协会协办，团属青晨青少年社会工作服务中心承办。各禁毒成员单位负责人、政法干警、社区干部、学生、青晨社工、美团骑手、徒步爱好者以及禁毒志愿者等共 200 余人参加。

【爱心暑托班】 7 月 5—30 日，团县委联合县总工会、县公安局、县总医院，青晨青少年社会工作服务中心承办的爱心暑托班在城关第一小学开班。设立 3 个班，企业类班级 1 个、专项类班级 2 个，招收学生 94 人，课程包括爱国教育、心理支持、成长小组、公益活动、团队拓展等。主要面向县双创园、经济开发区工作人员子女，疫情防控一线医务人员和公安民警子女，二年级以上小学阶段且暑期看管有困难的双职工子女，优先保障困难职工子女、进城务工随迁子女、单亲职工家庭子女及留守职工子女等亟须服务群体。

【垃圾分类公益宣讲】 8月3日，团县委组织志愿者5人到县玉凤社区开展“垃圾分类公益宣讲”活动，为社区居民子女35人举办生动有趣的垃圾分类讲座。宣讲结束后，志愿者们带领社区居民子女在玉凤居委会周边开展垃圾清理活动。

【海洋夏令营开展】 8月27日，由团县委、教育局、关工委联合厦门海洋职业技术学院，开展暑期“三下乡”山海相约“厦门—大田”海洋夏令营活动。实践队的6名大学生从红色嘉庚、认识海洋、保护海洋、海洋强国4个方面入手，面向均溪镇小学生开展红色旧址现场党史学习教育、嘉庚故事展示、海洋博士科普讲座、制作船模、海洋知识角墙体彩绘、海洋知识竞赛等活动。

【疫情防控志愿者招募】 9月15日，团县委联合县退役军人事务局招募疫情防控应急储备志愿者31人，有退伍军人、个体工商户、青年职工、普通群众等，在县体育馆协助工作人员做好核酸检测采样服务工作，维持现场秩序。

【共青团第二十一次代表大会召开】 10月11日，共青团大田县第二十一次代表大会在龙山宾馆七楼会议室召开，县领导陈文华、林金龙、吴初增、吴文旗、余维语、赖晶、林宗镇参加，团市委副书记林珊应邀出席指导，到会代表120人。大会选举产生共青团大田县第二十一届委员会委员31人、候补委员10人，审议并通过《关于共青团大田县第二十届委员会报告的决议》。举行共青团大田县第二十一届委员会第一次全体会议，选举产生新一届团县委常委13人，以及书记施秋萍，副书记廖尚滋、张浩阳和挂（兼）职副书记等。

【青年职工交友活动】 10月29日，团县委联合县总工会、县妇联在桃源东风公馆开展2021年“相约花海·缘聚东风”青年职工交友活动，县辖区内乡（镇）机关和事业、县直机关和事业、国有企业等单位的单身青年职工参与，3对青年职工牵手成功。

【红领巾巡讲】 11月，团县委联合县教育局、县少工委开展习近平总书记“七一”重要讲话集中巡讲活动，邀请市级红领巾巡讲团成员陈芳彬以“请党放心、强国有我”为主题在县城区6所小学开展巡讲，少先队员和少先队中、大队辅导员1100余人次参与。活动用鲜活的人物事例将红色精神传递给少先队员，引导队员们从小学先锋，长大做先锋，用实际行动为红领巾增光添彩，做一名新时代的优秀少先队员。

（王尧钦）

大田县妇女联合会

【概况】 2021年，全县有妇联组织305个，其中乡镇妇联18个、村（居）274个、非公经济组织6个、县直系统妇委会7个，县妇联专职妇干5人，乡镇妇联主席18人、村（居）妇联主席277人。是年，县妇联在县融媒体及县妇联微信公众号展播“巾帼风采”6期，分享各界“巾帼”故事。开展慰问关爱、回娘家恳谈会、走访基层妇联执委、趣味运动会、拒绝家暴签名、茶艺展示赛、党史学习教育等活动。

【市妇联领导调研】 4月13—14日，市妇联党组书记、主席张炜琳到县开展“再学习、再调研、再落实”活动调研，县委常委、统战部部长施正立，副县长廖卉喆参加。调研组到吴山镇逢元茶业有限公司、阳春村、南街社区、晋农商村镇银行、新未来职业培训学校分别调研回乡女大学生创业、村妇女儿童阵地建设、社区“近邻·爱心敲敲门”巾帼志愿服务工作、巧妇贷工作、家政培训工作。11月25日，市妇联党组成员、副主席郭春晖到广平镇万宅村宣讲中共十九届六中全会精神；到铭溪村龙会堡妇女维权站、广平村居敬书院调研妇女权益保障及家风家训工作开展情况。

【疫情防控参与】 2021年，县妇联组织巾帼志愿服务队通过入户访视、微信工作群、电话沟通等开展疫情防控宣传和疫苗接种劝导工作，累计发放宣传材料1万余份，3000余人参与。

【慰问关爱活动】 2021年，县妇联争取全国、省“两癌”救助金17.5万元，救助农村“两癌”贫困妇女42人。发动全县各界参与“母亲健康1+1”募捐活动，募捐6.2万余元。组织各级三八红旗集体、巾帼文明岗、机关企事业干部、爱心人士开展贫困留守儿童“雏燕”关爱行动14次，100多名“爱心家长”用不同的形式关心关爱留守儿童。

【“平安家庭”创建】 2021年，县妇联在两节期间，联合屏山乡、白岩社区、玉凤社区、赤岩社区巾帼志愿者开展送春联活动，送出手写对联1000余副，“平安三率”年画500多份；全年线上线下开展普法宣传22期，发放平安创建宣传品、宣传材料8000余份。

【妇女技能培训】 2021年，县妇联引导动员4名女性企业负责人参加县创业创新大赛并取得一、二、三等奖的好成绩，在选送市创业创新大赛中，陈金玉、陈水英分获市赛二等奖、三等奖。牵头举办育婴员（月嫂）、养老护理员培训班9期，培训妇女711人；配合举办电商培训班3期185人（其中女性130人）。

【“巧妇贷”金融帮扶】 2021年，县妇联为支持妇女在疫情期间创业，推进“巧妇贷·家”产品升级，多举措服务妇女、服务家庭，全年发放“巧妇贷”贷款145笔658万元，其中贴息39笔218万元。

【闽台茶文化交流】 2021年，县妇联牵头举办2021第二届闽台茶文化线上交流活动——大田“美人茶”专场活动，通过线上线下交流互动的方式，共促两岸茶产业、茶文化融合发展，助力推动田台茶文化产业向多领域、高层次发展。该活动在中新网宣传点读量超过100万人次，中共中央统一战线工作部官网、中侨网、中国妇女报客户端、新华社客户端、学习强国客户端等先后对活动进行报道。

【家庭文明建设】 2021年，县妇联发挥县级家庭教育讲师团作用，开展以“立德树人、从家出发”为主题的家庭教育宣讲活动102场，3.3万多人受惠。县妇联选送的选手李新华在全省家庭教育宣讲比赛中获全省第一名。林占中家庭被全国妇联评为“全国最美家庭”，范立洋家庭被省妇联评为“福建省最美家庭”，官恩锡、林三妹家庭被省妇联、省生态环境厅联合评为“福建省绿色家庭”。

【“春蕾计划”活动】 2021年，县妇联继续开展“春蕾计划”活动，3名女生获省2021年度“精准扶贫·春蕾圆梦”助学金1.8万元，1名女生获市2021年度“精准扶贫·春蕾圆梦”助学金6000元，12名女生获市2021年度“春蕾计划”助学款4900元。

【基层组织建设】 2021年，县妇联围绕妇联改革、组织覆盖、执委作用发挥和作风建设继续实施“破难行动”，做好新一届村（社区）党组织换届工作中女性主干的配备。是年，全县266个村、8个社区高标准高质量完成女性进村（社区）“两委”工作，实现村（社区）“两委”中100%有1名以上女性成员、妇联主席100%进村“两委”的“双百”目标，村（社区）“一肩挑”的女主干34名，占全县的12.41%，比上届提高8.03%。

【岗位建功】 2021年，县总医院党委书记吴红女被全国妇联评为“全国巾帼建功标兵”；县总医院妇产科、县图书馆被省妇联评为“福建省巾帼文明岗”；县总医院南院区针灸康复科、大田县职工服务中心被市妇联评为“三明市巾帼文明岗”；红星幼儿园、县公安局交通警察大队车驾管中队被市妇联评为“三明市三八红旗集体”；林爱红、王红英、陈桂兰、叶壮秀、廖秀琴被评为“三明市三八红旗手”；屏山乡妇联、均溪镇红星村妇联、石牌镇京程村妇联被市妇联评为“三明市妇联系统三八红旗集体”；叶秀蓉、杨婷娥、林甜甜、陈冰冰、林银香、涂燕青被评为“三明市妇联系统三八红旗手”。

（乐　馨）

大田县科学技术协会

【概况】 2021年，大田县科学技术协会（简称县科协）弘扬科学精神，普及科学技术知识，传播科学思想和方法，提高公众的科学文化素质。建设省级科普示范村1个、示范科普教育基地1个、“千会帮千村”项目2个，获补助资金6万元；组织全县中小学生广泛参与科技创新大赛、航模比赛、信息奥林匹克竞赛等活动，举办青少年各类科学竞赛4场。

【科普活动进校园】 4月22日，市科技馆科普大篷车巡展活动到县第二实验小学巡展，展示“同自己握手”“龙卷风的形成”“飞机的翅膀”及潜望镜、3D动画展板等科教展品，涵盖光学、电学、力学、物理学等多方面的科学知识，1000多名学生感受到科技的魅力和神奇。5月23日，县科协联合县教育局在大田一中开展青少年性健康教育讲座及禁毒宣传活动，邀请长沙市“爱之路”慈善基金会讲师讲解毒品危害，播放《生命的孕育》《人工流产的真相》等微电影，并发放禁毒知识宣传单，使同学们详细了解了禁毒知识、过早接触性的危害以及艾滋病的传播途径、预防方法等。

【科普志愿活动】 12月5日，县科协参与县文明办在时代广场组织开展的以“文明实践·志愿我先行”为主题的国际志愿者日活动，发放有关营养科学、垃圾分类等宣传资料150份，接受群众咨询5人次。

【青少年科技类比赛获奖】 2021年，县科协选送的参赛项目在第37届三明市青少年科技创新大赛中，获得科技辅导员三等奖1个，科幻画一等奖4个、二等奖4个、三等奖3个，青少年科技创新项目二等奖1个、三等奖 1个。在第二届福建省青少年创意编程与智能设计比赛活动中，大田六中学生陈梓程的《玩转端午》获初中组一等奖，实验小学学生田宇泽的《球球大作战》和郑博源的《家园保卫战》均获省赛小学二组三等奖。

【青少年科学竞赛】 2021年，县科协举办县小学生第三届航空模型竞赛、县“智能创新·助力环保”机器人竞赛、首届县青少年科幻画大赛、首届县青少年创意编程比赛等4场赛事，全县300余名中小学生参与。

【科技辅导员培训】 2021年，县科协联合教育局、教师进修学校举办中小学科技辅导员培训班3期，参训90余人，以青少年编程比赛、机器人竞赛、青少年航模竞赛辅导为主题，提升县科技辅导员业务能力，推动县青少年编程、机器人和航模竞赛发展。

（郑彬彬）

大田县归国华侨联合会

【概况】 2021年，大田县归国华侨联合会（简称县侨联）围绕“凝聚侨心、发挥侨力、维护侨益、海外联谊”等工作职能，开展学党史、疫情防控、提建议、再调研等活动，真抓实干，各项工作取得新成效。

【引领侨心】 2021年，县侨联组织全县侨界参加党史学习教育，组织侨界群众230多人观看央视“华人故事”栏目的《追梦中华·百年赤子心》宣传纪录片，增强侨界群众对中国共产党和中国特色社会主义的政治认同、思想认同、理论认同、情感认同。

【为侨服务】 2021年，县侨联支持引导海外侨胞开展疫情防控工作，开展“献爱心送温暖”活动，争取“贫困侨救助资金以及华侨事务预算专项经费”9.22万元，资助困难对象44人，慰问归侨侨眷19户。

【参政议政】 2021年，县侨联在县乡（镇）换届年推荐德才兼备、参政议政能力强的侨界市级人大代表2人、县级人大代表1人，县本级政协委员3人。引导和协助人大代表、政协委员主动参与社会管理，围绕侨界群众关心的焦点问题和推进多彩大田全方位高质量发展中的热点难点问题进行考察调研，提出《关于发展民宿旅游，助力我县乡村振兴计划的几点建议》和《关于优化金融生态环境，支持中小企业加快发展的建议》2项提案。

【调研活动】 2021年，县侨联开展“再学习，再调研，再落实”活动，组织委员21人参观侨资企业飞鹰实业（三明）有限公司，了解县工业区开发和侨企发展情况；寻访大田县“第二集美学村”，参观集美职校旧址、中央苏区革命历史陈列馆、陈嘉庚雕像，详细了解抗战时期集美职校内迁大田的历史和当年办学办校的感人故事，接受爱国主义教育和红色文化洗礼。

（郑桂珠）

大田县工商业联合会

【概况】 2021年，大田县工商业联合会（简称县工商联）发挥工商联统战性、民间性、经济性的优势和桥梁、纽带、助手作用，把握“促进两个健康发展”（非公有制经济健康发展和非公有制经济人士健康成长）工作主题，以服务为宗旨，求真务实、开拓创新，推动工商联各项工作。12月，完成第十届工商联换届任务。至年底，有会员415个（人），其中，企业会员236个，个人会员153个，团体会员26个。会员中有省工商联执委3人、市人大代表1人、市政协委员5人、市工商联执委14人、县人大代表4人、县政协委员42人。县工商联（总商会）有大田永春、大田兴化、大田南安、大田安溪等4个直属商会，有福州大田、泉州大田、厦门大田、广东大田等4个异地商会，9个乡镇商会及9个商会乡镇分会。是年，获2020—2021年度全国“五好”县级工商联及“三明市乡村振兴先进单位”称号。

【非公经济发展】 2021年，全县非公经济新增个体工商户2.76万户、注册资金2.97亿元、从业人员1.86万人，总数分别为4.01万户、26.91亿元、6.03万人；新办私营企业1018家，新增注册资金47.20亿元、从业人员4932人，总数分别为5142户、288.57亿元、4.56万人。纳税超百万元民营企业52家，其中超1000万元的8家。167家规模以上民营企业完成工业增加值116.33亿元，缴纳税金5.43亿元。10家出口创汇企业出口创汇1.28亿美元。是年，全县非公经济产值（销售收入）383.19亿元，比上年增长3.07%；上缴税收7.94亿元，比上年下降2.93%。

【非公有制经济人士成长】 2021年，县工商联持续将企业家素质提升作为重要工作，组织民营经济代表人士参加与南京大学联合举办的高级研修班；组织举办首届乡镇商会骨干培训班及开展异地商会走访调研等活动；开展“百年荣光守初心·爱党为党践使命”“学党史、铸信念、守初心”等主题党日活动，邀请县史志室主任为县民营企业家做《大田革命奋斗史》专题讲座。组织民营企业家开展“光彩行动”，县工商联（总商会）参与各类公益事业光彩行动总额约80万元，与福州大田商会牵头开展“阳光1+1”健康活动，在县总医院建立“田医回田”名医工作室。

（李建政、吴裴婷）

大田县国际贸易促进委员会

【概况】 2021年，县国际贸易促进委员会（简称县贸促会）履行职能，统筹推进防疫工作和贸易投资促进工作。全县有会员企业38家，委员单位40个；会员企业涉及机械、电子、轻工、纺织、建材、商业、农业等行业。

【经贸系列活动参加】 5月18日，县贸促会组织天香草木缘和焕香茶业2家茶企参加第十六届中国（福建）消费品全球采购交易会绿色食品专场。7月23—24日，开展“全闽乐购·游商圈”系列活动和“全闽乐购·县乡走透透系列活动”，落实省市“沪闽（三明） 旅游合作对接会”活动精神，通过名优特产品展、美食展、网红直播带货、趣味商圈游等多种形式，帮助提振大田县消费市场，将大田优质产品向全国推广。11月1日，组织大田华阳光电有限公司参加“首个三明企业家日”活动，加强与邻县各会员企业之间的交流。是年，组织8家企业参加5场线下展览会、博览会，为企业“走出去”提供更多的交流合作机会；组织13家企业参加由中国贸促会主办的“自由贸易试验区工作培训班”“迪拜世博会路演暨福建—阿联酋投资贸易促进大会”“RCEP专题培训（云南专场）”“全球数字税收制度解读线上培训班”等6场线上会，以线上对接的方式，为企业寻找合作伙伴，搭建新的交流平台。

【贸促大讲坛培训】 11月3日，市贸促会主办，县贸促会承办的“三明贸促大讲坛”第三期培训活动在大田仙廷酒店举行，共组织大田、宁化、明溪、清流等县31家会员企业参训，邀请福建国信目标绩效赢利系统项目总监、国家一级人力资源管理讲师授课，帮助企业树立现代化管理体系观念，提升创新思维及企业经营管理能力。

【经贸预警和外诉排查】 2021年，县贸促会在市、县两级政府组织赴境外招商、举办或参与境内重大经贸活动前，对企业开展专项排查，及时发现问题苗头，把问题化解在萌芽状态，确保活动顺利开展。全年推送各类经贸预警信息300余条，外商投诉结案率100%。

【会员企业服务】 2021年，县贸促会建立与企业联系制度，搭建企业微信服务群，提供差异化服务，高效整合经贸信息线索，实现资源共享；与国内外有关经贸组织建立通畅的联络渠道，形成快捷的信息网络，帮助企业了解投资和贸易对象所在国的市场、法律、贸易政策等有关信息，使企业少走弯路；充分利用便捷的新型网络媒介，为会员提供更多更新的市场信息、政策解读、业务咨询等服务，并通过网络平台，收集企业的利益诉求，及时反馈给政府有关部门，让国际商会真正发挥“会员之家”的作用；改进贸易促进形式，不定期召开企业应对外贸风险及走出去座谈会；与市贸促会联系沟通，争取让更多会员企业参展和参加各种学习，提升公共管理水平。是年，走访会员企业17家，到企业调研，听取企业意见、建议，发挥自身优势，为企业排忧解难。

（陈燕秋）

大田县残疾人联合会

【概况】 2021年，大田县残疾人联合会深入学习贯彻习近平总书记关于残疾人事业的重要批示指示精神，突出目标导向，以推进大田残疾人事业高质量发展为主题，抓好残疾人扶贫、康复、就业、教育、辅具适配、文体、维权、专项调查等方面工作；做好对残疾人特殊群体疫情防控工作，加强涉残机构复工复产指导；弘扬人道主义，宣传残疾人事业。管理、指导各类残疾人协会，创造良好的环境和条件，扶助残疾人平等参与社会生活。加强机关、事业单位及乡镇残疾人联合会、村残疾人协会建设。18个乡镇残疾人联合会配有专（兼）职理事长和294个残疾人工作联络员，有276个村（社区）成立残疾人协会。

【辅具宣传与服务】 5月11日，县残疾人联合会在县文化广场开展"第31次全国助残日暨'互联网+'辅助器具宣传服务月"启动仪式，国家、省市残疾人联合会领导参加启动仪式，现场为特困残疾人适配辅具，争取社会捐款6.4万元。在均溪镇南街社区、华兴镇仙峰村、吴山镇阳春村、县残联残疾人辅具展示中心设立康复辅助器具共享服务站4个，提供辅具租借服务68人次，提供辅具维修保养服务363人次。投入专项资金1万元，为租借服务点购买基本型辅具，并对每个点给予项目启动资金补助3000元。

【残疾人协会活动】 6月22日，由市残疾人联合会主办、县残疾人联合会协办的"学党史、走基层、送服务"心理知识讲座在县残疾人联合会七楼会议室举行，各乡镇和社区残疾人工作者、各专门协会主席、康贝启智教育中心教师以及盲人朋友共50余人参加讲座。6月，康贝启智教育中心在县残疾人联合会7楼会议室举办以"花开新时代，童心永向党"为主题的"六一"亲子活动，康复机构老师、残障儿童及亲属共60余人参与活动。11月，县残疾人联合会开展残疾人文化进家庭"五个一"活动，面向贫困或重度残疾人家庭开展读一本书、看一场电影、游一次园、参观一次展览、参加一次文艺活动等活动，50名残疾人、10名残疾人服务志愿者等参加。是年，县盲协组织盲人推拿师走进县社会福利院和县特校开展公益按摩6场，开展盲人节和助残日活动2场；接待明溪、宁化残联等前来参观交流，加强基层盲协的建设。县智力亲友协会依托康贝启智教育中心举办系列宣传服务讲座，开展户外扩展活动等。选送胡生洪、陈基攀等残疾人书画、艺术作品3件参加市书画展；选送苏美娇、王宗移等联络员参加市级最美联络员评选。

【办证服务】 11月20—30日，县残疾人联合会组织县医院医生到18个乡镇为125名残疾人进行入户评残，共评定一级残疾对象5人、二级51人、三级和四级69人。当年，新办残疾人证1226人，注销509人、迁出16人。

【残疾人康复服务】 2021年，县残疾人联合会实施残疾儿童康复救助、政府购买残疾人康复服务、辅具适配补助等项目，全年完成精准康复服务4688人，完成省市任务数100%。帮助158名残疾儿童接受定点机构康复训练，提供补助资金211.76万元；为68名贫困精神残疾患者提供住院医疗救助，提供救助金10万元；为2名儿童实施人工耳蜗康复救助，为6名残疾儿童适配助听器、矫形器；做好"政府购买残疾人精准康复"招投标工作，在建设、广平、吴山、武陵4个乡镇为190名残疾人开展残疾人精准康复服务，每人每月康复服务费用360元，项目资金21.11万元；加强残疾人辅助器具适配服务协议机构的培育管理，着力开展辅具适配政策宣传、精准指导适配、上门服务、辅具借用以及整乡（村）推进工作，全年为458名残疾人适配辅助器具543件，补助金额51.21万元。

【残疾人教育】 2021年，县残疾人联合会继续实施"助学工程"，资助帮扶残疾学生48人，发放助学金14.7万元。帮助残疾考生报名参加普通高考3人，其中申请合理便利（使用助行器、优先进入考点考场）1人。

【残疾人精准扶贫】 2021年，全县建档立卡残疾人均已脱贫。继续实施农村贫困残疾人安居工程项目，为20户残疾人家庭补助24万元，每户1.2万元。对20户符合无障碍改造条件的给予改造项目资金补助，符合省级改造的每户补助1000元，符合县级改造的每户补助2000元，共计发放补助金3.7万元。

【残疾人就业】 2021年，县残疾人联合会选送视力残疾人参加市级盲人按摩手法提高班培训2人、市级盲人推拿继续教育和业务培训2人。审核认定残疾人就业保障金征收的机关企事业单位40家，安置残疾职工217人，征收入库残保金503万余元。落实省残疾人联合会扶持残疾人就业创业政策，发放奖励58.4万元；落实《三明市扶持残疾人就业创业的暂行办法》，给10名残疾人市级就业创业补助5万元，8名发展生产经营的残疾人小额贷款贴息1.63万元。

【残疾人保障】 2021年，县残疾人联合会落实困难残疾人生活补贴和重度残疾人护理补贴政策10.81万人次，补助资金936.85万元；为374户832名“一户多残”残疾人发放补贴49.92万元；为152名灵活就业残疾人发放社会保险补贴，补助资金56.4万元；为105名低保肢体一级残疾人发放生活补贴，补助资金21万元。全县残疾人参加居民养老保险8309人，持证残疾人均免费参加医疗保险，纳入城乡低保残疾人1732人。全县7235名70周岁以下（精神残疾除外）的残疾人每人投保26.5元，投入保费19.17万元；有48人获得理赔，理赔金额15.2万元。3436名残疾人符合条件参保重度残疾人团体疾病保险，每人投保68元，投入保费20.62万元；有264人获得理赔，理赔金额25.59万元。为108名残疾人发放燃油补助2.81万元。

【残疾人专项调查】 2021年，县残疾人联合会开展残疾人动态更新调查工作，完成调查持证残疾对象约1.26万人，其中完成手机终端信息采集1.24万人、电话调查152人，已搬迁1人，注销87人，没有查无此人、空挂户、外出人员，手机终端信息采集率100%。对18个乡镇各抽1个村（社区）进行验收，均符合调查标准。

【残疾人维权】 2021年，县残疾人联合会完善残疾人法律救助工作站的设施设备，聘请法律顾问1人，健全残疾人信访工作机制，打造“968891”残疾人服务专线平台，做好日常信访接待工作。年内，会同县司法局法律援助中心累计为11名残疾人提供维权服务，办理办结法律援助案件6起，回复平台信访件10件。

【残疾人托养服务】 2021年，县残疾人联合会实施省委、省政府为民办实事项目。为54名智力、精神和重度肢体残疾人发放中央居家托养项目补助资金10.8万元，为216人发放省级居家托养项目补助资金43.2万元；机构托养12人，每人省级补助5000元，市级叠加补助6000元，共计13.2万元。

【助残惠残宣传】 2021年，县残疾人联合会围绕全国助残日、国际残疾人日及精神文明单位创建、动态更新调查、残疾人活动等主要节点，开展宣传党和国家有关残疾人的法律、法规及方针政策，宣传残疾人自立自强的典型，宣传社会扶残助残好人好事等。利用微信公众号、“大田残联”微博等媒体平台，发挥“互联网+”对残疾人事业的强大带动力。在县电视台宣传残疾人法律法规，出版《三明新周报》专刊一期，做好面对面宣传、重要节假日宣传、阵地宣传、新媒体宣传。

（颜晓斌）

大田县关心下一代工作委员会

【概况】 2021年，大田县关心下一代工作委员会（简称县关工委）围绕健全“党建带动关工委建设”工作机制，推进基层工作提升年活动，扩大基层关工委领导班子、组织覆盖面，县“五老”（老干部、老专家、老战士、老教师、老模范）队伍不断壮大，达标“五好”关工委。年底，全县有基层组织关工委357个，其中，乡镇18个、县直机关11个、民营企业10个、村265个、社区8个、中小学45个，报告员、校外辅导员、帮教员、家教员、科教员、文化市场督导员等“六大员”1200余人。基层关工委80%达到或基本达到“五好”活动的要求。

【青少年法治教育】 2021年，县关工委开展“关爱明天，普法先行”活动，对青少年进行普法宣传教育。法治报告团举办各类法治讲座、报告会18场；开展“法坛一日”法治教育系列活动，组织一中、鸿图中学的学生旁听庭审、走访法庭、模拟审判等，让青少年亲近法律，感受法律。联合教育、司法部门，编写《带法回家》法律宣传材料，做好骨干培训，让学生不仅知法、学法、守法，还要对身边人进行普法。以国家宪法日、全国普法宣传日为契机，联合政法委、公检法司、文明办、文体广电新闻出版局、团县委、妇联、县教育局等单位，举办大田县“护青工程”主题研讨活动。参与未成年人“零犯罪学校、村（社区）”活动，新申报未成年人“零犯罪学校”14所。“五老”队伍及青少年法治宣讲团进校、进村举办法治教育讲座、普及法律知识，与问题青少年开展结对帮扶，关爱保护困境青少年，推进未成年人零犯罪工作。

【“中华魂”主题教育】 2021年，县关工委宣讲团到学校开展“中华魂——民族复兴的旗帜”主题教育宣讲活动10场，参与师生和家长3000余人次；联合县教育局、妇联、团县委举行“中华魂”主题演讲比赛，选拔优秀选手代表3人参加市关工委举办的“中华魂”演讲比赛。

【“两童”未成年人关爱帮扶】 2021年，县关工委对留守、困境“两童”进行“一对一”“多对一”帮扶。建设6家县级“留守儿童”之家，充分发挥留守儿童之家、四点钟学校、青少年社会教育活动中心等阵地作用，开展关爱未成年人活动；与学校配合，在节日对学生进行传统文化教育；通过定期慰问、不定期心理辅导及评选“小孝星”和“品学兼优”好孩子等活动，让“两童”感受到家的温暖；协助2名孤儿办理生活补助手续，协助7名事实无人抚养孤儿办理定补手续；安置光明村流浪儿童1人、均溪镇玉凤社区流浪儿童1人。

【未成年人帮教转化】 2021年，县关工委建立“二龙合一”（司法一条龙、社会一条龙）工作机制，成立由教师、公检法司、心理咨询师、律师等组成的合适成年人队伍，为失足青少年提供“担任合适成年人—结对子—监所探访慰问—帮助重返学校或安排工作—跟踪帮教”的一条龙服务。全年担任合适成年人5人次，实施问题未成年人心理干预23人次，结对跟踪帮扶12人次。

【思想道德建设活动】 2021年，县关工委以清明节、“五四”青年节、“九一八”事变90周年、国庆节、国家公祭日等重要节日、事件为时间节点，开展“传承红色基因，争做时代新人”活动；组织学生参观第二集美学村、一中校史馆等省级关心下一代传承红色基因教育基地，以森林课堂、“9·20”日本侵略军轰炸大田纪事墙等本乡本土历史为教材传承红色基因；编印预防青少年沉迷手机网络宣传资料，组织关工委报告团到学校宣讲预防沉迷手机网络知识；开展“五老弘扬好家教好家风”、道德讲坛、孝道文化等主题活动；组织开展“我的家训”主题征文活动，并选送优秀作品参赛；开展诗词启蒙教育试点学校工作，推动诗词启蒙教育健康有序开展。

【扶贫助学】 2021年，县关工委与大田晋农商银行合作，为20名家庭困难学生发放关心下一代基金2万元；省关心下一代“福光助学金”为10名品学兼优的一中家庭困难的学生发放每人每年2000元的助学金。

（周调产）

大田县老科技工作者协会

【概况】 2021年，县老科技工作者协会（简称县老科协）团结和组织广大老科技工作者在决策咨询、科技创新、科学普及和推动科技为民服务等方面积极作为，为县乡村振兴献智出力。全县设农业林业、工业企业、水利水电、医疗卫生、科教文化5个专委会和均溪、桃源、上京、建设、广平5个乡镇分会，会员447人；建有兴峰生态农业发展有限公司、济阳泮林农林场、谢洋珍山农林开发有限公司、早兴昆山油茶合作社、永岩家庭农场和永强家庭农场6个科普示范基地。是年，县老科协被市老科协评为“2013—2020年度全市老科协系统先进集体”，吴新增、吴选族、连克聘、廖克服、高超灶等5名老科技工作者被评为“2013—2020年度全市老科协系统优秀会员”。

【三届四次理事会召开】 1月19日，县老科协召开第三届理事会第四次会议，学习省老科协第十届第一次会员代表大会精神；总结2020年工作，部署2021年主要工作；选举增补吴选族、张志聪、郑月明、高忠央等4人为理事，任命郑月明为办公室主任，吴新增为科普基地办主任。

【农业示范基地指导服务】 2月23日，县老科协组织农林组专家对永强家庭农场的夏黑葡萄高位硬枝嫁接阳光玫瑰技术，火龙果、黄桃、蜜柑等果树生长情况、冻害后恢复情况进行调研，提供技术指导服务。对兴峰生态农业有限公司台湾水果种植基地进行分类指导与重点帮扶（政策、技术、服务）。

【基层组织建设和乡村振兴调研】 4月12日，县老科协组织理事一行10人到建设镇调研，探讨建设分会组织机构的充实完善问题和建忠村300多座古曲窑的保护开发等事宜；了解建设镇村镇规划建设、美丽乡村建设情况。

【厂矿企业调查研究】 4月12日，县老科协将广平镇铭溪村下坪工业区作为重点调研课题，派出企业管理老行家和老技术人员一行10人对大田县海鑫矿业有限公司和原美化工有限公司的现状、存在的问题与发展对策开展专题调研，撰写的《关于海鑫矿业公司和原美化工公司调研报告》被省老科协杂志《福建老科协》《福建老科协通讯》刊发，也为县委、县政府召开专题会议研究决策提供可靠依据。

【茶产业宣传考察】 7月19日，县老科协选送茶艺节目《匠心》参加市老科协文艺会演，同时对大田美人茶进行宣传和推广。10月4日，组织具有中、高级职称的老科技工作者一行15人到济阳乡巅顶茶园、吴山镇逢元茶业有限公司、大田美人茶研究所调研大田美人茶产业项目研发技术、可持续发展情况，考察制茶工艺、评品茶技艺。

【会员发展及信息管理】 7月，有县老科协会员447人，其中新发展171人，全员建立会员信息电子档案。创建“在职正高职人才储备库”，在档26人。

【省、市老科协领导到县调研】 10月27日，市老科协会长朱一勤一行6人到县进行助力乡村振兴工作调研，县委常委、统战部部长吴文旗陪同调研。调研组考察了吴山镇茶产业研究所、茶树品种园、大田美人茶品种库、屏山茶园、大方广茶业有限公司、兴峰生态农业发展有限公司。11月3日，省老科协副会长陈竹丛一行4人到县调研兴峰生态农业有限公司台湾水果种植基地，并授予“科技示范基地”牌匾，县委常委、统战部部长吴文旗陪同。

（郑月明）

大田县老区建设促进会

【概况】 2021年，大田县老区建设促进会（简称县老促会）以庆祝中国共产党成立100周年为契机，本着“量力而行，尽力而为”的原则，修建老区革命遗址，宣传老区红色文化，为弘扬老区革命精神，传承革命优良传统献策出力。

【《不忘本来》出版】 2月，县老促会编、廖舒静著的《不忘本来》，由百花洲文艺出版社出版，全书23.8万字。书中讲述了发生在大田县中央苏区的斗争，还原寻找烈士的曲折经历，讲述了朱德等老一辈革命家出击闽中的鲜为人知的感人故事。

【《大田红色故事》出版】 5月，县老促会、史志室、文旅局联合编纂的《大田红色故事》，由海峡文艺出版社正式出版，全书27万字，收录大田红色故事89篇。该书编写党史资料，在尊重基本史实的前提下，通过适当的文学修饰，使红色故事更加形象、生动、活泼，增加可读性和感染力，为宣传大田老区红色文化，传承革命优良传统，促进党史学习教育增添党史资料。

【林大蕃烈士纪念馆开馆】 2021年，县老促会筹资20余万元完成林大蕃故居（纪念馆）装修布馆，并在庆祝中国共产党成立100周年之际开馆，为大田增添了1处弘扬县老区革命精神的爱国主义教育基地。至年底，参观群众200批2000多人次。

【老区建设促进】 2021年，县老促会协助建立武陵大石铸造集中区党支部，新建办公场所80平方米，指导集中区环境改善和企业改造，投入改造资金2000多万元。

【助学奖学金受托发放】 2021年，县老促会向县苏区、老区就读高中阶段的品学兼优贫困学生113人，发放省福彩公益基金、省黄仲咸教育基金会助学奖学金18万元（省福彩公益基金10万元，黄仲咸教育基金会8万元），资助大田一中贫困生55人、五中33人、鸿图中学25人。

（林生钟）

大田县消费者权益保护委员会

【概况】 2021年，大田县消费者权益保护委员会（简称县消委会）加大《中华人民共和国消费者权益保护法》《中华人民共和国反不正当竞争法》《中华人民共和国产品质量法》等法律法规的宣传力度，开展“3·15”国际消费者权益日主题活动，召开县消费者权益保护委员会第六届成员会议。

【“3·15”国际消费者权益日活动】 3月15日，县市场监管局、消委会联合县农业农村局、人行等13个部门，在时代广场开展“3·15”国际消费者权益日宣传活动，现场发放宣传材料1300余份，接受群众消费投诉、法律咨询等350余人次。城区7家珠宝零售店在时代广场联合举办珠宝玉石免费鉴定咨询活动；好多多、冠超市等4家大型超市，电信、移动营业厅等，均在醒目位置或电子屏宣传诚信“3·15”相关内容，共同营造“放心消费”氛围。是年，围绕“守护安全·畅通消费”主题，利用县融媒体中心、城关东街口、大建行、时代广场、文化广场、冠超市、电力大楼的电子屏广泛开展宣传。

【消委会第六届成员会议召开】 11月5日，县消费者权益保护委员会第六届成员会议在县市场监管局五楼会议室召开，到会成员40人。会议由第五届秘书长涂联文主持，县市场监督管理局副局长廖春梅应邀出席大会。涂联文报告第五届委员会工作，财务部门报告财务审计报告提请大会审议并通过。大会通过无记名等额选举产生第六届委员会会长、副会长、秘书长、监事长和监事，全票选举涂联文为会长，叶德绵、李代胜、林起全为副会长，乐首装为秘书长，林一峰为监事长，连晓玲、钱晓达为监事。

【消费维权】 2021年，县市场监管局受理群众投诉、举报、咨询1845件（受理e三明平台、“12345”便民服务平台转批件、投诉举报件191件），按时办结率100%；受理商品、服务消费申诉643件，争议金额22.63万元，经调解、协商和解全部办结，为消费者挽回经济损失14.87万元。

（涂联文）

大田县老年人体育协会

【概况】 2021年，县老体协以“庆祝中国共产党成立100周年”为主线，着力构建“党政主导、部门尽责、协会组织、社会支持、重在基层、面向全体”的老年体育工作格局，贯彻落实省、市老体协工作部署，开展健身康乐园创建，健身展示交流等活动，完成年度各项工作任务。完善健身辅导站（点）和辅导员队伍建设，推动健身骨干“走出去”“走下去”，走到老年朋友身边。当年，开展老体健身各类项目比赛交流展示30多场（次），完成辅导员培训600多人次，并将健身气功八段锦项目作为“重在基层，面向全体”的主打健身项目，组织辅导员骨干队伍到8个乡镇村重点推广普及。2021年，县老体协被市老体协评为2019—2021年度普及推广健身气功八段锦成效显著单位。

【老年人健身康乐家园创建】 4月8日、12日，县老体协第38次年会暨创建“老年人健身康乐家园”工作推进会分别在前坪乡政府和县老体协会议室召开，县领导陈磊、詹冬华、杨兴和到会指导。至年底，全县19个乡（镇、场）274个村（居），共创建“老年人健身康乐家园”255个，创建率93.07%，其中，获得省级称号30个、市级称号64个。

【建党100周年庆祝活动】 4月15日，县老体协在县体育中心篮球馆举办“永远跟党走·共筑中国梦”第八套健身秧歌展演活动，全县16支队伍近200人参加。6月18日，组织由15人自编自演的高甲小戏“茶乡乐”参加市老体协举办的庆祝中国共产党成立100周年文艺会演。6月27—28日、7月31日，与县委老干局、县老年大学、县文旅局等部门联合主办庆祝中国共产党成立100周年“群众广场音乐会”、“永远跟党走·歌颂新时代”专场文艺晚会及“展旗袍美韵·庆建党百年巾帼献礼”专场晚会，500余人参演。是年，各乡镇老体协、各俱乐部结合自身特点和专长，开展形式多样的庆祝活动。

【健身活动展示交流】 2021年，县老体协组队35人次参加市老体协组织的乒乓球、健身秧歌、村级健身气功八段锦、台球斯诺克、地掷球展示交流活动。推荐6人参加三明组队在平潭举办的全省2021气排球交流展示活动，获得5项优胜奖和1项优秀奖。

【信息宣传工作】 2021年，县老体刊发《老体协简报》33期，被省老体协刊物采用22篇，被市老体协采用刊物74篇。在2021年度信息工作评比中，拳剑俱乐部获一等奖，太华镇、乒乓球俱乐部获二等奖，气排球俱乐部、广平镇、南街社区获三等奖。

（林玲）

大田县红十字会

【概况】 2021年，县红十字会弘扬“人道、博爱、奉献”的红十字精神，紧扣“三救”（应急救援、应急救护、人道救助）、“三献”（献血液、造血干细胞捐献、人体器官捐献）工作重点，开展应急救护活动。普及应急救护知识培训 11 场 3527 人次，发放宣传材料 3500 份。组织 1850 人次无偿献血 65.87 万毫升；为 3 名患有白血病的本县贫困家庭儿童，申请中国红十字基金会“小天使基金”。开展“99 公益日”和“爱过年·在三明”项目募捐活动，募捐 6.82 万元。

【“博爱送万家”活动】 1 月，县红十字会在元旦春节期间，开展“红十字博爱送万家”春节慰问活动，将市红十字会“99 公益日”募捐与配捐款拨付的 6.85 万元，慰问各单位困难干部职工和乡镇建档立卡贫困户 137 户，每户 500 元；接收市红十字会“博爱进万家”慰问物资 10 件，慰问屏山乡 10 户 43 人。

【红十字救护员培训】 2021 年，县红十字会开展“文明健康·有你有我”红十字救护员取证培训 7 期，通过线上理论培训，线下实操培训，通过考核取得省红十字救护员证 269 人。

（范玉娟）

大田县计划生育协会

【概况】 2021 年，大田县计划生育协会（简称县计生协）贯彻《中共中央、国务院关于优化生育政策促进人口长期均衡发展的决定》精神，坚持政治立会、服务兴会、队伍强会宗旨，以深化改革为主线，围绕宣传教育、生殖健康咨询服务、优生优育指导、计划生育家庭帮扶、权益维护和流动人口服务“六项重点任务”，扎实推进生育关怀和家庭健康主题活动。

【省、市计生协领导到县调研】 3 月 3 日，省计生协会党组书记、常务专职副会长陈星，市计生协会会长陈仪代等一行到县开展计生协会工作调研活动，先后到太华镇中心幼儿园“亲子小屋”、太华镇万湖村计生家庭帮扶基地、县职业中专学校青春健康俱乐部、县妇幼保健院儿童早期发展指导中心、创建幸福家庭——生殖健康“蓝氧”项目点实地调研，听取县、乡计生协会工作汇报；到太华镇太华村走访慰问 1 户计生困难家庭（省级安居工程受助户）。5 月 7 日，市计生协会会长陈仪代等一行到县开展计生协会工作调研活动，先后到谢洋乡坑口村木槿花、樱花种植计生家庭帮扶基地、上京镇梅林村计生协会组织建设及人口文化活动中心、建设镇建设法庭计生法律援助工作站、广平镇元沙村五龙山人口文化园等实地调研，听取县、乡计生协会工作汇报；走访慰问计生困难家庭 2 户，发放慰问金 2000 元。

【计生宣传服务系列活动】 “5·29”会员活动日期间，县计生协会组织全县开展宣传服务活动 25 场次，2600 人参加，发放避孕药具 1200 多份，发放青春健康、优生优育、生殖健康、预防传染病等知识宣传手册 5000 余份，义诊 400 余人次，提供优生优育指导、生殖健康咨询、法律援助咨询 300 人次。在文江镇、湖美乡、谢洋乡、华兴镇等乡镇开展以“永远跟党走·奋进新征程——庆祝建党 100 周年”为主题的义诊宣传服务活动，义诊 300 余人次，免费提供价值 1.5 万元的药品，接受现场咨询 450 余人次，发放宣传资料 1800 份、宣传品 1000 余件。6 月 21 日，县计生协联合县政协到上京镇开展“送医下乡·服务群众”义诊活动，同时，开展健康教育、疾病防治、公共卫生防疫等知识宣传，接受义诊 200 多人，免费发放相关宣传材料 300 多份，解答群众咨询 80 余人次，发放宣传品 100 余份，发放避孕药具 200 余份。“12·4”国家宪法日期间，联合县司法局开展以“弘扬宪法精神·培育法治素养”为主题的宣传服务活动，发放宣传资料 5000 余份，解答群众咨询 650 余人次，发放宣传品 2000 余份。

【“家庭健康促进行动”开展】 2021 年，县计生协以“家庭健康促进行动”省级试点项目为契机，在县妇幼保健院建立“家庭健康服务中心”，整合妇幼保健院等相关部门的资源优势。县计生协成立健康科普专家库，组织开展健康知识进学校系列讲座 10 场，进社区系列讲座 29 场，培训基层家庭健康指导员 1338 人，发放家庭健康服务包 600 个，普及健康知识 2 万余人次，累计发放宣传品 3 万余份。推广“健康知识进万家”小程序，全县现有家庭健康指导员 1368 人，绑定居民 2078 人。

【计生家庭关爱】 2021 年，县计生协实施安居工程，为 10 户农村二女户家庭发放建房补助金 15 万元，其中为 1 户农村二女贫困家庭争取省、市、县计划生育协会建房补助金 6 万元。开展“金秋助学”活动，为 3 名贫困二女户学生争取省计划生育协会助学金，每人每年资助 5000 元，直至大学毕业；为 9 名农村二女户学生争取市计划生育协会“圆梦女孩”助学金，每人每年 3000 元。县、乡镇计生协会走访慰问计生户200多户，发放慰问金25万元。

【计生家庭保险】 2021年，县计生协推进计生家庭意外伤害保险工作，创新投保方式，满足计生家庭日益丰富的保障需求。全年为9226户符合条件的计生投保对象办理意外伤害保险98.26万元，受益群众3.23万人。开展计生失独家庭父母住院护理补贴保险，为34户计生失独家庭父母投保住院护理补贴保险金1.02万元。

【儿童早期教育示范开展】 2021年，县计生协依托梅山、前坪、屏山3个乡镇当地幼儿园新创建儿童早期教育示范项目点，联合妇幼保健院、小京星幼儿园、韦才幼儿园结合“六一”儿童节等重要节日，举办科学育儿知识讲座和开展亲子活动。在县“医教结合”的儿童早期教育发展的基础上拓展延伸孕前营养门诊、产前筛查门诊、儿童生长发育身高管理门诊、儿童康复门诊4个项目。全年举办科学育儿知识讲座及开展亲子互动活动21场（次），2000多名儿童参加人口早期教育感觉统合训练。

【青春健康俱乐部建立】 2021年，县计生协在大田七中新建立青春健康俱乐部。全年分别在职业中专、六中、鸿图中学、五中、一中、七中举办讲座8场，900余人次参与；开设“青春健康　成长之道”课程6期，受益335人；开展“沟通之道”培训6期，受益355人；发放青春健康宣传品4000余份。

【法律援助服务】 2021年，县计生协以“法律援助项目”省级试点项目为契机，持续推进计生法律援助。调整充实计生法律援助志愿者队伍，完善县级计生协会援助站，聘请法律顾问提供专业法律援助服务。当年受理法律援助案件31件，其中调解民事纠纷13件、协调维护计生家庭合法权益10件，为计生户挽回经济损失55万元。举办法律援助讲座23场，解答法律咨询650人次，开展业务培训，惠及计生群众1万人次。

（詹　静）

法 治

□编辑 郑祥果

政法与平安建设

【概况】 2021年，大田县政法系统结合党史学习教育和政法队伍教育整顿，依法履行法定职责，推动全面从严管党治警向纵深发展，政法队伍的政治生态、纪律作风、素质能力和公信力持续向好，防风险、护稳定、促发展、保平安，维护社会大局稳定，人民群众获得感、幸福感和安全感不断增强。2021年，在全省"平安三率"测评中，全县群众安全感率99.68%，位居全省第三、全市第二；在全省第一批政法队伍教育整顿中，教育整顿成果评价率99.89%，位居全省第一；获全市平安县（市、区）一等奖。

【平安建设与维稳工作】 2021年，县政法各单位圆满完成全国全省"两会"、庆祝中国共产党成立100周年、习近平总书记到闽到三明考察、第44届世界遗产大会、中共十九届六中全会、省市县党代会等重大活动期间安保维稳任务。落实一把手带头包案处置等制度和"四个一"工作措施。开展遏制重大"民转刑"案件攻坚行动和矛盾纠纷排查化解百日攻坚行动，共排查各类矛盾纠纷4104起，调处成功4096起，成功率99.8%。继续深化"六无"村（社区）建设和司法助力生态文明建设，全面推行"乡贤回归助力社会治理"工程、"综治+保险"市场化运作模式等，新建县林则徐禁毒教育基地暨禁毒主题公园。

【政法队伍教育整顿】 2021年，县政法各单位坚持刀刃向内，勇于自我革命，全县在职政法干警513人、非在编人员457人参与政法队伍教育整顿，以"讲自己的事、树政法形象"活动为抓手，让干警回顾自己近三年来最满意的3件事和最不满意的3件事触动干警自警自省自查，防止干预司法"三个规定"得到有效落实。运用"四种形态"处理64人，选树先进集体6个、先进个人15个。开展"我为群众办实事"活动，为民办实事427件，其中鲤鱼坑大桥、上京长下坡应急车道、上京高速口上互线扩建行车道等三个重大交通隐患整治进展明显。

【行业领域专项治理】 2021年，县政法各单位开展四大行业领域专项治理。打击"非法营运"车辆专项整治，立案查处普通公路货车违法超限超载运输124起，整治交通事故特别突出的复杂区域3处。开展工程建设领域隐患"清零"行动，排查重大项目19个、整改隐患47条，排查在建项目39个，查处非法违法采矿7件。开展涉黑恶财产执行"百日攻坚"行动，处置涉黑财产2.61亿元，处置率100%。

【市域社会治理现代化】 2021年，县政法各单位推行"一党委三中心（站）"建设和开展"法治服务零距离 自治增强'邻'聚力 "活动，规范建设综治中心，推进法官、检察官、警官、司法行政人员、城管队员"五大员"深入基层参与社会治理工作。全县有37个村作为示范村推行"一党委三中心"建设，下沉258名政法干部，排查化解近200起矛盾纠纷。深化诉源治理工作，推进"枫桥式"平安和谐住宅小区建设，把社会治理触角延伸到每栋楼宇、每户家庭，实现矛盾纠纷在一线化解，让"微治理"释放大能量。

【涉网违法犯罪打击】 2021年，县政法各单位破获10起特大网络赌博案，抓获嫌疑人91人。推进滞留缅北窝点人员劝返工作，共302人，已劝返入境、核查235人，待进一步核查劝返67人。全面启动"百警入万户"反诈防骗入户宣传活动，入户访查1.79万户，见面宣教2.53万人次，劝阻群众受骗2000余人次，实现全县电信网络诈骗刑事案件发案数和立案数“双下降”。

【违法犯罪打击】 2021年，公安机关立各类刑事案件957起，破获732起，移送起诉犯罪嫌疑人557人。全面落实“少捕慎诉”的司法理念和认罪认罚从宽制度，县检察院受理审查逮捕案件125件、227人，审查起诉案件388件、559人，适用认罪认罚从宽制度审结229件、358人。县法院受理各类诉讼案件3096件，审执结3021件，结案率97.58%，结案率有效提升、积案数逐年下降。

【公共安全治理】 2021年，县政法各单位加强对民爆物品闭环式可视化管理，检查涉爆企业48家、民爆仓库19个，检查加油站39家、危险化学品企业6家，检查物流企业9家、寄递企业7家。加强对重点单位、重要设施和人员密集场所等132处安全检查。组织开展校园安全专项整治行动，会同教育部门对全县172所学校全面开展校园安全隐患大排查大整治。开展景区与非景区安全专项检查，到各个乡镇开展“卷地毯式”排查，督促隐患整改75处。

【“智慧政法”建设】 2021年，县政法委完成1个县级综治视联网平台、18个乡（镇）和31个村综治视联网平台建设，投入实战运用。推进“居安工程”“平安家园 智能天网”视频监控系统联网建设。主动承接政法系统跨部门智慧执法办案管理平台试点建设，完成智慧执法办案管理中心建设，实现向科技要警力，有关工作得到省委副书记、政法委书记罗东川肯定批示。

【平安建设（综治工作）责任书签订】 2月8日，县委、县政府在龙山宾馆七楼会议室召开2021年度平安建设（综治工作）会和生态环境保护目标责任书签订仪式。县委书记陈文华、县长林金龙、县委副书记夏寿南及县几套班子分管领导出席。会上，县委副书记夏寿南宣读《关于表彰2020年度平安乡（镇）和平安先进单位、平安单位的决定》，县委常委、政法委书记茅有温通报2021年度平安建设（综治工作）责任书落实情况，县委书记陈文华就做好2021年度平安建设（综治工作）讲话。

【县委政法工作会议召开】 2月26日，县委政法工作会议在县政府四楼会议室召开。县委常委、政法委书记茅有温，县政府副县长、公安局局长姜妍，县政协副主席陈钦梅，县法院院长杨绍东等领导出席会议。县委政法委员会委员、县直有关部门分管领导、各乡（镇）党委政法委员等60余人参加。会上，县委常委、政法委书记茅有温总结回顾2020年全县政法工作，分析当前形势，安排部署2021年县委政法工作。副县长、公安局局长姜妍主持。

【政法队伍教育整顿动员部署会召开】 3月14日，全县政法队伍教育整顿动员部署会在县政府五楼会议室召开，会议学习贯彻习近平法治思想和习近平总书记关于加强政法队伍建设重要指示以及训词精神，落实全国、全省、全市政法队伍教育整顿动员部署会议精神，安排部署全县政法队伍教育整顿工作。县委书记、县政法队伍教育整顿领导小组组长陈文华出席会议并讲话，县委常委、政法委书记、县政法队伍教育整顿领导小组副组长茅有温主持会议，县政法队伍教育整顿领导小组及其办公室人员、县政法各单位领导班子成员参加会议。

【政治轮训班举办】 3月22—24日，全县政法队伍教育整顿学习教育环节政治轮训班在县委党校一楼教室举办，为期3天，采取专题授课、现场教学、专家讲座、交流研讨等方式进行。县委政法委及政法各单位部分班子成员，各乡（镇）党委政法委员，政法各单位部分科级干部以及有关庭、室、股、所、队负责人，政法干警计120余人参加。县委常委、政法委书记、县政法队伍教育整顿领导小组副组长茅有温作开班讲话。

【中央督导组到大田调研】 5月21日，中央第八督导组扫黑除恶督导专员刘俊杰带队到县调研督导，调研组先后走访县法院、县公安局、县司法局，并召开教育整顿座谈会，听取县教育整顿领导小组工作情况和县纪委监委、县政法各单位工作情况汇报。刘俊杰充分肯定了前一阶段大田政法队伍教育整顿工作取得的成效，并指出存在的问题，有针对性地提出指导意见。市委常委、政法委书记、市教育整顿领导小组副组长严峻陪同调研，县委书记陈文华参加座谈会，并汇报有关工作。

【中国共产党成立100周年安保维稳会召开】 6月3日，全县庆祝中国共产党成立100周年安保维稳和全县第二季度信访联席会议暨全县打击治理电信网络新型违法犯罪工作推进会在县政府五楼会议室召开。陈文华、夏寿南、茅有温、姜妍等县领导参加会议。会议传达了全市信访工作联席视频会议精神，安排部署中国共产党成立100周年庆祝活动期间维稳工作、打击治理电信网络新型违法犯罪工作。

【县领导调研政法队伍建设】 6月16日，县委书记、县政法队伍教育整顿领导小组组长陈文华到县政法各单位及教育整顿办调研督导政法队伍教育整顿工作，并召开推进座谈会。陈文华对全县政法队伍教育整顿取得的阶段性成效给予充分肯定，并对下一步工作提出具体要求。县委常委、政法委书记、县政法队伍教育整顿领导小组副组长茅有温陪同调研。

【政法英模先进事迹交流报告会召开】 6月18日上午，全县政法英模先进事迹暨"讲自己的事、树政法形象"交流报告会在县政府五楼会议室举行。县委常委、政法委书记茅有温，副县长、公安局局长姜妍，县法院院长杨绍东，县检察院检察长应学军，县司法局局长肖长祥出席会议，政法系统各单位其他领导班子成员、部分中层和基层干警代表计100余人到会场听报告。县委政法委副书记范功金主持。

【举办平安建设业务培训班】 11月29日至12月2日，县委政法委在县委党校举办为期4天的平安建设业务培训班，各乡镇政法委员、综治中心专职副主任，县政法各单位、信访局分管领导，干警代表等60余人参加培训。县委常委、政法委书记茅有温出席开班式并讲话。

【平安建设工作现场会召开】 12月23日，县委政法委在华兴镇召开全县平安建设工作现场会。县直有关单位分管领导、各乡镇党委政法委员等48人参加。县委常委、政法委书记茅有温出席会议并讲话。县法院党组书记、院长王有章主持。

（巫振震）

法治政府建设

【概况】 2021年，县司法局落实《法治政府建设实施纲要（2021—2025年）》，以法治政府建设示范创建工作为抓手，全面履行政府职能，完善行政制度体系，推动科学民主决策，规范行政执法行为，补齐法治政府建设短板，全面提升法治政府建设水平。推动县直13个部门公布实施证明事项告知承诺制192项，累计免除证明229件，备案登记全县行政执法机关报备的重大行政处罚案件66件，向市政府和县人大报备县政府行政规范性文件27件，备案登记县政府部门报备的行政规范性文件2件，办理行政复议案件15件，办理行政诉讼案件7件，推动全县46个行政机关向社会公开行政执法统计年报和法治政府建设年度报告。

【法治政府建设示范创建】 2021年，县司法局贯彻落实《中共三明市委 三明市人民政府印发〈关于争创全国法治政府建设示范市的意见〉的通知》精神，推动制订县贯彻落实实施方案，4月7日，召开全县推进法治政府建设暨贯彻落实市委、市政府争创全国法治政府建设示范市动员大会，对县推进法治政府建设和贯彻落实市委、市政府争创全国法治政府建设示范市工作进行全面动员部署。成立由县长任组长，县政府其他领导任副组长，各乡镇和县直相关部门主要负责人任成员的推进法治政府建设工作领导小组，统筹推进县法治政府建设工作。制定《关于在全县开展党政主要负责人履行推进法治建设第一责任人职责情况年终述职的通知》，聚焦党政领导干部这一"关键少数"，推动党政主要负责人履行推进法治建设第一责任人职责，落实好领导干部"述法"工作。

【行政复议与行政应诉】 2021年，县司法局推进行政复议体制改革，推动出台《大田县行政复议体制改革实施方案》，整合行政复议职责，由县政府统一行使行政复议职责。推动出台《大田县行政败诉案件责任追究办法（试行）》，落实行政执法责任。加大府院共建工作，探索建立"复议+调解"机制，推进行政争议纠纷有效化解。加强行政复议与行政应诉备案管理，建立行政应诉败诉分析制度，推动行政机关负责人出庭制度落实。

【行政执法监督】 2021年，县司法局深化推进行政执法"三项制度"，制发清单指南流程图参照样式，组织开展全县行政裁量权动态调整。全面推行柔性执法，制订《大田县全面推行柔性执法工作实施方案》，在全县范围内推广建立柔性执法"四张清单"，推广运用说服教育、劝导示范、行政指导等非强制性执法手段，实施包容审慎监管。加强行政执法主体和执法人员资格管理，完成机构改革后全县行政执法主体资格清理，确认公告第一批64个行政执法主体，完成全县775名行政执法人员新版执法证发放工作。开展行政执法案件评查工作，评查行政处罚卷宗36件。

【行政规范性文件监督管理】 2021年，县司法局健全行政决策合法性审核制度，推动制定《大田县人民政府行政决策事项合法性审查规定》，对合法性审查的分工、责任、内容、程序以及决策起草部门的配合事项等进行详细规定，推动合法性审核工作制度化、规范化。加大行政规范性文件备案力度，及时向市政府和县人大进行备案报送，做到格式规范、目录翔实、报送及时。建立规范性文件动态清理机制，组织开展与《中华人民共和国长江保护法》《中华人民共和国行政处罚法》《中华人民共和国人口与计划生育法》《中华人民共和国外商投资法》等相关的行政规范性文件专项清理工作，经清理，共废止相关行政规范性文件46件。

（苏秀琴）

公 安

【概况】 2021年，县公安局按照县委、县政府和市公安局的决策部署，以政治建设为统领，以做好庆祝中国共产党成立100周年安保维稳工作为主线，以维护国家政治安全、深化社会治理现代化、队伍教育整顿为着力点，落实落细各项工作措施，持续保持全县社会大局安定稳定。年内，全局受到各级表彰的单位集体14个次、个人162人次。其中，县局被省委、省政府评为第十四届（2018—2020年度）文明单位；网安大队获评全省公安系统优秀单位，被记集体二等功，治安大队、桃源派出所记集体三等功；刑侦大队获2021年全市刑事技术岗位技能竞赛团体一等奖。民警陈乘立被公安部评为“全国公安机关扫黑除恶专项斗争成绩突出先进个人”，魏火强被省公安厅评为“全省扫黑除恶专项斗争先进工作者”，苏荣璃被省公安厅评为“庆祝建党100周年安保维稳成绩突出个人”，郑乾智、林起族获“全省优秀人民警察”称号，姜妍、周以棍、蔡永杰等13位民警被记个人三等功。

【治安管理】 2021年，县公安局查处治安案件1892起，结案1560起；查处违法嫌疑人1004人次，其中警告1人次、罚款920人次、治安拘留83人次；破获赌博类刑事案件15起，查处赌博治安案件284起；破获涉黄刑事案件10起，查处涉黄治安案件106起；破获“食药环”刑事案件20起，涉枪刑事案件5起，涉爆刑事案件2起；查处吸毒人员18人次。

【刑事侦查】 2021年，县公安局立刑事案件957起、破案732起，抓获逃犯217人，提起公诉犯罪嫌疑人557人；破获电信诈骗案件66起，抓获电信诈骗嫌疑人120人，协助外地公安机关抓获涉诈犯罪嫌疑人75人；完成部推断卡线索219条，查实“断卡”案件186起，采取强制措施204人；破获现行命案2起，抢劫案2起，破获八类暴力案件33起，破案率均为100%；破获经济犯罪案件14起，涉案金额33亿余元；破获涉林刑事案件31起。

【交通管理】 2021年，县公安局交通警察大队接处道路交通事故2789起；其中，一般程序处理的道路交通事故62起，死亡26人，受伤73人，财产损失19.38万元。四项指数比上年分别下降1.59%、下降10.34%、基本持平、下降11.39%；未发生一次死亡2人以上交通事故。查纠各类严重交通违法行为2.26万起，其中，酒驾668起（醉驾59起），货车超载856起（“百吨王”55起），超速2261起，涉牌2675起，涉证2793起，其他1.67万余起。

【户籍管理】 2021年，县公安局进一步深化户籍制度改革，完善户籍窗口建设，规范办理事项和办理流程，简化户籍办理手续，拓展便民服务举措，提升办事效率和服务水平。全县户籍人口41.18万人，其中城镇人口13.83万人，城镇化率33.6%；迁入2854人，迁出9154人；解决无户口人员4910人，其中育婴落户775人。全县共摸排出中小学幼儿园无户籍人员1038人，已解决1020人，解决率98.27%。办理居住证131张（涉港澳台7张）；受理办结户政微信业务147笔。完成户籍档案数字化建设，18个派出所共加工户籍档案1.67万本、213.4万页。

【出国及往来港澳台管理】 2021年，县公安局受理审核公民出国及往来港澳台申请94人次，其中普通护照18人次，内地居民往来港澳通行证及签注73人次，大陆居民往来台湾通行证3人次。查处打击非法偷（私）渡人员247人，其中摧毁组织偷越国边境团伙1个，境外电诈团伙1个、97人；查处“三非”案件8起、8人，执行缅甸遣送任务3批、5人。

【法治工作】 2021年，县公安局持续强化执法监督，查阅考评案件卷宗1873件，其中行政卷宗738件，刑事卷宗1135件，考评执法问题5618个；依托省公安机关执法监督平台，常态化推行执法常态化考评机制，年内警情及时处置率100%，涉案财物管理率100%，案件文书材料扫描率100%，完成风险点排查整治99个。

【禁毒工作】 2021年，县新建林则徐禁毒教育基地暨禁毒主题公园，投资700万余元；在全县中学（含职专）、小学、幼儿园建成107个林则徐禁毒宣教室（宣传栏），全县中小学校覆盖率100%。在开展“飓风肃毒2021”暨“净边2021”行动中，与江苏、湖南、上海等地警方联合办理涉毒案件“2021—223”，抓获涉毒犯罪嫌疑人37人，破获涉毒案件16起，移送起诉贩卖毒品犯罪嫌疑人9人；缴获疑似含合成大麻素31.86千克，含有合成大麻素烟丝943.9克；查处吸毒人员18人。大田籍吸毒人员492人，占全县总人口1.14‰，低于全市平均水平，为全市最低。全县426名在册吸毒人员底数清、情况明、落地准，落实严管严控和帮扶措施，没有发生复吸及肇事肇祸案事件。

【公安基础设施建设】 2021年，县公安局完成石牌派出所业务用房新建项目，城关派出所、奇韬派出所搬迁投入使用；完成刑侦大队院落改造、济阳派出所业务用房修缮、县局食堂改造及县局值班备勤室改造等项目。县公安局业务技术用房按计划序时完成，12月主体封顶；建设派出所业务用房完成主体工程及外观建设。启动公安基础设施“十四五”规划5个项目，其中上京派出所完成产权确认并办理变更划拨，进行规划设计；交警大队及巡特警大队业务用房项目启动用地、方案设计等前期手续办理；文江、桃源派出所在办理选址等前期手续。

【社会治安防控体系建设】 2021年，县公安局“居安工程”完成34个村主要出入口的78路视频监控建设，完成216个重点建设村6936路的布点工作，完成建设6661路，调试上线5389路。完成景区非景区的视频建设、32个智慧安防小区建设。建设“亮警灯”工程，在人员密集场所、重点单位及校园周边、重要交通路口安装警灯281台。推进“平安家园·智能天网”建设联网，视频共享平台完成视频联网1.11万路，二类视频监控（单位、学校）联入3180路，三类视频监控（农村区域）联入7120路。

【首个“全省治安部门案件侦查战略支撑点”授牌】 1月9日，市公安局（大田）网安情报侦查中心被福建省公安厅授予首个“全省治安部门案件侦查战略支撑点”称号，举行授牌仪式。

【“首个警察节”活动】 1月10日，首个中国人民警察节，县委书记陈文华率队到县公安局看望慰问公安民警，向全县广大公安民警、文职、辅警以及家属致以节日的美好祝福。县公安局举行重温入警誓词、警营开放日活动，开展以“一心为民110，砥砺奋进新征程”为主题的宣传活动。

【反诈宣传形象大使聘任】 2月9日，县公安局举行防范电信网络诈骗宣传形象大使聘任仪式，聘请《大田后生仔》原创作者林敞得担任家乡反诈宣传形象大使，助力打击电信网络违法犯罪工作。

【持械抢劫案速破】 2月27日晚，县公安局接报警称：几名男子蒙面窜入广平镇元沙村416号张某珍店铺，使用开山刀、辣椒水等工具暴力实施抢劫，抢走现金、香烟等物品。县公安局立即启动快侦机制，经初步研判，发现郭某等人具有重大作案嫌疑，已向三明方向逃窜。在市公安局“e体+赋能中心”的统一指挥及梅列、三元警方的支持配合下，于次日凌晨在三元区白沙工业中路146号门口抓获郭某、林某等犯罪嫌疑人，并当场查获辣椒水、电棍等作案工具，以及部分赃款。

【“百警入万户”反诈防骗宣传活动】 4月16日，县公安局联合均溪镇党委、政府举行“百警入万户”反诈防骗宣传活动启动仪式。副县长、公安局局长姜妍，均溪镇党委书记黄永强、镇长廖正楼，县委政法委副书记范功金，县公安局副局长陈育报，县人民银行行长刘善鹏，均溪镇班子成员及各驻村工作队队长，城区各村居党支部书记，县公安局民警代表，综治网格员等

120人参加启动仪式。“百警入万户”反诈防骗宣传活动是纵深推进打击电信网络诈骗犯罪，坚决遏制电信网络诈骗犯罪高发态势的重要举措，建立全方位、全覆盖的反诈提醒机制和区域全民化的防骗宣传参与机制，营造人人参与反诈的良好氛围，努力实现电诈案件少发生、不发生，群众少被骗、不被骗，切实守住群众的“钱袋子”，维护人民群众财产安全和合法权益。

【派出所所长进乡镇党委班子】 5月，县公安局结合全县乡镇换届选举，调整12个乡镇派出所所长、教导员，18个乡镇派出所所长全部进乡镇党委班子。

【“光荣在党50年”纪念章颁发仪式】 6月5日，县公安局党委在融媒体中心一楼演播大厅为14位老党员隆重举行“光荣在党50年”纪念章颁发仪式。副县长、县公安局党委书记、局长姜妍，纪念章获得者代表，党员民警代表参加仪式。县委组织部副部长陈新彬、县直机关党工委常务副书记甘满香到会指导。

【禁毒公益健步走活动】 6月18日，在第34个“6·26”国际禁毒日来临之际，县禁毒办、公安局、团县委联合主办，县法院、检察院、教育局、融媒体中心、妇联、六中、青晨社工中心、美团外卖、县徒步协会等单位、社团共同协办的“健康人生·绿色无毒”禁毒公益健步走活动在县白岩公园举行。35个单位200余人参加，活动路线长5千米。

【执法办案管理中心揭牌】 8月7日，县公安局执法办案管理中心举行揭牌仪式。执法办案管理中心建筑面积约1600平方米，投资2850万余元。该中心探索建立“五位一体”新执法办案管理中心模式，即将执法办案场所、驻中心检察室、驻中心法官工作室、刑事速裁法庭、值班律师、司法调解、法律援助、作价中心等融为一体；与县看守所、县拘留所三个区域形成相互联系又相对独立的一体化管理整体架构。同时，将公检法司统筹纳入执法办案管理中心，整个中心实现“闭环式管理”“智能物联”，一站式办案、智能化管理、全流程监督，集中解决涉案人员的体检看押、送拘送看、物证保管、物证鉴定等业务。

【交通安全宣传活动】 11月25日，县公安局交警大队在第十个全国交通安全日到来之际，联合实验小学，开展以“守法规知礼让，文明平安出行”为主题的交通安全宣传活动。3000名师生齐集体育场，通过高呼“我在大田，我为交通安全代言”、合唱交通安全歌曲、齐做交通指挥手势操、展示“122”队形及现场体验互动等新颖的宣传方式，激起孩子们学习交通安全法、遵守交通安全法的积极性和主动性，引导广大中小学生自觉遵守交通规则，文明平安出行，健康快乐成长。

【恶性团伙犯罪案件】 12月29日，县公安局接到广平镇栋仁村某民宅被人用开山刀砸门恶性犯罪案后，县公安局立即启动重大案件侦查机制，全力开展侦破工作，涉案人员悉数被抓获。查明该案涉及本地“跑分”窝点团伙和衍生出的恶性滋事团伙，涉嫌盗窃、诈骗、帮助信息网络犯罪活动、聚众斗殴、非法侵入住宅等多项犯罪行为。

【新冠疫情防控】 2021年，县公安局立足公安职责，开展疫情防控工作，编发《疫情数据核查每日专刊》365期，核查上级下发涉疫情工作指令通报2272条，核查数据6.01万条，核查率、推送率均达100%，核查管控非法出入境人员278人，协助做好390名从高风险地区及境外回大田人员安全隔离工作。

【扫黑除恶案侦办】 2021年，县公安局核查涉黑恶线索4条；成功侦办“2·23”“8·7”两起上级公安机关交办的侦办任务。

【政法队伍教育整顿】 2021年，县公安局围绕三个环节，聚焦四项任务，严格做好“规定动作”，创新开展“自选动作”，14个突出问题列为“顽瘴痼疾专项整治”项目，制定出台9个持续整改方案，修订完善16个内部管理规范性文件。持续开展“我为群众办实事”，出台便民利民措施18项，为民办实事1437件。开展队伍教育整顿并取得实效，得到中央督导组和省指导组的充分肯定。

【省市领导到网络生态治理中心调研】 2021年，省委政法委一级调研员林征，省政协党组副书记、副主席杜源生，省政府副省长郭宁宁，副省长、公安厅厅长田湘利，公安厅副厅长郑雷声，公安部刑侦局副局长姜国利，全省政法队伍教育整顿三明指导组组长、省公安厅常务副厅长杜清森，省委宣传部副部长肖贵新，市委副书记、代市长李春，市委书记余红胜，省纪委常委、监委委员王矗等领导先后到三明市网络生态治理中心大田分中心调研。

（郑传收）

检察

【概况】 2021年，县人民检察院学习贯彻习近平法治思想，全面落实“讲政治、顾大局、谋发展、重自强”检察工作总要求，着力完善法律监督体系、提升法律监督能力，服务大局、履行职能，全力维护社会安全稳定，各项工作取得成效。全年受理审查逮捕案件125件、227人，审查起诉案件388件、559人。贯彻落实“少捕慎诉慎押”司法理念，不批捕75人，不起诉29人；适用认罪认罚从宽制度审结229件、358人，法院采纳量刑建议304人。

【保障民营企业健康发展】 3月，县检察院与县公安局会签《关于为民营企业营造良好法治环境的实施意见》，进一步为民营经济健康发展提供更优质的营商环境和法治保障。监督公安机关对民营企业负责人邱某涉嫌合同诈骗一案作出撤案处理，在办理的陈某合同诈骗案中，为被害企业追回经济损失40万元。8月，联合县市场监督管理局在县台资企业大方广茶业有限公司设立知识产权保护宣传示范点，提升企业知识产权保护意识。

【刑事检察工作】 2021年，县检察院制定法律监督专项检查实施方案，发出《要求说明（不）立案理由通知书》17份，监督立案（撤案）15件，书面纠正违法3份，纠正漏捕1人、漏诉5人。针对社区矫正存在问题发出《纠正违法通知书》18份，督促社区矫正管理局对不符合暂予监外执行条件但刑期未满的2名社区对象执行收监。成立派驻县公安局执法办案管理中心检察室，强化侦查监督职能。

【民事行政检察工作】 2021年，县检察院受理民事检察监督案件14件，发出检察建议9份，针对县法院未依照程序规定给足被执行人申报财产期限或未送达报告财产令等其他要求申报财产的法律文书的情况下，将被执行人直接纳入失信人名单的违法情形发出检察建议5份，并针对5件民事执行案件存在的共性问题发出类案监督检察建议1份，针对审判程序违法行为监督发出检察建议2份，其中8件法院已采纳并回复。办理行政检察监督案件11件，发出检察建议11份，涉及行政处罚、加油站安全隐患整改、公共健身器材安全隐患整改等社会热点。

【公益诉讼检查工作】 2021年，县检察院共办理19件公益诉讼案件，发出公益诉讼诉前检察建议18份。联合消防、文旅局等多部门开展土堡文物保护专项行动，就发现的消防安全、乱涂乱画等问题督促相关部门做好整改。开展英烈保护及军人权益保障专项检查，走访查看英烈保护设施10余处并提出整改建议；对公共场所是否设置军人优先等保障军人权益标语开展检查，切实维护军人的合法权益。

【队伍教育整顿见成效】 2021年，县检察院自觉推动党史学习教育和政法队伍教育整顿，把政治教育、警示教育与英模教育有机结合起来，开展专题研讨19场次，组织警示教育8次、英模教育10次，参加专题辅导讲座20余场，撰写心得体会570余篇，全员参与应知应会知识测试11场次。以思想发动引领到位、谈心谈话说明到位、自查范围全面到位的“三个到位”抓实查纠整改效果，开展谈心谈话173人次、廉政家访58人次、自查填报问题98个，完成3个方面、15项建章立制任务，同步开展“我为群众办实事”53件，推出便民利民措施4项。

【未成年人权益保护】 2021年，县检察院综合运用“四大检察”职能，针对校园周边交通、食品安全、卷烟零售等问题，推进校园周边安全综合整治，通过联合执法、未成年人权益保护公益诉讼等措施净化校园周边环境。联合关工委、妇联等五部门在全县46所中小学任命“春蕾安全员”，开展救助帮扶9人次，发放救助金9.5万元。强化未成年人双向、综合、全面司法保护，集中开展未成年人社区矫正督查活动，促进未成年人社区矫正工作规范开展。

【社会综合治理】 2021年，县检察院推进集中治理重复信访专项工作，由院领导挂包办结重复信访案件4件。开展公开听证10次，办理司法救助案件3件、4人，为困难群众提供司法救助金8.5万元。加强对换届选举工作中候选人的资格把关，共审查候选人6000余人次，发现有犯罪前科46人次。与县林业局会签《关于建立“林长+检察长”协作机制的实施意见》，进一步强化部门间的协作，加大对森林、湿地和野生动植物等生态资源的保护力度，在县林业局挂牌成立驻林长办公室联络室，双方建立案件信息共享、线索移送及反馈、办案协作配合、重大案件会商、教育培训合作等机制。

【检务公开】 2021年，县检察院推进检务公开，及时主动公开案件信息和法律文书，全年公开程序性信息903条，公开法律文书236份。依托“两微一端”网络平台、“田检案管·律师接待服务群”等网络服务渠道，规范辩护人、诉讼代理人接待工作，共接待辩护人、诉讼代理人181次，申请阅卷176次，安排阅卷176次，刻录光盘175张。

（林琳　柳莎莎）

法院

【概况】 2021年，县人民法院受理各类案件5624件，审执结5452件，结案率96.94%。其中，诉讼案件3096件，审结3021件，审结率97.58%；刑事案件256件，判处罪犯409人；执行案件2528件，执结2431件，执结率96.16%，执结到位金额1.73亿元。4月，县法院被福建省委、省政府评为2018—2020年度省级文明单位。5月，县法院《何以为家》入选最高人民法院少年法庭工作办公室第二届全国法院未成年人司法保护十佳微电影展播，县法院刑事审判庭被省扫黑除恶专项斗争领导小组评为全省扫黑除恶专项斗争先进集体。6月，县法院机关第二党支部被市中级人民法院评为先进基层党组织。7月，县法院法警队在全市法院司法警察执法知识竞赛中获得第二名。11月，县法院被市委宣传部、市司法局评为2016—2020年度全市普法工作先进单位，被市中级人民法院评为全市法院系统第三十二届学术讨论会组织工作先进单位。是年，县法院共有4个先进单位、6个集体、23人次受到市级以上表彰。

【司法惠台宣传】 1月4日，县人民法院党组成员、副院长刘涌泉带队到大田大方广茶业有限公司走访，实地调研企业发展情况，现场宣讲《中华人民共和国民法典》、惠台“31条措施”，就台商现场提出的相关法律咨询作解答。

【驻林长办法官工作室挂牌成立】 3月11日，县法院副院长史小闽、县林业局局长肖宏强，为县法院驻县林长办法官工作室揭牌。县法院、林业局双方就如何发挥生态司法与林长制职能作用，切实加强森林资源保护工作，形成互补、协调配合机制进行探讨，共同签署《关于建立“大美大田·绿色林长·司法护航”协同工作机制的实施意见》。

【省人大领导到县法院调研】 3月4日，福建省人大监察司法委主任委员卢厚实等一行4人到县法院驻供电公司法官工作室调研指导。卢厚实委员强调，法院要坚持和发展新时代“枫桥经验”，发挥法官工作室“调解、宣传、联络员、指导员”的职能，切实把矛盾风险解决在基层和萌芽状态，有效防控社会风险，维护辖区的和谐稳定。

【大田首例袭警案审结】 7月30日，县法院公开审理了一起在道路上醉酒驾驶机动车，并暴力袭击执法的人民警察案件。判处黄某有期徒刑六个月，并处罚金2000元。该案是《中华人民共和国刑法修正案（十一）》增设“袭警罪”之后，县法院宣判的首例“袭警罪”案件。

【法官进校园上“法治第一课”】 8月28日、29日晚，在新学期开学之际，县法院副院长、法治副校长陈晶受邀先后前往职业中专和七中开展法治宣传进校园活动，上好“法治第一课”。陈晶结合审判实践经验，从当前校园实际出发，采用通俗易懂的语言，以讲故事的方式，现场说法，融合与青少年密切相关的真实典型案例，引导学生识别校园暴力、远离犯罪，用法律武器保护自己。

【巡回法庭进村部】 8月31日，县法院建设法庭将庭审现场搬到文江镇某村村委会，公开审理一起建设工程施工合同纠纷案件。

【司法救助上门服务】 9月9日，县法院接到陈某招、吴某华等人的求助申请后，全力为其申请司法救助，提供“上门”送温暖服务。执行干警驱车前往上京、石牌镇为司法救助申请人送去司法救助金3.3万元。

【院领导进企业调研解难题】 9月10日，县法院党组书记、代院长王有章到挂包的奇韬镇龙坪村，走访三明交发龙韬建材有限公司，倾听企业发展难题，帮助企业防范化解风险。

【“讲诚信 树新风”主题宣传活动】 9月17日，县法院建设法庭组织干警走进建设镇农贸市场中心，开展以“讲诚信 树新风”为主题的诚信建设法治宣传活动。悬挂宣传横幅、发放宣传单、现场解答，就诚信与法治进行宣传，发放宣传资料200余份，现场解答群众咨询50多人次。

【大田县青少年法治教育基地成立】 10月11日，县法院党组书记、代院长王有章与县关工委主任温如校为县人民法院建设法庭“大田县青少年法治教育基地”揭牌。

【“青春同行 守护碧水”净滩行动】 10月9日，县法院诉讼服务中心组织干警到华兴镇京口村开展以“青春同行 守护碧水”为主题的净滩活动。志愿者们在仙峰河一处河岸拾捡垃圾，清理河道杂物，对乱扔垃圾等不文明行为予以劝导，利用横幅、口号宣传，向群众倡导垃圾分类、绿色生活的文明新风。

【法官进校园开展女生自我保护公益讲座】 11月2日，县法院与县妇联、太华镇妇联走进太华初级中学联合开展女生自我保护法治讲座，太华初级中学120余名女生到场听讲。法官田宝玲围绕“性侵害的概念与类型”“性侵害的社会危害及数据分析”“案件分析解读”以及“女生自我保护常识必备”等四个方面进行阐述。通过案例分析、互动问答、图片展示等方式，让孩子们参与互动交流，在轻松活跃的氛围中了解相关知识，增强自我保护、安全防范意识。

【“乡村振兴 与法同行”宪法宣传活动】 12月4日，在第八个国家宪法日，县法院联合县司法局、公安局等部门在城区举办以“乡村振兴 与法同行”为主题的宪法宣传活动。设置咨询台、摆放宣传展板、发放宣传资料，以宣传习近平法治思想为核心，重点结合乡村振兴内容向广大民众普及公民基本权利和义务等内容，并结合相关案例故事，采用通俗易懂的方式讲解宪法在人们日常生活中的体现和运用，提高广大群众学习宪法、遵守宪法、维护宪法、运用宪法的自觉性。发放宣传资料200余份，接受法律咨询60余人。

【“宪法宣传周”公众开放日活动】 12月4日，县法院邀请县职业中专学校80余名师生通过“亲身、亲历、亲听”参观法院、旁听庭审，零距离接受普法教育。工作人员带师生参观了诉讼服务中心、科技法庭、羁押室等场所，讲解诉讼流程、审判规范，宣讲法律知识，增强青少年学法、懂法、守法、用法意识。

【拒执案集中宣判】 12月，大田县人民法院先后对6起金融拒执犯罪案件进行宣判，涉案金额895.4万元。

（陈香美）

司法行政

【概况】 2021年，县司法局围绕全县中心工作，发挥司法行政法治宣传、人民调解、社区矫正、安置帮教、法律服务等职能作用，开展各项工作，促进社会和谐稳定。排查调处矛盾纠纷4125件，调解成功4117件，调解成功率99%；接收社区矫正对象219人，解除矫正262人，开展社会调查评估183份，无脱管、漏管现象发生；接收刑满释放人员419人，无缝衔接8名监狱重点刑满释放人员，衔接率100%，安置帮教100%；办理法律援助案件264件，受援人数574人，为受援人免收法律服务费139万元，挽回损失688.90万元，已办结案件受援人满意率达99%；律师担任党政机关、企事业单位法律顾问126家，办理案件948件；基层法律服务工作者担任法律顾问7家，办理案件573件；县公证处办理各类公证554件。5月，县司法局获市2018—2020年文明单位称号；6月，县司法局党总支被县委授予全县先进基层党组织称号；11月，县司法局获得2016—2020年普法先进单位称号；12月，县司法局被中华全国人民调解员协会评为全国组织宣传人民调解工作先进集体。

【依法治县】 2021年，县司法局提请召开县委全面依法治县委员会第三次、第四次会议，审议通过《中共大田县委全面依法治县委员会2021年工作要点》《大田县行政复议体制改革实施方案》《关于在全县公民中开展法治宣传教育的第八个五年规划(2021—2025年)》，推进全面依法治县工作有序开展。联合县委宣传部，动员部署“八五”普法工作。厘清58个县直单位普法责任清单，明确普法活动时间节点和重点宣传内容，推动“谁执法谁普法”普法责任制落实。

【法治宣传】 2021年，县司法局推进民法典专题宣传活动，成立由法官、检察官、律师等15人组成的民法典宣讲团，到县各机关单位开展法治宣讲。围绕宪法、民法典等宣传主题，开展“法律七进”、学生“带法回家”等特色普法活动。全年民法典法治宣讲近80场次，举办“宪法、民法典网络有奖知识问答”3期，组织近万名师生参加学生“带法回家”实践活动，发放宣传资料4万份，举办各类法治专题讲座进校园94场次。将法治文化与红色文化、传统文化、美丽乡村建设、乡村旅游等有机融合，加强法治文化阵地建设；相继在均溪镇后华村、前坪乡上地村等地新建法治公园、法治乡村步道、法治文化长廊16个。全面实施“法律明白人”培育工程，落实好“民主法治示范村（社区）”动态管理制度。培育法律明白人2474人，完成省级民主法治示范村（社区）复核10个，新争创国家级民主法治示范村1个、市级6个、县级69个。

【人民调解】 2021年，县司法局推进行业性专业性调解组织建设，全县新增园区调委会1个、行政调解组织6个，配备84名村（居）专职调解员；推进星级等级评定，评选出1名二级人民调解员、2名三级人民调解员、2名四级调解员，太华司法所被评为三星级司法所。开展遏制重大“民转刑”案件专项攻坚行动，围绕婚姻家庭、民间借贷、信访等纠纷，加强源头摸排、项目攻坚，严防重大“民转刑”案件发生。全县共排查调处各类矛盾纠纷4125起，调处成功4117起，成功率达99%，没有发生“民转刑”案件。

【社区矫正和安置帮教】 2021年，县司法局依托全县红色资源、孝道文化、警示案例，联合县爱国主义教育基地、县检察院、永安监狱等单位开展专项教育，会同县人社局、农业局开展电商和农业技术培训，以政府购买服务方式聘请专业心理咨询师为社区矫正对象开展心理辅导，落实教育帮扶。采取部门联合开展社区矫正专项检查、案卷交叉评查、全面排查2011年以来入矫人员情况相结合的办法，提高社区矫正规范化执法水平。开展社会调查评估183份，接收社区矫正对象219人，解除矫正262人，无重新违法犯罪、脱管漏管等情形发生。严格落实刑满释放人员衔接、日常管理帮扶等措施。衔接刑满释放人员419人次，无缝衔接8名监狱重点刑满释放人员，衔接率100%，安置帮教100%，并落实好教育、引导和安置，严防刑释人员重新违法犯罪。

【法律援助和法律服务】 2021年，县司法局指导成立首家司法鉴定所和第二家个人律师事务所，促进法律服务机构多元化发展。开展“法律服务零距离”活动，持续推进认罪认罚、刑事案件律师辩护全覆盖，加大残疾人、妇女、留守儿童等特殊群体权益保护法律援助工作。开展“律师助力脱贫攻坚”“根治农民工欠薪”等公益法律服务。共解答各类法律咨询1216人次，办理法律援助案件264件，受援人数574人，其中刑事案件164件、民事案件100件，办理认罪认罚案件310件，免除农民工讨薪、工伤类经济困难审查59次，为受援人免收法律服务费139万元，挽回损失688.90万元。持续发挥公证服务职能，全力做好全县征地拆迁、安置房回迁、省市县重点项目建设等证据保全，为全县社会发展和经济建设提供坚强法律支持。全年办理各类公证案件554件，其中为县、国、省干线公路建设等重点项目开展证据保全、现场监督104件。

【福建福明律师事务所成立】 1月4日，福建福明律师事务所挂牌成立，为大田县第二家个人律师事务所。地址：均溪镇文化广场2号楼3梯305室，律师林福明。

【全国“民主法治示范村”命名】 2月7日，广平镇元沙村被司法部、民政部命名为第八批“全国‘民主法治示范村’”。

【政法队伍教育整顿】 3月15日，县司法局召开司法行政队伍教育整顿动员部署会，围绕“五个过硬”（政治过硬、业务过硬、责任过硬、纪律过硬、作风过硬）要求，突出“四项任务”（清除害群之马、整治顽瘴痼疾、弘扬英模精神、提升能力素质），抓好学习教育、查纠整改、总结提升“三个环节”，深入推进“6+2+1”（六大顽瘴痼疾+公证、律师行业治理+干部八小时之外监管）顽瘴痼疾专项整治，扎实高位推进政法队伍教育整顿。培树县级英模典型3人、先进集体1个，制定完善各类制度24个，完成为民办实事725件、优化便民利民举措7项。

【撤销监护人资格的法律援助】 3月23日，县法律援助中心受理全市首例由行政事业单位（大田县社会福利院）申请撤销监护人资格的法律援助案件，7月15日，县人民法院对案件作出判决。办理案件律师郑金玲律撰写的《虎毒父母卖幼儿 法润幼苗护成长》入选三明市十佳法律援助案例。

【首家司法鉴定所成立】 5月10日，福建大田柏科（12月21日更名为美亚明安）信息科技有限公司司法鉴定所经福建省司法厅批准许可成立。该所司法鉴定项目主要是电子数据司法鉴定（电子数据存在性鉴定；电子数据真实性鉴定；电子数据功能性鉴定；电子数据相似性鉴定）。

【县双创产业园区调委会成立】 7月14日，县双创产业园区调委会挂牌成立。调委会主要负责处理双创产业园各企业职工来信、来访接待工作，办理群众举报事项，及时排查产业园矛盾纠纷隐患；依法调解双创产业园各企业和职工之间因履行劳动合同、保险福利、劳动保护、职业培训等发生的纠纷。至年底，共调解矛盾纠纷6件。

【市级“民主法治示范村”命名】 9月30日，市司法局、市民政局对2021年市级“民主法治示范村”进行表彰，吴山镇阳春村、建设镇建国村、济阳乡济阳村、石牌镇上坡村、桃源镇东坂畲族村、均溪镇赤岩社区等6个村（社区）获“全市民主法治示范村（社区）”称号。

【宪法宣传活动】 12月4日，在第八个“国家宪法日”和第4个“宪法宣传周”期间，县司法局围绕“乡村振兴 法治同行”主题，开展宪法系列宣传活动，推进宪法宣传进机关、社区、乡村、校园、企业、军营、网络等“七进”活动。共开展集中宣传、专题讲座30多场次，接受法律咨询300余人，发放宣传单2万余份、宣传品2500余份、挂历3500余份。

【省厅领导黄世庚到大田调研】 12月14日，省司法厅二级巡视员、社区矫正管理局局长黄世庚一行同人到县督查社区矫正工作，查看社区矫正工作，查看社区矫正中心场所建设、功能建设等情况，现场观摩社区矫正远程视频督查系统使用，详细了解社区矫正工作运行管理情况，并召开座谈会听取县社区矫正工作情况汇报。市司法局副局长陈官钳、社区矫正管理局局长刘翔等陪同调研。

【县级“民主法治示范村（社区）”命名】 12月24日，县委依法治县办、县司法局、县民政局围绕组织健全、选举规范、民主决策、民主监督、法治教育等7个创建标准，经过严格推荐审核，确定均溪镇仙亭社区等69个村（社区）为县级“民主法治示范村（社区）”。

（方淑婷）

劳动人事争议仲裁

【概况】 2021年，县劳动人事争议仲裁工作以构建和谐劳动关系，提高办案质量、提高效率、依法办案为宗旨及鼓励和解、着重调解的工作思路，妥善处理各类争议案件，依法维护和保障劳动者的合法权益，使劳动关系双方的纠纷和争议得到合法、公正、及时的处理。全年受理各类劳动争议案件266件，涉及农民工266人，其中确认劳动关系48件、劳动报酬12件、社会保险193件、解除或终止劳动合同13件。审结案件293件，其中调解78件，调解率26.62%，裁决215件，其中终局裁决49件，终结率43.34%。

【基层劳动争议调解组织建立】 2021年，县人社局按照“预防为主、基层为主、调解为主”的工作方针，推进基层劳动争议调解组织建设，在18个乡（镇）、经济开发区管委会、县总医院及17个用工数量较多且管理规范企业成立劳动争议调解委员会，实现劳动争议仲裁工作重心下沉和关口前移，有效化解劳资纠纷，促进社会和谐稳定。

【流动仲裁庭工作开展情况】 2021年，劳动人事争议仲裁院继续推动流动仲裁庭工作开展。7月，在永安煤业有限公司等企业开展流动仲裁2场，实行现场开庭，现场办案，当事人可以在家门口解决劳动人事争议，企业职工可以在家门口接受劳动人事政策法律法规宣传，对企业职工和基层调解人员起到传帮带的作用。

（施发谱）

军事

□ 编辑 陈妮

人民武装

【概况】 2021年，中国人民解放军福建省大田县人民武装部（以下简称县人武部）贯彻习近平总书记系列重要指示和省军区、军分区党委扩大会议精神，坚持举旗帜聚军心、抓统筹强落实、抓基层打基础、抓创新求突破，人武部应急应战和全面建设整体推进、稳步发展。在三明军分区组织的群众性练兵比武活动中获得团体第一名。

【基层武装机构建设】 5月，县人武部结合民兵整组点验，推广基层武装机构规范化建设，现场检查18个乡镇武装部、部分民兵营连部，上京、华兴、均溪、太华、济阳、吴山、前坪、湖美对照标准加强规范化建设力度，前坪、湖美两个乡镇通过市规范化建设达标单位考评，基层武装机构规范化建设层次有明显提升。

【思想政治建设】 2021年，县人武部深化党史学习教育，组织干部职工参观湖美乡高才村北上抗日先遣队纪念馆、大田第二集美学村旧址、闽中工委会址等红色基地，开展“每天一分钟，初心一辈子”诵读活动，把党史诵读活动融入平常生活工作中。坚持落实党委中心组理论学习和“周二理论学习”制度，严格落实理论学习，组织观看警示教育片、讨论交流、撰写心得体会等活动。

【战备训练】 2021年，县人武部聚焦主责主业，凝心聚力抓动员备战工作落实。抓好战备值班，随时应对抽点抽查，高标准组织节日战备工作。结合任务特点，开展防汛防台风、反恐维稳、医疗救护、应急处突等课目训练，提高遂行多样化军事任务能力。

【安全管理】 2021年，县人武部规范安全管理。按要求落实疫情防控措施。落实重点岗位人员政治考核和外来人员登记等制度。检修消防器材，突出排查安全管理重点部位。开展安全大检查，按照“自查为主、梯次展开、突出重点、边查边改、稳妥组织、讲求实效”的原则开展全面排查评估。在县党代会、县人大换届选举、演训活动、重大节日等时间节点，组织开展安全风险评估和检查整治活动。全员参加国防动员部组织的车辆驾驶安全培训，确保驾车安全无事故。

【双拥共建】 2021年，县人武部发挥军地桥梁纽带作用和拥政爱民优良传统，参与双拥共建工作。落实军地互访、挂钩共建制度，把“县四套班子过军事日”、民兵预备役参加扶贫帮困、抢险救灾等作为重要工作内容。与武陵八一希望小学、桃溪村等单位结对子，开展共建活动，促进双拥工作持久深入开展。主动熟悉和掌握县委县政府双拥工作的决策、意图和要求，协调军分区挂钩帮扶武陵束村。

【征兵工作】 2021年，县人武部严格落实征兵初检、县检、复检、特检工作，完成适龄青年兵役登记，组织预定新兵役前训练。县政府征兵办公室被市征兵办公室评为先进征兵单位，华兴镇人民武装部被省军区评为先进征兵单位。

【规范化建设】 2021年，县人武部按照省军区规范化试点要求，完善基本场所硬件设施，规范基本制度落实，推进各业务科室“四个秩序”（战备秩序、训练秩序、工作秩序、生活秩序）细则要求规范化建设。

（陈灿）

武警大田县中队

【概况】 2021年，武警大田县中队明确守土有责、守土担责、守土尽责的政治责任，按照生命重于泰山、疫情就是命令、防控就是责任的政治号令，完成执勤建设，抓好军事训练，提升中队正规化建设水平。做好县看守所的外围武装警戒工作，完成元宵节、国庆节、“两会”期间安全巡逻等临时勤务。落实新冠肺炎疫情防控日消毒、日监测体温以及日报告、零报告制度。

【军事训练】 2021年，武警大田县中队加强教练员队伍培养，从严从难抓官兵军事训练。老兵按照军事素质划分训练小组，制订周训练计划，每月组织综合考评，落实军事训练一票否决制，官兵比拼氛围日益浓厚，军事素质明显提升。

【文体活动】 2021年，武警大田县中队按照上级部署，结合中队实际，利用节假日和课余时间组织足球、羽毛球等比赛活动，丰富官兵生活，调剂官兵情绪。

【保障能力】 2021年，武警大田县中队完善后勤硬件保障，提升中队规范化建设水平。调整内务设置，粉刷库室墙面，营造舒适明净的营房环境。严格资产和武器装备管理，开展资产清查，做到账物统一。

（曾文翔）

人民防空

【概况】 2021年，大田县人民防空办公室（简称县人防办）不断强化服务意识，提高人防结件（结合城市新建民用建筑修建战时可用于防空的地下室）审批管理水平，严格执行审批政策。持续做好在建人防工程质量监管和结合人防工程的质量监管，跟踪记录工程进度和质量。

【防空警报试鸣和检测】 9月20日，县人防办做好防空警报试鸣和检测工作，全县新老警报器设备完好率、鸣响率100%。

【人防工程检查】 12月，市人防办派员到县开展人防工程“双随机”（随机抽取检查对象、随机选派执法检查人员）检查和人防执法检查，查看工地现场、宣传讲解人防法律法规，并要求人防工程建设、施工单位按照规定落实好相关责任制度。

【安全生产】 2021年，县人防办贯彻落实县委、县政府关于安全生产工作相关要求，检查在建平战结合人防工程的结构安全、消防设施、排水设备、用电线路、应急照明等工程设施设备。

（林贵斌）

外事 侨务 港澳台事务

□ 编辑 陈妮

外 事

【概况】 2021年，大田县人民政府外事办公室（简称县外事办）贯彻落实习近平外交思想和习近平总书记对三明市开放发展的重要指示批示精神，推进"党管外事"，加强本地区外事管理体制机制建设。结合招商引资活动，扩大对外宣传，介绍大田投资环境和合作项目，向海外华侨华人介绍大田、宣传大田。

【因公出国管理】 2021年，县外事办执行上级因公出国管理规定，开展政策宣传，及时向县委主要领导汇报全年因公出国计划。全年县处级及以下工作人员因公临时出国1批2人次。

【疫情防控涉外工作】 2021年，县外事办坚持可知可控、精准防控，完善县疫情防控指挥部外事组，建立健全涉外疫情防控统筹协调、应急处置、数据共享、信息日报等工作机制，筑牢疫情防线，以"防得住"确保"放得开"。统筹公安、交通、卫健等多个部门落实国外入境人员在大田闭环转运的疫情防控措施，做到"有输入、无风险"。实行"点对点"接驳转运国外进入（返回）大田人员469人。优化外籍人员管理服务，实现在大田的160名常住外籍人士"零感染"。利用公安大数据、建立村（小组）信息收集站等信息渠道，采取分片包干、全覆盖登记排查方式，强化网格化管控"无死角、无盲区"，第一时间掌握从国外进入大田的人员信息，特别是电信诈骗人员或其他不法分子从云南、广西等地非法偷渡入境的信息，全面建立并动态更新境外进入大田人员信息台账，确保做到底数清、情况明和信息及时掌握。联合宣传部门、公安部门及各乡镇通过"两微一端一抖"等各类平台编发防疫权威资讯、境外防疫工作等资讯消息112条次，出动流动宣传车（含摩托车）807次，张挂海报横幅标语2075条，电子屏滚动走字播出宣传标语1.6万次，"村村响"广播播放782次，印发宣传资料1.5万份。逐户宣传各阶段疫情防控的工作重点和非法偷渡入境的严重危害性，形成防范境外疫情输入特别是防范偷渡入境的普遍共识。

【外事外企服务】 2021年，县外事办创新"外事为企"工作方式，指导符合申办条件的企业申办亚洲太平洋经济合作组织商务旅行卡，为外资企业提供外事保障服务，全年申办旅行卡2人次。丹麦籍养殖专家入境1批1人次，进驻企业提供技术指导。

（赖世雄）

侨 务

【概况】 2021年，县委统战部落实中央、省委、市委新时期侨务工作方针政策，不断拓宽工作思路，创新工作方式，切实做好侨务工作，实现侨务工作服务全县工作大局和服务侨胞侨属相统一。开展基础侨情调查，补充完善归侨侨眷信息资料，完成全县归侨侨眷情况资料的收集整理工作。

【涉侨政策宣传】 2021年，县委统战部以《福建省华侨权益保护条例》实施5周年为契机，在各乡镇、社区通过电子屏播放、张贴标语等方式开展侨法宣传教育活动，推动涉侨政策贯彻落实；结合志愿服务活动，开展涉侨政策宣传进社区活动，发放涉侨政策、疫情防控宣传材料200多份。

【归侨侨眷服务】 2021年，县委统战部规范华侨来闽定居服务，为4人出具《不具备华侨身份认定书》；为县内一名“三侨子女”升学出具身份证明，接待来电来访群众60多人次。

【华侨文化作用发挥】 2021年，县委统战部发挥大田“第二集美学村”华侨文化作用，以大田“第二集美学村”旧址入选第五批省级历史文化街区为契机，充分挖掘历史文化内涵，全年迎接海内外宾客311批次、4.02万人次。

【新冠疫情防控服务】 2021年，县委统战部配合做好境外疫情输入防控工作，开展人文关怀和政策宣传咨询服务，电话微信联系海外侨胞、国内归侨侨眷265人，协助10名返乡海外侨胞落实观察措施，引导18名侨胞取消或暂缓回国。

（杨爱武）

港澳台事务

【概况】 2021年，中共大田县委台港澳工作办公室（简称县委台港澳办）贯彻习近平总书记重要讲话重要指示批示精神，落实省委十届十次全会、市委九届十三次全会、县委十三届十四次全会工作部署，明确目标任务，探索海峡两岸乡村融合发展新路径，统筹抓好乡村振兴与两岸融合。参加全市对台暨两岸乡村融合发展推进会，并就大田县获评闽台农业合作推广示范县相关工作开展情况作发言。协助县委组织部摸底排查在大田的台湾籍党员及其家属，推荐台籍党代表候选人1名。协助1名小学升初中的香港籍学生完成身份认定。引进台湾建筑师（含文创）团队到湖美乡仁美村开展乡建乡创陪伴式服务，省财政厅、住建厅下拨补助资金50万元。8月31日，协助县妇联开展第二届（闽台）茶文化交流线上活动。

【产业交流】 2021年，县委台港澳办以屏山乡大仙峰·茶美人基地获评福建省基层对台交流示范点为契机，依托大田美人茶和台湾东方美人茶一脉相承这一优势，融合发展以美人茶为主导的大田台湾系列产业。8月，台商邓国光投资的美人茶种植加工一体化项目在广平镇五龙山完成注册。11月6—7日，邀请福建省江山美人茶业有限公司、大田县方宇茶业有限公司等台企、台胞参加县委、县政府举办的首届中国美人茶大赛暨产业发展研讨会——大田美人茶“共享茶语”活动，大田大方广茶业有限公司选送的参赛茶样获优质奖。

【宣传报道】 2021年，县委台港澳办对接、配合主流媒体平台到屏山乡大仙峰·茶美人基地采访福建大田大方广茶业有限公司董事、制茶能人彭安源，制作的节目《台青彭安源：“农林22条措施”鼓励台青三产结合 盼投入当地乡村振兴建设》在海峡卫视、东南卫视播出，《一片大田“美人茶” 两岸茶人情》节目在CCTV-4中文国际频道播出。

【台胞、台属和台企服务】 2021年，县委台港澳办走访调研福建铿锋精密螺丝制造有限公司、福建省茶永萱茶业有限公司等在大田台企，帮助台企解决产品销路问题。引导在大田台胞接种新冠疫苗5人10剂，帮助1名台胞到大田接种疫苗2剂。响应台胞关于疫苗接种完成后“闽政通”App八闽健康码仍未显示“金边”诉求，对接省市台港澳办，协调卫健部门帮助6名台胞疫苗接种后闽政通系统信息录入。

（方 瑶）

应急管理

□ 编辑 陈吉浣

综 述

【概况】 2021年，全县应急管理工作坚持以习近平总书记关于应急管理、安全生产、防灾减灾救灾的重要论述和国家综合性消防救援队伍训词精神为指导，树立底线思维和红线意识，防范化解重大安全风险，按照中央和省、市的决策部署，开展安全生产专项整治三年行动和安全隐患大排查大整治行动，做好森林防灭火、防汛抗旱和防灾减灾救灾工作，高效应对洪涝等自然灾害，处置各类灾害事故，最大程度减少灾害带来的损失，保障受灾群众基本生活。完成各类急难险重任务，应急管理各项工作成效明显，为推进大田科学发展、跨越发展营造良好的安全发展环境。

【自然灾害救助】 2021年，全县遭受“5·12”和“6·23”洪涝灾害，18个乡镇受灾315人，农作物受灾面积18.33公顷，直接经济损失57.7万元。县应急管理局（简称县应急局）、财政局联合下达中央、省级自然灾害生活补助资金5万元；县应急局、粮食和物资储备局联合调拨棉被300条、棉大衣20件、羽绒服20件及帐篷6顶等救灾物资，帮助受灾群众渡过难关；组织编制《大田县救灾物资储备规划》《大田县2022年救灾物资需求计划》，计划采购存储救灾物资棉被2000条、帐篷525顶、折叠床1060张、毛毯2100条、棉大衣2100件等，确保受灾群众得到及时有效救助。

【灾害防救工作机制健全】 2021年，县政府办下发《大田县救灾物资储备管理暂行规定》，县减灾委员会调整更新组成部门和人员，编制印发《大田县低温天气应急预案（暂行）》，继续做好县、乡镇、村（社区）三级灾害信息员队伍建设，配备灾害信息员303名；完善灾情信息报送和管理工作机制，推进防灾减灾工作规范化、制度化。

【自然灾害风险普查】 2021年，县应急局贯彻落实国务院和省、市关于开展第一次全国自然灾害综合风险普查工作有关文件精神，组织全县自然灾害（应急系统）综合风险普查工作，完成普查区划更新、调查对象清查登记及2969个调查对象数据调查，摸清全县人口、房屋、基础设施、公共服务系统、三次产业、资源与环境、历史灾害信息等灾害风险底数，为开展自然灾害防治和应急管理工作、保障经济社会可持续发展提供科学的灾害风险信息和科学决策依据。

（田民洵 陈国栋）

防汛抗旱

【概况】 2021年，全县早春季（3—4月）降水量偏少，局地有较明显的雷雨、大风或冰雹等强对流天气。雨季（5—6月）降水时空分布不均，出现旱涝急转，较往年降水量偏少，西北部470—530毫米，东南部390—430毫米。夏季（7—9月）降水量偏少，西北部280—310毫米，东南部290—320毫米，县域受到2个台风影响。汛期降水量649.8毫米，比常年偏少21.05%。9个乡镇（场）受强降雨影响致灾，不同程度出现严重洪涝和地质灾害，受灾630人、接受生活过渡期救助4人；农作物受灾36.66公顷，其中粮食作物31.86公顷；2户房屋严重损坏，30户房屋一般损坏，直接经济损失115.4万元。年内，更新完善防汛防台风应急抢险与灾后重建队伍库，组建应急抢险队伍4支150多人，并有针对性地开展防汛应急演练。

【防暴雨Ⅳ级应急响应启动】 8月5日，县防汛抗旱指挥部应对第9号台风“卢碧”外围环流可能产生的影响，根据《大田县防洪防台风应急预案》，决定5日13时启动防暴雨Ⅳ级应急响应，相关人员在职在位，进入战时状态。该台风对县域未产生重大影响，8月7日10时，终止Ⅳ级应急响应。

【隐患排查整治】 2021年，县应急局集中检查排查乡镇、流域站的公益水库14座，查出安全隐患点15个，存在部分问题乡镇5个，全部完成落实整改。排查地灾隐患点327处，高陡边坡2018处，未发现地灾隐患。

（肖日旭）

抗震救灾

【概况】 2021年，大田县贯彻落实习近平总书记关于防灾减灾救灾工作的重要论述和指示精神，落实农房保险、避灾避难及监测预警等基础建设，创新科普宣传，推进地震监测预报、地震灾害预防、地震应急救援“三大体系”建设，县应急管理局在全省市县防震减灾工作综合考评中被省地震局评为县级先进单位。

【农村住房保险】 2021年，大田县推进农村住房保险工作，采用基础险全省统保、叠加险“农户投保、财政补贴”的方式（省、市财政分别补贴7元、2元，农户自缴3元），农村住房因灾损毁理赔限额2.5万元，承保农户70746户，保费90.83万元，投保农户100%，全年保险公司赔付67笔、金额25.04万元。

【应急避险能力提升】 2021年，县应急局按照A类标准改造石牌镇长溪村和均溪镇上华村、福塘村3个避灾点，设置标志标识、制定配套制度预案并上墙，配齐床铺、床板、棉被、草席、应急灯、灶具等设备，投资15万元，提升避灾避难场所应急避险能力。全县地震预警信息发布终端加装高音喇叭，提升预警辐射范围。

【防灾减灾科普宣传】 2021年，县应急局开展防灾减灾进社区、进校园活动，防灾减灾宣传周期间组织县消防救援大队等减灾委成员单位，在凤山中路时代广场开展医疗急救演示、消防器材展示、灭火器和救援设备使用演示及现场展位宣传，发放防灾减灾及安全知识宣传材料，接受群众咨询100余人次。“5·12”防灾减灾日联合县移动通信大田分公司向全县群众推送微信朋友圈防灾减灾公益广告6万余条次；联合县融媒体中心在融媒体公众号、融媒体抖音平台播放《2分钟带你了解防灾减灾小知识》等公益广告；开放县防震减灾科普馆和校园防震减灾科普室，组织上京镇和广平镇部分单位及群众600余人次进馆（室）参观，体验VR“地震来了怎么办”。通过开展主题班会、举办知识讲座、观看《2分钟带你了解地震预警》等宣传视频、发放《告家长一封信》及防震减灾宣传黑板报等宣传材料、举行应急疏散演练活动等，提高师生防灾避险能力。通过组织白岩、仙亭等全国综合减灾示范社区拉挂防灾减灾宣传横幅、宣传栏张贴宣传海报，组织居民观看防灾减灾视频等，开展“防灾减灾进社区”系列活动。

（陈国栋）

事故应急处理

【概况】 2021年，县应急管理局加强预案管理，制定《大田县应急管理局应急预案内部管理暂行办法》，明确规定应急预案的编制修订、发布备案和实施，确保各类预案管理规范有序。重新修订《大田县防洪防台风应急预案》，根据灾害发生情况及时按照有关预案启动应急响应。按照《大田县防洪防台风应急预案》启动防汛Ⅳ级响应1次2天，按照《大田县森林火灾应急预案》启动橙色预警2次、发布禁火令4次，及时有效处置突发灾害事件，减轻各类灾害损失。是年，发生建筑施工和工矿事故各1起，死亡4人。

【“2·8”上京工业园构筑物坍塌事故】 2月8日，大田县经济开发区上京工业园内一水泥生产线技改项目（在建），原料磨工序构筑物平面混凝土浇筑时发生坍塌事故，造成3人死亡。经市应急局、公安局、总工会、工信局、住建局和大田县人民政府等部门组成事故调查组，邀请市监察委员会派员参加，展开事故调查。经调查了解，事故直接原因为原料磨工序构筑物混凝土施工支撑材料的扣件式钢管质量不符合标准要求，扣件式钢管模板支撑钢管步距部分超过1.5米，水平及垂直剪刀撑大量缺失，顶部自由端高度严重超标，涉事项目部违法违规组织模板安装及赶工期；混凝土浇筑过程中集中堆载，导致支撑失稳，带动原料磨工序构筑物第三层平台整体坍塌。市应急局依法对负有领导责任和事故主要责任人给予行政处罚，事故直接责任人移送司法机关追究刑责，相关责任人由纪检监察机关依纪依规处理。

【“8·12”石灰岩矿冒顶片帮事故】 8月12日，太华镇大田县新岩水泥有限公司梅林石灰岩矿吴坑头东南矿井，发生冒顶片帮事故，造成1人死亡。经县应急局、工信局、公安局、总工会等部门组织相关人员到现场调查了解，事故直接原因为：作业人员未按照《金属非金属矿山安全规程》《爆破安全规程》规定要求，等待时间未超过15分钟，未执行敲帮问顶管理制度，未及时处理顶板浮岩，在炮烟未散无法辨识顶板是否存在危险的情况下，擅自冒险进入工作面作业，造成浮岩冒落砸中作业人员头部。县应急局依法对负有领导责任和事故主要责任人给予行政处罚，事故直接责任人移送司法机关追究刑责，负有监管责任者由企业依规作相应处理，相关责任人由纪检监察机关依纪依规处理。

（田民洵）

安全生产监督管理

【概况】 2021年，县应急管理局按照中央和省、市的决策部署，开展安全生产专项整治三年行动、“控事故、保安全、迎建党百年”“安全生产集中攻坚”“严执法、强攻坚、促提升”等专项行动，抓好安全生产各项工作。全县发生各类生产安全事故11起，死亡10人，受伤7人，其中，生产性道路交通事故9起，死亡6人，受伤7人，建筑施工事故1起死亡3人，工矿商贸事故1起死亡1人。事故起数比上年下降21.4%（上年14起），死亡人数持平，受伤人数同比上升16.7%（上年6人），全县安全生产形势总体平稳。

【重点安全风险管控整治】 年初，县应急局组织各乡镇、县政府安委会各成员单位全面排查本辖区、本行业领域重点安全风险点，按照“红、橙、黄、蓝”分级分类，每月督促上报管控情况和消除隐患数。摸排重点安全风险管控点82个（红色31处、橙色25处、黄色22处、蓝色4处，县级重中之重风险管控点13个），定期通报存在问题的整改管控情况，全年各重点安全风险点管控状态均正常。摸排红色隐患16项，由县委办、县政府办制定下发《关于切实做好2021年市、县级安全生产红色隐患整改工作的通知》（田委办〔2021〕8号），每项红色隐患与一名县领导工作挂钩，明确整改措施、责任、资金投入、时限和预案，红色隐患按序时进度整改，至年底全部销号。

【安全生产宣传教育】 2021年，县应急局制定下发《关于开展全县企业全员安全生产“大警示、大培训、大考试”专项行动的通知》，全县开展专项行动。向各乡镇、有关部门、企业发放新修改的《中华人民共和国安全生产法》手册及宣传图5000余份，分发张贴有限空间作业宣传图500余份，召开企业安全生产培训会18场，其中到企业现场培训17场，参加考试1600余人次，对考试成绩较差的企业加大检查频次，全面督促企业落实安全培训主体责任，加强企业从业人员安全教育培训。

【安全隐患排查整治】 2021年，县政府安全生产委员会办公室（简称县安办）组织协调全县各领域开展安全隐患大排查大整治行动，出动执法人员9895人次，检查单位和场所6732家次，排查发现隐患14790项，年内全部整改。要求1408家生产经营单位限期整改，责令停产整顿19家，约谈警示96家，行政处罚304次，罚款383.7万元。

【景区、非景区景点等安全管理】 2021年，县政府办下发《关于认真落实全省、全市景区和非景区景点安全管理专项整治工作的通知》（田政办函〔2021〕17号），要求各乡镇、有关部门开展隐患排查，提升县内景区、非景区景点等重点区域安全管理水平。摸排景区5个，非景区景点27个，指导预案编制23份。10月20日，县委政法委、县公安局、应急局、卫健局、文旅局、消防救援大队等单位联合在大仙峰·茶美人景区开展旅游景区、非景区景点及涉水危险区域应急演练，提升相关活动场所人员应对突发事故快速反应、应急处置和协调作战等能力。

【有限空间作业安全监管】 2021年，县应急局制定下发《大田县有限空间专项整治行动方案》《有限空间作业安全指导手册》等文件8份。开展有限空间作业安全专题培训，从事故案例分析、基本知识、主要危害因素辨识与评估、执法检查重点、法律条款等5个方面进行培训。开展涉及有限空间企业安全检查184家次，要求企业限期整改46家，立案处罚6家，处罚款13.3万元。

（田民洵）

森林消防

【概况】 2021年，县应急管理局及时调整森林防灭火指挥部成员单位，明确各成员单位工作职责，重点抓好牵头工作，确保森林防灭火各项工作措施落到实处。经过整合、调整，全县森林消防队伍28支、901人，其中县级专业森林消防队伍2支、62人，半专业森林消防队伍26支、839人。年内未发生重大森林火灾。

【“1·29”建忠村森林火灾扑救】 1月29日15时30分，建设镇建忠村因村民农事烧杂引发森林火灾，镇政府接到报告立即按照森林防灭火应急处置办法组织人员扑救，并向上级报告。县森林防灭火指挥部接报后，副县长陈秀达、县应急局局长魏初铭、建设镇副镇长刘志省随即赶往火灾现场指挥，组织县级专业、半专业队伍210人展开扑救，21时30分扑灭山火，火灾过火面积22.9公顷、受害面积14公顷。

【“2·21”群团村森林火灾扑救】 2月21日14时40分，太华镇群团村因小孩玩火引发森林火灾。镇政府接报后立即按照森林防灭火应急处置办法组织人员扑救，并向上级报告。县森林防灭火指挥部接报后，县应急局局长魏初铭、太华镇党委书记陈建文立即赶往火灾现场指挥，组织县级半专业队伍7支260人到场扑救，20时52分扑灭山火，火灾过火面积30公顷、受害面积11公顷。

【“扑火安全警示教育整治周”活动】 4月，县应急局制定下发《关于开展全县森林“扑火安全警示教育整治周”活动的通知》，召开活动专题部署会议55场次，制发森林火灾扑救知识相关宣传资料2000余份，干部参加学习教育5400余人次，出动流动宣传车80余台次，“村村响”广播1500余次，新悬挂宣传横幅640余条，电视播放防火警示信息60余次，发送手机短信5000余条，入户宣传1800余人次，接受教育4万余人。

【森林火灾整改“回头看”】 2021年，县应急局制订《全县森林火灾整改情况“回头看”工作方案》，组织各单位分析2020年发生6起森林火灾和快速处置未成灾及早期火情的原因，围绕森林防灭火工作的思想认识、体制机制、责任落实、风险防控、队伍建设、基础设施建设、宣传教育等方面“回头看”。相关单位对“回头看”中发现的隐患和问题，建档立册，制定整改措施，明确整改时限，落实责任分工，彻底整改到位。

【火源管控和巡查加强】 2021年，县应急局制订野外火源治理和查处违规用火行为专项整治方案，在全县开展森林火险隐患专项治理工作，各有关单位到林地及其相邻周边，开展森林火险隐患排查治理。重点排查4个国有农（林）场、1个自然保护区、50个林业生产加工区域等重要区域及与林地相邻的莆炎高速、兴泉铁路、国道纵五线等重点工程，同时发挥各乡镇、村生态公益林护林员的前哨作用，加强野外火源巡查、报告和临时处置。国庆期间，县森林防灭火指挥部申请市森林消防队伍入驻大田县联防联控，开展各乡镇、场督察检查、防火宣传、设卡检查、携装巡护、指挥员培训等工作，确保在特殊时期防范化解森林火灾。

【“双网双线全覆盖”工作机制推行】 2021年，县应急局建立高火险期（禁火令期和橙色以上预警时期）“双网双线”（巡护加宣传双网格，政府加部门两条线）全面覆盖。摸清任务乡镇辖区内巡护人员、巡护面积等基本信息，结合森林防火网格，科学划分各级网格巡护、宣传责任区，做到巡护面积、宣传户数全覆盖。绘制巡护、宣传网格图表，熟悉网格化运行流程，及时发现和改进网格化管理方法。结合实际情况制定新的《护林员管理办法》《野外火源管理办法》等配套制度，保障“双网双线全覆盖”工作机制执行。

【森林消防队伍建设加强】 2021年，县森林防灭火指挥部执行上级文件，组织各乡镇森林防火指挥机构，在8月上、中、下旬，各乡镇、（场）专业（半专业）森林消防队伍全体队员分三批次进行一次理论和技能知识培训，联合多部门开展1次实战性较强的演练活动，协调组织现场指挥和安全防险避险业务人员，熟悉应急预案、应急处置流程，提高快速反应实战能力。县应急局定期、不定期进行县级、乡镇级森林消防队伍培训和演练，村级森林消防队伍主要由乡镇培训，提高队伍综合素质和扑救能力。

（范建伟）

消防救援

【概况】 2021年，县消防救援大队抓班子、稳队伍，强主业、夯基础，闯新路、促发展，推动消防工作和队伍建设持续向好，火灾防控基础和应急救援能力有效增强，保持队伍管理和火灾形势稳定。全年接警250起，出动消防车289辆次，消防指战员1986人次，抢救被困人员45人，疏散群众47人，抢救财产价值7963.06万元。完成庆祝中国共产党成立100周年等重大安保任务，处置“2·23”大田县顺发竹木制品有限公司的火灾事故等一系列复杂灾情，“2·8”上京镇工业园区新岩水泥厂救援任务。大队先后获应急管理部“先进大队”、福建省消防救援总队“先进大队”、县委县政府“2020年度平安先进单位”、共青团三明市委和市应急管理局“2020年度三明市青年安全生产示范岗”、共青团三明市委“2020—2022年度市青年文明号”、三明市总工会“工人先锋号”等荣誉，被省消防总队记三等功1人，获团市委“杰出青年岗位能手”称号2人、市总工会“五一劳动能手”称号1人。2名政府专职消防员代表省消防救援总队参加全国消防职业技能大赛，其中1名在灭火战斗员竞赛项目获得第19名，另外1名在消防装备维修员竞赛项目获得第20名。

【防火监督】 年初，县政府将消防安全工作列入年度督查检查考核，县委常委会专题研究消防安全工作1次，县政府常务会、专题会研究消防工作6次，县主要领导带队检查消防安全工作7次。县委县政府监督、督办、问责消防工作，使“失责必问、问责必严”成为常态；在重要时间节点，开展消防安全隐患大排查大整治，检查单位1676家，发现火灾隐患（违法行为）1200处，督促整改1164处，下发责令整改通知书640份，责令企业“三停”（停产停业、停止使用、停止施工）2家，约谈企业21家。贯彻落实中央深化消防执法改革意见，全面推行“双随机、一公开”监管模式，县委编办发文明确乡镇从事消防救援岗位71人。18个乡镇均成立消防所，制定消防安全制度和议事协调机制，强化乡镇火灾防控基础。实行站防消一体化勤务，以防火监督强化灭火救援、以灭火救援反哺火灾调查、以火灾调查指导防火监督的“三位一体”互动循环，1名消防站干部代表支队参加全省火调比武，并作为后备力量随总队参与全国火调东片区比武。抓好案卷评查和执法岗位练兵，规范行政处罚告知、法制审核、执法回访等工作程序，不断提升消防执法服务水平。

【消防宣传】 2021年，全县70%的社区民警、网格员，90%的物业管理人员、单位消防安全责任人和管理人，90%的重点单位员工，85%的小企业主，40%的安保人员，75%的村（居）委工作人员等重点人群接受了消防安全教育培训。大队消防救援人员参与“110”宣传日、“5·12”防灾减灾日、安全生产月和“119”宣传月系列活动。以县第二实验小学为试点，建成消防主题文化长廊约100米，作为校园消防安全知识普及的主阵地。与国网大田县供电公司对接，将街头的环网柜变为消防宣传展板。全年，开展宣传教育和培训演练50余次，参加1万余人次；组织消防志愿者活动10余次，参加活动100余人次；张贴、发放宣传海报和宣传单5万余份，发送消防公益短信5万余条，在县电视台播出消防公益广告200余次，在上百家沿街单位电子显示屏投放消防公益广告5000余条；拍摄新媒体短视频20余条，其中被抖音平台“福建消防”录用2条，被“三明消防”录用3条。

【经费保障】 2021年，县消防救援大队与县政府、县财政沟通新形势下消防队伍经费保障工作，县财政根据《福建省地方消防救援经费管理暂行办法》等文件，拨付消防经费1152.95万元。其中公用经费501.3万元、人员经费432万元，比上年增长25.56%。额外追加综治、绩效、精神文明奖经费219.65万元，经费保障任务超额完成，为改革转隶后的消防事业发展提供坚实保障。年底，政府专职消防员和消防文员共54人，全市最多。

【后勤保障】 2021年，县消防救援大队推动议军会争取装备建设专项经费45万元，委托县应急局采购配置消防器材装备，购置行政车2部、34.94万元；改造修缮营房和老旧场所，大队四楼建“消防员之家”投入100余万元。改造均溪站和建设站大队房屋，大队党委多次向县委县政府主要领导专题汇报，走访财政局、自然资源局、发改委、林业局等部门，共同磋商新消防站建设事宜，争取项目建设用地3.2公顷，完成立项、征迁、测绘等前期工作，推进三明市消防救援支队（大田）南部训练基地项目建设进程。

【新岩水泥厂梁板坍塌救援】 2月8日12时36分，县消防救援大队均溪消防站接到上京工业园区新岩水泥厂厂房施工三层梁板突发下沉坍塌，人员被埋压的救援警情，两部抢险救援车和15名指战员迅速出动，均溪站站长途中呼叫建设站、永安燕南站和特勤站3部车21人前往增援，县委、县政府主要领导和三明市消防救援支队政委等随后赶到现场指挥部署救援，采用蛇眼生命探测仪搜索和无齿锯、风钻、凿岩机、气割枪、钢筋速断器等破拆工具，分两组同时施救，并搭建雨棚，指战员们冒雨顶着再次坍塌的危险，历经50多个小时的奋战，搜寻出3名被压人员，但均已无生命体征。

（陈飞）

自然资源管理

□ 编辑 陈吉浣

综 述

【概况】 2021 年，全县自然资源系统贯彻落实全国、省、市自然资源工作会议精神和县委、县政府决策部署，统筹做好国土空间总体规划、专项规划、控制性详细规划和村庄规划，守牢耕地保护红线，织密执法监管防线。落实“项目跟着规划走、土地要素跟着项目走”，做到土地要素支撑保障和优化配置，加快重点产业突破和经济社会高质量发展。推进法治建设，持续化解历史遗留问题，提升自然资源和规划法治化水平。实施生态系统保护修复，提升不动产登记服务水平，增强自然资源和规划基础服务能力，提升服务效率，实现“不见面”审批、“全天候”监管，保护自然资源、节约集约利用自然资源、维护群众权益，为高质量发展提供自然资源支撑和保障。是年，省自然资源管理监测评价及辅助决策系统显示，大田县位居全省第 19 名，全市第八名；县自然资源局被评为县平安先进单位，获县“五比五晒”综合协调服务部门二等奖和工作绩效综合考评一等奖。

【党建工作加强】 2021 年，县自然资源局通过开展“我为群众办实事”系列活动、上专题党课、举办知识竞赛和宣讲比赛等，掀起党史学习教育热潮，推动全体党员干部职工加强党性锤炼、坚定理想信念、牢记初心使命、凝聚前进力量。7 月 1 日，局退休干部职工党支部被省委离退休干部委员会和老干部局评为“第二批省级离退休干部示范党支部”。

【老区振兴发展支持】 2021 年，县自然资源局落实《国务院关于新时代支持革命老区振兴发展的意见》，做好相关政策、资金、项目研究的对接工作，促进大田革命老区振兴发展。与省、市自然资源部门政策对接 13 项，策划并组织实施 11 个项目，概算投资 1.89 亿元，向上级争取项目性资金 6830.33 万元。全县矿产品协税护税收入 2.85 亿元，5 个招商引资项目协税护税纳税 776.3 万元。执行“依法和谐征迁”，完成 10 个片区（项目）土地征收 54.6 公顷；农转用 16.8 公顷，在全市“五比五晒”活动考评中位列小组第一、全市第二。

【审批服务优化】 2021 年，县自然资源局持续推进“放管服”改革，推行“不见面审批”，更多事项实行网上办、掌上办、自助办、远程办、邮寄办，争取线下“一趟不用跑”和“最多跑一趟”。完善“e 三明”“闽政通”等 App 掌上便民服务平台，推进“减证便民”行动，对照“五级十五同”要求，重新梳理编制行政许可项目清单、公共服务项目清单、权力清单、责任清单，动态调整办事清单，全年在福建省网上办事大厅发布行政许可事项 23 项、其他行政权力事项 12 项、公共服务事项 2 项，行政确认事项 71 项。落实工程建设项目审批，“多审合一”“多证合一”“多测合一”改革，全年审批事项 108 宗。

【地理信息“一乡一图”】 2021 年，县自然资源局推进“一乡一图”工程项目，争取经费 349 万元，通过一个乡镇一张地图，打造乡镇特色品牌，服务乡村振兴战略，支持大田老区经济发展。

（刘金萍）

土地管理

【概况】 2021 年，县自然资源局坚持依法用地、节约用地和保护耕地，推动节约集约用地、严守耕地红线。实施耕地质量保护，落实耕地占补平衡，推进农村土地整治、补充耕地、土地复垦等工作，及时做好耕地占用调整补划；加强日常巡查，加大案件查处力度，执法关口前移、重心下移，最大程度将违法用地行为消除在萌芽状态。落实政府主导，部门协作的共同责任机制，齐抓共管，履行耕地保护的主体责任。严格保护耕地的同时，转变土地利用方式，持续开展闲置土地和批而未供土地处置，全年处置批而未供土地 31.94 公顷，处置率 21.05%；处置闲置土地 74.37 公顷，处置率 78.9%，激发存量土地活力。

【耕地保护】 2021 年，县自然资源局落实耕地保护目标责任，做好县、乡两级政府保护耕地责任目标考核，建立严保严管耕地常态化监督机制。按照上级统一部署，序时推进永久基本农田核实整改，划好守牢全县永久基本农田保护红线，全县耕地保有量保持 2.02 万公顷，其中永久基本农田 1.59 万公顷，占 78.71%。做好补充耕地、旱改水、耕作层剥离利用，补充耕地 21.63 公顷。

【建设用地管理】 2021 年，县自然资源局办理建设项目用地预审和选址意见书 19 宗，用地面积 105.37 公顷；单位划拨用地 22 宗，用地面积 1114.43 公顷；经省政府批准农转用和征收土地 8 个批次 12 个项目，面积 37.21 公顷（耕地 6.1 公顷），经市政府批准农转用和征用土地 3 个批次 3 个项目，面积 4.7 公顷（耕地 1.93 公顷）；挂牌出让工业用地 10 宗，面积 28.13 公顷，成交金额 2754 万元；出让商住用地 3 宗，面积 0.05 公顷，成交金额 2317 万元；出让商住用地 3 宗，面积 11.04 公顷，成交金额 9.42 亿元。城乡建设用地增减挂钩指标对外交易 6.67 公顷，交易金额 2800 万元。县土地储备中心完成卫斯特环保、金门油压、华兴木业、明盛矿业等 26 宗土地收储补偿，新增储备土地 44.82 公顷。

【测绘管理】 2021 年，县自然资源局结合县委、县政府的中心工作，完成 500 多个建设项目相关的测绘工作，年产值 270 余万元。完成东辰御景、温镇机砖厂等单位 328 宗土地确权地图的测量，配合县重点工程京口工业园区、均溪凤山鸡公形片区、上京铸造工业区、太华罗丰工业区、石凤片区、香山北路片区和福塘洋头小区等 60 宗用地建设项目用地测量和土地出让图件制作；协助上京铸造工业区、太华罗丰工业区、大田一中东部片区、白岩山北路和火车站站前广场等 125 宗用地的农转用和拨地定桩等测绘；完成信访件等 6 宗用地地形现状图的测量，面积约 4.5 万平方米；建筑指标测算 30 宗，建筑面积约 55 万平方米；规划放样核样建筑面积约 40 万平方米，核实规划用地 11 宗。

【卫星遥感监测图斑执法检查】 2021 年，县自然资源局运用“天地网”卫片执法系统，加大土地执法动态巡查力度，结合自然资源部季度卫片、省月度卫片 2267 个图斑监测核查等工作，及时发现、制止、查处违法违规用地用矿行为；加大力度集中整治耕地“非农化”问题，对于认定为 2020 年 7 月 3 日后新增乱占耕地建房的，以“零容忍”的态度全面推进顶风违建“清零”行动，坚决拆除复耕，打好农村乱占耕地建房这场硬仗，发现乱占耕地顶风违建 35 宗，年内全部整治完成。

【土地综合治理项目实施】 2021 年，县自然资源局完成综合整治项目 5 个，新增并补充耕地 21.63 公顷，占全年任务的 162.2%。对外交易城乡建设用地增减挂钩指标 6.67 公顷，交易金额 0.28 亿元。组织实施土地整治项目 9 个，总规模 21.63 公顷，产生新增耕地 21.01 公顷，超额完成任务。

【执法监察】 2021 年，县自然资源局受理有关自然资源的信访件 84 件（重复 25 件），反馈率 100%；接待群众来访 2 批 4 人次；依法立案查处土地行政案件 167 宗，涉及违法占用土地面积 67.14 公顷，其中占用耕地面积 7.47 公顷、永久基本农田 0.94 公顷，申请法院强制执行 71 宗，移送财政局处理 96 宗，处罚款 321.55 万元。

（刘金萍）

矿产资源管理

【概况】 2021 年，县自然资源局做好矿产资源勘查开发、矿产品流通管理和绿色矿山建设，完成水泥用灰岩勘查找矿工作，广平狮古洞南、龙凤场北、上京永丰北、梅林东、桃源广汤 5 个靶区预计矿床规模都达到中型以上。全县登记在册地质勘查项目 60 个，按勘查主矿种划分：煤矿 5 个、铁矿 17 个、铅锌多金属矿 27 个、银多金属矿 3 个、其他矿产资源8个。登记在册采矿权74个，按储量规模划分：中型规模矿山6个，小型及以下规模矿山68个；按开采主矿种划分：煤矿9个，铁矿20个，铅锌矿3个，铜矿、银矿和锰矿各1个，水泥用石灰石矿17个，其他非金属矿22个。

【矿产勘查开发管理】 2021年，县自然资源局实施矿产资源“探、储、采、治、查”一体化监管模式，建立矿山黑名单和矿业权人勘查开采信息公示随机抽查、实地核查等制度，开展矿山专项整治行动。全县有效探矿权证24本，有效采矿权证47本，矿产品经营许可证3本；受理上报省、市、县级发证矿山5宗，新立、延续矿山发证5本，注销采矿许可证2本；公示全国矿业权人勘查开采信息82个，随机抽检矿山9个，均无异常；催缴采矿权出让收益3宗，金额4965.76万元。建立勘查项目台账，督促探矿权人提交开工报告、地质资料5份；开展29个矿山储量动态检测，提交年报20份，9个停产矿山储量无变化。办理采矿权出让4宗，出让收益6785.8万元；办理探矿权延续6宗，采矿权延续变更4宗，采矿权转让变更2宗。

【矿产品流通监管】 2021年，县自然资源局加强矿产品流通监管，全县开单销售各类矿产品904.01万吨，其中，煤炭121.98万吨，金属矿194.68万吨，非金属矿587.35万吨。矿产品协税护税收入（含永安煤业公司）销项税2.85亿元，其中，煤矿1.76亿元，金属矿0.65亿元，非金属矿0.44亿元，比上年净增4500万元。严格矿产品经营资格准入审核，全年新办理申请销售矿产品准入资格矿山企业49家。实施准运制度，核销企业矿产品准运凭单5415本。

【2家矿山入选绿色矿山名录】 2021年，县自然资源局组织全县有效采矿权证矿山开展绿色矿山建设及申报省级绿色矿山，经矿山自评、第三方评估、市县审核、省级抽验等程序，大田县丰源煤业有限公司西井田煤矿、大田县山贵崎煤矿有限公司山贵崎矿山2家矿山企业入选省级绿色矿山名录，为全县绿色矿山建设提供示范榜样。

（刘金萍）

规划编制

【概况】 2021年，县自然资源局着重编好三类规划，《大田县国土空间总体规划（2020—2035）》初步形成专家评审成果，启动乡镇国土空间总体规划编制。完善控制性详细规划和专项规划，做到中心城区控制性详细规划全覆盖。加快编制村庄规划，科学布局农村生产生活生态空间，统筹安排各类资源，科学划定“三区三线”（生态、农业、城镇三类空间；生态保护红线，永久基本农田和城镇开发边界三条控制线）范围，补齐农村基础设施和公共服务设施短板，保护传统村落、历史建筑和传统风貌，展现乡村特色文化，弘扬延续乡村文脉，全年完成村庄规划编制106个。

【国土空间总体规划】 2021年，县自然资源局在合理划定耕地和永久基本农田保护红线、生态保护红线、城镇开发边界“三条控制线”的基础上，对县域国土空间开发保护在时间和空间上作出科学、合理的总体安排和综合部署。根据县级国土空间规划专家咨询会及意见要求，更新相关数据、修改完善文本和主报告划定，形成《大田县国土空间总体规划（2020—2035）》专家评审成果。除均溪镇、石牌镇、华兴镇无需单独开展乡镇国土空间总体规划外，其余15个乡镇均启动乡镇国土空间总体规划编制。

【控制性详细规划】 2021年，县自然资源局生态保护红线划定、资源环境承载能力和国土空间开发适宜性评价“双评价”、用地发展趋势与支撑关系研究等七大专题取得初步成果。《大田县北部新城控制性详细规划》编制完成，《大田县西部城区控制性详细规划》完成评审稿，启动编制《香山北路片区（郭村）控制性详细规划项目》《大田县福塘片区控制性详细规划》《大田县城东南片区控制性详细规划》《大田县城东部生态宜居宜业城市综合体控制性详细规划》《大田县国道纵五线两侧（长溪至溪柏林段）控制性详细规划》《小青垵修建性详细规划》《大田县石牌片区控制性详细规划》。

【村庄规划】 2021年，县自然资源局按照“应编尽编”原则，开展村庄规划编制，倡导“镇（乡）、村规划联编”，合理安排农村产业发展空间、村民住宅建设空间，推动村域层面“多规合一”。制订村庄规划编制三年工作计划，至10月底完成乡镇域农村居民点布局规划编制，至11月批复村庄规划106个，12月通过省自然资源厅备案村庄规划12个。

【农村住宅小区建设试点】 2021年，县自然资源局探索宅基地所有权、资格权、使用权“三权分置”的农村新型住宅小区建设。各乡镇引导村民集中建设农村新型住宅小区，解决村民住宅建设用地需求，选址以集镇本点为主（县城市规划区除外），集镇本点用地空间不足的，可在具有较强带动功能的中心村选址，并统一基础设施和配套公用设施，统一建筑风貌管控。有序推进奇韬镇五龙鼎珠小区、广平镇大仁新村2个农村新型住宅小区集中建设示范点建设。

【城乡规划行政许可办理】 2021年，县自然资源局办理单位建设项目用地预审和选址意见书19件，用地面积105.37公顷；单位建设用地规划许可证19件，用地面积51.39公顷；单位建设工程规划许可证55件，用地面积166.57公顷，建筑面积124万平方米。办理个人建房建设规划用地许可证66件，用地面积0.78公顷；个人建房建设工程规划许可证147件，用地面积1.65公顷，建筑面积9.38万平方米。

（刘金萍）

国土空间生态修复与地质灾害防治

【概况】 2021年，县自然资源局组织编制《大田县2021年度地质灾害防治方案》，全县地质灾害隐患点328处、高陡边坡2018处。督促18个乡镇编制乡镇《2021年度地质灾害防治方案》，指导存在地质灾害点的行政村编制《村（居）地质灾害防御群众转移预案》。开展18个乡镇地质灾害防治工作检查，制作地质灾害防治知识宣传折页，进行地质灾害宣传，普及地质灾害防治知识，提高地质灾害防治能力。编制《大田县废弃矿山生态修复方案（2021—2035）》，全年核查全县废弃露天矿山136处。

【地质灾害防治】 2021年，县自然资源局有序推进地质灾害风险调查和重点隐患排查，组织应急技术支撑队伍，全面开展地灾隐患汛前核查、排查，实施大田县1∶5万地质灾害风险调查评价项目、58处专群结合地质灾害监测预警实验设备的安装项目，分别争取省级以上资金280万元、406万元；建立地质灾害气象预报预警机制。完成石牌镇下坂桥头边坡崩塌治理工程项目和华兴镇大田县恒鑫铸钢有限公司西侧崩塌治理工程竣工验收。

【生态环境损害赔偿启动】 2021年，县自然资源局针对吴山镇金鸡崎旁倾倒危险废物事件，启动生态环境损害赔偿调查，委托福建拓普司法鉴定所进行上述地块的环境损害鉴定，组织赔偿义务人及相关管理部门进行生态环境损害赔偿磋商，督促赔偿义务人开展污染地块应急处置、生态环境修复和土壤修复等工作，追缴被毁林地的森林生态修复费、森林生态系统服务功能损失费及损失林木的价值等费用1.67万元。

【有效证矿山巡查】 2021年，县自然资源局委托福建省197地质大队开展当年度51个有效证矿山地质环境全球导航卫星系统（GNSS）巡查，给履行“边开采、边治理”义务不到位的矿山企业下发限期整改通知书41份，督促其在期限内完成整改。年底，完成整改的矿山34个，在整改的矿山7个。

【关闭矿山地质环境恢复治理】 2021年，县自然资源局督促采矿权到期矿山企业开展矿山地质环境恢复治理，年底，8个关闭矿山完成地质环境恢复治理，1个矿山在治理；11个采矿证延续矿山完成分阶段治理，2个矿山在治理中；2个受政策影响的涉铅锌矿山分阶段完成地质环境恢复治理，1个矿山在治理中。根据《福建省大田县废弃综合治理规划（2018—2025）》，开展2021年度需治理的5处废弃矿山测量、设计、预算、可研立项、项目招投标等工作，年内废弃矿山地质环境恢复治理有序施工。

【废弃矿山生态修复项目验收】 2021年，县废弃矿山闽江流域山水林田湖草生态保护修复项目，银锭岬A、B、C标段及崩额前矿区、马头岬矿区5个标段，施工单位根据工程竣工验收专家组意见完成整改，通过省财政厅、发改委、自然资源厅、生态环境厅精品示范工程省级验收，治理效果得到专家好评，获得国家正向激励资金1500万元。

（刘金萍）

不动产登记

【概况】 2021年，县自然资源局按照“方便群众、服务经济”的宗旨，优化办事流程，接入国家、省不动产登记网上“一窗办事”平台，实现“二手房转移登记一件事”集成套餐服务；与税务部门系统、省住房公积金综合管理系统联网，实现信息共享；压缩登记时间，联手县内多家金融机构及担保公司推出“互联网+不动产登记+金融服务”，银行抵押登记全流程“网上办”；出台《大田县新建商品房“交房即交证”工作方案》，协助申报企业准备相关登记资料，通过信息共享优化简化材料，6月完成首宗“交房即交证”项目，全年“交房即交证”280套；应用农村地籍房屋调查成果，推进不动产权调查登记；设置专门窗口开展“周六便民服务”，解决群众“上班没空办事，下班无处办事”的难题。小微企业免收登记费，办理登记21宗；开展政务服务“好差评”活动，3月，县不动产登记中心窗口被县妇联授予“大田县三八红旗集体”称号，年度考评中被评为“最佳红旗窗口”。

【不动产登记工作推进】 2021年，县不动产登记中心办理不动产各类登记29345宗，其中，办理不动产产权证书7450份，不动产登记证明7331份；出具不动产登记信息查询证明9127份。办理房改房出让85宗，面积1300平方米，补交土地出让金47.8万元；办理划拨地转出让68宗，面积3647平方米，补交土地出让金778.8万元。办理抵押登记3217笔，取得社会和企业融资贷款36.45亿元；协助税务部门收缴房屋交易契税2664.02万元。

【农房确权登记】 2021年，县自然资源局加强部门协作，会同乡镇人民政府、村委会，组织群众以行政村为单位，统一申请登记，实现批量受理、集中办证，完成农村宅基地和集体建设用地登记颁证工作。针对农民集中宅基地，完善联合测绘、审批同步、集中受理、批量颁证的登记流程。全年完成农房确权发证4373本。

【林权证纠错工作机制健全】 2021年，县自然资源局落实市委、市政府关于优化林权办证若干措施的要求，建立林权纠纷联合调处机制，组建林权权籍勘验调查小组，充实林权权籍勘验调查力量，实行林权类不动产登记全免费服务。全年办理林权类不动产登记业务221件，涉及宗地面积1866.7公顷，其中，首次登记81件，转移登记16件，变更登记43件；抵押首次登记5件，抵押变更登记1件，抵押面积98.4公顷，抵押金额1117.99万元；注销登记27件，补换证登记48件。协助司法查解封登记35件。

【国土变更调查工作核查】 2021年，县自然资源局落实省自然资源厅《关于认真组织做好2020年度国土变更调查工作的通知》，按照自然资源部、省自然资源厅和市自然资源局的部署，精心组织，实事求是，查清县内2020年度国土各地类变化情况，形成年度国土变更调查成果。组织作业单位实地核查国家下发的疑似变化图斑2553个，自提取图斑288个，更新地类图斑5046个，举证图斑2778个，并上报省级复核。

（刘金萍）

生态环境

□ 编辑 陈吉浣

综 述

【概况】 2021年，三明市大田生态环境局以习近平生态文明思想为指导，突出环境问题整改，贯彻生态环境保护法律法规，持续打好污染防治攻坚战；县生态综合执法局集中开展生态环境保护法律法规宣传，以高压态势打击制止生态环境违法行为，立案查处33件，移送公安部门侦查6件。全县生态保护和环境治理工作取得较好成效，水、声、气和土壤环境质量总体安全，未发生重大环境污染事件，年度环境质量提升考评居全省第三名，获得省综合性生态保护提升性补偿资金3000万元，全市2021年党政领导生态环境保护目标责任考核获得优秀等次。

【大气环境质量】 2021年，县城区空气质量优良天数比例99.7%，空气质量综合指数2.03，比上年提高0.12，在全省58个县级城市中排名列第15位。

【水环境质量】 2021年，全县城乡集中式饮用水水源地水质达标率100%，其中Ⅰ—Ⅱ类水质比例75%；均溪、文江两条主要流域9个监测断面水质年均值达到Ⅲ类考核要求，其中Ⅰ—Ⅱ类水质比例100%，较上年提高56个百分点；大田高才国控断面水质各项指标年均值符合Ⅱ类水标准，达到省政府“水十条”考核目标。

【声环境质量】 2021年，县城区122个区域环境噪声监测点位昼间等效声级平均值53.5分贝，属二级（较好）等次；11个交通噪声监测点位昼间等效声级平均值67.0分贝，属一级（好）等次，保持上年同期同一水平，声环境质量总体可控。

生态环境保护

【概况】 2021年，大田生态环境局树立“青山绿水就是无价之宝”理念，推进生态文明建设和环境保护，持续打好蓝天、碧水、净土三大保卫战，开展农村生活污水专项治理、饮用水水源环境整治、“散乱污”企业治理、柴油货车污染路检路查、露天焚烧秸秆垃圾和企业“冒黑烟”整治、“静夜守护”城市夜间噪声污染整治等行动。

2021年，大田生态环境局在三明市生态环境保护执法大练兵技能竞赛中获团体三等奖，获评省生态环境保护执法大练兵表现突出集体、大田县普法工作先进单位，在全县2021年度向上争取资金工作考评中获三等奖。

【环境执法】 2021年，大田生态环境局践行以人民为中心的发展思想，严格环境监管执法。制定《2021年大田县生态环境保护执法行动计划》，开展“环境执法大练兵”和“清水蓝天”“双随机”等专项检查和专项执法检查，立案查处涉嫌环境违法企业11家，作出行政处罚9件，处罚款金额155.29万元；相关人员被移送司法部门行政拘留的2件，涉嫌环境污染犯罪移送侦查案件2件。执行24小时环保“110”联动值班制度，办理省、市、县批办件和“12369”环保举报、三明市“12345”政务服务、福建省网上信访信息系统等各类平台书面答复信访件156件，均按“四个第一时间”（第一时间平台点击办理群众投诉，第一时间与群众沟通，第一时间现场核查，第一时间与相关部门联动）要求完成查处答复，并及时将调查情况和处理结果进行反馈、公示。督促22家企业编制突发环境事件应急预案（重大和较大风险源企业2家），交大田生态环境局备案。

【建设项目环境管理】 2021年，大田生态环境局围绕环评审批、排污权交易、排污许可等，坚持关口前移，采取“主动协调、加强督促、全程跟踪”的方式，服务重点招商引资项目，确保建设项目早落地、早开工、早投产、早见效。全年审批建设项目环评文件31个，建设项目环境影响登记表完成备案29个，新上项目环评执行率100%，其中缩短批前公示项目31个，实行告知承诺审批项目25个，豁免小微排污权交易项目1个。办理核发排污许可证20本、完成企业排污许可证变更审核28家、排污登记42家。年申购排污权总量二氧化硫129.37吨、氮氧化物136.32吨、化学需氧量0.46吨、氨氮0.06吨。完成83家企业2020年度环境统计年报数据的填报、审核。企业固定污染源排污许可证质量审核37家、企业2020年执行报告年报审核16家，均占总审核企业数的100%。

【环境监测】 2021年，大田环境监测站开展县集中式饮用水水源地监测、城市空气质量监测、主要流域省控断面采送样、农村环境质量试点监测、第二轮中央环保督察后期跟踪监测、重金属防控企业监测、污染物减排监测、重点污染源执法监测，以及新增河流地表水（华兴中洋村）监测和国控断面（大田高才）、国控小流域断面（城口村上游）预警监测等工作，出具执法及来样分析监测报告101份。

【“静夜守护”专项行动】 2021年，大田生态环境局、县公安局、城管局、住建局等7个部门联合制订《“静夜守护”城市夜间噪声污染整治专项行动方案》，受理噪声扰民投诉326件，出动执法人员1450人次，开展联合检查9次，实施噪声投诉“测管联动”3次，检查各类场所1300余处，责令产生噪声场所整改454家次，解决群众反映的突出噪声问题。

【“绿盈乡村”创建】 2021年，大田生态环境局依托省生态云平台的绿盈乡村服务系统，指导乡镇建立健全“一村一档”，如实填报各村庄信息，强化对“绿盈乡村”的“立体透视”和动态管理，完成系统内的265个行政村人工审核和评级工作。年内认定初级版“绿盈乡村”60个；桃源镇蓝玉村、建设镇建国村、屏山乡内洋村、济阳乡济中村、广平镇元沙村、上京镇梅林村6个村通过省生态环境厅高级版“绿盈乡村”认定。截至年底，全县创建“绿盈乡村”230个，占86.8%，其中高级版9个。

【水质监测通报和考核制度建立】 2021年，全县建立水质定期监测通报和绩效考核制度，增设乡镇交接断面水质监测点12个，18个乡镇流域水质监测监管全覆盖，每季度常态化监测高锰酸盐、氨氮、总磷、溶解氧、pH值等5项指标，并纳入乡镇党政领导生态环境保护目标责任考核内容，年内考核断面水质全部符合考核要求的得24分，不达标一次扣6分。

【水电站最小生态流量专项检查】 2021年，大田生态环境局制定《关于开展农村水电站最小生态流量专项检查的通知》，建立联合检查工作机制，检查水电站生态流量是否足额下泄、是否及时清理泄水口附近的垃圾等情况，经检查，153个水电站最小下泄流量全部合格。

【生态综合管护队组建】 2021年，大田生态环境局加强基层环保队伍建设，在武陵乡、谢洋乡、前坪乡、华兴镇、梅山镇、桃源镇、广平镇、吴山镇组建生态综合管护队，完成挂牌、场所布置、人员招聘，并划分监管片区和重点监管对象，镇村联合环境监管。全县创建生态综合管护队10支，已创建乡镇占55.6%。

【环境体制机制完善】 2021年，大田生态环境局借力绿色金融改革，完成京口工业园区16家企业环境污染责任险整体投保，总投保金额800万元；履行全省第一份“水质指数责任保险”协议，持续开展试点示范并续保；落实生态环境损害赔偿制度，办理生态环境损害赔偿案3件，赔偿金额137.88万元；印发《大田县县直有关部门和乡镇生态环境保护责任清单》，明确部门职责，进一步形成工作合力。

【“碳达峰”工作推进】 2021年，大田生态环境局组织推动福建大联新型材料发展有限公司、三明建华纺织有限公司、大田县京泰能源有限公司与大田县东风农场签订营造碳中和示范林协议书，计划营造碳中和林15.33公顷，增强森林固碳增汇效应；编制《三明市大田县赤岩社区低碳社区试点创建实施方案》，在赤岩社区举办“碳达峰、碳中和”知识讲座，以点带面、整体推进低碳社区创建工作。

（冯思琪）

生态综合执法

【概况】 2021年，县生态综合执法局依法履职，保持严厉打击生态环境违法行为的高压态势，打击制止生态环境违法行为为121起，其中，情节轻微现场制止63起，责令整改25起，立案查处生态环境行政案件33件（涉矿类14件、涉水类19件），收缴罚没款229.3万元。涉嫌犯罪移送公安机关立案侦查6件，行政拘留1件1人，移送违法线索2条，申请人民法院强制执行4件。开展集中普法宣传10场（次），接受教育800余人次；办理督办件、信访件25件，接举报电话并处理落实5起（次），震慑生态违法犯罪，取得生态综合执法的良好效果。全县空气、水环境质量持续保持全省前列，城区空气优良天数比例100%，两条主要流域各监测断面水质按期次评价达标率、城区及乡镇集中饮用水水源地水质达标率均100%。加强闽湖（大田）库区管理，双溪口卡口24小时值班，杜绝网箱养殖回潮，巩固清网成果。推进石板材加工集中区（秋竹隧道往华兴公路边）建设，完成一号厂房和办公楼建设。

6月，局党支部被三明市委评为先进基层党组织，县生态环境保护指挥中心被三明市干训领导小组列为全市首批“三明实践”五星级现场教学基地。10月，县生态综合执法局被三明市人大常委会列为基层立法联系点；11月，被县委依法治县办评为2016—2020年依法治理创建活动先进单位。

【生态文明展馆建设】 1月，县生态综合执法局在福万通大厦六楼建设生态文明展馆，展馆面积120平方米，3月完工。分为学习、实践、“乡愁”以及多媒体互动区4个模块。展示县生态文明建设方面的思想、历程和成果。

【生态环境保护指挥中心平台提升】 5月，县生态综合执法局投资150万元，提升生态环境保护指挥中心，建立完善的视频监控系统和入侵检测系统，开发生态执法App和环境监管信息平台，配齐配全4G执法记录仪和手持执法终端设备，实时视频监控县内重点企业和重点污染源，提升指挥中心管理调度能力。

（柯双根）

经济管理与市场监督

□ 编辑 陈吉浣

发展计划管理

【概况】 2021年，大田县发展和改革局（简称县发改局）按照中央和省、市、县决策部署，抓好“五促一保一防一控”（促生产、促消费、促项目建设、促外经贸发展、促旅游，保基本，防风险，控疫情）等重点工作，深化“五比五晒”（比谋划晒前期、比招商晒签约、比开工晒进度、比投产晒成效、比服务晒质量），打好“十大攻坚会战”（招商、征地拆迁、“两茶一硒”、工业提升、现代服务业、交通建设、生态环境突出问题整治、市容市貌、农村人居环境整治、民生社会事业），抓好发展和改革工作，统筹推进疫情常态化防控和经济社会平稳发展。编制起草大田县国民经济和社会发展第十四个五年规划和二〇三五年远景目标纲要，经县第十七届人民代表大会第五次会议批准实施。当年，全县地区生产总值比上年增长6.6%，增幅居全市第四位；第一产业、第二产业、第三产业增加值分别同比增长6.4%、4.9%、9.5%，增幅分别居全市第二、九、三位；城乡居民人均可支配收入同比增长9.4%，增幅居全市第二位。

【年度计划编制与实施】 1月，县发改局完成2021年大田县国民经济和社会发展年度计划编制，提交县第十七届人民代表大会第五次会议审议通过。2021年大田县国民经济和社会发展各项主要指标的预期目标及实际完成情况：地区生产总值增长7.5%，实际完成249.38亿元，比上年增长6.6%；农林牧渔业总产值增长4.1%，实际完成78.25亿元，同比增长6.3%；规模以上工业增加值增长6.4%，实际同比增长3.7%；固定资产投资增长6%，实际完成同比增长17.7%；社会消费品零售总额增长12%，实际完成60.67亿元，同比增长11.2%；实际利用外资（验资口径）增长10%，当年完成1349万元；地方公共财政一般预算收入增长3%，实际完成7.81亿元，同比增长3.2%；城镇居民人均可支配收入增长6%，实际完成42645元，同比增长8.4%；农村居民人均可支配收入增长8.5%，实际完成21874元，同比增长11.1%；城镇登记失业率控制在3%以内，全年城镇登记失业率2.07%。

【投资项目审批】 2021年，县发改局衔接中央和省、市下放审批权限，审批（核准、备案）建设项目327个，总投资489.38亿元，办结率100%。其中，审批（核准）项目145个，总投资150.25亿元；备案项目182个，总投资339.13亿元。

【“五比五晒”活动】 2021年，县发改局继续协调组织开展“五比五晒”活动，获全市考评二等奖，在全市“比补短板、晒三产”单项考评中获第一名；全省第二季度、第四季度“五个一批”项目正向激励考评名列第五位、第六位，并获得前期工作经费奖励。实施省、市重点项目26个，总投资87.23亿元，全年完成投资45.56亿元。实施县重点项目164个，总投资586.33亿元，全年完成投资132.49亿元，银顶生态循环农业科技园、英仑卫生陶瓷、鸿蒙蝴蝶云物联网等70个项目开工建设，鑫丰蓬现代化生猪养殖、冠耀建材、宸韬货运中心等61个项目建成投产。

【项目资金补助】 2021年，县发改局加强与省、市相关部门沟通对接，争取中央和省级预算内资金支持，全年向上级申报获批项目18个，争取到补助资金1.23亿元，连续6年超亿元。其中，大田县废弃矿山生态修复治理项目3000万元，省级预算内投资乡村振兴试点示范资金167.79万元，大田县综合性生态保护提升性补偿预拨第一、二批资金各1500万元，市、县（区）重点项目前期工作经费15万元，谢洋乡、文江镇、建设镇集镇供水提升工程改扩建项目分别为120万元、136万元、200万元，上京镇镇区日处理生活污水500吨及配套管网工程100万元，大田县夕阳红康养服务项目192万元，县老旧小区改造工程配套基础设施建设（三期）项目548万元，均溪流域华兴段、文江镇民主溪流域生态廊道可持续发展项目各2100万元，大田县2021年武夷山森林和生物多样性保护项目130万元，建设镇大同村文西线（前坑至后洋段）公路改建工程200万元，石牌镇三坊村后头盂自然村村道改扩建工程80万元，桃源生态休闲集镇景区开发项目200万元，2021年第二季度“五个一批”项目正向激励奖励资金100万元。

【第三产业发展】 2021年，县发改局牵头制订现代服务业攻坚会战组工作方案，组织实施重点建设项目18个，完成投资8.6亿元；新增规模以上服务业企业13家。全县完成第三产业增加值78.64亿元，比上年增长9.5%。

【生态修复治理】 2021年，县发改局持续推进山水林田湖草生态保护修复试点工作，做好8个生态保护修复治理项目收尾，累计完成投资6.36亿元，通过省山水林田湖草生态保护修复办公室组织的整体验收，并得到专家组的肯定。

【“海创会”项目成果对接】 2021年“6·18”期间，县发改局牵头组织参加第十九届中国海峡创新项目成果交易会（海创会）云上展会，开展11场专场对接活动，征集行业领域技术需求13个，选送展品34件，签约项目14个，被市海创会组委会授予优秀组织奖。

【“五个一批”项目建设】 2021年，全县纳入市“五个一批”项目库管理项目183个，总投资1086.95亿元，全年完成投资186.86亿元。其中，谋划一批项目57个、总投资769.91亿元，签约一批项目33个、总投资44.67亿元，全年均无投资；开工一批项目45个，总投资182.85亿元，全年完成投资97.27亿元；投产一批项目48个，总投资89.5亿元，全年完成投资89.59亿元。

【重点项目融资】 2021年，县发改局拓宽重点项目建设融资渠道，兴泉铁路等7个项目获第二批地方政府专项债券支持12.34亿元，年内全额到位；白岩山北路、火车站站前广场及道路等2个项目获县城补短板强弱项信贷支持3亿元，年内到位资金1.7亿元；毓秀中学、机械铸造产业集聚区获得高质量发展专项贷款授信6.3亿元，年内到位资金2亿元。

（林子琨）

物价管理

【概况】 2021年，县发改局围绕“稳价控价，惠及民生”总目标，稳妥推进价格改革，疏导价格矛盾，做好价格和收费管理、价格监测、成本监审及成本调查、价格认定、价格服务民生等工作，保持城乡市场价格总水平基本稳定。开展新冠肺炎疫情防控期间县城主要食品价格监测、县城区超市（市场）“价比三家”等民生商品价格监测、预警、分析及信息发布209期。

【价格管理】 2021年，县发改局会同县水利部门继续做好农业水价综合改革工作，依据法定程序，完成县坑口水库服务中心城区地表水厂供水价格制定，继续配合市发改、工信、水利、生态环境等部门开展水电站下泄流量审核监督工作，开展管道天然气配气价格、终端销售价格制定前期工作。

【收费管理】 2021年，县发改局根据省、市发改部门和县政府有关优化营商环境要求，加强收费管理。3月1日，制定出台《关于调整大田县公办幼儿园保育教育费收费标准有关事项的通知》，2021年春季学期起执行；做好公建公营养老机构床位费和护理费收费标准调整前期准备工作；根据省发改委的通知要求，全面清理供水供电供气行业各环节、接入工程费用等各类收费，开展垃圾处理和养老服务收费执行情况调研；落实国家、省发改委发布的各项收费改革及降费政策措施，及时将有关收费政策文件送达执收单位。11月8日，发布《大田县县级政府定价管理的经营服务性收费目录清单》，并在县政府门户网站公开发布；完成55个行政事业性收费单位2020年度收费情况报告，收费报告金额6279.92万元。

【价格监测】 2021年，县发改局继续开展民生商品价格监测、预警、分析及信息发布。1月3—9日，开展寒潮期间应急价格监测7期；7月31日至9月2日疫情防控期间，每日开展32个民生商品价格监测，并上报疫情防控指挥部33期，发布县城区超市（市场）“价比三家”监测49期，上报全县重要商品价格、工业品报价价格监测和其他重要商品价格各36期，城镇化相关商品价格监测12期。

【价格认定】 2021年，县发改局提供价格认定公共服务，提高涉纪、涉案、涉税等重要事项价格认定水平。县价格认证中心办理价格认定85件，标的金额3008.36万元。

【平价商店价格补贴】 2021年，县发改局开展2021年春节（2月6—20日）和国庆期间（9月30日至10月9日）共25天的平价商店活动，发放平价商店活动价格补贴资金28.96万元。

（林子琨）

市场监督管理

【概况】 2021年，大田县市场监督管理局（简称县市场监管局）坚持商事管理改革，优化营商环境，全县市场主体比上年下降35.68%，注册资金增加9.38%。加强产品质量、计量、特种设备、企业信用等监督管理，标准化工作、品牌战略实施、智能监管网络建设和名优商标培育等各方面工作取得新成效；做好新冠肺炎疫情防控期间市场监管，保障餐饮、食品药品、医疗器械等领域安全，市场稳定。是年，企业年报率96.03%，农民专业合作社年报率94.53%，个体工商户年报率61.63%。

【商事管理】 2021年，全县市场主体总数4.65万户，比上年减少2.58万户，注册资本总额388.5亿元，同比增加33.3亿元；新增市场主体3831户，注册资金54.57亿元，其中新登记注册企业1054户，注册资金51.2亿元。全县市场主体注销2.94万户，简易注销企业299户，依申请简易注销个体工商户2.73万户，依职权注销个体工商户7户。全年颁发记载有社会统一信用代码的企业营业执照1054张、个体营业执照2764张。

【质量计量管理】 2021年，县市场监管局加强道路交通安全领域等计量器具隐患排查和安全监管，未发现安全隐患。落实计量器具停征强检收费政策，检定计量器具5777台次，其中免费检定5612台次，免征检定费51.1万元。为县机械铸造发展提供技术支撑，检验机械铸造产品36批次，检验质量比对7批次。加强定配眼镜、贸易结算计量器具管理，开展定量包装商品监督，维护市场秩序和群众利益。改革乡村血压计检定模式，增强强检意识，提高检定效率。

【药品安全监管】 2021年，县市场监管局宣传贯彻新修订的《化妆品监督管理条例》和《中华人民共和国药品管理法》《中华人民共和国疫苗管理法》，举办普法宣传活动5场，受教育500余人次。针对新冠肺炎疫情防控，专项整治县防疫物资中涉药、涉械产品，持续做好非医保渠道销售退热止咳药登记上报工作。开展中药饮片、国家组织药品集中采购和使用中选药品、无菌植入性医疗器械、儿童化妆品及美容养生市场等专项检查。检查药械经营企业112家次，药械使用单位301家次，上报药品不良反应214例、医疗器械不良事件52例、化妆品不良反应33例，均居全市第三位；查处药品案5件，医疗器械案3件，化妆品案17件，处罚没款28.9万元，药品安全满意率位居全市第二。

【食品安全监管】 2021年，县市场监管局落实新型冠状病毒肺炎疫情常态化防控与食品安全相结合措施，开展食品生产加工环节“两超一非”（超范围、超限量使用食品添加剂和非法添加非食品原料、非食用物质、药品和其他可能危害人体健康的行为）等各类专项整治和联合检查30余次，出动执法人员680余人次；加强小作坊监管，新办证8家，续证1家，取缔条件简陋的小作坊1家；持续强化进口冷链食品疫情防控，实行食品冻库库长负责制，掌握进口冻品的购进与报备情况，督促冻品经营者落实各项疫情防控措施；规范示范创建工作，全面落实食品安全提升工程，新创建放心超市1家，并组织开展自查，提升食品销售管理水平；推进大田美人茶产业发展，助力乡村振兴，新办茶叶生产许可证8家，延续2家，举办茶叶生产许可知识培训，茶叶经营户参加48户；增强品牌意识，继续推进“一品一码”信息化追溯管理工作，立案查处拒不整改的食品批发企业1家；加强特殊食品安全监管，查处涉嫌销售商标侵权饮料，立案6起；加强农村假冒伪劣食品治理、校园周边食品销售安全管理和食品自动售货监管水平；开展食用农产品质量安全监管，加强猪肉市场专项整治，立案查处未经检验检疫猪肉8起、没收猪肉104.63千克；开展食盐质量安全专项检查，立案查处无证批发食盐、非法定渠道购进食盐的经营户7家；开展食品安全监督抽检，抽检食品流通环节820批次，核查处置、立案查处不合格产品7批次，发挥抽检监测支撑食品安全监管的作用。

【餐饮安全监管】 2021年，县市场监管局组织全县82.34%的餐饮服务经营户参加培训考核；检查90家学校食堂及312户周边食品经营者的食品安全，下达责令改正通知书21份；县食品办修订《大田县流动餐饮服务管理工作规范的通知》。对16家流动餐饮服务队开展“农村集体聚餐与流动餐饮管理与指导”培训；对34家校外托管机构“小饭桌”开展食品安全培训及食品安全动态等级评定；股所联动每半月现场检查入网餐饮服务提供者，出动执法人员246人次，检查108家，下达责令整改通知书27份，立案93起。78家餐饮单位推行“互联网+明厨亮灶”，省级“明厨亮灶”示范单位6家；全部公立学校食堂、大型餐饮服务单位均实现“明厨亮灶”，全县餐饮单位“明厨亮灶”覆盖率88.43%；组织大中型餐饮单位和学校单位食堂采购负责人进行 “一品一码”追溯系统操作培训4次，定时通报未及时录入行为，下达责令整改通知书12份。县食用农产品追溯系统中，餐饮环节注册137家，累计录入50万余批次；保障餐饮服务重大活动11次，出动69人次，下达监督意见书11份，保障1.1万人次食品安全。结合创建文明县城行动，全面发起反食品浪费行为倡议，入户宣传780家，发放《关于制止餐饮浪费的倡议书》780余份。

【特种设备监察】 2021年，县市场监管局开展特种设备隐患排查治理，检查使用单位184家次，排查安全隐患76条；开展“清网行动”，接到检验机构报告的重要问题并完成闭环整改20条；组织指导碧桂园生活服务集团股份有限公司大田分公司、大田县港田燃气有限公司、福建岩兴气体有限公司等重点单位举行电梯、压力容器等应急演练4场次；进行压力管道摸排整治，摸排使用单位106家，查出未检验的压力管道14.28千米，扫除监管盲区，保持县内特种设备安全零事故。

【标准化工作】 2021年，县实施“茶叶种植加工标准化示范区”（省级示范区），并通过三明市市场监督管理局第一年验收。县市场监管局参与、福建居敬泽惠养老产业发展有限公司主导制定的《农村居家养老服务规范》地方标准，12月29日由省市场监督管理局正式发布。

【名优商标培育】 2021年，全县新申报商标注册1095件，被国家知识产权局注册的847件；新申报地理标志证明商标“三宝雪蔗”“大田槐猪”2件。

【消费维权】 2021年，县市场监管局受理群众投诉、举报、咨询1845件，其中e三明平台、“12345”便民服务平台转批件、投诉举报件191件，按时办结率100%；受理商品、服务消费申诉643件，争议标的金额22.63万元，经调解、协商和解全部办结，为消费者挽回经济损失14.87万元，维护消费者合法权益。

【企业信用监管】 2021年，县市场监管局加强企业信用监管，完善信用公示和联合惩戒制度，推动“一处失信，处处受限”落到实处，联合评审评优评先和优惠政策享受等1000余次。依法列入经营异常名录企业266户，违法失信内资企业9户，未按时年报列入经营异常标注个体工商户1.46万户，在国家企业信用信息公示系统（福建）向社会公示经营者不良信用信息。与县法院、人社局等部门开展失信联合惩戒，冻结股权等18户次，对严重违法失信负有责任的企业法人实行任职限制；建立信用修复机制，被列入经营异常名录的企业，有意向修复的进行行政约谈，全年按规定移出经营异常名录企业104户次。同时，牵头组织40个部门将全县企业注册、监管、惩罚等各类企业信息归集到国家企业信用信息公示系统（福建），截至12月31日，归集企业行政许可证、行政处罚等相关信息1.78万条，全部信息向社会公示。

【执法稽查】 2021年，县市场监管局围绕“重点商品、重点行业、重点领域、重点区域和重点市场”，群众反映强烈、社会舆论关注的热点和突出问题，开展“铁拳行动”“点题整治”，结合“双打”工作，坚持“问题联治、执法联动、行动统一、步调一致、精准打击”的工作举措，强化涉“疫”、食品安全、知识产权、产品质量、侵害消费者权益、侵权假冒等重点领域、重点主体、重点部位的专项执法行动。组织开展食品药品、化妆品专项检查，打击市场销售长江流域非法捕捞渔获物，开展防疫物资产品质量和市场秩序、市场流通领域突出问题专项整治行动，进口冷链食品和非法野生动物交易、成品油市场专项执法行动，知识产权执法、校外培训机构专项行动等18次（项），查办各领域违法案件364件，案值120.78万元，处罚没款426.05万元，其中，食品安全违法案211件、化妆品案15件，药品医疗器械案、不正当竞争案和商标侵权案各11件，专利侵权案28件，广告违法案21件，侵害消费者案、成品油案和计量案各2件，特种设备案8件，无证照经营案和产品质量案、其他类型案各14件，在县有线电视、大田融媒体、大田市场监管局微信公众号等，宣传“铁拳2021行动”工作成效和经验，公布3批次8个典型案件，广告违法和食品安全违法案例各1起，被省、市市场监管系统列入典型案例。

【“大田智网”数字监管系统运行】 2021年，“大田智网”数字监管系统投入运行，完成全县市场主体数据采集7.37万个，数据录入标准数据库35.12万条，扫描数据78.32万条。通过“大田智网”数字监管系统实现市场智慧化监管，在疫情防控、进口冷链食品监管、“明厨亮灶”、特种设备、药品医疗器械安全等方面起到良好监管作用，省、市各级党委、政府和市场监管部门领导先后莅临参观指导，并高度认可。“大田智网”数字监管系统被全国市场监管系统逐步推广运用。

【疫情防控市场监管】 2021年，县市场监管局持续做好新冠肺炎疫情防控全县市场的监管工作，全局干部分片（路段）分组包干巡查，借助“大田智网”智慧监管平台进行巡查打卡，固证留痕，落实进店扫码、测温、戴口罩等疫情防控措施，督促食品药品从业人员接种疫苗，减少大中型餐饮服务人员集聚等；在全市率先推行冻库“库长制”管理，落实进口冷链食品24小时报备制度和从业人员核酸检测；打击市场各类违规涨价、违法售假等行为，受理涉疫投诉举报18起，为消费者挽回经济损失3万余元。疫情期间，全县食品、药品等市场稳定安全。

【“双随机、一公开”联合执法】 2021年，县市场监管局全面推行“双随机、一公开”（监管过程随机抽取检查对象、随机选派执法人员，抽查结果及时向社会公开）联合检查。牵头协同县公安局、人社局、交通运输局、商务局、应急局、住建局、生态环境局、林业局、统计局、网信办、消防大队等11个部门，开展关系人民群众身体健康和生命财产安全的重点行业、重点领域、不同信用级别等企业“双随机、一公开”检查，检查内容涉及企业登记（备案）事项、行政许可、信用信息公示和相关经营行为及“1+X”专项督查等。市场监管部门内部“双随机、一公开”抽查全流程整合和监管全覆盖、常态化，市场监管领域相关部门参与的覆盖率100%。全年开展4次定向和不定向双随机跨部门联合抽查，抽取执法人员78名，检查抽取的市场主体1778户，经检查，依法列入经营异常名录企业28户。“双随机、一公开”检查做到“进一家门，查多项事”，克服“任性”“随意”检查，实行“阳光”“公正”文明执法。落实《无证无照经营查处办法》，查处无证无照案件63起，涉案金额818.48万元，没收34.99万元，罚款93.62万元。其中，与烟草专卖局协作，建立卷烟市场证照管理长效监管工作机制，联合执法，立案查处无证无照经营烟草制品案15起，涉案金额6.77万元，处罚没款12.4万元。

（乐首裴　黄清渊　叶德潮　张珍　陈德薪　江萍萍　余燕琴　曾丽婉　林昌济　叶德绵　涂联文　郑承惠　肖应铭　柳树海）

审计

【概况】 2021年，大田县审计局落实上级各项决策部署，依法履职，发挥审计监督作用。全年审结项目（单位）22个，其中，预算执行情况审计项目3个、政策跟踪审计2个、经济责任审计11个、专项审计2个、自然资源审计2个、国有企业审计调查和固定资产投资审计项目各1个。完成县政府交办审计项目2个。配合上级审计机关完成审计项目3个。审计查出有问题的金额1.59亿元，其中违规金额260万元、管理不规范资金1.57亿元；损益收支不实金额7388万元。审计处理的资金应上缴财政249万元、应归还原渠道资金70万元、应调账处理7431万元。审计促进有问题的资金整改落实1184万元。向上级审计机关和县委、县政府提交审计报告及专项审计调查报告34篇，被采纳的审计建议32

条；提交审计信息、专题4篇。

是年，县审计局获2021年度县直机关单位工作综合考评优秀等次和县综治平安先进单位称号，被中国时代经济出版社评为2021年度审计通联工作先进集体。审计项目《大田县水利局局长田仁芳任职期间履行自然资源资产管理和生态环境保护责任情况审计（地方）》被评为全市2020年度审计质量较好的审计项目。

【重大政策措施落实情况跟踪审计】 2021年，县审计局按照省审计厅统一部署，围绕促进财政资金提质增效等方面，跟踪审计县财政局及各相关单位2021年第一季度贯彻落实国家重大政策措施情况，发现省级专项资金、重点流域生态补偿资金等未及时拨付使用或安排不够及时等问题，提出整改意见和审计建议，并将审计情况专题报上级审计机关。有关部门单位按县审计局要求及时组织整改。

【县本级财政预算执行情况审计】 2021年，县审计局审计2020年度县本级预算执行情况和其他财政收支情况。主要审计县财政局组织县本级预算执行情况及决算草案和县文旅局、行政服务中心等部门预算执行情况及决算草案。实施县本级预算执行审计中，开展预算绩效审计，探索审计目标由注重真实性、合法性，向统筹兼顾真实性、合法性和效益性转变。聚焦预算编制、执行、绩效评价等环节，重点关注财政支出预算管理、预算绩效管理等情况。发现部分专项资金未编制绩效目标，绩效目标未量化、设置不够科学合理，部分绩效目标未达成等问题，查出问题金额9272万元，其中违规金额227万元，管理不规范金额9045万元。提出审计建议5条并被有关单位采纳。县审计局依法出具审计报告，将审计结果向上级审计机关、县委审计委员会、县人民政府报告，并向县人大常委会报告审计工作情况。

【领导干部任期经济责任审计】 2021年，县审计局制订《2021年大田县经济责任审计工作方案》，围绕履行重大经济事项决策、重大项目安排、大额资金支出情况等开展审计，加强领导干部权力运行的监督。通过审计，督促乡镇严格执行“三保”（保基本民生、保工资、保运转）、中小企业合法权益、民生等政策，履行好重大经济决策、财政财务和内部管理以及资产资源管理等职责。全年审结领导干部任期经济责任审计项目8个，审计查出主要问题资金109万元，其中，违规金额2万元，管理不规范金额107万元。提交审计报告22篇，提出审计建议11条并被相关单位采纳。

【自然资源资产和生态环境保护审计】 2021年，县审计局重点审计自然资源资产管理和开发利用过程，贯彻执行生态文明决策部署，遵守法律法规、重大决策及目标任务完成、履行监督责任等情况，开展县自然资源局局长自然资源资产任中审计和上京镇自然资源资产管理和生态环境保护专项审计。到30余个现场核查耕地抛荒、“两违”（违法占地、违法建筑）治理、水源防护措施管理、土地非农化处罚决定监管落实等事项，督促相关单位复垦抛荒耕地，拆除违法建房，加强水源防护措施，催缴国有资产处置收入入库，落实批而未供土地梳理分类，矿产资源规划未达预期目标的纳入新一轮规划。审计查出有问题的资金31.42万元，项目管理不规范等非金额计量问题12个，督促被审计单位上缴国有资产处置收入13.31万元，提出审计建议4条并被采纳。促进领导干部践行绿色发展的理念，履行自然资源资产管理和生态环境保护责任，提高节约集约利用自然资源资产和生态环境保护意识。

【国有企业审计调查】 2021年，县审计局开展县锦田公路建设有限责任公司2019—2020年度运营状况审计调查，延伸审计单位4个，依法调查国有企业运营管理状况、内部控制制度的建立健全情况，查找企业管理漏洞。重点关注企业资产负债损益、国有资本投资、项目建设管理、资金筹集使用等，客观分析企业经营风险和经营效益等情况。审计查出管理不规范金额6523.65万元，损益不实484.09万元，提出审计建议3条并被采纳。督促锦田公司加强财务管理，真实反映资产负债及权益情况，加强项目建设管理，严格执行招投标法、合同法等相关规定，完善征地、拆迁、招标等项目管理的薄弱环节。为加强国有企业运营管理、防范化解企业经营风险管理能力提供决策依据，助力企业提高管理能力和水平。

【固定资产投资审计】 2021年，县审计局依法开展桃源镇防洪工程建设情况审计调查，重点审计调查项目资金收支、设计、招投标、征迁补偿以及投资效益等情况。通过投资审计，发现政府投资项目未收取履约保证金、未按合同约定及时支付工程款、土地征用协议书签订不规范等问题，提出整改意见和审计建议，促进政府投资规范管理，提高财政资金使用绩效。

【民生事项审计】 2021年，县审计局重点审计民生领域、重大民生项目和重点民生资金，开展县农业农村局2015—2020年国家扶贫改革试验区专项资金审计，2021年三明市委市政府为民办实事工作进展情况专项审计等，促进扶贫政策和为民办实事项目资金落实落细落地。

【审计回访督查】 2021年，县审计局贯彻落实中央、省委、市委、县委审计委员会会议精神和市委、县委“牢记新嘱托、增创新优势、再上新台阶”活动的部署要求，制定《关于进一步建立健全审计整改内部工作机制的实施意见》，在制度层面建立健全审计整改工作内部机制，将局分管领导、相关业务股室、审计项目组长等落实整改督促检查责任进行分解，明确要求工作流程和审计结果运用等，推动审计整改工作制度化、规范化，将审计整改成果转化为治理效能。2016年以来的审计项目进行专题审计整改“回头看”，梳理审计发现问题，建立整改台账，设置整改清单，督促被审计单位对照整改清单重新落实整改情况，做到应改尽改。

【内部审计】 2021年，县审计局加强内部审计工作指导和监督，提高内审工作质量。全县内审单位审结项目36个，查纠各类违纪违规金额5.37万元，提出合理化建议17条。县农村审计总站及所属基层审计站履行内部监督职能，按照《福建省农村集体经济审计工作规程》规定，抽调18个乡镇纪委、经管站、财政所干部，专项督查266个村级财务“监督+内审”，发现问题218个，推动即审即改问题192个，移送问题线索26条。受理信访件3件，处罚法人3人，处罚金额0.6万元，提出合理化建议5条。县教育局审计中心围绕教育中心工作履行职责，专项审计2019年度教师继续教育经费收入支出情况，开展2个单位校长离任审计和2个单位年度财务收支审计，抽查绩效工资发放、学生营养餐收支、学校食堂账目、“三公”经费支出等情况，配合县纪委驻教育局纪检组检查精准扶贫政策措施、项目资金、主体责任等落实情况，有效监督全县各学校资金运作并做好服务。太华、均溪、上京、广平镇等开展内部审计，县民政局、林业局、自然资源局、住建局、总医院、人社局、工信局等单位开展专项审计、任期经济责任审计和财政财务收支审计。县供销社加强内审，完善财务管理制度，促进增收节支，提高管理效益。

（林起昌）

统计管理

【概况】 2021年，县统计局结合统计工作开展党史学习教育，抓好统计知识和统计法律法规宣传；做好统计服务和统计基础建设，建立数据质量审核管理长效机制，加强统计巡查，开展执法稽查，提高源头数据质量。跟踪培育拟入库企业，实地核查固定资产投资项目，从源头加强数据产生流程节点管理和质量管控。以提高统计数据质量为核心、提高统计服务水平为重心，发挥统计服务、咨询、监督的整体功能，为县委、县政府科学决策提供统计服务。

【统计业务】 2021年，县统计局执行国家统计报表制度，上报各种统计数据，完成县地区生产总值核算，工业、农村社会经济、建筑业、批发零售和住宿餐饮业、固定资产投资、房地产经营业、劳动工资、外经贸易、能源、文化产业、服务业等统计。城市和农村社会经济调查队分别完成城乡住户、人口抽样、工业品价格，粮食播种面积和产量、小微企业、畜禽监测、劳动力等调查，为县委、县政府及有关部门、社会公众提供统计服务。

【统计执法】 2021年，县统计局开展“12·4”宪法日和《中华人民共和国统计法》宣传日统计法律法规宣传，加强统计法治建设，统计执法检查落实到月、季和年报表的审核及重大统计数据的评估，执行各环节质量标准，加强数据质量管控，确保应统尽统、应报尽报。严格统计报表报送登记制度和执法错案责任追究制度，健全统计法律文书送达制度和统计执法程序。制订统计巡查方案，全年进行20家企业执法检查，立案查处统计违法单位4家。

【城乡社会经济调查】 2021年，县城调队和农调队开展城乡居民生活收支情况、工业生产者价格情况调查，全县居民人均可支配收入31295元，比上年增长9.4%，其中，城镇居民人均可支配收入42645元，同比增长8.4%；农村居民人均可支配收入21874元，同比增长

11.1%。开展35家工业企业36种工业品价格调查。

【统计信息服务】 2021年，县统计局做好经济运行预警监测，分析研究主要经济指标运行情况。全年发布年度统计公报1篇，编制《大田统计年鉴·2021》1册，编印《大田统计月报》11期，编辑分县（市区）、分乡镇主要经济指标对比表11期，向县委、县政府和有关部门提供统计分析、统计报告、统计调查81篇，统计信息187条，接待数据查询131人次，出具统计证明7份。统计信息被省市刊物采用29条次，被县委办、县政府办刊物采用42条次。

【《中华人民共和国统计法》入选党校课程】 2021年，县统计局根据省市工作部署要求，将《中华人民共和国统计法》纳入党校干部培训必修课，在县委党校第7期“优干班”举办统计基础知识和统计法讲座，进一步普及统计知识和统计法，得到党校师生和社会的一致好评。这一举措标志着《中华人民共和国统计法》被列入党校课程培训成为常态化。

（黄钟煊）

金融

□编辑 陈吉浣

综述

【概况】 2021年，全县各类金融分支机构28家，员工618人（不含14家保险营销部及代理业务员），其中中央银行分支机构1家（中国人民银行大田县支行）设5个股室，员工27人（本科学历17人、中级职称14人）；银行保险业监督管理派出机构1家（银保监大田监管组）。县金融办围绕县委、县政府中心工作，坚持增贷化险两手抓，统筹防范化解金融风险和服务地方实体经济，助推多彩大田建设，分产业、分区域、分特色行业，开展专项融资需求政银企对接，达成意向融资5.36亿元，政策性融资担保332家企业，贷款9934万元，探索形式多样的信贷产品，重点支持“三农”、小微企业、民生等领域持续发展。人行县支行执行稳健的货币政策，发挥贷款市场报价利率（LRR）的引导作用，促进实际贷款利率下行；引导银行业按照《大田县金融支持乡村振兴实施方案（2021—2025）的通知》，推动普惠金融“增量、扩面、提质、降本”，加大普惠小微贷款和民营企业贷款投放。做好存款保险标识使用和2家法人机构央行金融机构评级工作。人行县支行向县政府提交《当前大田县地方法人银行机构经营隐患犹存应予关注支持》的呈阅件。根据评级结果，实施存保保费差别费率，督促投保机构提高风险管理水平，加强风险监测，督促银行化解金融风险，落实金融突发事件报告制度，稳妥调整风险防控政策、手段和流程，持续压降不良贷款，处置不良贷款1.46亿元，不良贷款率由1.08%下降至0.95%。

【存款增加】 2021年，全县金融机构本外币各项存款余额146.32亿元，比上年增长5.82%，其中储蓄存款104.5亿元，同比增长10.74%。

2021年大田县金融机构本外币存款余额一览表

表1

项目	年底余额（万元）	比上年	
		增加额（万元）	增长幅度（%）
一、境内存款	1462343	81500	5.90
1.住户存款	1045478	101378	10.74
⑴活期存款	461405	27722	6.39
⑵定期及其他存款	584073	73656	14.43
2.非金融企业存款	215078	24718	12.98
⑴活期存款	134466	11563	9.41
⑵定期及其他存款	80612	13155	19.50
3.广义政府存款	196235	-46963	-19.31
4.财政性存款	5539	2368	74.65
5.非银行业金融机构存款	13	-1	-7.14

续表 1

项 目	年底余额（万元）	比上年	
		增加额（万元）	增长幅度（%）
二、境外存款	899	-981	-52.18
合计	1463242	80519	5.82

【贷款发放】 2021 年，全县金融机构本外币各项贷款余额 126.82 亿元，同比增长 12.73%，其中，住户贷款余额 95.84 亿元，同比增长 17.13%；非金融企业及机关团体贷款 30.98 亿元，同比增长 0.99%。

2021 年大田县金融机构本外币贷款余额一览表

表 2

项目	年底余额（万元）	比上年	
		增加额（万元）	增长幅度（%）
一、境内贷款	1268154	143196	12.73
1.住户贷款	958402	140163	17.13
⑴短期贷款	161807	20247	14.30
⑵中长期贷款	796595	119916	17.72
2.非金融企业及机关团体贷款	309752	3033	0.99
⑴短期贷款	108329	756	0.70
⑵中长期贷款	196387	12790	6.97
⑶票据融资	5036	-10513	-67.61
二、境外贷款	48	-3	-5.88
合计	1268202	143193	12.73

【金融服务】 2021 年，人行大田县支行贯彻落实上级行各项决策部署，采取“先贷后借”报销模式，向县农信联社发放支农再贷款 8700 万元、大田晋农商村镇银行发放支小再贷款 100 万元；创新“再贷款 +”助力乡村振兴，指导县农信联社运用“再贷款 + 新型农业经营主体”模式，创新“再贷款 + 福农 • 农资贷”信贷产品，推广免抵押、免担保纯信用类贷款，贷款额度最高 10 万元，享受支农再贷款优惠利率，贷款期限 1—3 年，利率仅 5.15%。《“农资贷”助农民增收》的做法和产品在当年 10 月 26 日的《三明日报》刊载。县金融办成立绿色金融融资协调专班，发展绿色金融业务，当年绿色贷款余额 4.87 亿元；创新推广无间贷、无还本续贷等系列产品，两家法人银行机构，为 361 家存量普惠小微企业办理贷款延期合计 1.12 亿元。全县小微企业贷款余额 61.48 亿元，占信贷总额的 48.48%。为 201 户农户发放脱贫小额贷款，巩固脱贫攻坚成果。

【征信管理】 2021 年，人行县支行落实上级行有关文件精神，倡导非现场查询征信，公示网上征信查询渠道及操作指引，鼓励群众在新冠肺炎防疫期间线上查询，全年查询个人信用报告 1.71 万份，比上年增长 8.89%；查询企业信用报告 217 份，同比增长 27.65%。加强对辖内金融机构异常查询的监测与巡查，严防违规查询和信息泄漏。

【支付结算】 2021 年，人行县支行持续推进普惠金融服务点建设，消除金融支付服务空白行政村 101 个，辖内行政村金融支付服务全覆盖，提升适老性支付服务便利化水平，推进电票业务发展，贴现和再贴现电子化率均达 100%。加强移动支付便民工程建设，推动云闪付标准示范店建设及行业运用，移动支付新增银闪付 App、银闪付交易量、活跃商户数“三项指标”明显增长。推进“断卡”行动，联合县政法委、公检法、金融机构开展打击出租出借账户和反诈防骗宣传活动，增强公众防范意识。控增量排存量，加强账户分类分级管理，约谈涉案账户较多的2个银行网点，采取暂停开户的惩戒措施。加强与公安协作，加大力度打击银行卡犯罪。

【国库管理】 2021年，人行县支行实现国库集中支付无纸化。5月31日，与县财政局联合发出《关于推进县级国库集中支付资金清算无纸化的通知》，取消纸质凭证和单据流转，简化资金清算。多措并举推动国债到期提醒兑付工作，通过制订工作方案、召开联席会议、建立常态化工作机制等，推动到期国债兑付，当年储蓄国债到期68笔，金额628.3万元，全部兑付。办理各级预算收入20.1万笔，金额32.64亿元；支出1.27万笔，金额52.25亿元；退库8773笔，金额1.73亿元；更正调库100笔，金额1.92亿元。4月，县国库被福建省分库授予“县支库示范库”称号。

【硬币兑换服务】 2021年，人行县支行开展硬币预约兑换服务，利用“三明市现金综合管理服务平台”，将农村普惠金融服务点逐步纳入预约兑换管理，提升农村现金便民服务质量。建立银行网点、重点企业、社会群众广泛参与的现金综合管理服务平台。配备硬币兑换机1台，硬币清分机8台，解决群众硬币存取不方便的问题。年内，全县客户1623人次完成硬币兑换42.95万枚，其中，1元硬币35.3万枚，5角硬币2.58万枚，1角硬币5.07万枚。

（郑雯 柳继呈 杨燕滨 方桂华 陈静怡 余思琪 涂辉跃）

金融监督管理

【概况】 2021年，三明银保监分局大田监管组（简称大田银保监组）按照银保监会和分局年度工作会议精神及各项工作部署，加强金融监管，改进金融服务，在促进地方经济增长和防控银行风险方面都取得显著成效，年底全县存贷款余额分别比年初增长5.82%和12.73%；保险业持续稳健运行，保费收入和理赔支出呈现同步增长态势。银行保险业金融秩序明显好转，内控案防和消保维稳工作良好，未发生重大金融风险事件；不良贷款呈现持续下降态势，全县不良贷款率0.95%，比年初下降1.03%。

【政策决策落实】 2021年，大田银保监组贯彻落实银保监会和省局、分局下发的一系列文件，召开监管情况通报会、监管走访、约见谈话、调研督查等，督促银行业机构结合国家宏观调控政策和县域产业布局，科学安排信贷投放总量、结构和进度，支持县域重点项目、小微企业、绿色金融等有效信贷需求，满足企业资金周转需要，并要求银行保险机构加强内控合规和清廉文化建设，夯实机构内部基础，稳扎稳打，杜绝“官僚主义”“形式主义”等不良作风，建设廉洁、公正、公开、公平的金融环境，为县域经济提供更有力支持。

【金融推动经济发展】 2021年，大田银保监组多次召开行长专题会议，制定《关于做好当前银行信贷服务工作的意见》，提出进一步加强和改进金融服务、充分发挥银行信贷拉动作用等六条意见。要求辖内银行保险机构提高经济社会的信贷满足度，全县各项贷款余额126.82亿元，比年初增加14.32亿元，增长12.73%。开展金融支持企业持续恢复和高质量发展专项督查工作，存在的问题建立台账，督促整改。首贷户比年初增加50户，贷款金额增加7939万元；信用贷增加1063户，金额比年初增加1.7亿元；办理182家企业无还本续贷，金额2.64亿元，办理14户纾困贷，金额4257万元，为1.42万贷款户减负6741万元。贯彻落实分局《推进绿色金融改革试验工作指导意见》，加大绿色金融服务，推动绿色信贷规模快速增长，全县绿色贷款550户，金额4.88亿元，比年初增加1.83亿元，同比增长59.94%。推动普惠金融新发展，督促农信社、晋农商村镇银行坚守支农支小定位，坚持“小额分散”，向涉农、小微等实体经济加大信贷投放，涉农贷款余额76.41亿元，同比增加8.12亿元；小微企业贷款27.2亿元，同比增加3.83亿元。做好消费者权益保护工作，组织银行机构在市区和乡镇开展金融知识宣传和问卷调查活动。做好金融消费者投诉的化解工作，投诉者对答复处理的满意度100%。

【内控管理建设年活动】 2021年，大田银保监组落实省局、分局要求，召开银行保险机构专题会，督促按方案开展“内控合规管理建设年”活动，监管组定期开展活动情况督导，完善内控制度，按照《三明银行业保险业“清明文明透明”清廉金融文化建设方案》要求，加强组织领导、健全完善制度和廉洁自律行为监督考核。定期召开银行业金融机构负责人联席会议，传达上级有关文件和会议精神，通报案例，部署案防工作，采取会谈和巡查的方式督导银行机构的案防工作；现场检查安全保卫工作，督促及时整改安全隐患。

【法人机构监管】 2021年，大田银保监组加强农村中小银行法人机构监管，按照非现场监管信息系统要求，进行数据异常变动和趋势风险分析及风险提示，做好年度监管评级，召开审慎监管会谈，针对存在的问题提出监管意见。建立2家法人机构流动性风险监测机制，加强现金流预测和限额管理，做好流动性压力测试，完善应急计划。加大关联交易监测和排查，开展法人机构不规范股权调查，督促加强股东股权管理和内控案防工作。

【外汇管理】 2021年，国家外汇管理局大田县支局围绕“推改革、促便利、防风险”，落实惠企便民政策，加强监测预警，宣传推介银行汇率避险产品，保障外汇市场健康稳定运行。持续加强内控制度建设，全辖涉外收入638.99万美元，支出95.2万美元；银行代客结汇573.74万美元，同比下降6.6%，售汇66.6万美元，同比下降7.56%。国际收支、银行结售汇均保持双顺差。对外贸易进出口总值2554.65万美元，同比上升590.63%，其中，出口额2554.49万美元，同比上升595.82%；进口0.15万美元，同比下降94.54%。进出口顺差2554.34万美元。县支局被省分局评为三级内控制度最优县支局。

【反洗钱管理】 2021年，人行县支行完善可疑交易线索“情报网”建设，接收重点可疑交易线索18条，向公安机关移送线索8条，完成28家反洗钱义务机构分类评级考核和2家法人机构“法人金融洗钱和恐怖融资风险自评估”工作。由县检察院、法院、纪委、公安局、人行县支行等七部门组建大田县反洗钱工作打防合作小组，建立专项机制，加大打击洗钱犯罪力度。人行县支行持续开展扫黑除恶专项常态化专项整治，配合公安机关协查犯罪嫌疑人持有境外账户接收、流转赌资情况案件，推动县公安局对“3·31”苏境明跨境赌博专案的侦查。

（余泽霖　苏碧清　詹华收）

银行业

【概况】 2021年，全县商业银行（含农村信用联社）8家，员工488人。各行（社）执行国家金融政策，加强风险管控，稳健经营，创新信贷产品，银企对接，推动绿色金融改革，服务地方社会经济发展，支持多彩大田建设，重点支持“三农”小微企业和民生领域。年底，全县银行业机构各项存款余额146.32亿元，比上年增长5.82%，各项贷款余额126.82亿元，同比增长12.73%，其中小微企业贷款余额61.48亿元，同比增长8.99%，占全部贷款余额的48.48%；绿色金融贷款余额4.88亿元。各行（社）化解金融风险，压降不良贷款，处置逾期贷款1.46亿元，不良贷款率0.95%，同比下降0.13%。

【工行大田支行】 2021年，中国工商银行股份有限公司大田支行（简称工行大田支行），贯彻落实人民银行、银保监会要求及工行总行，省、市分行工作会议精神，运用与同业、同行、同期“三比三看三提高”工作方法，紧扣高质量发展主题，提升支行竞争力，针对存贷款和中间业务市场份额较低，客户基础薄弱、结构不优等问题，调动和集中全行力量，完成上级行下达的任务。年底，全部存款时点余额10.17亿元，比上年减少0.27亿元，下降2.59%，其中储蓄存款4.88亿元、对公存款5.29亿元。本外币各项贷款余额5.86亿元，同比减少0.84亿元，下降12.54%，其中个人贷款余额5.03亿元、公司贷款0.82亿元。不良贷款余额775万元，同比减少21万元，不良贷款率1.32%。全年营业收入3106万元，中间业务收入601万元，实现拨备前利润2072万元。在职员工35人。

【建行大田支行】 2021年，中国建设银行股份有限公司大田支行（简称建行大田支行）围绕“余额、新增市场第一，系统贡献提比、进位”的工作目标，追求办成“当地最好、系统领先，客户首选、员工满意”的银行。壮大客户群体，新增开立县民政局以及兴田物资等县域重点机构及国企账户；新办理创元房地产、恒冠置业等27个单位代工业务；公司机构和个人加权有效客户、个人全面关系客户、新增活跃商户等指标居全区前列。调整优化贷款结构，投放兴田混凝土有限公司流动资金贷款2500万元，一建大田岩盛置业房地产开发贷款1.4亿元。推进普惠金融，年底申贷客户513户，新增授信客户149户，普惠金融贷款余额2.16亿元，比年初增加3951万元。存贷款时点余额和中间业务净收入在县城四行（工行、农行、中行、建行）居首位。在人行县支行进行的全县银行业金融机构综合评价、第七轮银行业金融机构安全评估验收、外汇评价考核中，建行大田支行均获得第一名；全年营业网点零投诉。年底，一般性存款时点余额17.65亿元，比年初增加9331万元，同比增长5.56%，其中个人存款余额8.68亿元，同比增长4.58%。各项贷款时点余额23.77亿元，新增4.83亿元，同比增长25.57%。核销资产现金回收218.81万元，完成率115%。不良贷款余额1104万元，比年初增加163万元，不良贷款率0.47%，同比下降0.03个百分点。中间业务净收入2709万元，实现营业收入6446万元，利润5132万元。支行内设办公室、客户部和营业部，辖营业网点镇东支行，员工36人。

【农行大田县支行】 2021年，中国农业银行股份有限公司大田县支行（简称农行大田县支行）突出发展第一要务，强化市场综合营销，加快经营战略转型，加强风险防控，全行业务经营管理稳步发展。各项存款时点余额15.47亿元，比上年减少0.28亿元，下降1.78%，其中，个人存款余额10.18亿元，同比增加0.17亿元，增长1.7%；对公存款余额5.29亿元，同比减少0.45亿元，下降5.74%。贷款投放持续加快，对公贷款和个人贷款实现“双增”，各项贷款余额19.94亿元，同比增加3.39亿元，增长20.5%，贷款增量为县农行历史最高，其中，法人贷款余额6.37亿元，同比增加0.65亿元，增长11.36%；个人贷款余额3.57亿元，同比增加2.74万元，增长25.3%。资产质量持续提升，不良贷款余额和占比实现“双降”，不良贷款余额674万元，同比减少76万元，不良贷款率0.34%，下降0.11%；经营效益持续向好，实现拨备后利润4816万元，净利润3610万元，完成市分行下达计划的103.1%。7月，县农行投入专项资金905万元，维修改造支行业务经营用房，维修改造期间，支行办公用房搬迁至中国邮政集团有限公司大田县分公司办公大楼5—6层（均溪镇宝山路111号），支行营业部与岩中支行合署办公，县支行辖5个营业网点，在册员工87人。

【中国银行大田支行】 2021年，中国银行股份有限公司三明大田支行（简称中行大田支行）围绕县委、县政府的战略部署，坚持党建引领，抓好队伍管理、营销攻坚、内控管理、服务拓展等各项工作。推出普惠金融线上贷款产品“中银企E贷”抵押贷、银税贷，具利率低、可循环、额度高、自动审批、在线提还款的超便捷特点；家装分期贷款利率低至2.2%，优客消费分期低至2.3%。为重点行业铸造类企业以在建工程的固定资产抵押投放贷款，为数家企业提供“中银企E贷”线上融资服务，为美地福邸等项目的数百位业主提供住房按揭贷款2亿元。利用周会开展员工警示教育活动20次，一把手以“树立合规意识，业务良性发展”为题讲合规内控课，组织员工学习分行下发的案例警示教育资料，并进行案例讨论；结合党建，与消防救援大队一同参观红色教育基地，请讲师讲解共产党历史文化及法律法规知识。量质并重，解难题，破瓶颈，各项业务平稳增长。年底，各项存款余额4.77亿元，比上年增加1.1亿元，同比增长22.62%，其中公司存款增加6381万元，储蓄存款新增4570万元。各项贷款余额6.75亿元，同比增加9005万元，增长15.38%，其中，零售贷款增加2.05亿元，公司贷款减少1.05亿元。不良贷款余额352.07万元，不良贷款率0.52%。在职员工15人。

【邮储银行大田县支行】 2021年，中国邮政储蓄银行股份有限公司大田县支行（简称邮储银行县支行），做好服务实体、乡村振兴、普惠小微企业、绿色金融等工作，探索绿色金融服务，创新绿色金融体制机制、完善绿色信贷工作流程、健全绿色金融保障体系。持续加大中小企业绿色信贷支持力度，重点支持供水、污水处理、废旧物资回收等民生类项目融资。继续推广线上小微易贷、极速贷等信用贷款，延续实施普惠小微企业贷款延期还本付息政策，加大小微企业首贷、续贷投放力度，走访重点集群、园区、企业，拓展批量业务。年底，各项存款余额23.09亿元，比上年增3.66亿元，增长18.84%，其中储蓄存款21.1亿元，同比增长16.9%。各项贷款余额13.74亿元，同比增长20.21%，其中，绿色融资余额6475万元，增6037万元，同比增长13.79倍；普惠小微企业贷款余额4.66亿元，增5227万元，同比增长12.62%。不良贷款余额1122.45万元，不良贷款率0.82%，与上年持平。支行在职员工45人。

【兴业银行三明大田支行】 2021年，兴业银行三明大田支行结合市场客户群体需求及实际工作，把握业务经营、服务客户这一核心，以客户满意度作为工作的出发点和落脚点，增存活贷，开展“兴航程”2021合规内控提升年活动，拓展业务服务范围和完善服务质量。与县人行共同到县工业园区宣传贯彻金融服务企业“六稳”“六保”政策，了解企业需求，做到“不抽贷、不压贷”，新增民营小微企业贷款3166万元。扩大普惠金融业务范畴，新增创业贷款180万元，兴闪贷209万元。投放县首笔技改贴息贷款3000万元。结合总行分行“绿色银业”业务指导及《大田县金融支持乡村振兴实施方案》的要求，下半年，为重点茶产业推出福茶网“福茶贷”“茶商贷”，推出烟叶种植销售商户贷“烟商贷”，共授信近500万元。全年为10余所幼儿园、中小学捐赠新冠肺炎防疫物资2万余元。年底本外币各项存款余额8.93亿元，其中，对公存款2.87亿元，储蓄存款6.06亿元。各项贷款余额13.05亿元，其中，对公贷款11.47亿元，比上年下降4.5%；个人贷款1.58亿元。不良贷款余额1489万元，不良贷款率1.14%。支行内设综合科、业务科、营业厅、运营科，员工18人。3月，大田支行获县妇联“三八红旗集体”称号；总行派驻大田支行副行长蒋文静7月驻梅山镇秀岭村任党支部第一书记，从产业策划、金融扶持、扶贫助学等方面助推乡村振兴工作。

【晋农商村镇银行】 2021年，大田晋农商村镇银行股份有限公司（简称晋农商村镇银行），坚持服务“三农”、支农支小的市场定位，提升普惠金融服务质效，优化产品和服务，支持县域经济发展，开展进村入社区、走街串巷营销活动，采取积分制考核，按周推进，实现业务持续增长。结合县内实际和新冠肺炎疫情防控的相关政策，加大对涉农、小微企业的支持力度，持续发放“巧妇贷”“创业贷”“保险贷”“爱家贷”“绿享贷”“惠农贷”“光伏贷”等特色金融产品，提高服务县域实体经济水平，助力乡村振兴，推进审慎合规经营与健康有序发展。各项存款余额2.15亿元，比上年增长4.9%，其中，对公存款1.3亿元；储蓄存款8607.45万元，比年初增加1519.42万元，是增幅最大的一年。各项贷款余额3.48亿元，比年初增加1193.67万元，其中涉农贷款3.02亿元，占各项贷款余额的86.97%。贷款农户1535户，余额2.81亿元，同比增加0.11亿元，户均贷款19.61万元。实现账面利润685.06万元，缴纳所得税158.05万元。内设营业部、业务部、综合部，年底员工24人。

【县农村信用合作联社】 2021年，大田县农村信用合作联社（简称县农信联社）深化“以社为家，员工为本，精耕细作，行稳致远”企业文化建设，持续坚持“强党建、强管理、强经营，优队伍、优服务、优发展”工作布局，稳中求进，完成既定“123”发展目标（1年脱困、2年摘帽、3年翻身），确立新三年“125”发展目标（至2024年不良贷款率控制在1%以内，年度经营绩效居全市前2名，财务收入年均增幅不低于5%），全面推动发展转型。出台《员工职业发展实施细则（试行）》，建立规范的用人机制。开展“内控合规管理建设”系列活动，保障各项业务健康发展。做好金融服务，支持乡村振兴，深化“党建+金融助理+多社融合”模式。10月，与桃源镇政府签订绿色金融政银战略合作协议，分别与县铸造行业协会、工商联签署战略合作协议，推进各方资源整合、优势互补。增派6名员工充实金融助理驻村队伍。年内，农户精准建档4.56万户，个人贷款户3.75万户，覆盖面43.4%；打造“一社一品”适合农业、农村特点的农村金融服务体系。4月，与“阳光1+1”签订绿色金融业务推广合作框架协议，探索生产+供销+信用“三位一体”一站式综合服务；6月，通过“主体直报需求、福建省农业农资担保有限公司提供担保、银行信贷支持”信贷直通车，发放首笔“新农直通贷”10万元。推出“福劳贷”“福育贷”“福农·农资贷”“福糰贷”“福股贷”等特色信贷产品，为1610户发放“五福”系列贷款4.45亿元；为743家企业复工复产、复商、复市发放战“疫”类贷款1.86亿元，让利243万元；发放纾困贷款12笔，金额3210万元，让利112万元；年底，生源地助学贷款余额4977.16万元，农村青年创业贴息贷款余额9628.75万元，扶贫贷款余额4436.26万元；经“福万通慈善基金”平台向15名困难学生捐赠助学金7.5万元。

加快转型发展，提高手机银行、微信银行、二维码收单等业务的覆盖率和使用率，电子交易占98.76%，普惠金融卡存量3.31万张，位居三明市农信系统第一，授信总额度17.59亿元。手机银行客户存量13.13万户，微信用户关注数13.46万户，微信银行绑定银行卡16.42万张，二维码收单1.1万户，银行自助机具46台，小额支付便民点157个。年底，各项存款余额63.54亿元，比上年增长

7.22%，占市场份额的43.47%，其中，个人储蓄存款50.57亿元，同比增长12.85%。各项贷款余额40.27亿元，同比增长11.86%，占市场份额的31.76%，其中，涉农贷款余额33.78亿元，占各项贷款余额的83.87%；普惠小微企业贷款余额10.39亿元，同比增长14.97%。内设职能部门12个，下辖营业部1个，信用社16个，分社7个；员工228人，其中研究生学历1人、本科175人、专科41人，中级职称65人、初级34人。

2021年，县农信联社经营管理绩效居全省农信系统第二十三名，居同类社第三名，居三明市农信系统第二名。监事长吴科伟带队参加审计业务技能比赛，获三明地区团体赛第二名；参加优秀审计项目评比，基层网点权限内贷款风险专项审计、农E贷业务风险专项审计项目均获三明农信系统第一名。

【网点搬迁】 2月3日，中行大田支行由建山路18号整体搬迁至建山路195号一、二层，使用面积近600平方米，使硬件服务更优质。

【省领导到县农信联社调研】 3月9日，省委常委、常务副省长郭宁宁到县农信联社调研指导，与联社领导班子和机关中层干部座谈交流；参观绿色金融服务馆，并走访看望基层一线员工，面对面交流沟通。6月26日，省政协副主席王光远到县农信联社调研指导，与联社领导班子和机关中层干部座谈交流。

【建党百年纪念和廉政教育活动】 “七一”前夕，县农信联社党委组织全体员工赴沙县俞邦村开展“学党史、开新局、创佳绩”党史学习现场教育实践活动，7月上旬举办“青春向党凝力量·农信扬帆再起航”主题文艺会演。12月9日，以“学党史 铸初心 践清廉”为主题，组织部分党员干部到宁化县、明溪县等地开展廉政警示主题教育活动，激发党员干部的凝聚力与战斗力，推动农信社高质量发展转型。

【第二届职工趣味运动会举办】 11月13日，县农信联社与县人社局、县行政服务中心、县医保中心联合在县体育中心篮球馆，举办“齐心协力竞风流，比学赶超创佳绩”第二届职工趣味运动会，设置集趣味性、协作性、竞争性于一体的比赛项目7个，13支代表队400余名干部职工参加。县农信联社代表队6支200余人，文江支部获篮球3人赛项目第一名、团体第三名。

【“三会”换届】 2021年，县农信联社完善小股东票权委托机制，优化社员代表大会、理事会和监事会“三会”成员推荐选举办法，同时结合法人治理要求，增设一名外部监事，推动“三会”依法合规履职。9月30日在福万通大厦24层会议室召开第五届社员代表大会第一次会议，出席代表35人，选举产生新一届理事会成员9人，监事会成员5人，并聘任新一届经营班子成员 3人。

【网点转型升级】 2021年，县农信联社投入407万元，完成吴山、建设、桃源信用社汤泉信用分社的达标改造，设施更加完善，功能分区良好，提高金融服务能力。

【专属系列产品推出】 2021年，邮储银行县支行推出额度高、利率低、期限长的村委贷、亲情贷、生猪贷、信誉党员贷、农业担保贷等“邮好贷·乡村振兴贷”系列专属产品；针对优势特色产业集群，制订“一品一策”乡村振兴差别化方案；在农村推出“邮好贷·信用村镇贷”，以户—村—乡—县“四级联创”模式拓展信用体系建设，年底，涉农贷款余额6.41亿元，增加1.01亿元，占贷款余额的46.65%。信用村73个，占28.52%，服务农户5838户。

（范锦茂 高忠主 林纪伟 肖玉玲 吴开斌 洪新阳 陈艳艳 陈开庆）

保险 证券

【概况】 2021年，全县保险业分支机构16家，其中支公司2家，在职员工79人，代理业务员247人。保费收入4.29亿元，其中，人保财险大田支公司0.54亿元、中国人寿大田支公司1.28亿元；财产保险类营销部平安财险、太平洋财险、大地财险、长安责任财险、中华联合财险、华安财险、中国人寿财险、阳光财险、紫金财险等9家保费收入9202.43元；寿险类营销部平安寿险、太平洋寿险、泰康寿险、新华寿险、富德生命寿险等5家保费收入1.55亿元。证券营业部2家，员工21人，立账户2793户，交易量173.69亿元。

【人保财险大田支公司】 2021年，中国人民财产保险股份有限公司大田支公司（简称人保财险大田支公司），保费收入5365.48万元，首次突破5000万元，比上年增长10.47%，保单数33462件，其中，企财险保费228.88万元，同比增长14.11%；工程险保费42.26万元，同比下降37.88%；车辆交强险保费911.1万元，同比增长10.94%；车辆商业险保费1899.74万元，同比下降1.68%；责任险保费375.47万元，同比增长35.58%；意外险保费392.52万元，同比增长8.72%；健康险保费41.35万元，同比增长60.71%；家财险保费186.53万元，同比增长0.42%；农业保险保费1291.44万元，同比增长31.23%；货运险保费9.68万元、保证险4.03万元，同比分别增长7.96倍、49.4倍。12月21日，签出全市健康险类“卓越金生”首张最大保单，保费50万元。全年理赔结案4217件，赔款3618.81万元，简单赔付率64.75%，其中，企财险赔款63.08万元，工程险4.9万元，车辆交强险507.43万元，车辆商业险1121.38万元，责任保险161.68万元，意外险161.48万元，健康险6.98万元，家财险30.23万元，农业保险1560.57万元，其他险1.08万元。年底公司内设部门6个，各类性质员工53人（劳动合同工23人、劳务派遣工30人）。1月，支公司被团省委命名为“2021—2023年省级青年文明号”。7月，支公司党支部获全省人保系统“先进基层党组织”称号。

【中国人寿保险县支公司】 2021年，中国人寿保险股份有限公司大田县支公司（简称中国人寿保险县支公司）坚持新发展理念，按照总公司的战略部署，适时推出分红产品系列“国寿鑫耀东方年金保险”“国寿鑫耀至尊年金保险”等新险种；提升保障型保险业务占比，开展多渠道深度合作，巩固学生保险、小额保险、计生保险、残疾人保险等重点项目。全年为3634人提供残疾人保险，生效保费21.8万元；为9266户计划生育家庭3.23万人提供计生保险，生效保费98.26万元；为26410人提供小额保险，生效保费54万元。全年保费收入1.28亿元，占市场份额67.44%，居全县首位，其中，首年新单保费2558.7万元，短期性保费1050.44万元。理赔结案2042件，赔付金额958.9万元，比上年增长6.54%，其中投保国寿新绿洲团体意外伤害保险（B款）意外伤害死亡2人，赔付各50万元。年底，在职员工26人，外勤员工247人。

【兴业证券大田营业部】 2021年，兴业证券大田营业部主营证券经纪，证券投资咨询，与证券交易、证券投资活动有关的财务顾问，证券承销与保荐，融资融券，证券投资基金代销，代销金融产品等业务。坚持客户利益至上，基金投顾业务引导和培育客户正确的金融资产配置习惯。践行长期投资理念，年底，优理宝上线基金投顾业务，初期签约10余户。全年，新开账户数1144户，营业部股基交易量50.19亿元，正式员工10人。

【华福证券大田营业部】 2021年，华福证券大田营业部主营证券经纪及代销基金等权益类产品，发展目标客户，开发潜在客户，提高服务客户质量，全年组织股市沙龙活动24次，参加260多人次，向新入市投资者普及证券投资基础知识，与新老客户交流股市行情变化，及时向投资者解读国内外发生的大事件，进行融资融券、个股期权、港股通和新三板等业务培训，向投资者揭示“飞单”、非法证券活动和洗钱犯罪等相关投资风险，引导客户适当性投资、理性投资，减少盲目跟风投机炒作。全年，资金账户开立1649户，A股交易量123.5亿元，员工11人。

【新险种全省首创】 3月，人保财险大田支公司在全省首创两个新险种，为福建银顶、温氏集团、益生股份有限公司联合委托中能新牧从丹麦引进的3216头原种猪，承保国内空运鲜活货物运输保险和生猪隔离检疫期保险，保费收入分别为10万元、50万元。

【保险新业务开办】 7月26日，人保财险大田支公司承保首单农村自建房责任保险，收取保费1.2万元。10月29日，首单古树名木保险签单，为广平镇万宅村23株银杏古树提供4.6万元的保障，承担遭受灾害的赔偿责任。11月1日，承保上京工业园区多家企业整体环境污染责任险，保费收入8万元，为全市第二单。11月，承保县农业农村局针对脱贫和易致贫人群及因灾因病或意外事故等，导致基本生活严重困难的人群在商业保险公司投保“乡村振兴保”，保费收入68万元。12月30日，承保县内首单2万袋香菇5.2万元的种植险保障业务。

（陈开篇 范婷婷 林万春 林媛）

农业 农村

□ 编辑 陈妮

综 述

【概况】 2021年，大田县农业部门贯彻落实中央一号文件和中央、省、市农村工作会议精神，加快推进乡村振兴，巩固提升脱贫攻坚成果，促进现代农业发展，推进农业农村现代化。全县农林牧渔业总产值78.25亿元，比上年增长6.3%；农村居民人均可支配收入21874元，同比增长11.1%。粮食播种面积1.69万公顷，粮食总产量8.97万吨；茶园面积6633.73公顷，产量1.48万吨，产值13.3亿元；烟叶种植面积807.07公顷，产量1525吨，产值5072.82万元；蔬菜种植面积1.77万公顷，产量51万吨；食用菌生产1.72亿袋，产值6.1亿元。大田美人茶被列入福建茶产业红茶优势集群。

【乡村振兴】 2021年，大田县按照中央决策部署和省、市工作要求，整合原扶贫开发领导小组与实施乡村振兴战略领导小组，成立县委扶贫开发成果巩固与乡村振兴工作领导小组，组建县乡村振兴局。召开乡村振兴工作现场推进会1场，制订《大田县落实“六大行动”推进乡村振兴再出发实施方案》，实施特色现代农业发展提升、乡村人才培育、文明乡风塑造、美丽乡村建设、农村党建引领、脱贫攻坚成果巩固拓展等“六大行动”，推进乡村振兴再出发。

2021年，全县统筹整合省、市、县试点示范资金3613.45万元，建设华兴镇仙峰村、石牌镇上坡村、屏山乡内洋村等10个省级乡村振兴试点村和吴山镇阳春村、前坪乡上地村、文江镇大安村3个省级乡村振兴实绩突出村。推进乡村振兴“串点连线成片”，全县规划建设“游古村落•品美人茶”“赏花海乐园•游畲寨古堡”“享滨水景•品水韵情”3条市级和“琵琶古堡•踏歌田园”“孝道故里•生态乡村”“碧水映山•毓秀闽湖”3条县级乡村振兴示范线。制订《大田县“游古村落•品美人茶”重点示范线路创建工作方案》，按照“一富五好”（富村财、好产业、好民居、好山水、好组织、好模式）目标和“六个一”（设置一个可视化数字平台、设立一个特产展示体验区、设计一个精华重点核心区、提炼一个自身独有主视觉、概括一个好听好记讲解词、保持一个随时可看好环境）要求，创建“游古村落•品美人茶”市级乡村振兴重点示范线。推荐济阳乡济中村、吴山镇阳春村参加三明市第二批美丽乡村精品示范村评选。

实施农村人居环境整治提升五年行动和农村建设品质提升行动。排查农村房屋8.4万栋；新改（扩）建农村公路30千米，农村客运公交化线路4条；完成城乡供水一体化项目1个，划定农村饮用水水源地排查和保护区74个；完成乡镇污水配套管网26.9千米，村庄规划编制106个，整治裸房2758座；在吴山镇开展全镇域农村生活垃圾分类；创建初级版绿盈乡村60个、高级版6个；创建省级美丽庭院示范户75户、市级130户、县级191户；逐村逐户实地排查2013年以来各级财政支持改造的农村户厕1.3万户。

【脱贫攻坚成果巩固拓展】 2021年，县政府持续发扬脱贫攻坚精神，按照中央、省市总体部署，推进巩固拓展脱贫攻坚成果同乡村振兴有效衔接。全县建档立卡脱贫人口2720户8374人，34个脱贫村，相对贫困家庭607户2201人。调整充实2720户脱贫户挂钩责任人，选派驻村第一书记、工作队队长和队员60人到脱贫村、乡村振兴重点村。有针对性地核实处理“一键报贫”申报信息176条，组织乡村干部每月走访排查、行业主管部门筛查预警，全年集中排查2次。落实五年过渡期政策，通过拓宽好“房前”劳务业、挖掘好“屋后”种养业、提升好“院内”手工业、维护好“屋顶”光伏业，不断拓展“一家四业”产业衔接机制，巩固“两不愁三保障”及保障饮水安全成果，发放中央、省市乡村振兴衔接补助资金4028.26万元，其中继续扶持脱贫户产业发展404万元。投入县级配套资金2100万元，为203户脱贫人口发放小额信贷286.3万元，为254人发放“雨露计划”补助资金75.9万元，延长脱贫户大病住院保险政策至2025年，为建档立卡脱贫学生2766人次补助210.28万元，为1户脱贫户改造危房补助2.5万元，强化易地搬迁后续扶持，完成国定易地扶贫搬迁安置住房不动产登记发证402户，摸清各类扶贫资产3.31亿元。全年脱贫户家庭人均年收入14621.16元，脱贫村村均集体收入37.65万元，相对贫困家庭解困407户1501人，分别占67.05%、68.2%。

【特色农业发展】 2021年，县农业农村局加快发展现代特色农业，桃源镇被农业农村部乡村产业发展司评为全国“一村一品”示范村镇，济阳乡国庆村、武陵乡百束村被省农业农村厅评为省级“一村一品”示范村，均溪镇福塘村等17个村被市农业农村局评为市级“一村一品”示范村。培育壮大新型经营主体，新增培育省级龙头企业2家，江山美人茶业有限公司被省农业农村厅评为省级农产品加工观光园。加快发展休闲农业，组织东坂村、元沙村、茶天下度假区、灵动济阳等休闲农业经营主体完成数据监测工作，桃源里旅游度假区被省农业农村厅评为省级休闲农业示范点。

【农产品质量安全监管】 2021年，县农业农村局开展农产品质量安全线上巡查7300多家次，现场检查42家次；农产品质量安全大检查1次，检查主体124家（户），检测农产品样品67个，发现并解决问题27个，发出责令改正通知书3份。建立农产品名录库及主体备案档案，备案主体纳入监管390家。快速检测种植业食用农产品样品1.24万个，其中，蔬菜9521个，合格率99.4%；水果1085个，合格率99.5%；茶叶937个，合格率98.7%。检测养殖业食用农产品样品711个，合格率100%。省级农产品监督抽查3次，取样检测样品52个，合格率100%，其中蔬菜8个、食用菌2个、水果5个、茶叶19个、畜肉9个、尿样5个、禽蛋4个。市级农产品监督抽查4次，取样检测样品32个，合格率100%，其中蔬菜13个、水果7个、食用菌2个、茶叶5个、禽肉1个、禽蛋4个。县级农兽药残留定量监测，取样检测种植业农产品样品326个，合格率98.4%；养殖业样品26个，合格率100%。重金属检测，取样检测样品352个，其中蔬菜35个，合格率100%。

【农业品牌认证】 2021年，全县新认证无公害农产品15个，绿色食品23个；提交绿色食品认证申请1个，全国绿色食品原料（茶叶）标准化生产基地获中国绿色食品发展中心批复。年底，全县“三品一标”（无公害农产品、绿色食品、有机农产品和农产品地理标志）认证产品78个。

【农科教工作】 2021年，全县举办农村远程实用技术培训11期266场次，农户、种养大户、合作社社员、家庭农场主、新型职业农民等参训1.06万人次；2021级家庭农场生产经营专业学员招生25人。举办高素质农民培训班17班次，参训1457人，培育农村创新创业带头人135人，参加省、市、县基层农技人员业务培训班135人。特聘农技员2人，遴选农业科技示范主体543户。全县农技人员使用中国农技推广App平台，遴选农业主推技术16项。

（林兴铃 陈丽芸 王有铭 李代胜）

农业农村工作

【概况】 2021年，全县实施银顶生态循环农业科技园、大田美人茶文创园、玖悟茶业等农业重点项目22个，推进乡村振兴。农村集体产权制度改革基本完成，加强农村集体资金、资产、资源“三资”监管，开展村干部离任审计和农资领域专项整治、农业信息服务及扶持农业生产优惠政策改革等，促进农业增效、农民增收。开展农业信息化服务和农产品质量安全培训。

【土地承包经营权流转】 2021年，县农业农村局继续引导和规范农村土地经营权流转工作。组织学习自2021年3月1日起施行的《农村土地经营权流转管理办法》，规范土地流转合同签订的业务指导，鼓励土地经营权向新型农业服务主体规范流转和适度集中经营，减少耕地“非粮化”。发挥乡镇土地流转服务平台作用，指导流转合同的签订、备案、见证工作。全县多年累计完成流转土地面积3186.67公顷，加强流转土地动态管理，开展整村流转承包地摸底调查，建立村级流转承包地台账。

【农产品质量安全培训】 2021年，县农业农村局举办“一品一码”全程追溯监管体系等知识培训班9期，参训803人次，发放资料1.2万多份。举办食品安全知识现场竞赛1场，开展放心农资下乡进村宣传周、食品安全宣传周等活动2次，发放宣传材料2700多份。

【农业生产社会化服务】 2021年，县农业农村局开展水稻机耕、机防、机收，茶叶机防、机修，特色水果机除、机防，食用菌棒委托加工等社会化服务，服务面积5120公顷，食用菌棒委托加工145万袋，服务农户3100户，补助资金150万元。参与社会化服务的服务主体21家，从业602人，服务收入935万元。农业生产社会化服务主要聚焦小农户办不了、办不好或办了不划算的农业生产环节，通过以生产托管为主的服务方式，接受各类农业社会化服务，把小农户引入特色现代农业发展大格局，促进农业增效农民增收，带动服务规模经营和农业绿色发展。

【农业优惠政策落实】 2021年，县政府落实省市县出台的各项扶农惠粮措施，做好农作物良种补贴、种粮农民直接补贴、农资综合补贴农业“三项补贴”改革，抓好粮食生产。鼓励规模种粮，组织发放耕地地力保护补贴资金1797万元，实际种粮农民发放一次性补贴289万元。实行年内种植并收获两季粮食作物的种粮农户，每亩再奖励100元；复垦抛荒2年以上连片农田，并种植粮食作物10亩以上的经营主体或种植农户，给予每亩一次性补贴300元等扶持粮食生产优惠政策。叠加补助采取当年补上年的方式，完善种粮大户补贴制度。继续抓好种植水稻、玉米、马铃薯的保险补贴工作，全县种植水稻等农作物保险农户6.9万户，承保面积1.05万公顷。

【农村集体资产股权确认】 2021年，大田县农村集体产权制度改革被列为全国100个试点县之一。18个乡镇266个村1个村民小组完成清产核资公示确认，成立村股份经济合作社267个，其中，村级266个，组级1个。做到统一刻制公章、牌子、赋码登记证、开设账户、打印股权证书“五统一”。颁发股权证书9.15万户，占100%。全县集体资产总额14.88亿元，负债2.16亿元，所有者权益12.72亿元；农村集体成员38.03万人，土地面积16.46万公顷。

【“三资”监管】 2021年，县农业农村局做好农村“三资”（农村集体资金、资产和资源）监管。做好账前审核，剔除手续不完整发票787张208.44万元，违纪发票15张1.44万元全部收回。与县信用联社合作建立“北京市太极华青‘三资’软件平台”，做到按月或按季网络记账。按时财务公开，专业会计每季度次月10日前编制会计报表和财务公布表，在村财务公开栏逐条逐项公开，接受村民监督。资产、资源的拍卖、转包、转让、工程发包实行公开招投标，全年资产处置招投标4件，标的73.67万元，中标79.16万元，增加村财收入5.49万元；工程项目招投标189件，标的4475.94万元，中标4212.67万元，减少村财支出263.27万元。

【离任审计】 2021年，县农业农村局与县委组织部、财政局、民政局联合下发《关于开展村干部任期和离任经济责任审计的通知》（田农〔2021〕33号）。举办审计人员理论水平和业务培训班，82人参训。68位审计人员分成18个审计组交叉审计18个乡镇266个村2018—2021年财务收支情况。全县审计总金额26.71亿元，固定资产12.22亿元，比2018年8.11亿元，增加4.11亿元；债务总额2.12亿元，比2018年债务总额2.75亿元，净减6304.91万元；债权8140.25万元，比2018年债权总额8943.92万元，净减803.67万元。清出违规违纪的村61个，涉及金额76.11万元，已全部退回，其中，白条34.02万元，违纪42.09万元；清出贪污的1人，金额1.29万元，已全部退回。

【农资领域专项整治】 2021年，县政府重点加强农资领域专项整治，巡查频次较往年增多，加大力度查处县域边界和流动性摊贩，深入案件线索摸排，全年立农资类案件17起，其中无证经营农药案7起，经营假种子案5起，劣质过期农药案和兽药案各1起，肥料案3起。

【沼气安全保障】 2021年，县农业农村局保障农村沼气安全，举办沼气安全生产培训班2期，90人次参训。组织农业技术人员和沼气管理人员200多人次排查治理户用沼气5056户、联户沼气1座、大中型沼气工程32座。发现并整改大中型沼气工程安全隐患1处、户用沼气安全隐患140处。

【农业信息服务】 2021年，县农业农村局成立“互联网+”工程工作领导小组，全面实施“互联网+”工程，推动“两茶一硒”特色农产品与市场对接，制订《大田县“互联网+”农产品出村进城工程实施方案》及联席会议制度。开展第二届“乐购三明”直播节活动。开设抖音、淘宝、微信视频号、广电云直播间，直播带货大田县农产品、工业品、文旅产品，总观看量546万人次，总销售额1954.98万元，其中线下销售180万余元。农业“12316”服务窗口受理各类咨询300人次，专家现场指导260人次，科技人员下乡180人次。三明农业信息网采用信息190条，采用率100%。

【数字农业】 2021年，县农业农村局开展数字农业建设。新建大田县大方广茶业有限公司省级现代农业智慧园并投入使用。福建省创辉农业开发有限公司、福建大田大方广茶业有限公司被批准成为省级农业物联网应用示范基地；福建省江山美人茶业有限公司、福建银顶农业科技有限公司被批准成为市级农业物联网应用示范基地。围绕“两茶一硒”等特色产业，引导年轻人返乡创业。开展多期网络直播培训，初步建立县域电商人才储备库，引导37名参训学员入驻创客工坊从事电商创业，8家注册电商企业入驻孵化基地。

（肖长洪 李华丽 林永焜 魏初时）

种植业

【概况】 2021年，县农业部门推进无公害、绿色和有机农产品生产，落实增产措施。建设蔬菜标准化示范基地，推广无公害农产品生产技术，提升食用菌产业发展水平，推广优质、绿色农作物新品种，发展农药化肥减量增效技术，提升耕地质量，做好测报指导农作物病虫害防治工作，完成2020年度立项的高标准农田建设任务。

【蔬菜基地建设】 2021年，县农业部门推广无公害蔬菜生产技术，发展地方特色蔬菜，建设桃源省级标准化示范基地、武陵雪山萝卜基地、均溪城郊蔬菜基地、广平芋头和佛手瓜基地、太华茭白生产基地，持续做好前坪金姜、梅山辣椒、高山区小黄姜等区域特色蔬菜种植工作。引进安溪早茭白优质品种，观察和评价其农艺、品质、抗逆、抗病虫等，分析总结产量、销售、效益情况。创建优质农产品标准化示范基地。在济阳乡岱云家庭农场建设蔬菜标准化示范基地，按无公害农产品生产技术规程种植黄花菜2公顷。

【食用菌生产】 2021年，全县生产食用菌1.72亿袋，鲜品产量9.34万吨，产值6.15亿元。在武陵乡桃溪村大田县绿然菌业专业合作社实施省级科技特派员“高山区夏季栽培毛木耳品种筛选试验”食用菌项目，从全国各地收集9个毛木耳品种参与试验，筛选出简阳黄耳10号、青白江黄耳10号、青白江黄耳12号、三真毛木耳42号在当地推广应用。大田县兰欣食用菌专业合作社“兰欣菇业”商标经审定获得无公害农产品认证，合作社被评为2021年度县级示范合作社。石牌镇午阳生态农场在上京、桃源、石牌等乡镇利用林地砍伐后松树残桩栽培茯苓133.33公顷，产值540万元。八峰天然菌业专业合作社加强林地红菇增殖管理，2021年产红菇3.5吨，产量创历史新高，户均收入15万元。

【烟叶生产】 2021年，全县种植烟叶“云烟87”品种，面积807.07公顷，比上年减少6.26公顷；烟农422户，同比减少40户；户均种烟规模1.91公顷，同比增加0.15公顷，最大单户种植6.67公顷。全年收购烟叶1525吨，同比增加95.5吨，烟农售烟叶总收入5072.82万元（含补贴），同比增加451.33万元。实施烟叶生产基础设施项目2个，投入资金25.29万元，受益农户147户，面积21.2公顷。建设灌溉Ⅰ型支渠1条222.7米；田间道路1条404.15米。

【良种工程实施】 2021年，全县实施农作物高产优质绿色新品种展示示范推广工程，建立主推品种核心展示示范片点9个，面积80.2公顷，其中，优质稻示范点7个53.33公顷，旱作甜玉米示范点2个26.87公顷；带动各类农作物新品种推广面积1.61万公顷，优质稻新品种推广面积8200公顷，高档优质稻推广面积4133.33公顷，农作物良种覆盖率98.6%，优质品种专用率87.1%，水稻优质率83.5%，高档优质稻推广率42.1%。水稻主推T78优2155、隆两优华占、甬优 1540、中浙优 8 号、诺两优 6 号、甬优 9 号、晶两优 1212 等品种，玉米主推金百甜 15、广良甜 27、闽甜 6855、泰鲜甜 1 号、泰鲜甜 2 号等品种，甘薯主推福薯 604、普薯 32、烟薯 25 等品种，马铃薯主推脱毒薯种兴佳 2 号、闽薯 1 号等品种，发挥良种在农业生产中的基础性核心作用，为粮食生产持续稳定增产提供品种、技术支撑。

【测土配方施肥】 2021 年，全县实施提升耕地质量、化肥减量增效项目，做好紫云英绿肥种植、有机肥推广、耕地土壤监测等工作。采集土样 101 个，分析 929 项次，田间肥效试验 5 个，推广测土配方施肥技术 4.01 万公顷次，稻草回田 7720 公顷，农用化肥施用量减少 2.01%，集成一批地力培肥、化肥减量增效技术模式，提升耕地质量。采购紫云英种子 20.1 吨，播种面积 1340 公顷，其他经济绿肥播种面积 4333 公顷，建立百亩示范片 6 片 40 公顷。建立有机肥推广示范片 7 片 46.65 公顷，补助资金 7 万元，辐射推广使用有机肥 2.95 万公顷。完成 7 个耕地土壤质量监测点监测任务，其中省级点 3 个（代码分别为 D044、D060、D185），市级点 2 个（代码分别为 SJD11、SJD14），县级点 2 个（代码分别为 DJD01、XJD01）。

【病虫害测报与防治】 2021 年，县植保植检站发布《病虫情报》15 期，指导农作物病虫害防治面积 3.28 万公顷次。其中水稻病虫发生 6200 公顷次，防治 1.25 万公顷次，挽回稻谷损失 4300 吨；茶叶病虫发生 3300 公顷次，防治 3900 公顷次；柑橘病虫发生 8200 公顷次，防治 1.62 万公顷次。专业化统防统治组织 6 家，新型大中型植保机械 124 台，日作业能力 400 公顷。专业化统防统治示范面积 4700 公顷次，辐射推广面积 1.74 万公顷次。建立茶叶病虫害全程绿色防控核心示范片 100 公顷，辐射带动面积 1000 公顷。全县完成农作物病虫害绿色防控面积 4.22 万公顷次，使用农药 554 吨，比上年减少 5.46%。开展红火蚁疫情监测与防控，上京、华兴、均溪、石牌、湖美 5 个乡镇发生红火蚁灾害区域面积 346.7 公顷，防治面积 668.7 公顷次。

【高标准农田建设】 2021 年，全县 2020 年度批复的高标准农田建设任务 1706.67 公顷全部完成，总投资 4149.1 万元；全年项目实施任务 160 公顷，总投资 234 万元。完成 2021 年度 2133.33 公顷高标准农田建设项目的申报立项工作，批复项目资金 5243.65 万元。完成县级“掌上农田”管理系统创建和高标准农田建设专项规划（2021—2030）等事项筹备工作。

（章赞德 郑景生 田新湖 谢锦秀 郭文生）

茶产业

【概况】 2021 年，全县茶园面积 6633.7 公顷，产毛茶 1.48 万吨，产值 13.3 亿元，全产业链产值 38 亿元，比上年增长 8.57%。茶园绿色防控覆盖率 85.6%，农药、化肥使用量比上年下降 2.3%，茶产品合格率 100%，生态茶园面积占茶园面积的 80.3%。培育省级龙头企业 2 家、市级 4 家、县级 10 家。大田美人茶文化创意园完成一期工程建设，48 家茶企入驻。屏山乡大田美人茶初制加工集中区建成清洁化茶叶加工厂 5 座。2 月 25 日，县海峡茶叶交流协会、县茶叶协会、县茶叶学会联合发出《关于不炒作“天价茶”促进大田美人茶产业健康发展的倡议书》。3 月 5 日，下发《关于整治“天价茶”乱象 推进茶产业健康发展的通知》，加强行业自律，不炒作“天价茶”。

【茶事活动】 2 月 1 日，县农业农村局组织县高峰茶业有限公司、县草木缘茶业有限公司参加全市茶企与中粮厦门茶叶进出口产销对接会。5 月 11—12 日，大田县在市农业农村局和市海峡茶业交流协会举办的市春季茶王赛活动中选送绿茶样 7 个，获铜奖 1 个、优质茶奖 3 个；选送红茶样 29 个，获银奖、铜奖各 1 个、优质茶奖 6 个。同月 24—25 日，第十三届海峡论坛·第七届海峡茶会海峡两岸茶王赛在漳州市华安县举行，大田县获红茶金奖 1 个。8 月 22 日，三明市海峡茶业交流协会在福州组织召开大田县申报“中国美人茶之乡”专家论证会，专家组同意向海峡两岸茶业交流协会推荐大田申报“中国美人茶之乡”称号。8 月 23 日，首届中国美人茶大赛在福州举行新闻发布会，市农业农村局副局长杨敏，县领导陈汉良、廖正楼等出席发布会，人民网、新华网、中新社、《福建日报》等媒体记者参与报道。8 月 26—29 日，大田县美人茶斗茶赛在县美人茶展示展销中心举办，征集茶样 111 个，获奖 37 个，其中茶王 1 个、金奖 2 个、银奖 3 个、铜奖 31 个。9 月 10—12 日，中国国际茶文化研究会、海峡两岸茶业交流协会、市人民政府主办的首届中国美人茶大赛评审会在大田县举办，收到福建、广东、广西、云南、台湾5个省(自治区)、19个县(市、区)选送的美人茶参赛茶样192个，评出茶王1个、金奖2个、银奖3个、铜奖9个、优质奖42个。11月6—7日，由省农业农村厅指导，中国国际茶文化研究会、海峡两岸茶业交流协会、市人民政府主办的首届中国美人茶大赛暨产业发展研讨会在大田召开，以“大田美人 贵雅天成”为主题，围绕统筹做好茶文化、茶产业、茶科技，促进中国美人茶产业高质量发展，交流探讨中国美人茶产业及三明生态茶产业、大田美人茶品牌发展方向和路径。

【茶文化传播和推广】 5月14—15日，第二届大田美人茶开茶节在广平镇五龙山举办，开茶节由市人民政府、省农业农村厅共同主办，大田县人民政府、市农业农村局承办。6月20日，在市妇联、市农业农村局、市总工会、团市委主办的全市个人茶艺大赛中，大田县选手获全市十佳茶艺师称号4人，其中获二等奖2人、三等奖2人；获优秀茶艺师称号1人；县农业农村局获市个人茶艺大赛优秀组织奖。9月7—8日，三明市妇女联合会、大田县妇女联合会、县农业农村局、屏山乡人民政府主办的第二届闽台茶文化交流活动——大田美人茶专场在大仙峰美人茶基地举行，来自台湾的林志学、许良基分享茶园管理经验、制茶技术和关于美人茶的茶叶营销新思路。

【《大田美人茶》团体标准审定】 7月22日，海峡两岸茶业交流协会在大田召开《大田美人茶》团体标准审定会，省农业农村厅、福建农林大学、省茶产业标准化技术委员会、省茶叶质量检测与技术推广中心等单位的专家和代表15人参加。专家组听取标准编制说明及征求意见情况汇报，审定通过《大田美人茶》团体标准。该标准的审定，完善了中国美人茶标准体系，科学指导大田美人茶的生产与流通，促进茶产业的发展和乡村振兴。

【技术培训】 6月30日，县农业农村局在大田县创业创新产业园举办大田美人茶品牌培育与营销电商专题培训班，县人大常委会主任陈汉良、副县长陈秀达参加，全县茶企代表、茶农、其他农副产品经营者、电商经营者等80人参加培训。县农业农村局分别于5月20日、12月10日在县农业农村局7楼会议室举办茶产品质量安全知识培训班，全县茶企、茶农等103人参训。

【茶叶展示展销】 5月21—25日，福建省江山美人茶业有限公司、福建虞美人茶业有限公司参加在杭州国际博览中心举办的中国国际茶叶博览会。副县长陈秀达向嘉宾推介大田美人茶，中国农业科学院茶叶研究所茶深加工与多元化利用团队首席科学家尹军峰及其管理顾问朱艳，省农业农村厅茶叶科科长、省茶叶学会秘书长、教授级农艺师何孝延，茶叶科高级农艺师张雯婧等120多位客人与会。会上，大田县入选中国农业国际合作促进会茶产业委员会、中国茶产业联盟联合发布的“2021年度区域特色美丽茶乡”名单，“大田美人茶乡红色之旅”入选“百条红色茶乡旅游精品路线”。12月10—12日，县农业农村局组织9家茶企到福州参加三明生态茶——大田美人茶专场推介会，在会展中心以现场冲泡、讲解、品鉴等方式推介大田美人茶，省委常委、常务副省长郭宁宁到会指导。

（陈益存 涂萃林 陈联双）

畜牧业

【概况】 2021年，全县出栏生猪25.73万头，比上年增长19.01%；牛1913头，同比下降2.45%；羊5.63万只，同比下降4.09%；禽470.78万羽，同比增长2.09%；兔306.36万只，同比增长0.33%。肉类产量3.38万吨，同比增长11.18%，禽蛋产量1.61万吨，同比增长11.81%。畜牧业产值14.49亿元，同比增长20.45%。存栏200万羽蛋鸡的济阳蛋鸡产业化及生态种植综合开发项目开工建设。投资200亿元的畜禽粪污资源化利用整县推进项目基本完成，全县畜禽规模养殖场环保设施配套率100%，畜禽粪污资源化利用率98.03%。

【动物防疫】 2021年，全县生猪和牛羊口蹄疫免疫分别完成23.96万头、2.48万头(只)，禽流感免疫282.60万羽、小反刍兽疫免疫2.4万头，应免率100%；春秋季集中免疫抗体合格率90%。全面进行鸡新城疫、猪瘟免疫。

【动物疫情测报】 2021年，全县完成省市下达检测和送检任务棉拭子850份，组织样品220份，开展口蹄疫、高致病性禽流感等动物疫病血清学检测3900份，口蹄疫和禽流感抗体检测结果合格率90%。

非洲猪瘟病原学检测1050份，检测结果均为阴性。定期开展流行病学调查，确保及时掌握了解各种动物疫病流行动态。

【动物检疫】 2021年，全县出具动物检疫合格电子证明2168份，其中，省内2069份，跨省99份。检疫活畜禽37.44万头（只）、肉类产品7429.6吨，出具产品检疫证明7.34万份。无害化处理不可食用肉类15.31吨。

【质量安全监管】 2021年，县动物卫生监督所加强“瘦肉精”等违禁药品的监管，检测“瘦肉精”2043头（份），其中屠宰场1574头（份），养殖场469头（份），结果均为阴性。开展兽药、饲料整治行动21次，检查兽药经营企业、养殖场132家（次），抽取37个兽药、饲料样品送检，均未检出违禁物质。

（黄其苗 杨本宋 郑名喜）

渔业

【概况】 2021年，全县水产人工养殖面积1446公顷，其中池塘115公顷，占7.96%；山塘水库1322公顷，占91.42%；工厂化设施养殖9公顷，占0.62%。水产品总产量8600吨，比上年增长2.93%。全县渔业产值1.84亿元（按现行价计算），同比增长16.46%，渔业产值占农林牧渔业总产值的2.35%。全县渔业专业劳动力1285人，兼业458人。在均溪河城区段建设2个水生生物增殖放流公益平台，面积199平方米。10月起，全县鳗鱼养殖尾水在线监测与县生态环境局联网运行，实现网上实时监控。

【水产技术推广】 2021年，县农业农村局建设2个长期稳定的渔业科技示范基地、遴选18个渔业科技示范主体。组织17名水产技术推广人员安装使用中国农技推广App，接受连续不少于5天的异地脱产业务培训。遴选先进适用技术和主导品种，确保主推技术到位率100%。基层水产技术推广项目补助资金30万元。

【渔业资源增殖放流】 2021年，县农业农村局增殖放流鱼苗价值25万元。6月，在均溪河投放规格6—8厘米的草鱼苗845.8千克18万尾；11月，在均溪、文江溪流域投放规格8—12厘米的草鱼、鲤鱼苗7.51吨33.68万尾。

【休闲渔业项目建设】 2021年，县农业农村局指导休闲渔业项目建设，福建桃农源生态农业有限公司、大田县茶天下度假旅游开发有限公司，获得福建省海洋与渔业局、福建省文化和旅游厅授予的第十四批“水乡渔村”休闲渔业示范基地称号。

（陈仁收 陈昌瑞）

农业机械

【概况】 2021年，县农业农村局做好农机推广和农机安全监管工作，使用购机补贴资金275.13万元（中央资金200.58万元、省级资金74.55万元），补贴各类机具2557台套，受益农民2157户。

【农机推广】 2021年，全县推广小型拖拉机197台、中型拖拉机160台、拖拉机配套农具892台、农用水泵3047台、节水灌溉机械135套、插秧机38台、联合收割机67台、机动脱粒机512台，农机作业机耕面积2.49万公顷、机收面积1.07万公顷、机插面积3666.67公顷。

【农机安全监管】 2021年，县农业农村局引导培育“平安农机”示范村典型。完成太华镇创建“平安农机”示范乡镇任务。年检多功能拖拉机20台，履带拖拉机1台；联合收割机注册登记5台，收割机年检9台，到期换证25本。农机安全生产形势持续平稳，没有发生农机事故。

（郑乾增）

县农（良种）场

【概况】 2021年，全县国有农场有东风农场和良种场，共1170户、4287人。耕地面积412.33公顷，工农业总产值1.03亿元。农业生产主体纳入平台监管，全面推行农产品“一品一码”、标识销售、追溯管理。加大农药安全使用宣传，推广使用无公害农药和有机肥料，检测农产品农药残留样品383个。培育雷竹、芙蓉李、春香橘柚、红菇等农业基地，壮大农民专业合作社、家庭农场等新型农业经营主体，培训新型职业农民，东风农场有合作社12个、家庭农场9个、持证新型职业农民6人。指导和扶持农产品种植、管理和销售。逐步开拓销售市场，引导农民开启线上销售模式，雷笋销往厦漳泉、上海、杭州等地。

【东风农场】 2021年，县东风农场1118户、4111人。耕地面积399公顷，粮食产量1550吨，工农业总产值9966万元，其中，农林牧渔业产值9598万元，工业产值368万元。农民人均可支配收入2.1万元。粮豆播种面积319.87公顷，蔬菜玉米种植511.33公顷，烟叶种植27.53公顷、收购1080担；特色产业果竹种植面积300公顷，其中雷竹200公顷，芙蓉李66.67公顷，柠檬柑33.33公顷。投入林业生产资金208.93万元，改造国家储备林633.33公顷、松林135.6公顷，迹地更新造林76.17公顷，幼林抚育200公顷。林木采伐主、择伐面积41.9公顷，销售收入509.9万元。水稻保险承保161.26公顷，耕地地力保护补贴面积228.89公顷，发放补贴款29.17万元。

【良种场】 2021年，县良种场52户、176人。耕地面积13.33公顷，农业总产值325.2万元，农民人均可支配收入2.2万元。种植蔬菜22.67公顷，产量1020吨，产值142.8万元，种植大棚花卉1公顷，产值3.5万元；种植温州蜜柑2公顷，产量25吨，产值4.5万元。其他多种经营收入68万元。

【“共享农场”项目建成】 4月18日，县东风农场实施农旅康养“共享农场”项目建设，建成“东风公馆”并投入使用。公馆占地面积3718平方米，建筑面积2236平方米，投资1200余万元，融“文、农、旅、康养”于一体。

【人居环境整治】 2021年，县东风农场投入7万元整治人居环境，其中投入0.5万元增设排吉村、乾元村垃圾池4个，投入5万元整治公路沿线裸房，投入1.5万元迁移“共享农场”项目区内小型玉米秆加工厂、拆除老旧建筑物200平方米。

【基础设施建设】 2021年，县东风农场投入40万元建设基础设施，其中投入25.4万元混凝土硬化三门村、西安村境内道路0.66千米，投入14.6万元建设前坪村、睦坪村户外活动室和老人活动室。全场15个自然村的饮用水被纳入城乡供水一体化工程。

【社会保障】 2021年，县东风农场农村低保户35户72人，发放低保金37.14万元；特困供养14人，发放生活补助及护理费20.24万元；临时救助23人，发放补助金7.08万元；享受残疾人两项补贴107人，发放补助金7.78万元；发放高龄补贴4.21万元；参加城乡居民医保2320人，参保率100.43%。

（郑春莲 林生游）

水利建设

【概况】 2021年，大田县水利局落实“节水优先、空间均衡、系统治理、两手发力”的治水思路，践行“水利工程补短板、水利行业强监管”总基调。完成水利建设投资2.61亿元，占市下达任务的100%；争取到位水利项目性各类资金1.86亿元，其中，上级补助资金1.06亿元，专项债券0.7亿元，一般债券0.1亿元。城乡供水一体化项目投资5100万元（总投资13.54亿元）。治理仙峰溪屏山和坑段河道，总投资2000.75万元，其中中央补助资金1100万元，综合治理河道长4.33千米，新建护岸3481米。全县实施水土流失综合治理面积120公顷，水土流失率从10.54%下降至8.77%。下岩水库工程可行性研究报告获省发改委批复，初步设计方案获省水利厅批复。

【水资源管理】 2021年，县水利局落实建设项目水资源论证、取水许可、水资源有偿使用三项核心制度，完成取水工程（设施）检查登记205个，新发取水许可证13本，征收水资源费265.31万元。

【水土保持监督】 2021年，全县审批水土保持方案42份，检查生产建设项目32个，查处水保违法案件1起，处罚金额15万元；征收水土保持补偿费594万元，促进生产建设单位按照水土保持方案做好水土流失防治工作。

【重大水利项目投资】 2021年，县水利局完成重大水利项目5个，投资1.93亿元，占年计划的100%；面上项目10个，投资6866万元，占年计划的100%，其中，城乡供水一体化（一期）工程城区配水管网改造及延伸、户表改造、二次供水泵房改造、智慧水务等4个子项目开工建设，完成坑口水库分层取水工程施工招标，仙峰溪屏山和坑段河道治理工程投入使用，均溪周田段河道治理工程、屏山溪安全生态水系项目序时推进。

【降水和灾情】 2021年，据县气象部门统计，全年降雨量正常，降水总量1364毫米，较常年偏少12.74%；6月22日，一日最大降水量114.8毫米；大于或等于0.1毫米的降水日数149天，较常年偏少12天；大于或等于50毫米的降水日数3天，比常年偏少1天。

水库水位正常，8月13日坑口水库达到全年最高水位，9月10日六角宫水库达到全年最高水位。主要河流最高水位均未超警戒水位，5月8日文江溪255.76米（警戒水位256.3米，保证水位258.8米），6月22日均溪河353.92米（警戒水位355米，危险水位357米）。

10月后期，全县无有效降雨，造成较大干旱灾害。全县农作物受旱1420公顷，水田缺水1406.67公顷，旱地缺墒1233.33公顷，种植业因旱损失2429万元；因持续干旱限电，据不完全统计工业企业损失2500万元；居民饮水困难1035人，损失粮食1900吨、经济作物1587万元。

【农村饮水安全巩固提升工程】 2021年，县水利局实施农村供水保障工程6个，惠及吴山镇阳春村、济阳乡大儒村、屏山乡杨梅村、建设镇建设村和建民村、桃源镇上举村5个乡镇6个村，受益人口9300人，总投资93.7万元；新建小型拦水坝1座、机井1处、清水池5处（225立方米）、沉沙池1处，修复蓄水池1处（40立方米），铺设输水管网1.07千米、配水管网2.54千米，管理房2处。

【河道整治】 2021年，县水利局开展整治水浮莲、河湖清“四乱”（乱占、乱采、乱堆、乱建）、治理水电站生态流量等专项行动，整治河湖“四乱”问题58处，清理河漂垃圾及水浮莲约22万立方米，清理修剪城区河漫滩种植养殖及杂草约3万平方米，拆除清理非法采砂堆砂点11处，立案查处非法涉砂案件1起、处罚1万元，清退牛蛙养殖场33家。联合监督检查水电站123座，下发整改通知书21份，警告约谈10座，暂停电费结算处罚11座，执法处罚1座。境内22个乡镇交界断面水质全部达Ⅲ类标准及以上，均溪河、文江河流域各监测断面水质达标率连续五年100%，城区及乡镇集中饮用水水源地水质达标率100%。

【水利民生短板补齐】 2021年，县水利局推进屏山溪安全生态水系、仙峰溪屏山和坑段和均溪周田段河道治理工程、太石及广湖中型灌区节水配套改造等工程建设，新建安全生态水系3千米，综合治理中小河流4.2千米，新改扩建城区供水管网13.76千米，改善灌溉面积773.33公顷，新增、恢复灌溉面积573.33公顷，年节水能力951.06万立方米。

【农村供水工程维修养护】 2021年，县水利局推行农村供水工程维修养护机制，通过采购专业化队伍维修养护，新增缓释消毒设备44套，一体化净水设备4套，水厂（清水池）清洗及周边环境整治374次（工程284处），重点维修供水工程50处，投入216万元，受益15万人。年底，全县农村供水水质合格率75.5%。

【农村小水电专项整治】 2021年，县水利局针对部分水电站下泄流量落实不到位的问题，采取强宣传、强机制、严督查、严执法等措施，确保下泄流量严格落实到位，生态下泄流量不合格电站座数逐月递减，从上半年的14座至10月实现清零，154座水电站下泄流量数据合格率100%，行政处罚电站1座、罚款7万元。

（郑新镱 邱建森）

库区移民工作

【概况】 2021年，大田县水利水电工程移民发展中心（简称县移民发展中心）围绕加快全县科学发展、跨越发展大局，适应新常态，用新思维、新举措，优化服务、优化内部管理，提高办事效率，推进全县库区移民工作，建设“机制活、产业优、移民富、生态美”的大田新库区。健全完善“平安库区”创建和库区综治信访维稳1+N调解工作机制，移民发展中心干部工作重心下移，关口前移，走访移民村和移民群众，库区不稳定因素早发现、早报告、早控制、早消除。在市对县党政领导平安建设考评中，大田县库区移民维稳工作得满分，并列全市第一。

【后期扶持项目实施】 2021年，县移民发展中心向上争取资金4053.96万元，批复移民后期扶持项目16个。重点实施“古韵乡愁 灵动济阳”后期扶持示范区项目，做好示范区环境综合整治，把后期扶持示范区打造成为环境优美、留住乡愁、人与自然和谐共生、移民安居乐业的美丽家园。继续实施库区美丽家园建设，确保农村饮水安全，铺设混凝土道路19.78千米、建设休闲步道5861米、安装路灯70盏、绿化面积1278.8平方米，抓好基础设施建设和人居环境整治，改善库区村容村貌，提高移民人居环境质量。

【后期扶持项目资金使用管理】 2021年，县移民发展中心按照有关规定，做好项目资金使用管理。编制后期扶持项目年度计划、组织编制项目实施方案，按权限审批后期扶持项目实施方案并组织项目验收。加强与财政部门沟通，2021年年度资金由县水利局和县财政局联合下文，资金分配至相关乡镇。移民后期扶持政策实施以来，全县没有出现违规使用移民后期扶持资金、因移民后期扶持项目安排引发信访、后期扶持项目工程质量事故及合同纠纷、移民项目拖欠农民工工资和安全生产事故等问题。

（李求景）

林 业

□ 编辑 陈吉浣

森林资源培育

【概况】 2021年，大田县加强造林绿化、森林经营、苗木和花卉培育、竹业及油茶开发，增加森林面积，全面提高森林质量，确保实现森林覆盖率和森林蓄积量双增的目标，为绿色增长和可持续发展奠定坚实的生态和资源基础。

【营林造林】 2021年，全县完成植树造林面积1987.6公顷，占省市下达任务的103.9%。其中，“两沿一环”（省级以上公路和高速铁路沿线、沿河及城镇周边一重山）森林景观带造林22.9公顷，占任务的100.9%；“四旁”绿化5.3公顷，占任务的100%；珍贵用材树种造林139.9公顷，占任务的104.9%；其他造林更新面积1819.5公顷，占任务的102.8%。森林抚育面积4453.1公顷，占任务的105.5%；封山育林1182.9公顷，占任务的104.4%。

【苗木花卉培育】 2021年，全县育苗面积3.4公顷，产苗312.5万株（大田苗260.5万株、容器苗52万株），其中，马尾松0.07公顷7万株，杉木2.53公顷233万株，木荷0.4公顷26.5万株，其他阔叶树0.4公顷46万株。保有苗木花卉面积486.5公顷，其中，观赏苗木（绿化苗木）343.2公顷，盆栽植物3.7公顷，花卉（鲜切花）20公顷，食用药用花卉119.6公顷。是年，苗木花卉种植业总产值7.69亿元，比上年增长16.9%，苗木花卉全产业链总产值8.41亿元。

【竹业开发】 2021年，全县巩固高产、高效、优质“两高一优”丰产竹林面积2333.3公顷，完成竹林抚育1.13万公顷，新建竹山道路5千米。全年生产标准竹389万根，竹篙118万根，中小径竹材产量513吨，鲜笋9560吨，竹香芯174吨，笋干368吨。竹业总产值2.4亿元，同比增长6.7%。

【油茶开发】 2021年，全县新造油茶林20公顷，抚育3600公顷，低产林改造1020公顷。年底油茶林总面积1.02万公顷，干油茶籽产量7000吨（折茶油1750吨），油茶产业产值3.85亿元，同比增长3.2%。县林业局组织油茶栽培技术专家到华兴、湖美、屏山等10个乡镇，实地进行油茶低产林改造技术指导、开展丰产栽培和油茶修剪技术培训，受训农户和技术骨干400多人。

【全民义务植树活动】 3月，县委、县人大常委会、县政府、县政协四套班子领导及绿化委员会成员单位部分人员，在香山北路隧道口附近的义务植树基地，以“打好‘十四五’高质量发展开局战”为主题，开展全民义务植树活动，全县参加义务植树16.5万人次，植树54.84万株。

【速丰林基地建设】 2021年，全县完成速生丰产林基地建设面积753.3公顷，其中，速生丰产林工程造林139.9公顷，比上年增加6.6公顷；现有林改造培育速生丰产林613.4公顷，同比增加175.2公顷。

【松林改造提升】 2021年，全县完成松林改造提升面积1943.47公顷，占市下达任务的100.5%，其中，皆伐改造提升面积659.53公顷，带状采伐改造提升面积16.93公顷，松林择（间）伐提升面积1267公顷。

（林伟才 颜志强 陈光畏 乐景传 张锦斌 苏晋伙）

森林资源保护

【概况】 2021年，县林业局落实保护和发展森林资源目标责任制，强化林木采伐、林地审批、森林防火和森防检疫等工作，严厉打击各类破坏森林资源犯罪行为。全县森林覆盖率73.43%，林地保有量17.6万公顷，森林蓄积量1607.5万立方米。是年，按照“先易后难、分年度建设、达标申报验收”的原则，创建“福建省森林村庄”。梅山镇香坪村、屏山乡内洋村、吴山镇阳春村和张坑村被省绿化委员会和省林业局命名为“福建省森林村庄”。年底，全县有省“森林村庄”10个。

【商品林采伐】 2021年，县林业局执行省林业局下达的商品林采伐计划，确保年度采伐消耗量及分项结构不突破指标。全县分解下达各乡镇、场采伐蓄积量指标，保持29.86万立方米，办理商品材林木采伐证1502份、蓄积量29.8万立方米，出材21.1万立方米。

【林业执法】 2021年，县林业局执法部门受理各类林业行政案件51起，查处100%，其中，滥伐林木案7起，毁坏森林、林木案2起，违法使用林地案35起，违反森林防火法规案6起，违反林草有害生物防治检疫法规案1起。行政处罚11个单位51人次，清理林地7.48公顷，补种林木3088株，为国家挽回经济损失93.51万元。办理植物检疫证243份，检疫调运木材7.9万立方米、苗木9.9万株，检疫率100%。

【林地管理】 2021年，县林业局受理征占用林地项目55个，审核审批林地55宗，面积72.1公顷；林业执法部门开展专项清查行动，发现和处理非法征占用林地行政案件35起，清理非法占用林地7.48公顷，处罚10个单位，责令限期恢复森林植被或补办林地征占用审批手续。

【森林防火】 2021年，全县召开部署防火工作会议105次，县乡出动宣传车1250车次，新设固定和更新宣传牌409块，群发警示短信43万余条，张贴临时宣传标语3万余条。县林业局联合多部门举办6次乡级森林消防和护林员队伍培训，参训250余人；年内完成生物防火林带整地与种植81.07公顷。开展全县第一次森林火灾风险普查，完成外业调查、数据采集、载量计算和提交初步成果报告，并通过县级自查和市级核查验收。年内全县未发生重大森林火灾。

【森防检疫】 2021年，县林业局组织林业有害生物防控知识培训2次，参加56人次；挂设检疫宣传横幅38条，张贴标语256张，发放检疫宣传图册1500多份。开展林业有害生物常规监测预报，指导开展马尾松毛虫和刚竹毒蛾生物防治650公顷，有害生物防治率、无公害防治率均达100%，发生率0.95‰；就地清除松材线虫病害枯死木3300余株，松林防治性改造453公顷，综合防治松墨天牛467公顷，挂设诱捕器200套、诱杀天牛2.08万只，生物防治259.5公顷。加强检疫封锁和疫木监管，组织常态化检疫执法，查处检疫违法行政案件1起。是年，大田县被国家林业和草原局公布为松材线虫病县级疫区，其中建设、广平、奇韬、文江、太华、均溪为疫点乡镇。

【林长制推进】 2021年，全县推进林长制，全面构建县、乡、村三级林长护林网络。出台县级《关于全面推行林长制的工作方案》，确定县乡村三级林长、副林长名单和责任区域，设立林长和副林长780名；成立县级林长办公室，建立县级林长制会议制度、信息公开制度、督查制度、工作考核制度、部门协作制度。县林业局分别与县人民法院、人民检察院建立“大美之田·绿色林长·司法护航”“林长+检察长”协作工作机制。

【山林纠纷调处】 2021年，县处理山林纠纷工作服务站受理和调处县内森林和林木林地纠纷3起，面积53.2公顷。接待群众来访19人，受理群众信访件11件、“12345”平台12起，全部办结，办结率100%。

（陈思伟 邱光樟 颜志强 肖衍启 苏晋伙 郑文增 杨进）

林业产业

【概况】 2021年，县林业局继续推进林业改革，促进林业适度规模经营，不断发展木材经营、竹木加工、林下经济、森林康养等相关林业产业，实现林业增效、林农增收、生态保护多赢。雾海茶和阳春森林康养基地被省林业局认定为省级森林康养基地，翰霖泉森林康养基地被认定为市级运动森林康养基地和市级首批森林康养样板基地。

全县林业总产值80.68亿元，比上年增长3.59%，其中，第一产业产值12.8亿元，同比下降6.25%；第二产业产值64.7亿元，同比增长4.86%；第三产业产值3.18亿元，同比增长22.31%。年底木竹加工企业52家。全县森林康养产业在全市森林康养产业“五比五晒”考核中排名第二。

【林票碳票制度推行】 2021年，县林业局推动省属国有林场与行政村、企业合作，推行林票制度，两年累计发行林票总金额298万元。鼓励和引导林地、林木所有权人向市林业局申请制发林业碳票，开发三明林业碳票项目1个，实现碳减排量2.3万吨；推动县东风农场与3家企业合作，联合营造“碳中和林”示范林1片，面积15.33公顷。

【林业经营组织培育】 2021年底，全县新型林业经营组织470家，涉及农户1.8万多户、林地面积3.9万公顷，林地面积覆盖率60.3%。被农业农村部等单位联合评为国家级新型林业经营主体示范单位1家，林业经营组织被省农业农村厅等单位评为省级示范社（场）12家，被市、县农业农村局等评为市级示范社（场）6家、县级示范社（场）11家。

【林下经济发展】 2021年，全县发展林下经济涉林面积2.04万公顷，年产值7.02亿元，同比增长16.61%，农民人均创收2588元。其中，林下种植中药材、林菌（红菇、梨红菇）6900公顷，产值0.56亿元；林下养殖鸡、鸭、鹅、牛、羊4367公顷，产值1.42亿元；采集加工笋竹（含小径竹）6700公顷，产值4.38亿元；森林景观利用森林公园、森林人家2460公顷，产值0.66亿元。

【森林疗养师培训班举办】 6月5日，三明市2021年森林疗养师培训班（初级）在翰霖泉省级森林康养基地举办，为期8天。由中国林学会森林疗养分会、福建省林业局主办，三明市林业局、大田县人民政府共同承办，全市各森林康养基地一线业务骨干50人参加。7位专家学者带领学员，通过课堂讲座、现场教学、交流讨论等方式，集中学习森林疗养、森林医学、环境心理学、野外安全管理等理论课程，进行案例分享与解析、森林疗养师技能训练等实操。中共十八届中央委员、中国林学会理事长、原国家林业局局长赵树丛和森林疗养分会理事长刘立军，省林业局局长陈照瑜，国家林业和草原局驻福州专员办专员王剑波，市林业局局长陈平、副局长温国良，县长林金龙、副县长陈秀达，县林业局局长肖宏强及省市林业局有关处室负责人参加开班仪式。

（林伟才　严千墩　颜志强　范成垚　高上品）

国有场圃

【概况】 2021年，县境内国有场圃4个，其中省属、市管林场2个，县属林场1个，苗圃1个。经营面积1.53万公顷（苗圃用地1.2公顷），其中林地1.43万公顷，林分蓄积量251.09万立方米。当年迹地更新造林346.42公顷，森林抚育1357.4公顷，森林病虫害防治590.03公顷，木材生产4.89万立方米，销售5.15万立方米，主营业务收入4321.73万元。年底，在职职工145人，其中，专业技术人员64人。

【桃源国有林场】 2021年，全场经营面积6469.6公顷，其中林地5953.33公顷，森林覆盖率93.62%，林分蓄积量101.49万立方米。坚持“以营林为基础”的方针，继续在杉木采伐迹地选择中下部较平缓的地段进行小块状机械整地，并增施有机肥，提高杉木造林成活率和是年全高达标率，平均成活率95%，抽梢超55厘米。迹地更新造林145.87公顷，平均成活率97.3%，完成中幼林抚育622.6公顷；林道维修67.63千米，新开集材道45条、长20.32千米，使用林地面积6.1公顷。防火林带维修64.41千米，调整充实森林消防队伍，共51人，设桃源分队和湖美分队；组织全体扑火队员参加森林火灾扑救与安全知识及风力灭火机使用培训，使队员熟练掌握扑火技能及扑火器具的使用方法。勘察松材线虫、松突圆蚧病3000余公顷，施放白僵菌粉剂1000千克，森林病虫害防治134.1公顷。做好巡山护林，查获盗伐林木86株，处理林业行政案3起，收取林木补偿费0.26万元。全年主伐皆伐林木面积118.8公顷，抚育间伐341.1公顷，生产木材1.82万立方米，销售1.91万立方米，木材销售综合单价每立方米806.77元，年营业收入1541.71万元。主营业务利润693.77万元，管理费支出936.39万元。全场内设职能部门6个，管辖5个森林管护站，在职职工54人，其中专业技术人员25人。

是年，林场根据《福建省林业局关于印发国有林场“百场结百村”活动方案的通知》，制订“百场结百村”活动实施方案，8月，与桃源村签订“村场共建”协议，并按协议约定开展共建，构建场村“优势互补、相互促进、共同提高”的基层党建新格局。并与永安、梅林国有林场党支部联合开展“传承红色基因　谱写绿色篇章”为主题的“党建+联建”党日活动。

【梅林国有林场】　2021年，全场经营面积6255.87公顷，其中林地面积5852.33公顷，森林蓄积量108万立方米，亩均12.3立方米，森林覆盖率89.8%。重视森林资源培育和保护，完成营林投资515万元，其中更新栽植面积169.8公顷、森林抚育面积487.53公顷、林地准备85.87公顷、林带维修33.7千米、林道维修50.7千米。完成森林质量精确提升示范项目170.33公顷，中央财政造林项目61.47公顷；完成森林经营166.53公顷，其中杉木大径材培育58.33公顷、杉木定株经营85.93公顷、近自然经营22.27公顷。落实林长制，加强森林资源管护，与各科室、管护站签订森林防灭火责任书10份，同护林员签订《森林资源管护合同》24份及《生态林和天然林森林资源管护合同》17份。加大防灭火宣传力度，坚持火险期值班值守和车辆待命，制定和张贴森林防火标语400份、悬挂横幅4条、出动防火宣传车45次，建设防火蓄水池5个160立方米，加强巡护和隐患排查，制止野外违规用火3起、排查隐患1起、组织协助周边毗邻乡镇扑救火灾3起。加强护林员考核管理，落实工作责任，严格日常监管，在每个护林员的手机上安装巡护管理App终端，加强巡护；及时开展季度护林成效检查。持续开展扫黑除恶专项斗争，坚持林区扫黑除恶周报制度，开展林区野生动物保护宣传，悬挂横幅2条；打击盗砍滥伐和毁林占地行为，竖立违法侵占林地警示牌3块。做好森林病虫害防治，落实2021年度松材线虫病春季普查，防治马尾松毛虫面积135.93公顷。做到资源管护智能化，应用森林资源综合视频监控系统，有效提升森林资源管护智能化水平；购买无人机、消防水泵各1台，提升扑救火灾能力。全年办理征地5起，面积43.5公顷。处理林权纠纷9起，基本完成林场经营区落界工作，数据报上级初审；三调数据正在融合。完成松林改造提升专项工程40.6公顷，其中皆伐改造23.33公顷，带状采伐更新17.27公顷。抚育间伐155.67公顷，木材生产2.64万立方米，销售2.68万立方米，主营业务收入2202.22万元，全年业务活动费用1030.05万元、单位管理费用1235.03万元，年底净资产1.09亿元，净利润395.34万元。在职干部职工62人，其中专业技术人员27人。

是年，试行林场差异化绩效管理激励机制，人均增加收入1153元，提高职工干事创业积极性。“百场结百村”活动为梅林村建设森林步道3.4公里，投资3.3万元；给予10个村道路补助23万元。林场获2021年度“市级文明单位”、县“基层先进党组织”和县“平安建设先进单位”称号。

【赤头坂国有林场】　2021年，大田县赤头坂国有林场经营面积2550公顷，其中林地2479.8公顷，森林覆盖率96%，林分蓄积量41.6万立方米。完成中央财政森林抚育补贴（武夷山森林和生物多样性保护项目）面积173.87公顷，国家储备林基地建设项目面积100.27公顷；迹地更新造林种植红锥、杉木、木荷等混交林30.67公顷；常规幼林抚育247.27公顷，林分修复39.53公顷，全球环境基金“中国森林可持续管理提高森林应对气候变化能力项目”低效林改造14.13公顷；维修防火路57.03千米，森林病虫害防治320公顷。全年木材生产、销售5594立方米，销售收入577.8万元，税后利润68.19万元，财务收支节余68.19万元。年底，干部职工27人，其中专业技术人员12人。

【汤泉苗圃】　2021年，苗圃地1.2公顷，其中水田1.07公顷、旱地0.13公顷，在职职工2人。

【松林改造提升超额完成】　2020年2月20日起，大田县行政区域被国家林业和草原局划定为松材线虫病重点预防区，同年12月17日，县政府办公室印发《2021年度松材线虫病等重大林业有害生物防控实施方案的通知》。2021年，县林业工作会议下达赤头坂国有林场松林改造提升面积4.2公顷，全年实际完成85.73公顷，全面确保森林病害、虫害不成灾，达到森林生态平衡的目标。

【综合服务中心建成】　1月30日，梅林国有林场福塘综合服务中心（均溪镇福田路245号）建成使用，占地面积2601.2平方米，建筑面积2706.06平方米（含门房），为独幢五层（不含地下停车场），投资1165万元，提升森林资源保护监测、科研、视频会议系统以及便民服务等能力。

【县属国有企业整合】 9月21日，赤头坂国有林场按照《大田县县属国有企业整合重组方案的通知》（田委〔2020〕40号），完成营业执照变更登记，注册资本141万元，由福建兴田城市建设投资有限责任公司出资。

【科研院校合作加强】 2021年，桃源国有林场继续与福建农林大学、省林科院加强合作，结合生产将林场的林地提供给科研院所作为实验基地。全年完成中央财政林业科技推广示范项目《江南油杉优良种质造林应用与推广示范》造林30.93公顷，杉木无性系中试造林试验面积3.4公顷，参试家系处理6个。申报《杉木优良无性系区域试验研究》科研项目，通过市林业局评审。

【差异化绩效管理实施】 2021年，桃源国有林场落实《三明全国林业改革综合试点市实施方案》，制订差异化绩效管理实施方案，尝试将湖美管护站采伐迹地的松木树蔸出租给有资质的法人（江西省乐安县观保中药材种植合作社），林下种植中药材茯苓，面积26公顷（租金30元／亩•季），增收1.17万元。

【经营范围拓展】 2021年，梅林国有林场深化林改，合作造林并签订制发林票面积37.57公顷，制发林票28.09万元；采伐迹地70.2公顷，松木树蔸种植茯苓，发展林下经济。

【营林机械整地】 2021年，梅林国有林场举办营林机械整地和造林技术实地操作技术人员、施工员培训1期，参加65人。推行营林不炼山，采用小型机械生态整地更新，全年完成94.73公顷。该模式被“学习强国”、《三明日报》等媒体报道，得到省林场发展中心的肯定和推广。

【森林步道建设】 2021年，赤头坂国有林场“百园千道”生态共享工程，在“桃源睡眠小镇”森林康养基地新建2条森林步道，长6.95千米，总投资30万元，其中，十八溪停车场边至二级站桥头到场部后中药材基地1条，长3.1千米；双纲水库边至一级站到二级站桥头1条，长3.85千米。使桃源睡眠小镇森林康养基地成为集休闲、运动、观光于一体的综合性森林健身休闲地。

（陈森森 田立丰 余瑞真 颜志强）

工业 建筑业

□编辑 潘梅

综述

【概况】 2021年，大田县工业和信息化局（简称县工信局）坚持稳中求进工作总基调，落实招商引资工作，推进工业产业项目建设，全县工业经济实现平稳增长。完善企业服务体系，组织企业申报惠企补助项目，加强行业安全生产工作，对工矿企业进行安全督促指导。当年，县工信局被评为2017—2020年度全省工信系统先进集体，获2021年度三明市招商引资特别贡献奖集体奖三等功。

【经济运行】 2021年，全县新增规模以上工业企业11家，183家规模以上工业企业完成现价产值627.72亿元，比上年增长16.38%。工业用电14.98亿千瓦时，同比增长17.4%，增速居全市第二位。规模以上工业经济效益综合指数503.19%，同比增加73.39%，实现利税总额11.14亿元，其中利润5.9亿元、税收5.24亿元。

【项目投资】 2021年，全县实施工业能源重点建设项目64个，投资总额213.52亿元，年度完成投资56.2亿元，其中41个项目完成年度投资计划，24个项目实现竣工投产；工业企业实施技改项目93个，完成技改投资额41.28亿元，同比增长27.36%，其中新岩水泥日产5000吨熟料水泥生产线技改项目竣工投产。

【企业服务】 2021年，县工信局为25家企业争取到省、市各类奖补奖金669余万元；帮助英仑陶瓷技改项目获批省级技改资金贴息贷款3000万元；为兴田城市建设投资、雅安居等4家企业发放7笔急转贷2.58亿元。帮助25家企业入选三明市融资担保白名单，为313家企业提供政府性融资担保，在保余额9784万元。通过“政企直通车”平台为企业解决各类问题186条，清偿工程款652.32万元。

【绿色工业提升】 2021年，全县规模以上工业企业综合能源消费量50.07万吨标煤，年度能耗总量和强度“双控”目标通过市节能办考核。排查出“两高”（高污染和高耗能的产业）拟建项目8个，取消铁合金项目2个和水泥新建项目1个。完成节能审查在建项目32个，3家水泥企业申报省级高耗能行业“能效领跑者”标杆企业。

【项目招商】 2021年，重大招商项目取得突破，全县工业招商签约项目76个，总投资174.84亿元。通过“以商招商”，对接行业龙头企业贝特瑞公司，推动科华石墨年产5万吨负极材料技改项目备案落地；通过“腾笼换鸟”方式，引进英仑陶瓷年产200万件卫生陶瓷洁具项目。

【行业安全监管】 2021年，从行业规划、产业政策、法规标准、行政许可等方面加强行业安全生产工作，对其他工矿企业进行安全督促指导，全县实现行业安全态势平稳。工信局编制《大田县2021安全监管计划》，明确监管目标、监管任务、监管对象和监管内容。印发《关于做好“两节”“两会”期间和岁末年初有关工作的通知》，做好期间安全生产工作。落实企业安全生产主体责任，安全监管和行业督促指导职责。督促开展煤矿、民用爆炸物品和信息化生产经营单位安全监管，推进安全生产专项整治三年行动工作，制订《关于做好新冠疫苗接种工作暨工业企业“控事故、保安全、迎建党百年”行动的通知》工作方案，分4个工作组进行督查。印发《致全县工矿企业安全生产集中攻坚专项行动的公开信》，落实生产经营单位安全生产主体责任承诺书签订。

【新型纺织面料业】 2021年，全县纺织、服装和皮革制品规模以上企业11家，主要产品为服装制造、非织造布制造及皮箱、包袋制造，全年实现工业产值18.55亿元。

（吴高彬）

电力工业

【概况】 2021年，国网福建大田县供电有限公司（简称县供电公司）完成县“十四五”电网规划编制，推进重点工程项目及各级电网建设，实现电网建设与县域经济发展同布局、同规划；投运保供电工程，提升电力保障能力；继续实施电力扶贫，巩固拓展脱贫攻坚成果；提升优质电力服务，落实惠企暖企举措。全县用电总计19.87亿千瓦时，其中行业用电量17.07亿千瓦时，城乡居民生活用电2.8亿千瓦时。

【电力工程建设】 2021年，县供电公司统筹协调，落实属地职责，加强电力工程和电网建设。按期投运220千伏良元、110千伏铸锻输变电工程及兴泉铁路电铁牵引变配套工程等重点项目。开工建设35千伏湖美、谢洋输变电工程；按期投运110千伏太华、前坪变电工程，35变电千伏梅山、奇韬等二期扩建工程4个，保障区域电力负荷增长需求。实施配网改造、大修工程68项，提升配网供电可靠性。

【电力供应保障】 2021年，县供电公司提前投运8项保供电工程，应对供电负荷5创新高，全网最高负荷323.86兆瓦；建立政企协同高效应对机制，确保“限电不拉闸、限电不限民用”；完成中高考等12场保电任务；提升电力保障能力，投资4595万元，新增（改造）供电台区32个、线路69.73千米，供电可靠率逐年提升。

【电力扶贫】 2021年，县供电公司协助县扶贫办常态开展光伏扶贫电站运营分析，发现并指导处理问题87个，增发电量12.78万千瓦时，增收12.52万元；结算光伏扶贫购电费1458.02万元，惠及714户；兑现“低保户、特困户”补贴电费34.72万元；完成消费扶贫3.97万元。

【服务“双碳”目标】 2021年，县供电公司推进乡村电气化，推动政府授牌创建桃源镇“电气化示范镇”；推动清洁能源替代，完成烤烟房“煤改电”15座，改善环境助农增收；助推光伏发电项目落地，全年实现电能替代3101万千瓦。

【用电服务】 2021年，县供电公司完成牡丹新村等4个老旧小区供配电设施及4.2万只智能电表升级改造；完成城区20个充电桩建设及18个乡镇充电设施勘察选址，服务绿色出行。在县经济开发区派驻服务专班，服务园区企业用电，护航新岩水泥等重点项目；深化“百千万”客户大走访256户，限时办理客户诉求、解决用电难题，意见办结率100%；推广“网上国网”，实现业务“一网通办”，线上业务办理及时率100%；推动“房产＋电表”联动过户等特色服务，优化营商环境；深化“阳光业扩”，加快业扩提速，高压业扩用户累计送电123户，送电容量13.43万千伏安，高、低压平均办电时长压降至24.11、1.55个工作日；在社区开展“居民夜谈会”，建立“电力便民服务e站”3个，加强末端客户服务渗透。

（陈荣辉）

矿物采选工业

【概况】 2021年，全县矿物采选工业规模以上企业60家，实现产值240.67亿元。其中，规模以上煤炭开采和洗选业9家，实现产值20.42亿元；规模以上金属矿采选业42家，实现产值181.7亿元，主要从事铁矿、铅锌矿的开采；规模以上非金属矿采选业9家，实现产值38.52亿元，主要从事石灰石、钾长石的开采。

【煤矿安全管理】 2021年，县工信局开展“控事故、保安全、迎建党百年”安全生产集中攻坚专项行动，开展安全隐患大排查大整治，要求企业制订隐患整改方案，做到责任、措施、资金、时限和预案“五落实”，已全部整改。印发《致全县工矿企业安全生产集中攻坚专项行动的公开信》，要求企业落实生产经营单位安全生产主体责任，签订承诺书。

（吴高彬）

铸造和装备制造业

【概况】 2021年，县工信局贯彻

落实《大田县推进铸造和装备制造产业提升发展三年行动方案(2021—2023)》，将铸造和装备制造产业作为构建“二三四”产业结构的主导产业，在开展“省级铸造产业基地”“中国铸造产业集群试点县”工作中，逐步推进试点县验收工作。全县铸造和装备制造生产企业有64家，其中铸造企业50家，规模以上20家；机械企业14家，规模以上5家。规模以上企业累计产值100.3亿元，同比增长25.85%。

【省级铸造基地建设】 2021年，完成省级铸造基地（上京工业园）现一期土地平整约266.67公顷，完成基地建设，有17家企业入驻，另有17家企业完成签约，等待入驻。

【产业发展】 2021年，县工信局完成《铸造和装备制造产业链招商地图》绘制，新策划铸造和装备制造项目16个，新签约铸造和装备制造项目11个、开工项目16个、竣工投产7个；实施技改项目6项，总投资4.65亿元，完成投资额3.95亿元。有9家铸造企业建立ISO 9001质量管理体系并通过认证，6家企业取得实用新型专利授权68个。

（吴高彬）

建材工业

【概况】 2021年，建材产业作为县传统支柱产业之一，在“十三五”期间，呈现发展速度较快，经济效益提高，结构逐步优化，布局得到调整、企业机制得到改善的良好发展局面。是年，全县水泥企业4家，产值17.58亿元；水泥制品、机制砖企业16家，产值46.82亿元；木材加工企业15家，产值33.89亿元。

【新岩水泥技改项目】 2021年，新岩水泥日产5000吨熟料水泥生产线技改项目竣工投产。技改项目建成投产后，预计能耗下降30%，产能提高300%，年生产水泥200万吨，年销售收入可达8亿元，并带动周边经济发展，解决就业人口300人。

【企业服务】 2021年，县工信局组织3家水泥企业申报省级高耗能行业“能效领跑者”标杆企业；通过腾笼换鸟方式，引进英仑陶瓷年产200万件卫生陶瓷洁具项目；帮助英仑陶瓷技改项目获批大田县首笔省级技改资金贴息贷款3000万元。

（吴高彬）

石墨（烯）产业

【概况】 2021年，立足县区域丰富的石墨矿资源，发挥产业优势，加大招商对接力度，重点推进科华石墨、贝特瑞等大项目落户大田，打造以石墨烯新材料产业为主的产业链条。

【石墨（烯）项目建设】 2021年，以罗丰工业园为平台，推动科华石墨负极材料项目建设，一期3万吨竣工投产，生产负极材料3000吨、增碳剂3000吨及煅后焦1万吨。对接行业头部企业贝特瑞集团参股投资，二期年产5万吨石墨负极材料生产线项目建设已通过节能审查。谋划三期项目落地，总投资预计将超50亿元，年产近20万吨石墨负极材料生产能力，成为东南部地区最大的石墨负极材料生产企业。

【石墨（烯）产业链延伸】 2021年，推进福建仲荣冶金材料有限公司年产5万吨石墨新材料建设项目，完成1号厂房和办公楼建设，进入设备安装调试阶段；对接上海市石墨（烯）产业技术功能平台，初步达成石墨（烯）产业技术创新和成果转化等领域战略合作意向；对接福建宏盛幸福石墨（烯）产业科技有限公司，签订微晶石墨精深加工项目投资协议。

（吴高彬）

个体与私营工业

【概况】 2021年，县市场监督管理局持续简化个体与私营工业市场主体办理注册登记事项，营造便捷市场准入环境。全年新登记注册的个体、私营工业企业264家，注册资金8.91亿元。全县个私工业企业2130户，同比上年增长7.04%；注册资金59.42亿元，同比增长16.95%。其中，私营工业企业794家，注册资金58.02亿元；个体工业企业1336户，注册资金1.39亿元。

【农副食品加工业】 2021年，全县个私农副食品加工业298家，比上年增长11.61%；注册资金7190.9万元，同比增长23.77%。其中，全年新登记个私农副食品加工业42家，注册资金1223.8万元。

【食品制造业】 2021年，全县个私食品制造业241户，同比上年增长3.88%；注册资金2.754亿元，同比增长3.77%。其中，全年新登记个私食品制造业18家，注册资金1134.5万元。

【服装服饰制造业】 2021年，全县个私服装服饰制造业269户，注册资金1.98亿元。其中，个体服装服饰制造业212家，注册资金1882.18万元；私营企业服装服饰制造业57家，注册资金1.8亿元。全年新登记个私服装服饰制造业54家，注册资金1442万元。

【印刷业】 2021年，全县个私印刷工业15家，比上年减少2家。注册资金8020.2万元，其中注册资金500万元以上的有4家、100万元以上的有3家、不足100万元的有8家。

【造纸业】 2021年，全县个私造纸业7家，注册资金1.54亿元，其中新登记1家，注册资金1000万元。规模企业有弘惠纸业有限公司、兴洲纸业有限公司、华闽特种纸科技股份有限公司、华闽纸业有限公司、闽发纸业有限公司等5家，完成工业产值4.23亿元，同比上年增长10.44%，主要生产卫生纸、机制纸和包装纸。

【陶瓷工业】 2021年，全县个私陶瓷工业8家，注册资金6678万元。规模以上陶瓷企业有福建省大田县宝通瓷业有限公司、福建顺天来彩陶制品有限公司、大田县永大工艺制品有限公司、大田县宝丰陶瓷有限公司等4家企业，完成工业产值10.14亿元，同比上年减少5.59%。主要从事工艺陶瓷生产，园林、陈设艺术及其他陶瓷制品制造。

【股权出质登记】 2021年，县市场监督管理局审批注册股向金融机构和企业宣传股权质押贷款模式，拓展企业融资渠道。全年办理企业股权出质登记20件，出质股份数1.17亿股，被担保债权额7.8亿元。

（黄清渊 张秀莹）

工业园区建设

【概况】 2021年，大田经济开发区以提升项目转化率为目标，制定领导牵头、专人负责的服务机制，通过问题数字化、进度图文化的形式开展“亮、晒”服务活动，推动项目问题逐项、限时解决，推进项目早建设、早投产；根据各园区自身产业定位，加快主导产业招商，有选择地引进一批符合园区发展方向、有利于产业集群发展的大项目、好项目，同时依托“6•18”海创会、“9•8”投洽会及商会、年会等契机，开展招商推介；完善园区基础设施建设；抓紧农转用报批前期工作，解决园区项目用地不足问题。全年经济开发区规模以上工业企业16家，工业产值66.53亿元，比上年增长39.86%；实现税收5005万元，同比增长44.24%；规上企业用电4.25亿千瓦时，同比增长17.08%；企业新增固定资产投资14.91亿元，同比增长64.93%；实际利用外资140万美元，同比下降50.88%。

【项目集中开竣工活动】 3月18日，上京工业园举行第一季度“五个一批”项目集中开（竣）工仪式，22个项目集中开竣工，总投资34.15亿元。其中晟兴中高端铸件生产及机械加工、太宇中高端铸件生产及机械制造、恒右实阀门等14个建设项目开工，县委书记陈文华，县长林金龙等参加活动。6月21日，上京工业园举行第二季度“五个一批”项目集中开（竣）工仪式，25个项目集中开竣工，总投资42.5亿元。其中中光中高端铸件及机械加工、铁牛中高端铸件生产及机械加工等14个建设项目开工，展晖机械铸件生产加工及设备制造等11个项目竣工，县委书记陈文华，县长林金龙，县委常委、组织部部长陈磊等参加活动。11月26日，上京工业园举行第四季度“五个一批”项目集中开（竣）工仪式，新岩水泥技改、凯沃中高端铸件生产加工及整机装备、晟兴中高端铸件生产及机械加工等项目竣工，县长林金龙，县人大常委会主任、党组书记兼政协主席陈剑生，县政协党组书记吴初增，县委副书记夏寿南等参加活动。

【园区建设】 2021年，县经济开发区围绕园区项目用地不足，抓紧农业用地转工业用地报批前期各项工作，上京工业园一期东片区土地征收成片开发方案获省批复；完成林地报批33.2公顷、农业用地转工业用地报批30公顷、土地征收84.2公顷。新开发平台120公顷，其中上京园86.67公顷、罗丰园33.33公顷。完善基础设施建设，京口工业园新增日处理6000吨净水器1台并投入使用，集中供热进入试运行，新增消防站训练用地2000平方米。上京工业园用水工程于3月投产，二标段道路及管网于5月竣工，110千伏变电站于10月竣工并投入使用，污水厂、职工公寓等配套设施有序建设；罗丰工业园完成110千伏线路工程建设并投入使用；罗丰大道、污水处理厂、供水厂等设施有序建设。

【项目建设】 2021年，县经济开发区落地转开工项目15个，开工转投产项目10个，其中，晟兴铸造有限公司、英仑陶瓷有限公司开工后半年内实现投产。协助京泰能源公司购买京口工业园集中供热项目排污权，为企业节约资金1365万元。

【招商引资】 1月，与闽西南城市协作开发集团有限公司签订大田经济开发区上京工业园综合楼、职工公寓等配套设施建设项目共建协议，一期投资1.2亿元，是三明市首个与闽西南集团合作的项目。当年，县经济开发区加快主导产业招商，新签约项目16个。其中，通过合作重组、司法拍卖等方式，引进合鑫金属、英仑陶瓷2个项目，盘活2家闲置资产及土地23.07公顷，实现增资增效不增地。

【投融资服务】 2021年，县经济开发区推动兴业银行、中国人民银行等金融机构进行银企对接，加强项目融资服务，提高服务实效，促成科华石墨科技有限公司2700万元园区按揭贷批复并放款，帮助英仑陶瓷有限公司取得全县首笔技改贴息贷款3000万元。京口工业园开发建设有限公司组织申报园区基础设施建设专项债，当年获批政府专项债2亿元，填补部分资金缺口，有效缓解园区建设资金压力。

【省、市领导调研】 2021年，省政协副主席王光远，省委统战部副部长、省工商联党组书记李家荣，市委书记余红胜，市长李春，省委军民融合办副主任黄建清分别于3月29日、6月24日、8月9日、8月12日、10月26日到园区调研指导。

（吴丞鈆）

建筑业

【概况】 2021年，县住建局加强建筑工程质量安全监管，安全生产形势平稳，产值稳步增长。全县在建工程54个，建筑面积117.27万平方米。依法发放施工许可证70项，建筑面积54万平方米，工程造价29.46亿元。依法竣工备案20项，工程造价11.31亿元，建筑面积18.21万平方米，市政工程长度6100米。通过招商活动，引入二级房建市政企业1家、三级房建市政企业11家。至年底，全县有本地建筑企业54家，其中一级1家、二级4家。

【消防审验】 2021年，县住建局办理建设工程消防设计审查35个，办结消防验收项目18个，消防验收备案项目6个。审查绿色建筑项目26个，建筑面积103.25万平方米，均达到绿色建筑一星或二星标准。

【施工质量与安全监督】 2021年，县住建局组织常态化开展质量安全检查，检查工程项目163家次，发出整改通知单161份，局部停工通知单2份，排查一般隐患902条，给予项目经理动态记分163人次、1894.62分，总监动态记分163人次、967.4分，41家施工单位动态记分1894.62分，25家监理单位动态记分967.4分。

（廖士幸）

城镇集体工业

【概况】 2021年，城镇集体工业联合社（简称城镇联社）抓好造纸企业安全生产监管工作，对全县造纸企业开展安全生产检查；做好工艺美术文化产业服务指导工作，组织县工艺美术企业、艺人参加工艺美术展览和比赛；开展招商引资工作，引进3家公司入驻大田。

【工艺美术参展参赛】 2021年，城镇联社选送优秀作品参加三明市2021“风展红旗·如画三明”文化旅游创意设计大赛、第十五届中国（莆田）海峡工艺品博览会等活动；组织县工艺美术企业、艺人参加福建惠安第三届工艺美术创意设计大赛，工艺美术师许生炜创作的汉白玉雕刻《海韵》获优秀奖；工艺美术师周庆寨创作的《人生如意》参加第六届海峡两岸雕刻艺术大赛，获“福雕奖”最佳创意金奖。

【企业安全监管】 2021年，城镇联社传达省市县安全生产有关会议精神，部署安全生产工作，落实安全生产主体责任，每季度组织安检人员到造纸企业开展安全检查，全年未发生安全事故。

【招商引资】 2021年，城镇联社引进大田县五仁贸易有限公司、大田县德泉文化创意有限公司等3家工业、文旅服务企业，注册资金2000万元。建立项目库，筹划引资项目3个。

（林起煌）

交通 邮政 通信

□ 编辑 郑祥果

交通建设

【概况】 2021年，大田县铁路、公路建设总投资约10.19亿元。其中，铁路投资3.57亿元、高速公路1.74亿元、国道3.54亿元、县乡道路6223万元，其他7160万元。续建兴泉铁路（大田段）全长60.28千米；莆炎高速公路（大田段）31.08千米；续建完成国道235（纵五）线梅山德州至均溪柏林段41.7千米，续建国道534线大田广平铭溪至栋仁段3.1千米，田安高速（广平至安溪官桥）建设项目，完成初设审查、定测和详勘外业通过验收。开工建设国道534线文江至奇韬水泥厂段8.8千米；拓宽改造乡道四级公路8段、20.82千米。年底，全县有公路322条、1810.43千米。其中，高速公路1条、60.61千米；国道3条、136.27千米；省道1条、79.05千米；县道18条、322.31千米；乡道142条、816.76千米；村道157条、395.43千米。全县有高级（混凝土、沥青）路面1555.38千米，中级（泥结碎石）143.72千米；晴雨通车1732.63千米。县专业养护班站（养护组）9个，员工93人，配备高空作业车1辆、扫地车3辆、洒水车5辆、挖掘机1台、划线机2套、装载机1台、沥青洒布车1台及公路养护自卸车14辆、皮卡车6辆。县、乡、村道养护站18个、养护工295人，配备割草机60台，清缝机、灌缝机各2台，装载机、洒水车、小挖掘机、破碎镐、切割机、扫路机、发电机、无人机各1台，照明车、小型自卸车各1辆。

2021年大田县乡村公路建设改造情况表

表3

序号	路线起讫地点	组织实施单位	路基宽（米）	混凝土路面（米）	里程（千米）	总投资（万元）	动工时间	竣工时间	备注
1	魁城—温坑	魁城村	6.5	6	5.19	878.88	2021年1月	2021年12月	乡道
2	瑞美村出点—内山村入点	瑞美村	6.5	6	5.96	1003.08	2020年5月	2021年1月	乡道
3	黄沙村出点—锦溪村	锦溪村	6.5	6	2.38	534	2021年5月	2021年12月	乡道
4	奇韬—东佳村入点	奇韬村	6.5	6	0.98	70	2020年11月	2021年1月	乡道
5	林兜村部—汉口	林兜村	6.5	6	0.90	157	2021年1月	2021年12月	乡道
6	宋京—小湖	桃山村	6.5	6	1.98	370	2021年3月	2021年11月	乡道
7	东风农场—西安	桃源镇	6.5	6	2.39	517	2018年10月	2021年2月	乡道
8	山坑洋—鳌江村入点	三坊村	6.5	6	1.05	129	2021年3月	2021年11月	乡道

注：拓宽改建乡道8段里程20.83千米，总投资3658.96万元。

【国道桥梁加固改造续建完工】 1月，县公路分中心续建国道356线长溪二桥、国道534线铭溪二桥加固改造工程完工。投资308.97万元（长溪、铭溪二桥分别投资109.21、199.76万元）。

【国省干线公路绿化提升工程】 3—6月，县公路分中心组织对国道356线桃源街道至岭头路段8千米实施绿化提升，种植香樟、广玉兰、红叶石楠、杜鹃球、红花继木球等乔灌木1.9万棵以及坡面植草。投资70.8万元。

【公路路域环境整治】 3—12月，县公路分中心组织对国省主干线实施路域环境整治，打击占用公路用地、桥下空间等违法行为。整治以来，共清理公路两侧种植农作物、堆放物品、占用桥下空间、悬挂非公标志等230余处。

【国道235线钢筋混凝土盖板涵洞建设】 3—12月，县公路分中心组织实施国道235线良元路段（桩号K49+440）新建钢筋混凝土盖板涵洞，市公路事业发展中心大田分中心设计，县鹏程公路有限责任公司施工，市公路事业发展中心大田分中心监理。投资47万元。

【上互线路面改造及安全设施修复】 4—7月，县交通运输局组织对县道上互线（上京梅林至上京互通口）6.85千米，实施路面改造及安全设施修复，完成铺设混凝土路面2473平方米，画标线606平方米，沥青灌缝1.28万米，刻槽灌缝6424米，筑混凝土边沟46立方米。市公路事业发展中心大田分中心组织实施，县鹏程公路有限公司施工。投资72.19万元。

【农村公路养护专项工程建设】 4—12月，全县18个乡镇组织实施农村公路养护专项工程建设，完成错车道219个，修复混凝土路面1.41万平方米，硬化边沟2.73万米，建波形护栏1.46万米。投资744.35万元。

【国道235线水毁修复工程】 4—12月，县公路分中心组织对国道235线（K1614+480）左侧水毁水沟、排水管、坡面植草、边坡、路面等项目整修修复。投资20万元。

【国省道路面修复】 4—12月，县公路分中心组织实施国省道破损路面修复，完成破碎板热拌沥青混凝土修复3687平方米，灌入式沥青修复2631平方米，冷补沥青修补2833平方米，乳化沥青拌料修补坑洞1171.7平方米，裂缝贴修补裂缝7.16万米，错台铣刨2622米，水泥块清除277.2平方米。投资44万元。

【省道217铭溪段灾毁治理】 4—12月，县公路分中心组织实施省道217线（K4+220—K4+700）铭溪段上边坡灾毁应急处治理，完成边坡卸载14万立方米，边坡喷锚7395平方米，路面置换1500平方米。三明永达公路勘察设计有限公司设计，县鹏程公路有限责任公司施工，市公路事业发展中心大田分中心监理。投资310万元。

【隧道机电专项排查整治】 6—7月，县公路分中心组织对国道356线石门格隧道、梓溪隧道，国道235线双髻山隧道和省道217线中华岭隧道机电专项排查整治。更换损坏LED灯具29盏，维修高压钠灯44盏，防火电缆桥架1130米，UPS不间断电源2套，开关17个，配备灯具独立熔断器319盏。投资18万元。

【国省道曲坑、鲤鱼坑大桥修复】 6—11月，县公路分中心组织对国道356线曲坑一桥桥头下沉修复，置换桥面混凝土613平方米。省道S217线鲤鱼坑大桥桥面破损，修补纤维混凝土94.42平方米。投资18万元。

【国道纵五线梅山德州至均溪溪柏林段通车】 7月，国道235（纵五）线梅山德州至均溪溪柏林段工程续建完工，完成全部路面、桥梁、隧道（隧道机电、交安安装）工程，完成路面铺设27.61千米。7月27日举行通车仪式。全年完成投资3.22亿元，累计完成投资15.77亿元。

【县过境公路防撞护栏建设】 7月，县公路分中心组织实施县过境公路钢筋混凝土A级防撞护栏建设512米。投资34.3万元。

【停车区无障碍环境建设】 7—9月，县公路分中心组织实施停车区无障碍环境项目建设，建乌丰坑停车区无障碍厕所1个，停车位205平方米，犁田峰无障碍厕所栏杆扶手5米。投资7.8万元。

【县乡农村公路养护大中修】 7—11月，县交通运输局组织对文均线、纵纵线、管吴线、纵横线全长26.11千米，实施农村公路养护大中修，铺设混凝土路面8615平方米，反光道钉2848个，防撞墙446米，边沟5872米。福建通和路桥设计院有限公司设计，北京炬桓工程项目管理有限公司监理，省佰岩建设工程有限公司施工。投资286.4万元。

【上京互通高速路口连接线拓宽改造】 8—12月，县公路分中心组织实施上互线（X7B3）上京高速路口连续下坡弯道段0.44千米拓宽改造，加宽车道3.5米，完成卸载土石方 2.42 万立方米，增设边沟 440 米，铺水泥混凝土路面 1540 平方米。投资 283.4 万元。

【省道 217 线鲤鱼坑大桥改造】 11—12 月，县公路分中心组织省道 217 线鲤鱼坑大桥危桥加固改造。福建陆海工程勘察设计有限公司设计，福建海盛交通投资有限公司施工，市路桥集团永达工程咨询有限公司监理。项目总投资 2069.78 万元。

【国道公路安全提升工程建设】 12 月，县公路分中心组织实施国道 356 线（K249+430—K284+070）公路安全提升工程，完成土地征用 5807 平方米，边坡清表 4520 平方米，筑挡土墙 1874 立方米、钢筋混凝土 A 级防撞墙工程 712 米，迁移紧急停车处缆线 1 处，上京街道自来水管 1 处，建搅拌站 1 处。三明永达公路勘察设计有限公司设计，福建三明盛达公路有限责任公司施工，市公路事业发展中心大田分中心监理。投资 516.07 万元。

【省道公路安全生命防护工程建设】 12 月，县公路分中心组织实施省道 217 线（K24+900—K64+000）公路生命安全防护工程建设，完成钢筋混凝土 A 级防撞墙 246 米。投资 17.3 万元。

【国道 534 线文江至奇韬公路工程开工】 12 月，国道 534 线文江至奇韬原水泥厂段公路工程开工。起点位于文江镇镇区（桩号 K1+500）顺接规划的大田境内的国道 534 文江大中（尤溪界）至文江镇段，终点奇韬镇奇韬原水泥厂（桩号 K10+332.1），全长 8.8 千米。按二级公路标准建设，双向两车道，路基（路面）宽度 10 米，水泥混凝土路面，项目 EPC 模式。省交通规划设计院有限公司设计，市路桥集团永达工程咨询有限公司监理，浙江交工集团股份有限公司施工，业主单位县锦田公路建设有限责任公司。全年完成预制场、拌和站等临时工程建设，路基清表 0.4 千米，桥梁桩基础 527.5 米 /14 根。完成投资 1208.1 万元。项目预算总投资 3.06 亿元。

【国道 534 线广平铭溪至栋仁段工程续建】 2021 年，国道 534 线广平铭溪至栋仁段公路续建工程。完成路基挖方 7.5 万立方米、填方 15.8 万立方米，涵洞 3 道，砌边沟、排水沟、截水沟 800 米，砌筑边坡防护 500 立方米，挡墙防护 5500 立方米，草种喷播 1.2 万平方米，混凝土路面铺设 8500 平方米。完成投资 1959.17 万元，累计完成投资 3746.17 万元。

【县道 7B2（莆炎高速广平互通连接线）工程续建】 2021 年，县道 7B2（莆炎高速广平互通连接线）公路续建工程。完成路基挖方 11 万立方米、填方 5.2 万立方米，路基清表 1.3 千米，涵洞 1 道，砌边沟、排水沟、截水沟 300 米，砌筑边坡防护 200 立方米；挡墙防护 1700 立方米，完成草种喷播 2000 平方米，完成混凝土路面铺设 800 万平方米。全年完成投资 258.96 万元，累计完成投资 871.96 万元。

【兴泉铁路（大田段）项目工程续建】 2021 年，兴泉铁路（大田段）项目续建工程完成总工程量的 25%。中铁十七局承建桃源镇赤头坂将军架至桃源镇广汤村 4 标段 11.72 千米，完成工程量的 19%，其中完成隧道 9%、路基 100%、桥梁 100%。完成投资 1.01 亿元。中铁隧道局承建桃源镇广汤村至华兴镇华安村第 5 标段 33.27 千米，完成工程量的 13.5%，其中桥梁 12%、隧道 15%、路基 100%。完成投资 1.32 亿元。中铁十八局承建华兴镇华安村至屏山乡内山村、济阳乡大儒村至大墘村第 6 标段 15.29 千米，完成工程量的 12%，其中完成路基 4%、桥梁 39%、隧道 7%。完成投资 0.5 亿元。中铁二十四局承建的北站、小湖车站，完成工程量的 44.66%。完成投资 7424.82 万元。其中，大田北站完成工程量的 55.95%。完成投资 5321.19 万元；小湖站完成工程量的 48.78%，完成投资 2103.63 万元。主线征用土地完成 3.48 公顷，红湖新村市政道路、饮水、电力等工程建设完成 30%。北站站前广场、通站道路完成 68.9%。土地征迁完成投资 0.5 亿元。当年，铁路工程项目完成投资 3.57 亿元，占总投资 18.4%。

【莆炎高速公路（大田段）项目工程续建】 2021 年，莆炎高速公路（大田段）工程项目续建，YA16 项目合同段广平文笔山隧道，掘进左洞 1700 米、右洞 1255 米。尤溪中仙至广平互通段于 1 月 16 日正式开通运营。完成投资 1.74 亿元，累计完成投资 7.27 亿元。

交通运输

【概况】 2021 年，全县营业性货车（含危货）2774辆、4.4万吨位。全年完成货运量1558.11万吨，周转量14.48亿吨千米。营业性客车275辆（含旅游、出租车）、3312座，平均日发客车227班次、运送乘客886人次，全年完成客运量46.72万人次，周转量0.31亿人千米。营业性公交班车44辆，全年完成客运量413万人次。至年底，省内跨地（市）线路9条，市内跨县（市）区线路10条，县内线路19条，学生周末班车线路4条，城区公交客运线路13条。

【组织运力保春运】 1月28日至3月8日，县交通运输部门按照"平安春运、便捷春运、温馨春运、诚信春运、绿色春运"春运指导原则，抓好春运组织工作，合理调控运力，采取长短客运经营，多班、双班、包车和卸载分流相结合方式抓好客运业务。春运40天，组织客车107辆，发车9113班次，安全运送旅客3.48万人次（不含县内短途客运），完成周转量372万人千米。

【客运线路经营公车公营】 1—9月，闽通大田公司对大田—上京、大田—梅山、大田—奇韬、大田—三明（途径奇韬）4条客运班线15辆客运班车回收经营权，实行公司公车公营。

【新能源纯电动公交车投入营运】 10月，闽通大田公司购置11辆中通牌LCK6828EVQGA2型新能源纯电动公交车，替换1、8路老旧传统能源公交车。投资590万元。

【县汽车站迁建二期工程续建工程】 2021年，均溪镇温镇村兴田路边"井美"汽车站迁建二期工程续建，A宗地块职工安置房和商品房建设续建，完成51套职工安置房选房。B地块综合开发工程，35千伏温城线#1—#4电线杆经过B地块，完成电杆整体迁移。总投资131.93万元。在香山、湖山路新建4个公交候车亭，福墉路新建14个简易站牌。投资26万元。

【汽车修理厂备案】 2021年，县运输发展中心按照国务院《关于取消一批行政许可等事项的决定》（国发〔2018〕28号）文，道鑫、红狮物流、大隆、三宝、博特、创达、闽中进口、海桃、俊升、洋湖、道通、镇东、小乐补胎、车之友等14家汽车服务有限公司（修理厂店、服务部、美容养护中心）机动车维修企业经营备案。

【物流有限公司资质审核】 2021年，县交通运输局依照《道路货物运输及站场管理规定》，对建明、鸿鑫、荣诚、启城、齐力、顺通、广城、二田、龙宫、通捷、鑫喆、车畅畅、弘发顺、广拓、腾耀、明岩、兴田混凝土、驰城贸易等18家物流公司经营资质进行审核，准予经营普通货运。

2021年大田县客运班线一览表

表4

线别	序号	营运班线	里程（千米）	客车（辆）
县内	1	大田—广平东景	75	1
	2	大田—广平丰庄	78	1
	3	大田—广平万筹	74	1
	4	大田—桃源	45	5
	5	大田—梅山	56	4
	6	大田—梅山秀岭	48	1
	7	大田—上京	32	4
	8	大田—奇韬	64	4
	9	大田—广平	75	10
	10	大田—太华魁城	36	1
	11	大田—桃源东风农场	60	1
	12	大田—武陵	26	2
	13	大田—济阳	46	2
	14	大田—谢洋	30	1
	15	大田—屏山	23	2

续表 4

线别	序号	营运班线	里程（千米）	客车（辆）
县内	16	大田—湖美	24	2
	17	大田—太华大合	51	1
	18	万宅村—栋仁村	12	2
	19	广平镇—苏桥村	9	2
市内跨县（市）区	1	大田—永安（高速）	87	6
	2	大田—沙县（县道 X732、省道 S304）	125	2
	3	大田—沙县（高速）	147	0
	4	大田—尤溪	114	1
	5	大田—三明	105	10
	6	大田—三明（经奇韬）	150	1
	7	建设—永安	107	2
	8	梅山—沙县	136	1
	9	上京—永安	55	1
	10	桃源—永安	44	2
省内跨地（市）	1	大田—泉州（高速）	141	2
	2	大田—福州（高速）	297	4
	3	大田—石狮（高速）	164	4
	4	大田—厦门（高速）	223	5
	5	大田—漳州	248	1
	6	大田—龙岩	218	1
	7	大田—安溪	132	1
	8	大田—莆田（高速）	230	1
	9	建设—厦门枋湖	298	0

交通管理

【概况】 2021 年，全县营业性客运企业 2 家，客车 275 辆（含旅游、出租车），公交客车 44 辆。道路运输证持证率、年审合格率 100%；客运驾驶员从业资格证办证 11 人，办证率 100%；乘务员从业资格证办证率 99%。营业性货车 2774 辆，年审合格率 60%。普通货运质量信用考核 73 家，其中 AA 级 61 家、A 级 7 家、B 级 5 家，货运汽车驾驶员从业资格证办证 413 人（危货 34 人）、办证率 96.7%。汽车维修经营业户 26 家，其中二类 6 家、三类 20 家。维修质量信誉考核 26 家，其中 AAA 级 2 家、AA 级 16 家、A 级 8 家。机动车综合性能检测站 2 家。机动车驾驶员培训企业 5 家，其中二级 1 家、三级 4 家，驾培质量信誉考核 AA 级 3 家、A 级 2 家。教练车 171 辆，其中小型汽车 157 辆、摩托车 14 辆。教练员 231 人，其中理论教练员 3 人、实际操作教练 196 人、理论兼实际操作教练 32 人。培训机动车驾驶员 6118 人，其中小型汽车 5148 人、摩托车 970 人。

【货车非法改装专项整治行动】 6 月，县交通综合执法大队开展打击货车非法改装专项整治行动。结合“路政宣传月”组织执法人员，进企业、乡镇设点，开展交通法律法规宣传咨询，讲解非法改装车危害，规劝货运企业、车主自行拆除改装设备设施，恢复车辆原状，提高从业人员守法意识。采取上路巡查、定点检查，对过往车辆是否证件齐全、是否非法改装等行为，进行重点排查，做到逢车必查，违法必究。整治期间，查处货运车辆非法改装 110 起，整改率 100%。

【新冠病毒疫情防控】 9 月 22—29 日，县交通综合执法大队针对莆田、泉州、厦门等地市新冠疫情，配合县公安交警、卫生防疫部门和当地乡（镇）政府，在桃源、石牌、吴山3个高速路口开展新冠病毒疫情防控，每天24小时，对进入县辖区司乘人员进行体温检测，查验健康码。防控期间，共出动人员105人次，发放疫情防控宣传材料320份。

【安全生产“集中攻坚年”专项整治】 2021年，县交通运输局开展安全生产整治三年行动“集中攻坚年”专项治理活动，从防范化解重大风险、排查安全隐患，分级管控，分色治理，遏制重特大事故发生着手，督导交通运输行业开展安全生产“集中攻坚年”专项整治。整治期间共排查问题隐患146项（“红色”隐患4处），整改率100%。

【公路路域环境整治】 2021年，县交通综合执法大队持续深入开展公路路域环境整治行动，重点对设置非公路标志、随意占用公路和在公路用地堆放物品、种植作物、滴洒漏等污染公路的违法行为进行整治。整治期间，开展联合路域环境整治行动7次，出动人员260人次、车辆65辆次，到8个乡镇（社区）、17家次物流运输企业，发宣传单800份，粘贴海报20张，接待咨询150人次，检查桥涵12处，清理占道种植16处，堆物30处，拆除非公路标志18面，制止违章建筑1起，处理违法案件6起。

【车辆超限检测治理】 2021年，石牌超限运输检测站共出动执法人员3655人次，检测货运车辆12.29万辆次，查处超限运输车辆164辆次，卸载货物4633吨，立案率、结案率均100%，检测和查处超限车辆位居全市前列。

【“双随机、一公开”执法服务】 2021年，县交通综合行政执法大队开展“双随机、一公开”执法监管活动，从强化源头监管入手，推进服务“零距离”，促进运输企业健康发展。活动期间，检查走访客运、货运、危货、维修、驾培和其他企业255家次，发现解决问题39件次。

【“柔性执法”推行试点】 2021年，县交通执法大队开展“柔性执法”工作试点，按照市交通运输局、市执法支队柔性执法“三张清单”（不予处罚事项清单、从轻处罚事项清单、从重处罚事项清单）及有关柔性执法文书（试行）有关要求，坚持依法行政、宽严并济的原则，取得较好的成效。全年累计柔性执法案件196起，其中从轻处罚44起、说服教育140起、行政约谈10起、行政建议2起。

（林加兴）

邮政

【概况】 2021年，中国邮政集团有限公司福建省大田县分公司（简称县邮政分公司）业务总收入4268万元，同比上升10.02%。公司内设办公室、市场部、寄递部、金融中心、渠道中心、集传中心6个部门。报纸订阅380.02万份，杂志订阅23.8万份，出口函件4.4万份，进口函件55.55万份，出口包件5.38万份，进口包件156.75万份。全县邮政代理金融网点10个，邮政支局所23个（3个在村级）。城乡邮路60条，其中，当年增设湖美—梅山—文江路。邮路总长1785.65千米。当年，分公司在项目发展上摘全市20个单项第一名，其中代理金融板块获全市8个第一名；邮务和寄递板块获全市12个第一名。

【寄递渠道建设】 3月起，县邮政分公司在县城和部分乡镇建立“系列邮局”，主要功能是邮件自提、代揽收邮件。借助自提点，加快投递速度，提高服务水平，减轻投递压力；开展“邮快合作”，提升城乡邮件揽投能力。全年，设立12个自提点，与9家社会快递公司开展“邮快合作”，实现输送投递超25万件。

【集邮系列活动】 5月，县邮政分公司开展集邮“小小方寸，大大世界”讲座走进城三小活动，结合母亲节，通过邮票讲述孝道小故事，在校园与学生互动，引导感恩。发动学生在母亲节来临之际给母亲写一封感恩信，推动集邮进校园活动。7月，开展庆祝中国共产党成立100周年系列邮品线上采购活动，创收约4.5万元。“七一”前夕，参加县委组织部、县总工会组织的“书画·集邮展”。

【函件专业活动】 6—12月，县邮政分公司到城乡各级党组织做好“党史百年 红色大田”党员笔记本销售，实现党员笔记本销售一万余本，全市第一。结合“9·19”电商节，分公司把县特色产品美人茶申报为市主推的“万单农特产品”，推动大田美人茶实现万人拼团，全国寄递农品收入。第四季度发展党建有声图书项目23家，完成制作12个单位。年内，发展政法系统项目，通过“线上＋线下”相结合的模式开展“平安三率”有奖问答、反诈宣传、扫黑除恶专项斗争现场宣传等活动。

【捐赠“爱心月饼”倡议活动】 9月，县邮政分公司在中秋节前夕结合“思乡月”项目，续写“爱心亮点”，与县慈善总会联合组织开展向贫困户捐赠“爱心月饼”倡议活动。其中，乡镇村及有关企事业单位给挂点扶贫户捐赠月饼、食用油等，倡议募捐1782份，价值21.9万元。

【惠农展厅设立】 11月，县邮政分公司在公司一楼门面设立惠农展厅，面积约250平方米，内设“邮乐小馆”“汾香酒馆”“美人茶馆”及邮烟合作区。各功能区主要集合邮政平台渠道惠农产品展示销售，包括本地特色的茶叶，邮政经销的汾酒等。同时深化邮烟合作，在展厅增设烟草展区，为烟草（海晟）代理部分产品。

【代理金融持续发展】 2021年，县邮政分公司代理金融实现收入3023万元，比上年增收349万元，增幅达13%，完成全年收入目标的105.9%，位列全市第一。

【政务图书销售】 2021年，县邮政分公司销售《习近平在福州》6176套，《习近平在福建》3123套；对接“传承红色基因·讲好中国故事”活动，开展校园销售图书活动，销售161套。政务图书销售全市排名第一。

【安保工作基础管理】 2021年，县邮政局开展国有银行安保专项检查、重大节日安全生产检查、快递行业消防安全专项整治“百日攻坚行动”、消防安全“红盾”专项整治、业务库安全风险专项排雷、邮件处理中心封闭作业及行为安全管理专项整治、房屋租赁安全隐患专项排查等一系列专项活动。同时修订应急安全预案，为企业的安全平稳运行提供保障。投入2万元对金融网点进行线路改装。寄递事业部配备安防设施，为寄递安全保驾护航。

【渠道专业两项发展领先】 2021年，县邮政分公司销售“学平险”35.21万元，完成率117.37%，保费销量及达成率均列全市第一。代开税票额7909.31万元，代征税额149.93万元，排名全市第二。

（谢　铁）

通信

【概况】 2021年，大田县通信企业有中国电信股份有限公司大田分公司、中国移动通信集团福建有限公司大田分公司、中国联合网络通信有限公司大田分公司。全年营业收入2.79亿元。

【中国电信大田分公司】 2021年，中国电信股份有限公司大田分公司电信业务收入6760.74万元，全县266个行政村开通光宽带，开通率100%，城区全光网区域达100%。拥有固话3.9万部、天翼9.7万户、宽带6.5万户；光缆6930皮长公里，杆路4824杆程公里；天翼4G基站525个、5G基站130个，信号覆盖率99.99%，通话村266个，通话面100%；营业网点31个。当年，分公司获中国电信福建分公司2021年职工之家公众号运营竞赛市级工会优秀运营单位称号和网络运营竞赛云网运行维护一等奖，党支部获福建分公司“先进基层党组织”称号。分公司连续25年实现“三无”（无通信责任事故、无刑事案件、无治安案件）工作目标。

【中国移动通信大田分公司】 2021年，中国移动通信集团福建有限公司大田分公司运营收入1.62亿元，占全县收入份额66%。全县移动客户20万余户，占全县通信用户67.1%。5G建设2.6G频段站点92个，投资1586.3万元，主要覆盖城区、乡镇本点及农村高流量站点周围。700M频段5G站点53个，投资674万元，主要覆盖乡镇本点及农村的高山站点。2021年，移动公司党支部获“全省十佳支部创意品牌”称号、2020—2021年“全县先进基层党组织”称号；上桃网格获市级“发展先锋”称号；连晶晶获省级“青年先锋”、市级“优秀共青团干部”称号，林兴诗获市级“党员先锋”称号。

【中国联通大田分公司】 2021年，中国联合网络通信有限公司大田分公司（简称联通大田分公司），全年完成业务收入4976万元，比上年增长5%。全县联通基站519个，联通3G/4G用户3.52万户，5G用户7851户。创新业务合同签约1200万元。优质的网络服务、客户服务使企业的核心竞争力得到加强，为改善大田投资环境、促进经济发展提供通信保障。

【开茶节通信保障】 5月，2021年国际茶日福建省系列活动启动仪式暨大田美人茶开茶节活动在广平镇五龙山举办，活动采用会场直播、短片介绍、央视报道、直播带货等形式开展。通过网络全程传送直播，现场视频信号流畅稳定，通信畅通，保障车运行稳定，直播达到预期效果。

【数字乡村综合便民服务平台】 5月，电信大田分公司为均溪镇打造良元村、周田村数字乡村综合便民服务平台。该平台包含古民居（庙宇）智慧消防警报、智慧环境监测、智慧环境卫生、智慧关爱老人、陌生人员监测识别、卡口车辆抓拍识别系统等应用，通过平台+N应用提升智慧乡村治理能力。

【爱心通道助力高考】 6月，电信大田分公司践行社会责任，到高考考点大田一中搭建爱心通道，为考生提供舒适的候场环境，维护热成像正常使用，确保高考顺利进行。助力高考活动得到县教育局领导和校方的高度赞许。

【打造“爱心翼站”提供温馨服务】 8月，电信大田分公司营业厅装修改造完成，营业厅左侧加设“爱心翼站”，设桌子、椅子、沙发供休息，配备饮水机、医药箱、雨具及应急充电设施等，免费为环卫工人、快递员、外卖员、交警等户外劳动者和路人提供服务。

【部分乡镇5G信号全覆盖】 9月，电信大田分公司完成5G基站三期第三批建设任务，35个站点开通入网（95个AAU），实现吴山、石牌、桃源、上京、太华、华兴建设镇等信号全覆盖，推动5G与各行业、各领域融合赋能。

【居安工程建设】 10月，电信大田分公司为均溪、吴山、屏山、济阳、前坪5个乡镇49个行政村，建设1757个高清视频监控，该视频监控与公安平台联网，云端储存，安装在农户家门口、重点场所、主要路口，为乡村治安防控、纠纷化解、案件侦破等发挥重要作用。

【断卡反诈在行动】 11月，移动通信大田分公司为彰显社会责任，结合断卡形势，与当地公安机关联动协作，自制本地断卡宣传视频，在渠道群、政企集团、社区群等进行宣传，转发量5000多次。

【共护千年古寨主题党日活动】 12月，移动通信大田分公司党支部与均溪镇党委、翰林村党支部在翰林村开展“共护千年古寨，同筑乡村振兴”主题党日活动。手持劈刀、锄头，对古寨进行全方位整理。

【老年人运用智能技术教育培训】 12月，电信大田分公司联合仙亭社区居委会、职业中专开展老年人智能技术运用培训。教会老年人使用智能手机线上办理医保缴费、开通电子医保卡、健康码和生活缴费等，解决老年人日常生活遇到的出行、支付等困难，帮助老年人跨越“数字鸿沟”，融入智慧生活。

【结对帮扶】 2021年，电信大田分公司结对帮扶贫困户3户，发放慰问金1万余元；参与中国电信集团公司定点对口扶贫村产品和省公司定点扶贫村产品展销活动。

【宽带建设】 2021年，移动通信大田分公司建设240个小区，5672个端口，投资239.88万元，实现城区、乡镇本点宽带100%覆盖，农村宽带覆盖率80%以上。经过OLT（光线路终端）设备替换更新，城区、上京、桃源、太华、建设、广平所有小区实现千兆宽带接入。上京、桃源，吴山、文江4个乡镇OTN（光传送网）实现三路由组网。全县有22个全业务机房，其中14个机房为自有，全业务机房自有率63.6%。

【偏远山区基站建设】 2021年，移动通信大田分公司落实建设国家“数字乡村”政策，在谢洋乡科里、怀德等8个村投资20多万元，新增宽带端口300余个；新增传输设备、线路，投资200余万元。至年底，谢洋乡有2G/4G基站21个，平均利用率为22.48%，提供有线宽带端口3072户，利用率14.3%，大部分区域信号覆盖强度较好。

【网络升级改造】 2021年，联通大田分公司推进5G新基建建设，与电信公司共同建设5G基站52个；新建4G基站13个，4G基站总数达366个。新增宽带小区4个，新建端口128个。

【降低扶贫对象通信费用支出】 2021年，联通大田分公司针对原脱贫户人员开展“以资费巩固扶贫成果”活动，为75位精准扶贫对象降低家庭通信支出约4万元。

（陈晓燕 章留玲 郭秀明）

商业贸易

□ 编辑 潘梅

商务工作

【**概况**】 2021年，县商务局围绕“五比五晒”“项目攻坚年”“大招商招好商”攻坚战役的要求，以高质量发展为主线，把握稳增长发展战略目标，发挥商务职能，实施招商引资，促进商贸流通提升和外资外贸稳增，强化电子商务提质，各项工作取得显著成效。全县社会消费品零售总额60.67亿元，比上年增长11.18%。新增限额以上企业31家，共128家，其中批发企业36家、零售企业43家、住宿餐饮企业49家。全县城乡集市贸易市场总面积5.16万平方米，全年交易额5.01亿元，同比增长2.45%。

【**第二届“乐购三明”直播节活动开展**】 4月16日至5月3日，县商务局组织县18家企业参加市第二届“乐购三明”直播节暨“明品明味街”开街活动，销售农副、工业、文旅等56个产品，合计1954.98万元，销量位居全市第六。观看浏览800万人次。

【**“全闽乐购·多彩大田”活动开展**】 7月23—24日，由县政府和市商务局主办的“全闽乐购·多彩大田——县乡走透透·游商圈”活动在县旅游集散中心、建设镇红曲文化园开展。县新车站主会场及建设分会场整体活动面积达3000平方米，组织县域名优特农产品企业35家、美食商家30家和大型商超企业3家参加展销活动，“线下”吸引上海、福州、厦门以及周边市县等2.4万余人参加活动，“线上直播”观看量58.72万人次，拉动市场消费200多万元。

【**“9·8”投洽会项目对接**】 9月6—8日，县政府组团参加厦门第二十一届中国国际投资贸易洽谈会，签约石墨负极材料生产项目、精密不锈钢铸件生产及数控加工项目、400兆瓦光伏组件生产项目等15个项目，涵盖制造业、新材料、特色现代农业等产业类型，总投资22.2亿元，其中外资项目5个，拟利用外资6000万美元。

【**招商引资**】 2021年，县商务局打好“大招商招好商”攻坚战役，新签约项目65个，总投资155.1亿元，其中亿元及以上项目47个，总投资145.63亿元；新落地开工项目60个，总投资134.31亿元，其中亿元及以上项目39个，总投资123.69亿元。

【**城乡集市贸易**】 2021年，城区有满田春市场、岩城新市场、凤山综合楼小市场，总面积1.23万平方米，其中商贸中心市场2600平方米，基本处于闲置状态。在城区白岩山南路（中段）、雪山南路（农行附近）、南山路（中段）桥头、桥山路1号临街、福田大道原纺织厂路口设5个农产品临时交易点，公园门口至鸿图中学路口设早市，宝山路司法局至民政局设果蔬批发早市。城区市场全年交易额2.18亿元，同比增长1.87%。济阳、梅山、华兴、石牌、武陵、文江、前坪、太华、建设（临时）、广平、奇韬、湖美、屏山、吴山、上京、桃源（临时）16个乡镇农贸市场，总面积3.96万平方米，其中广平镇农贸市场完成升级改造、新增面积853平方米，乡镇集市全年交易额2.83亿元，同比增长2.9%。

【**副食品基地建设**】 2021年，全县有省级副食品调控基地5个，分别为大田县昌荣畜牧有限公司、大田县昌裕畜牧有限公司2个生猪基地，福建省创辉农业开发有限公司、大田县米桶山禽业有限公司2

个蛋禽基地，大田县桃源镇无公害蔬菜基地1个。

【商务执法】 2021年，县商务执法大队开展商贸企业安全检查72家次，发现问题12处，消除12处。联合县市场监督局、公安局、林业局等部门对城区23家电商企业开展“双随机”（随机抽取检查对象、随机选派执法检查人员检查）联合检查。收到群众诉求22件，办理22件，商务行政执法案件1件。通过微信、横幅、LED显示屏等开展法律、诚信体系建设、安全生产、电信诈骗等宣传活动。

【外资利用】 2021年，全县实际利用外资1349万元，新批办方宇茶业有限公司、云悦源大康养殖有限公司等外商投资企业8家；组织企业申报2020年市级外资奖励政策，其中飞鹰实业（三明）有限公司、福建省广建环保科技有限公司获市级外资到资奖励29.77万元，获得省级2021年利用外资招商工作奖励30万元。

【外贸出口企业新增】 2021年，新增大田县森励木业有限公司、福建贝明国际贸易有限公司等10家外贸出口企业，其中生产型企业3家。全县备案在册的外贸企业87家。

【电子商务发展】 2021年，全县建有电商产业园、县级电商公共服务中心、电商孵化基地、电商物流集散中心，有电商企业300余家，网店1万余家，电商从业人员2万余人，全县行政村电商服务覆盖率95%，全年电子商务交易额18亿元，同比增长11.39%，网络零售额7.3亿元，同比增长11.79%。是年，国家级电子商务进农村综合示范县创建通过终期验收。

【石油经营】 2021年，全县在营加油站39座，其中，中石化森美（福建）石油有限公司三明分公司大田加油站10座、高速石化有限公司大田加油站4座、中国石油天然气股份有限公司大田加油站9座和民营加油站16座。石油市场总体平稳，全年加油站销售汽油2.24万吨、柴油3.15万吨，销售总额3.78亿元，同比增长27.27%。

（林凤洁 魏威 叶五二 陈思豪 廖生铖）

供销合作

【概况】 2021年，大田县供销合作社联合社（简称县供销社）下辖4个基层中心社和县供销贸易总公司、农业生产资料公司、县龙得宝农资有限公司（股份制）、县兴社物业服务有限公司4家直属企业，经营网点129个。全年营业总收入275.72万元，营业总成本257.71万元，利润18.01万元。

【福农广平惠农综合服务中心项目建设】 2021年，县供销社与福建省福农农资集团有限公司合作，对原广平供销社万筹农业生产资料仓库进行扩建改造，建成福农广平惠农综合服务中心。建设内容包括农资、农业机械等产品销售展厅、庄稼医院、农村电子商务、农机综合维修等用房和农民专业合作社办公场所及新型专业农民培训场所，总投资52万元，其中专项资金20万元、自筹资金32万元。

【基层社提升改造】 2021年，县供销社对奇韬供销社、文江供销社实施改造提升工程，总投资70万元，改造装修综合楼1400平方米，提升发展质量和服务职能，增强实力，规范建设农村超市、日用消费品店等营业场所，增强为农服务综合体建设。

【“三社一体”建设】 2021年，县供销社通过以自身经营服务体系为依托的“内联模式”，构建供销合作社、农民合作社、农村信用社“三社一体”体系，打造“乡土供销”。新建设村级供销社1家、综合服务社6个、各类农民专业合作社5家，充分发挥供销社综合服务平台作用，引领推动农民合作社之间的联合与合作。

【农村电子商务服务体系完善】 2021年，县供销社依托电商福建明恒电子商务（农易购）服务平台和各乡镇电子商务信息服务站，推动农村电商网络服务“三农”进程，整合企业、基层社服务网点和农民专业合作社、农村综合服务社等资源，构建供销农村电商综合服务网。服务当地优势农特产品上行，逐步形成网上交易、仓储物流、终端配送一体化经营，通过“互联网+专业合作社+农户”方式，提供充足的优质货源力保网络销售，将特色农产品推向全国各地。全年农产品网上交易额达900万元。

【烟花爆竹经营管理】 2021年，县供销社加强烟花爆竹安全经营管理，全县设烟花爆竹配送中心1个，经营网点43个，其中城区4个、乡镇39个，从业人员93人。与县公安局、应急局、市场监督管理局等部门联合执法，打击查处违规营运、假冒伪劣烟花爆竹案件1起，查扣烟花爆竹1200件，实现县烟花爆竹规范、安全、有序经营和管理。全年销售烟花爆竹330万元，实现利润55万元，上缴税收16.5万元。

【农资储备与服务】 2021年，县供销社从货源把关、质量监督、品种优化、总量保证、价格平稳等几方面着手，完成农资储备3.01万吨，占全年任务数的401.54%，其中碳铵9521吨、磷肥7939吨、各种复合肥4678吨、尿素2594吨、钾肥2192吨、有机肥3134吨，储备农膜912.9吨、农药199.1吨。农机械等产品储备充足，适时投放市场。

【惠农服务拓展】 2021年，县供销社完善惠农服务中心功能，开展测土配方施肥、统防统治、土地流转与托管等业务，增加有机肥供应，减少农业面源污染，对接种植大户，开展农资产品联采直供配送到家服务。推行订单服务，通过电话、网络预约购买方式，将农药、化肥等重要农资送到农户家中、田间地头。利用供销社庄稼医院平台，加强农资市场信息监测，发布主要农资供求信息，通过微信视频、语音通话等现代通信工具，开展远程诊病、治虫服务。规范农资产品管理，建立健全农资商品管理责任制，农资经营网点全部融入全省统一的农资监管平台。开展稻田、茶园、果园、烟田半托管农机作业、无人机农药喷洒作业和病虫害防治，全年完成机耕作业、无人机农药喷洒作业各1867公顷。

【农村人居环境整治】 2021年，县供销社部署各基层供销社、社属企业参与农村人居环境整治，推动农村经营网点开展店容店貌整洁行动，参与农业生产废弃物资源化利用、农村生活垃圾治理、农业绿色生产、村容村貌提升等行动，推进再生资源企业向农村环保行业转型。构建全县再生资源回收利用体系，全县建成再生资源回收点17个，其中县级4个、乡镇5个、村级8个，回收农田残膜1150吨、废弃包装物85吨。

【农村食品安全整治】 2021年，县供销社配合农业农村局、市场监督管理局等相关部门开展农村假冒伪劣食品专项整治行动，对系统所属各类经营网点集中开展食品质量安全检查，杜绝假冒伪劣食品经供销合作社经营服务网络流入农村市场；宣传农村食品生产经营行为规范，所属各类经营网点知晓率达100%；对供销社系统超市、门店等农村食品经营网点建立台账，常态化滚动管理，确保经营食品安全可靠。

（*颜琼洲*）

专卖专营

【概况】 2021年，全县烟草、民爆物品、食盐等商品仍实行专卖经营。大田县烟草专卖局、三明市烟草公司大田分公司实行“一套人马、两块牌子，合署办公”，统称为大田县烟草专卖局（分公司），担负全县烟草专卖管理、执法和卷烟、烟叶经营管理职能。2021年，被县委、县政府评为“2021年度大田县地方财政贡献大户企业”和“2021年度平安先进单位”。大田县永丰民爆器材专卖有限公司（简称永丰民爆专卖公司）加强企业管理，做好工农业生产建设所需民爆物品供应，抓好疫情防控和企业安全生产标准化以及对标管理、增收节支工作，确保国有资产保值增值。福建省盐业公司三明分公司大田支公司（简称县盐务局）负责辖区内食用碘盐、多品种盐、小工业用盐、农牧渔业用盐及其他用盐的供应工作，隶属于三明盐业公司。

【烟草专卖】 2021年，县烟草局执行烟叶计划安排，落实烟叶生产各项措施。因遭受冰雹、根茎病害等自然灾害影响，全县最终收购烟叶1525吨，完成计划合同量的98.39%；上等烟比例77.61%，其中4C烟叶比例36.36%；烟农售烟总收入5072.82万元，比上年增长9.77%；实现烟叶税1025.69万元，同比增长10.22%。县烟草专卖局围绕“总量控制、稍紧平衡、增速合理、贵在持续”十六字方针，推进市场化取向改革，做稳卷烟市场，夯实网建基础。全年实现销量1.2万箱，基本与上年持平；销售额3.66亿元，同比下降0.1%，卷烟条均价122.1元。市场状态保持良好，社会库存明显下降，稍紧平衡成为常态，零售户经营信心提振。年底，全县烟草专卖零售许可证经营卷烟持证户1828户，比上年减少12户。

【民爆物品经营】 2021年，县永丰民爆专卖公司总资产2296.46万元，比上年下降5.91%；净资产1950.09万元，同比下降6.01%。全年销售工业炸药4119.96吨，同比下降18.54%；工业雷管322.73

万发，同比下降19.2%。实现销售收入6704.17万元，同比下降10.44%；利税总额1090.39万元，同比下降20.95%。

【盐业专营】 2021年，县盐务局食盐供应网点36个，其中，城区5个（超市直供点4个），乡镇31个。全年销售各种盐960.5吨，同比上年增长3.47%。其中，小包装食用碘盐835.6吨，同比增长3.16%；大包装盐（小工业用盐、食品加工用盐）135吨，同比增长14.1%。

【卷烟烟叶违法查处】 2021年，县烟草局依据《中华人民共和国烟草专卖法》《中华人民共和国烟草专卖法实施条例》《烟草专卖许可证管理办法》等烟草专卖法律法规履职尽责、依法行政、文明执法、规范服务。全年查办各类违法案件57起，其中5万元以上案件6起，共查获违法卷烟3679.5条、烟叶5.36吨，总案值69.25万元，追究刑事责任15人，罚没款6.41万元。11月，大田2019年“9·30”非法经营案在省烟草专卖局专卖管理“三个十佳”评选中被评为“十佳专卖精品案件”。

【食盐法律法规宣传】 2021年，县盐务局到社区、乡镇，走访食盐经销点、加工用盐户、消费者，开展现场咨询和国家盐业管理法律法规、碘盐、非食用盐、假冒食盐危害群众健康等宣传教育，与县防疫站联合开展大型碘盐宣传1场次，乡镇街道盐业法规宣传、盐品种知识宣传42场次，发放告知书1500余份。

（林如馨　陈华贡　连期炽）

粮食和物资储备流通

【概况】 2021年，大田县粮食和物资储备局（简称县粮储局）履行粮食宏观调控与市场监管和服务职能，落实新冠肺炎疫情防控期间粮油市场稳价保供措施，依法管理粮食流通和物资储备，维护粮油市场价稳供足。推进科学保粮新技术和仓储管理规范化标准化，确保储粮质量良好、数量真实，调控市场能力增强。县粮食购销公司代管各类应急储备物资，储存储备粮1.16万吨（稻谷）、大米360吨、储备油70吨，优质稻谷动态储备1400吨，全县国有粮食企业实现净利润69.19万元。固定资产原值8964.56万元（其中粮食企业1788.92万元），比上年增加22.85万元；粮食企业流动资产5386.49万元，同比减少191.95万元。

【粮食市场监督管理】 1月，县粮储局召开全县粮食经营及加工业主参加的粮食统计工作会议，进行粮食统计业务培训，部署统计工作，确保粮食统计得及时、准确，为政府做好粮食宏观调控工作提供决策依据。开展春季粮油库存检查、政策性粮食出库检查、统计制度专项检查、秋季粮油安全大检查、粮食收购专项检查等活动，督促粮食经营企业加强管理，确保粮食品质。加强“放心粮油”工程建设，参与“餐桌污染”专项行动，加强对粮油质量安全检测监督，督促粮食经营者依法经营，杜绝陈化粮食进入口粮市场，确保军民吃上放心粮油。加强粮食市场监测，完善旬报制度，开展最高最低库存量检查，指导粮食经营者合理购销，保证粮食市场供应，价格平衡。在收购期间，组织人员进乡入村检查哄抬粮价、压级压价等行为，维护正常收购秩序，保证粮源质量。

【订单粮食收购】 6月，县发改局、财政局将3679吨的订单粮食收购任务下发分解到梅山等9个乡镇。县粮食局根据周边县市的粮食收购价格，结合县粮食市场的实际情况，制定合理的订单粮食收购价格。当年产国标中等晚籼稻收购价格为133元/50公斤。直接补贴标准保持12元/50公斤的水平。县地方储备粮库收购订单粮食，收购晚谷1547吨。

【储备粮轮换】 6月，根据3年轮换周期要求，县储备粮库及时委托有资质的粮油检测机构对3679吨到期轮换粮进行质量检验，在全部符合陈粮质量标准后，委托福州市粮食批发交易市场成功竞价销售。12月，通过订单粮食收购晚谷1547吨，网上公开采购方式采购晚谷，轮换储备粮食及时补库到位。

【涉粮专项巡察自查自纠】 10月12日至11月7日，县粮储局及所属2家国有粮食企业根据市委专项巡察组涉粮问题专项巡视监督重点内容责任清单开展自查自纠，收集佐证材料，及时回应问题，提供材料，作出说明。同时，根据县纪委《关于开展粮食购销领域腐败问题专项整治工作的方案》精神，成立粮食购销领域腐败问题专项整治工作领导小组，下发粮食购销领域问题专项整治自查自纠文件，开展自查自纠工作。

（张加泰）

个体与私营商业

【概况】 2021年，县市场监督管理局登记窗口对标审批最少、流程最优、体制最顺、机制最活、效率最高、服务最好的“六最”营商环境活动要求，持续推进市场主体登记便利化。当年，新登记的个体商业户和私营商业企业2670户，注册资金19.91亿元。其中，私营商业669户，注册资金18.38亿元；个体商业2001户，注册资金1.53亿元。全县个体商业户和私营商业企业3.74万户，同比上年减少55.38%；注册资金119.42亿元，同比增长2.71%。

【批发零售业】 2021年，新登记企业批发零售业546家，注册资金11.19亿元；个体批发零售业1437家，注册资金1.14亿元。全县个体私营批发零售业3.31万家，注册资金78.43亿元。其中，企业批发零售业1839家，注册资金64.09亿元；个体批发零售业3.13万家，注册资金14.34亿元。

【住宿餐饮业】 2021年，新登记个体私营住宿和餐饮业493户，注册资金1.19亿元。全县个体私营住宿和餐饮业2568家，同比增长9.93%；注册资金3.77亿元，同比增长36.1%。其中，企业住宿餐饮业49家，注册资金2.3亿元；个体住宿餐饮业2519户，注册资金1.47亿元。

【药品医疗器械批发零售业】 2021年，全县个体私营药品和医疗器械批发零售业58家，注册资金6318.7万元。其中，新登记个体私营药品医疗器械批发零售业9家，注册资金123万元。

（张秀莹）

房地产业

【概况】 2021年，县住建局以落实宏观政策为重点，坚持“房子是用来住的，不是用来炒的”定位，加强商品房预售监管，引导开发企业合理定价和居民理性消费，加大保障性安居工程管理力度，促进房地产业良性循环和健康发展。

【房地产开发】 2021年，全县完成房地产开发投资18.07亿元，同比上升43.3%；房屋施工面积92.57万平方米，同比增长29.05%；竣工面积12.54万平方米，同比下降29.87%；商品房销售面积21.44万平方米，同比下降22.6%，销售额17.70亿元，同比下降24.20%；房地产期末从业人员1430人，同比增长19.8%，从业人员月均工资5672元，同比增长31.73%。

【保障性住房建设】 2021年，全县无新增保障性安居建设工程任务，历年续建任务持续完成。开元天成建设项目基本建成，尚未竣工验收，145套安置房选房分配全部完成；4月，原燃料公司棚户改造工程完成竣工验收和安置房分配；福塘桥头和火电厂片区改造项目已全部完工并完成安置房分配，其配套基础设施建设项目已竣工验收。

【房地产登记管理】 2021年，全县完成商品房预售许可28宗、面积40.31万平方米，其中住宅2562套、面积29.25万平方米；商品房销售面积21.44万平方米，其中住宅1576套、面积17.67万平方米；存量房网签备案839宗、面积9.58万平方米，住宅备案689套、面积7.78万平方米；住宅专项维修资金归集金额885.36万元，累计归集金额7730.87万元；房屋租赁备案26宗，面积约5300平方米。

【住房公积金】 2021年，县住房公积金将住房公积金归集扩面作为一切工作的基础和制度保障的前提，做到应建尽建、应缴尽缴；强化资金风险管理，严格执行贷款政策，有序发放贷款，加强逾期催收；提升窗口服务水平，延长服务时长、公开服务事项、推广线上业务，提取窗口入驻行政服务中心。当年缴存公积金3.63亿元，比上年增长7.65%，提取公积金7万人次、2.99亿元，期末余额8.81亿元；发放公积金贷款722户、2.9亿元，比上年下降30.95%，期末贷款余额16.47亿元，年末个贷使用率（含转商贷款）186.84%。

（廖士幸 陈进端）

财政 税务

□ 编辑 陈吉浣

财政工作

【概况】 2021年，县财政部门按照县委、县政府总体部署，加强财源培植培育，强化收入征管，统筹疫情防控和经济社会发展，为新时代多彩大田建设提供坚实的财力保障。全县一般公共预算总收入11.91亿元，比上年增长3.84%。全县地方公共财政预算收入7.81亿元，同比增长3.24%，上级补助收入14.58亿元、债务转贷收入3.17亿元、政府性基金调入7.3亿元、国有资本经营预算调入600万元、其他资金调入951万元、动用稳定调节基金2026万元、上年结余1.16亿元，总财力34.37亿元。全县一般公共预算支出29.99亿元，同比下降0.2%，体制上解支出4932万元，专项上解支出1759万元，债务还本支出1.81亿元，安排预算稳定调节基金1528万元，结转下年支出1.74亿元。全县政府性基金预算收入11.96亿元，同比增长10.46%，省市补助资金3156万元，上年结转4529万元，地方政府专项债务转贷收入12.91亿元，基金总收入25.64亿元；政府性基金预算支出12.43亿元，同比增长93.92%，政府性基金调出7.3亿元，债务还本支出1.14亿元，基金总支出20.87亿元。收支相抵，基金滚存结余4.77亿元。

2021年大田县财政收入情况表

表5

收入项目	决算数（万元）	比上年	
		增加额（万元）	增长幅度（%）
一、全县一般公共预算收入	78070	2453	3.24
1. 国内增值税	25548	10562	70.48
2. 改征增值税	0	-8899	-100.00
3. 企业所得税	7399	-575	-7.21
4. 个人所得税	2055	796	63.22
5. 资源税	4290	1496	53.54
6. 城市维护建设税	2771	875	46.15
7. 房产税	2037	-564	-21.68
8. 印花税	1021	295	40.63
9. 城镇土地使用税	839	204	32.13
10. 土地增值税	5957	348	6.20
11. 车船税	834	-12	-1.42
12. 耕地占用税	528	-633	-54.52
13. 契税	2811	-200	-6.64
14. 烟叶税	1026	95	10.20

续表 5

收入项目	决算数（万元）	比上年	
		增加额（万元）	增长幅度（%）
15．环境保护税	446	50	12.63
16．其他税收	60	-288	-82.76
17．专项收入（含教育费附加收入、残疾人就业保障金收入、提取的教育农田水利金、森林植被恢复费、水利建设专项收入、其他专项收入）	3343	-2142	-39.05
18．行政事业性收费收入	5460	2901	113.36
19．罚没收入	7103	-1645	-18.80
20．国有资源有偿使用收入	2726	-1536	-36.04
21．政府住房基金收入	1776	1564	737.74
22．其他收入	40	-239	-85.66
二、政府性基金预算收入	119636	11574	10.46
三、上划中央收入	40999	1912	4.89

2021 年大田县财政支出情况表

表 6

支出项目	决算数（万元）	比上年	
		增加额（万元）	增长幅度（%）
一、一般公共预算支出	299900	-592	-0.20
1．一般公共服务支出	22698	-1846	-7.52
2．国防支出	411	-86	-17.30
3．公共安全支出	16457	2767	20.21
4．教育支出	91221	6305	7.42
5．科学技术支出	391	-213	-35.26
6．文化旅游体育与传媒支出	5071	-1324	-20.70
7．社会保障和就业支出	38972	7766	24.89
8．卫生健康支出	20588	-3032	-12.84
9．节能环保支出	11195	-3682	-24.75
10．城乡社区支出	19280	-524	-2.65
11．农林水支出	37444	1868	5.25
12．交通运输支出	9598	-4037	-29.61
13．资源勘探工业信息等支出	609	-465	-43.30
14．商业服务业等事务支出	438	-2729	-86.17
15．金融支出	30	-4	-11.76
16．自然资源海洋气象等支出	11836	-623	-5.00
17．住房保障支出	1952	668	52.02
18．粮油物资储备支出	442	-31	-6.55
19．灾害防治及应急管理支出	2072	-1133	-35.35
20．债务付息支出	8118	-269	-3.21
21．债务发行费用支出	41	3	7.89
22．其他支出	1036	29	2.88
二、政府性基金预算支出	124344	60248	93.92

【社会经济发展促进】 2021年，县财政大力扶持企业发展，根据省、市、县出台推动企业稳增长促转型的有关优惠政策，及时拨付各项奖励补助资金，助力优化营商环境；用好县企业应急转贷基金，支持短期资金周转困难的企业转贷，推进实体经济良性发展；落实减税降费政策，及时将减税降费政策精准送达受益企业，激发市场主体活力。做好向上级争取专项资金工作，制订出台《大田县2021年度向上争取资金专项奖励实施方案》，激发和调动各单位向上争取资金的主动性和积极性，引导各单位向中央、省、市争取更多的项目资金，发挥上级项目资金对县域经济社会发展的引导和扶持作用，缓解财政压力，助力项目建设。按照债券使用范围，做好项目筛选和申报工作，争取债券资金保障教育建设项目、城区市政道路建设、工业园区基础设施建设及农林水等民生项目的资金需求。

【财政收入管理加强】 2021年，县财政细化收入预算，根据年初制定的收入任务，与税务部门研究测算，将收入目标任务分解、量化，落实到各征收部门、税种；加强非税收入管理，建立和规范非税收入征管体系，提高非税收入管理水平。完善财税部门收入分析联席会议制度，关注财政收入动态，按照税源增减因素和行业发展趋势，加强产业税收贡献的分析和研判并有效应对，确保收入稳定增长。健全税收监控体系，加强重点行业、领域、税种的跟踪监控，跟踪管理税收增长点，7家税收增长点企业新增税收1654万元；加大税务稽查和税收清欠力度，全年清理旧欠税收入库1800万元。开展财税大走访活动，联合县税务部门上门走访2020年度地方级纳税超百万元企业，了解企业生产经营情况及对财税工作的意见建议，做好财税政策宣传，协助做好争取相关政策的支持。

【民生事业保障】 2021年，县财政持续提升社会保障水平，落实老年人补贴政策，80周岁以上高龄老年人普惠型津贴制度全覆盖；加大力度救助农村留守儿童、事实无人抚养儿童和孤儿；完善残疾人社会救助机制，及时发放残疾人两项补贴资金；贯彻落实拥军优属政策，及时发放重点优抚对象抚恤金和生活补助、城乡义务兵优待金。加大医疗保障力度，保障县级公立医院基本建设投入，改善公立医院的医疗保障水平；安排专项资金支持县级公立医院人才培养、重点专科建设；加强基层医疗卫生服务能力建设，基本公共卫生服务每人每年补助标准提高至70元，服务内容覆盖12类基本公共卫生服务项目。落实乡村振兴战略，县级财政安排省级试点示范村整合配套资金705万元，推进10个省级乡村振兴试点村和2个实绩突出村建设；支持巩固拓展脱贫攻坚成果同乡村振兴有效衔接，安排县级配套资金1050万元；推进农村公益事业建设，安排县级配套资金700万元，改善农村生产生活条件。支持教育事业发展，集中力量办大事，支持大田一中新校区、香山学村等基础教育工程新建、续建项目，改善义务教育薄弱学校基本办学条件，落实城乡义务教育各项助学政策措施，加大力度支持职业教育，促进现代职业教育发展。

【财政监管水平提升】 2021年，县财政加强监管，推进预算管理改革，实行全口径预算，提高预算完整性；预算管理一体化系统上线运行，预算编制到预算执行事前、事中、事后实现全流程业务管理与监督。推进财政电子票据改革，全面启用行政事业单位财政电子票据，实现“群众跑腿”向“信息跑路”转变，提高财政电子票据监管效能，全县使用财政电子票据单位220家。全面实施预算绩效管理，将绩效贯穿于预算编制、执行全过程，落实“花钱必问效、无效需问责”；完善财政绩效评价机制，开展重点绩效评价，委托第三方中介机构开展2020年度城区巷道改造经费等涉及民生项目的资金绩效重点评价。按照省、市财政监督检查要求，开展2019年度专项资金和2020年直达资金管理使用情况自查自纠重点检查；推进预决算公开工作，建立健全公开透明的预算制度，开展会计监督检查，履行会计信息监督职责，提升检查水平，确保检查质量，促进会计管理工作规范发展。依法履行政府采购监管职责，执行政府采购法及其实施条例等法律法规规定，采取专项监督检查与日常监督管理相结合的监管方式，优化政府采购营商环境。

（郑占泉）

税收工作

【概况】 2021年，大田县税务局落实县委、县政府和市税务局的各项工作部署，发挥税收职能作用，推进基层税收治理现代化的“大田实践”，融入和服务新时代多彩大田发展。在全省税务系统率先落成县级局党建书屋，同时建成党员政治生活馆、红土地上“税务党建实践”文化长廊和“群团心向党”活动基地；创建“六有”（有政治信仰、有理论武装、有坚强组织、有担当作为、有党建质量、有清风正气）模范机关的做法在全市税务系统推介；局机关党委被三明市委评为“先进基层党组织”，离退休干部党支部被省委离退休工作委员会、老干部局评为“第二批省级离退休干部示范党支部”，机关第一党支部、建设税务分局党支部被县委评为“先进基层党组织”。县局干部撰写的6篇税收科研论文在全省全市评比中获奖，其中3篇分别获得2021年度全省税务系统优秀科研成果一等奖、全省国际税收研究成果一等奖和全市机关党建重点课题调研成果一等奖。

【税费收入】 2021年，全县组织各项税费收入约17.16亿元，比上年增收1.76亿元，同比增长11.42%。其中，税收收入10.41亿元，同比增长5.47%，首次上10亿元；社保费收入5.82亿元，同比增长23.04%；非税收入9344万元，同比增长170.6%。组织县级收入6.23亿元，同比增收5845万元，增长10.27%，首次突破六亿元。其中，税收5.89亿元，同比增收4834万元，增长8.87%，较上年提升2.4%，增速居全市第四位；非税收入3414万元，同比增长41.48%。

【税费征管】 2021年，县税务局坚持行政执法公示、执法全过程记录、重大执法决定法制审核“三项制度”，实施“首违不罚”清单，对符合“首违不罚”条件的纳税人，免予处罚近400户（次）。加强欠税管理，严控新欠、清缴旧欠，全年清缴旧欠纳税人7户、入库税款1722.82万元。稳步推进增值税专用发票电子化，核定电子专票134户，开具电子专票15户发票156份，总金额993.59万元；接受电子专票52户发票293份，总金额1511.98万元；做好增值税发票风险任务应对和异常扣税凭证管理，核查增值税专用发票166份。做好出口货物退税管理，评定30户出口企业管理类别，其中二类7户、三类21户、四类2户；生产企业出口退（免）税业务全部无纸化申报，申报率100%，申报出口316万美元，折合人民币2042万元，免抵退税额257万元，其中应退税额120万元，免抵税额137万元；做好出口货物函调管理，接收核实函并复函26批次。加强企业所得税管理，规范征收方式，企业所得税汇算清缴3245户，汇算面100%，补缴企业所得税6779.59万元；个税综合所得汇算申报扣缴单位740个、1.22万人；财行税“十税合一”合并申报运行平稳；做好4个项目土地增值税清算审核，补缴税款1222.47万元；加强耕地占用税管理，补缴入库税额246万元；落细社保非税改革，接收水土保持补偿费等非税收入项目，1户地方大中型水库库区基金入库24.22万元；水土保持补偿费收入申报69户次，入库709.45万元；141户次防空地下室易地建设费入库339.9万元；1户次土地闲置费入库29.2万元；出台各行业社保缴费预警值，推进社保费和非税收入征缴。

【纳税服务】 2021年，县税务局持续推进“我为纳税人缴费人办实事暨便民办税春风行动”，结合实际，推出一系列优化税收营商环境措施，纳税人满意度排名提升至全市第三名，进步幅度居全市第一。发票领用便利化全面提速，办结发票票种核定（十万元版及以上）2506户次，比上年增长101.12%；纳税人领用各种发票68.94万份，同比增加7.81%。纳税人纳税信用等级评定3865户，其中A级293户，同比增加100户，增长51.81%。推广“互联网+”办税缴费，“非接触式”办理税费事项226个。举办电子税务局现场交流活动4场，电子税务局办理税费业务4.02万笔，网上办税排名全市第一。对符合条件的纳税人实行简易注销，不需清算，在办税服务厅即时办结，全年办理492户，平均时长3.8个工作日，缩短工作日1.8个，便利市场主体加快循环。开展税费服务体验活动，招募服务体验师5名，参与税费服务体验活动20人次，结合反馈意见解决问题6个。做好热点税收政策变动、重大税收征管改革措施等宣传辅导，其中，开展增值税专用发票电子化辅导11场、参加1205人次，增值税消费税附加税费合并申报辅导4场552人次，制造业中小微企业第四季度延缓缴纳税费优惠政策辅导6场参加383人次。聘请2位省人大代表担任税收营商环境特约监督员，走访纳税人1000余户（次）。

【税收征管改革】 2021年，县税务局落实中共中央办公厅、国务院办公厅务院办印发的《关于进一步深化税收征管改革的意见》，推进税收征管精准监管创新项目，“税收生态智治融合平台”被列入省税务局重点培育对象，初步构建符合大田税务实际的税收监管“智通”平台、“智管”系统、“智策”机制。“智通”平台清缴旧欠税款1722.82万元；“智管”系统提请县政府开发建设线上运行管理的矿产品流通监管系统，实现矿产品税收日常精准监管；“智策”机制报送各级各类税收分析报告36篇，其中获国务院办公厅采用和市长批示各1篇，县委县政府主要领导批示5篇，税收科研文章在全省全市税务系统评比中获奖6篇，其中获省市科研成果一等奖3篇。

【减税降费政策落实】 2021年，县税务局落实落细减税降费政策，确保税费优惠政策直达快享，激发市场主体活力。全年落实各项政策性税收优惠3.02亿元，同比增长18.2%。办理各类退税1.12亿元，其中，资源综合利用退税3404万元，同比增加1464万元；增值税增量留抵退税6128万元，退税规模居全市首位。县内企业税负由5.96%降至4.34%，下降1.62%，降幅居全市第二位。

【干部队伍建设】 2021年，县税务局发挥绩效管理“指挥棒”和数字人事“风向标”作用，评定2020年度考核优秀27人。坚持关怀与激励并重，职级晋升6人次，推选副科级领导1人，“青云英才”2人。发挥工青妇桥梁纽带作用，举行工会小组和春秋游等活动，推动干部队伍向上向善。加大青年培养力度，在全市率先组建“税务后生仔”青年理论学习小组，启动“青税讲坛”激发青年活力。关心关爱退休干部，在全市首推“6+X”荣誉退休机制，获省税务局肯定。

（练福平）

城乡建设

□ 编辑 潘梅

城市建设

【概况】 2021年，县住房和城乡建设局（简称县住建局）以完善基础设施为重点，抓好公共服务配套建设。全县城市污水和垃圾处理率分别达95.34%、100%，绿化覆盖率42.74%，人均道路面积10.4平方米，人均公园绿地面积14.74平方米。

【市政设施维护】 2021年，县住建局对城市道路、人行道、护栏等设施进行日常巡查维护，完成赤岩隧道至美地公园、法院等人行道铺砖1400平方米，安装内河护栏550米，更换井盖28处，人工清井161座，清理管道750米，修复人行道275平方米，处理人行道塌陷53平方米，整改污水接入口13处，桥梁加固石头胶修补50处。

【市容市貌美化亮化】 2021年，县住建局对城区绿化植物、绿地、绿化带及时全面修剪、施肥、除草、病虫害防治，对枯死苗木进行补植，修剪行道树4887株、地被9.1万平方米、草坪5.12万平方米，更新补植苗木2.88万株。对城市夜景工程进行日常维护，全年更换护栏管423套、洗墙灯537套、投光灯275套、线条灯225套、点光源3858颗、开关电源156个、控制器9台、空气开关26个、电缆682米、定时器22个。

【巷道改造及污水管网建设】 2021年，县住建局开展小南门片区、古山路58—111号、银山北路10—5号至32号及建山路21号、31号巷道改造建设。完成东兜、郭村片区、下桥至华兴政府片区雨污水管网建设项目，建设长度15.2千米，投资700万元。

【燃气管道建设】 2021年，县住建局落实新建商住小区项目管道燃气工程与主体工程“三同时”（同时设计、同时施工、同时投产和使用）政策，力推新开发的小区全面覆盖管道天然气，全年完成燃气管道新建改造4千米。累计通气小区57个，酒店餐饮158家，工业企业10家，通气用户1.2万余户。

【市政工程改造】 2021年，县住建局实施澹多桥拓宽改造工程，开展兴业路美地公园段人行天桥建设，完成文化广场、龙腾广场、白岩公园等5个儿童乐园微改造并投入使用。

【老旧小区改造】 2021年，县住建局实施建山路两侧、下桥片区、小南门片区等23个老旧小区改造工程，总投资2197万元。累计完成30个老旧小区改造项目，受益住户3768户。

【规划编制】 2021年，县住建局完成县北部新城、西部新城、东南部、枫坑垅片区控制性详细规划编制工作，编制并推广《大田县个人建房通用图集》和《建筑风貌导则》2份规范性文件。

（廖士幸）

城市管理

【概况】 2021年，县城市管理综合行政执法局（简称县城管局）推进背街小巷整治，改善民生，推进停车难、如厕难、农贸市场整治难、背街小巷通行难、小区物业管理难等城市管理“五难”治理，依法行政、文明执法，坚持推进城市管理“721”（70%的问题用服务手段解决，20%的问题用管理手段解决，10%的问题用执法手段解决）工作方法，全年发出整改文书296份、立案查办案件数124件、行政罚款68.12万元，其中查处规划建房行政处罚23件、住建类行政处罚12件（简易处罚1件），弃土（撒漏）行政处罚35件（简易处罚23件）、市容和环卫行政处罚54件（简易处罚38件）。

【城市容貌整治】 2021年，县城管局出动3400多人次，开展背街小巷整治，拆除乱搭乱建鸡鸭窝、猪圈、雨棚、杂物间等1765处，清理乱堆乱放杂物、建筑垃圾2480车，疏导沿街巷口和人行道占道经营摊点3000余摊，完成露天烧烤占道经营反复回潮、油烟污染环境、噪声扰民等问题整治240余起，拆除擅自设置广告招牌220块，清理主次干道广告横幅80余条、“牛皮癣”广告2万余张、乱喷涂850余处。

【扬尘监管及治理】 2021年，县城管局加强施工扬尘监管及道路扬尘治理，办理工程渣土准运手续100次，发放准运证430份，处理有关弃土举报27件；累计行政处罚35起，处罚4.9万元；处理运输车辆轻微洒落67起，责令施工单位整改33起。

【路灯维护】 2021年，县城管局对城区23条主次干道、居民小区、健身绿道、石牌镇和华兴镇街道等的1.2万盏路灯开展日常维护，路灯亮灯率98%以上，完成1.26万盏照明路灯（LED灯）节能改造任务。

【“两违”综合治理】 2021年，县城管局通过宣传、巡查防控、两违联审、严厉打击等举措，对新增“两违”行为“露头就打、出土就拆”，实行零容忍，有效管控违法建设行为，全年及时发现并制止违建230余起（含福塘村、温镇村、郭村等），拆除面积约1.26万平方米，实现“两违”零增长。

【宣传工作开展】 2021年，县城管局印发防疫、创城及市容市貌攻坚战宣传材料3万多份，设置各类文明宣传牌350块；撰写图文宣传报道，发表在微信、微博、美篇等102篇。

（廖士幸）

村镇建设

【概况】 2021年，县住建局以“助力乡村振兴”为目标，围绕农村生活垃圾治理、农村污水整治、农村裸房整治、农村房屋安全隐患排查整治、传统村落保护等系列项目开展工作，提升乡村人居环境。

【农村生活垃圾治理】 2021年，县住建局继续推进全镇域实施农村垃圾分类试点，吴山镇是全镇域实施农村垃圾的分类的试点。建设农村厨余分层发酵农家肥设施1套。至年底，完成垃圾分类“六个有”（有县乡工作机制、有宣传发动、有有机垃圾处理设备或设施、有资金保障、有减量成效、有县级现场会总结推广）目标。

【农村污水整治】 2021年，县住建局完成16个乡镇污水管道建设6公里，改造提升文江、梅山、武陵等3个乡镇污水处理设施，完成7个乡镇“千吨万人”饮用水水源地生态环境专项整治工作。

【农村裸房整治】 2021年，县住建局以“游古村落·品美人茶”市级乡村振兴重点示范线沿线村庄（吴山镇阳春村、和洋村、程堂村、吴山村，屏山乡内洋村，济阳乡济中村、济阳村，吴山镇科山村，上京镇隆美村、梅林村，建设镇建国村、建忠村，广平镇元沙村，奇韬镇东佳村，华兴镇京口村）作为重点，全面推进农村裸房整治工作。全年完成裸房整治2793户，投资约6000万元。

【房屋安全隐患排查整治】 2021年，县住建局开展农村房屋安全隐患排查整治，组织对全县18个乡镇进行地毯式、全覆盖地拉网排查，完成农村房屋复查6.68万栋。完成重大安全隐患房屋整治48栋，其中加固12栋、拆除36栋。

【传统村落保护】 2021年，县住建局进一步做好传统村落保护规划编制，列入历史文化名村或传统村落的32个村已完成保护规划编制。重点改善提升桃源镇东坂村、吴山镇张坑村“十镇百村”项目工作，完成保护规划编制、基础设施改善提升、裸房整治、风貌整治、历史建筑修缮等工作。

（廖士幸）

科学技术

□ 编辑 潘梅

科学技术研究与开发

【概况】 2021年，大田县科学技术局（简称县科技局）实施创新驱动发展战略，组织实施科技项目、高新技术企业认定奖励项目、企业研发经费补助奖励项目、鼓励创新创业发展项目、产学研对接项目等9项县级科技项目，下达科技经费180万元。

2021年大田县科技项目情况表

表7

序号	项目名称	类别	研究开发内容	承担单位	经费（万元）
2021-1	2021年度县级科技项目经费	科技项目	用于组织实施2021年度县级科技计划项目，发挥科技项目带动作用，助力企业开展研发创新转型升级	大田县科学技术局	84
2021-2	高新技术企业认定奖励	政策建立	根据《中共大田县委、大田县人民政府关于深化科技体制改革加快创新体系建设的实施意见》要求，对获认定的高新技术企业进行奖励，激发企业创新活力	大田县科学技术局	35
2021-3	企业研发经费投入分段补助奖励	政策建立	根据《福建省企业研发经费分段补助实施细则（修订）》要求，对获得研发费用分段补助的企业给予县级配套奖励	大田县科学技术局	21
2021-4	鼓励创新创业发展	创新创业	用于包括孵化器的运营管理费用（含水、电、网络、卫生、场租、人员）以及创业辅导、人员培训、推广宣传等服务费用，鼓励支持初创企业和个人创新创业工作	大田县科学技术局	20
2021-5	产学研对接	产学研	为县企业与国内高校科研院所对接“产、学、研”合作，为提高科技创新能力、优化创新环境、提升产业竞争力等提供科技创新服务	大田县科学技术局	20
合计	—				180

【科技项目立项】 2021年，县科技局组织申报市级以上科技项目2项，其中宝山机械的“基于V法铸造工程机械桥壳规模化生产关键技术研发”项目获省区域发展项目立项，补助资金100万元；深都汇农业的“地方特色果蔗品种雪蔗高品质保鲜与深加工技术示范”项目获省星火项目立项，补助资金20万元。

【高新技术企业认定】 2021年，福建山瓜瓜农业发展有限公司、三明建华纺织有限公司、西埔（医药）有限公司、福建维真园医药科技有限公司、福建居敬泽惠养老产业发展有限公司、福建瓦能科技有限公司、福建硅光通讯科技有限公司（复审）7家企业被省科学技术厅认定为国家高新技术企业。

【科技型中小企业认定】 2021年，全县被省科学技术厅认定为国家科技型中小企业6家，分别是福建山瓜瓜农业发展有限公司、大田县茂林林业有限公司、福建硅光通讯科技有限公司、福建科华石墨科技有限公司、西埔（福建）医药用品有限公司、福建省宝山机械有限公司。

【科技创新平台建设】 2021年，福建山瓜瓜农业发展有限公司专业科研人员通过与省农业科学院、福建农林大学专家团队开展联合技术攻关，已选育出多个新奇特水果新品种，并在全国范围内首先培育出软籽黑老虎与软籽八月瓜，软籽火参果等品种。其建设的“新奇特农业星创天地”获省级星创天地认定。

（涂靖媛）

科技推广与普及

【概况】 2021年，县科技局做好科学技术的培训和科技知识的宣传解读，举办各类技术培训班，组织人员到乡镇开展科技服务及宣传，受惠群众3200多人次。

【科技培训】 2021年，全县举办各类技术培训18期，参加培训500多人（次）。其中，企业专利知识、高新技术企业及项目申报等专题培训5场、180人次。

【科技下乡】 2021年，县科技局组织科技人员70多人次，到太华、均溪等乡镇开展科技咨询、义诊、农林技术支持等服务活动，展出科普、防震减灾、节约水资源、果树栽培等宣传挂图280余幅；赠送和发放农业实用新技术丛书、科技惠企政策等科普手册书籍2200多册，分发科普宣传材料3000多份，科普知识咨询现场服务2400多人次。

（涂靖媛）

专业技术队伍

【概况】 2021年，全县有各类专业技术人员5917人，占全县总人口的1.79%，其中，高级职称905人、中级2761人、初级2251人。

2021年大田县各类专业技术人员情况表

表8　　单位：人

类别	合计	职称		
		高级	中级	初级
农林牧渔技术人员	253	80	98	75
卫生和社会事业技术人员	799	155	241	403
教育专业人员	4397	597	2221	1579
文化、体育和娱乐专业人员	60	10	19	31
公共管理专业人员	71	15	21	35
其他专业人员	337	48	161	128
总计	5917	905	2761	2251

【科技特派员选任】 2021年，全县选任省市县三级个人科技特派员102人，其中省级32人、市级5人（科技特派员3人、金融科技特派员2人）、县级65人。选任省级团队科技特派员8人，省级法人科技特派员2人。

（涂靖媛）

气　象

【概况】 2021年，县气象局坚持以“监测精密、预报精准、服务精细”为工作目标，发布预报预警信息，提供气象决策服务，加强人工影响天气作业，降低气象灾害对社会经济的不利影响。开发气候资源，助力乡村将气候资源转化为经济增长点。

【灾害性天气预报预警】 2021年，县气象局筑牢防灾减灾第一道防线，做好灾害性天气预报预警工作。全年发布雷电冰雹暴雨等预警信号135期，重要专题气象服务70期，低温雨雪等重要天气预警报告40期，春运、春播、节假日等重要气象信息专报65期，及时准确提醒群众和相关部门提早采取措施，有效应对低温寒害、暴雨洪涝等气象灾害，为县政府提供可靠的决策依据，减少或避免因灾害造成的损失。

【人工影响天气作业】 2021年，县气象局针对县3—5月强对流天气多发，容易出现冰雹、大风等灾害性天气和9—12月秋冬季连旱天气，开展人工防雹和人工增雨作业。全年人工影响天气作业待命101天，投入作业人员141人次。开展人工影响天气作业16次，发射人影专用火箭弹78枚，避免或减少烟草、农作物、果蔬等受冰雹、大风等强灾害性天气的侵害，有效应对春、秋季干旱灾害天气。

【气候资源开发】 2021年，县气象局利用县优质气候资源，推荐屏山乡获得福建省2021年“清新福建·气候福地”首批气候康养福地称号，屏山乡优质气候条件在全省得到宣传和推广。继续推广大田县“中国天然氧吧”国字号品牌，组建大气负氧离子观测站网，参加全国“天然氧吧”专列经验交流会，宣传大田好气候，为旅游经济发展挖掘更多的气象“红利”。

（周培）

教 育

□ 编辑 郑祥果

综 述

【概况】 2021年，全县幼儿园（班）113个，在园幼儿1.31万人；小学86所（完小28所，教学点58个），在校生3.67万人；中学24所（独立高中1所、完中5所，独立初中14所，九年一贯制学校初中部4所），在校生1.82万人；职业中专1所，在校生2563人；特殊教育学校1所，在校生164人。全县教育系统干部职工事业编制5945人、行政编制13人，其中，公办教师4435人，非公办教师1510人。公办教师中，研究生学历27人，大学本科2933人，专科1191人，中专265人，高中及以下19人；正高级职称4人，高级职称592人，中级职称2219人，初级职称1461人，未定级159人。

【德育工作】 2021年，县教育局围绕庆祝中国共产党成立100周年，开展“从小学党史，永远跟党走”等主题活动，依托“闽中工委遗址”“叶炎煌故居”等大田本土红色文化资源，推进红色大田故事宣讲活动，厚植学生爱党爱国情怀。县委文明办、县教育局联合开展“风展红旗•如画三明”党史故事宣讲比赛，89名选手参加、36名选手获奖；组织喜迎中国共产党成立100周年全市小学生主题阅读及中学生思想政治小论文评选活动，选送23篇、获奖15篇，县教育局获“优秀组织奖”；组织参加“百年光辉历程 全面建成小康”第28届全国青少年爱国主义读书教育活动征文比赛，收到征文作品135篇，获奖78篇。县教育局、关工委、团县委、妇联联合开展“颂党恩——向建党百年献礼”建党百年主题征文活动，投稿552篇，获奖245篇。推进文明校园创建，强化学生养成教育、文明礼仪教育、诚信教育，提升文明素质。加强心理健康教育，落实《大田县开展贫困留守儿童“雏燕”关爱行动工作方案》。继续发挥家庭教育讲师团作用，开展家庭教育指导服务，县家庭教育讲师团共开展讲座105场，参与讲师40人，受惠家长3.2万人。加强法制教育，聘请法律顾问定期为师生作讲座和安全指导，4000余名老师、5万多名学生聆听法治教育讲座。全县各中学成立“带法回家”活动小组300多个，1万多名学生参加活动，进村入户发放普法宣传资料10万多份，通过广播、墙报、专题报告等形式进行普法宣传，县一中被评为市“七五普法先进校”。

【智育工作】 2021年，县教育局组织广大教师坚守“为党育人、为国育才”的初心使命，培育学生成长成才，推动学校内涵发展。县一中学生温育康获第30届全国中学生生物学竞赛银牌并取得北京大学和清华大学“强基计划”破格入围资格，吴欣怡获第18届“叶圣陶杯”全国中学生新作文大赛一等奖；20名师生在全国第三届中华经典诵读写讲系列活动中获奖，县五中教师颜建光获教师软笔组国赛一等奖，12名学生获省赛一等奖；56篇学生征文入选省优秀作品集、居全省第一；参加市第八届中小学生艺术节10个节目获奖，其中获一等奖6个；1名学生获评“市新时代好少年”，21名学生获评“县新时代好少年”；第36届省青少年科技创新大赛获三等奖4个，市青少年科技创新大赛获一等奖2个、二等奖1个、三等奖3个；县一中、县五中、县职业中专、县实验小学4所学校获评“省级文明校园”；城关二小“诚毅农场”被评为省级劳动教育实践特色项目；城关幼儿园、温镇幼儿园、太华中心幼儿园、石牌中心幼儿园4所幼儿园获评“市级示范园”；武陵中心小学、梅山中心小学、柯坑中心小学3所小学获评市小学“乡村温馨校园典型案例”学校；县第二实验幼儿园、城关三小、城南小学、铭栋初中、石牌初中等11所学校获评市新时代特色学校和书香墨香校园，县电大“菜单式”家庭教育项目获评“省终身教育实验项目”。

【体育美育工作】 2021年，县教育局落实“五项管理”（作业、睡眠、手机、读物、体质）等相关文件精神，以活动为载体，全方位、多角度加强学校体育工作，举办全县教育系统男子篮球联赛、中小学生乒乓球、羽毛球锦标赛、篮球联赛等比赛，促进全县中小学师生提高体育运动水平。多措并举，统筹推进儿童青少年近视防控工作，落实每校每生每学年至少进行1次学生健康体检，每学期开展2次视力监测。以庆祝中国共产党成立100周年为契机，扎实开展艺术教育工作，选送书画、朗诵、器乐合奏等优秀作品参加省第七届中小学生艺术节、市第八届中小学生艺术节，获省赛二等奖3个、三等奖5个，市赛一等奖6个、二等奖4个，县教育局获省、市“优秀组织奖”，县青少年学生校外活动中心获市“优秀组织奖”；举办全县中小学生幼儿园优秀艺术节目现场展演与评比活动，评选出一等奖24个、二等奖29个、三等奖8个。

【教师队伍建设】 2021年，县教育局强师资、提素质，全面夯实高质量发展人才之基。县一中校长连青阳获评“省第二批名校长”，杜秀玉等3名教师获评“省学科教学带头人”，郑晓卿等15名教师获评“市学科带头人”，37名教师获评“县学科带头人”；在全市第五届中小学教师教学技能大赛中，全县选手获一等奖9人、二等奖9人、三等奖15人，居全市前列，38名教师获评县“五一”劳动标兵；全年共培育各级名师585人，到农村薄弱学校开展送教帮扶活动180余场次。全年共招聘新教师118人，其中紧缺学科教师18人（本科生16人，研究生2人），委托三明学院培养公费师范生47人。第37个教师节期间，县教育局授予县一中等10所学校“2020—2021学年度教育工作先进学校”称号、连美莉等120名“优秀教师”称号、严志烨等80名“优秀教育工作者”称号。全县认定教师资格387人，其中，初中教师41人、小学教师212人、幼儿园教师84人、高中教师47人、中职学校教师3人。全县教育系统通过各类人才认定475人，其中，市人才办认定B类人才1人、D类人才7人、E类人才5人、实用型二类人才1人；县人才办认定实用型一类人才326人、实用型二类人才135人。

【教育资源保障】 2021年，县财政、发改、金融、教育等部门通力协作，当年共争取省级专项资金3040万元，其中，校舍长效机制资金904万元，幼儿园建设资金1529万元，义务教育薄弱校建设资金607万元。全县统筹推进18个教育项目建设，规划建筑面积25.12万平方米，总投资12.13亿元，已完工香山小学、香山幼儿园等13个项目，新增学位4630个。设立“大田七中”过渡校区，加挂“大田五中总校七中分校”牌子，将香山小学闲置教室调剂给县七中使用，大大节约校舍建设投入，缓解城区初中生源爆满、学位紧张问题。当年秋季，提前启动县七中招生工作，妥善解决636名进城务工人员子女入学问题，并采用“委托办学”方式，对济阳、谢洋、屏山、前坪、柯坑5所九年一贯制学校初中部进行整合，将学生优先安排到城区优质中学就读，对教师实行县管校聘，安排到县七中等学校任教，发挥优质初中辐射效应，提高教育资源使用效率。

【“双减”工作】 2021年，县教育局在国家大政方针的引领下，把抓好“双减”工作作为推进三明市基础教育综合改革实验区建设的首要任务。全县中小学建立作业总量审核监管与质量定期评价制度、作业校内公示制度，开展校本作业研修活动，提高作业设计质量，减轻学生课业负担。全县51所初中、小学（含5所完小）100%开展课后服务，合理利用课后服务时间，积极强化学业辅导和答题解惑，开展兴趣小组或社团活动，满足不同学生需求，培养学生多样特长。全县参加课后服务学生共3.69万人、参与率74.06%，参加教师2935人、聘请校外专业人员19人。县教育局、市场监督管理局等部门联合开展校外培训机构专项整治，切实减轻中小学生课外培训负担，4家未办证学科类校外培训机构全部完成整改、停止办学，2家有办证的学科类校外培训机构，1家已剥离学科培训转为艺术类培训机构，另1家已转型为非营利性学科类培训机构。

【办学体制改革】 2021年，县教育局继续推进基础教育办学体制改革，在原有的“总校制”“总园制”办学改革基础上推进城乡“总校制”办学改革，新增“红星幼儿园总园+香山分园”“城一小总校+吴山中小分校”“五中总校+七中分校”。全县共组建幼儿园总园3

所、结对分园5所，小学总校4所、结对分校5所，中学总校3所、结对分校4所，占全县中小学幼儿园比例43.5%。

【扶贫助学工作】 2021年，县教育局全面落实教育扶贫政策，实施完善贫困学生“151”机制，实现学前教育、义务教育、高中教育、中职教育、高等教育五个阶段全覆盖，建立县内就读2344人贫困学生“一对一”帮扶，开展无人抚养孤儿“向阳花开”助学帮扶活动。累计发放各类扶贫专项资金1709.37万元，惠及学生11.77万人次。办理大学生生源地助学贷款2372人，银行发放助学贷款1768.59万元。接受社会团体、基金会、个人捐助25.3万元，受益学生174人。建立应急救助机制，从事业收入中提取3%—5%资金133.62万元，对因贫、因病、因灾以及突发性事件导致生活困难的学生救助3300余人次。县学生资助管理中心向省上报道投稿80篇，被《海峡导报》录用2篇，获评“省2021年度资助育人宣传工作优秀单位”，县教育局获评县脱贫攻坚工作“先进集体”。

【安全校园建设】 2021年，县教育局全力推进学校安全大排查大整治，开展“护校安园”专项行动，创建平安校园。县一中、县五中、县职业中专获评“省首批平安校园”，38所学校获评2021年度“县平安先进学校”，15所学校获评2021年度“县平安学校”。县第二实验小学、第三实验小学、建设中心小学、第二实验幼儿园、城关幼儿园等5所学校获评“市消防安全示范校”。以食品安全为重点，做好学校卫生工作，实现中小学、幼儿园食堂“互联网+明厨亮灶”覆盖率100%，学校食堂“一品一码”全过程追溯体系建设注册率、数据录入率99%以上。以师生生命健康安全为底线，完成全县师生员工新冠疫苗“应接尽接”、核酸检测“应检尽检”工作，并做好校园疫情防控常态化工作。开通太华至魁城、梅山至龙口、梅山至西坑、铭溪至东景等4条学生周末班车线路，惠及3个乡镇、5所学校、480余名学生，学生乘坐2.16万人次，参与班车1606趟次，县财政补贴21.75万元。

【教育督导工作推进】 2021年，县教育督导部门加强督学队伍建设，聘任有经验、有责任、有担当的退居二线的9位校长为责任督学，继续聘请教师进修学校专家和幼儿园管理人员担任责任督学，实现全县中小学幼儿园挂牌督导全覆盖。继续推进大田教育督导“1+1+N”工作模式，坚持每月一期督导讲堂，以个人挂牌为主、交叉与联合督导为辅，开展经常性、专项性、综合性督导。人均听课46节，巡课48次，列席学校会议10次，开展各项问卷调查累计1.8万人次，电话访问1600余人次，做到督导8项任务全覆盖。建立问题台账，2020年发现的854个问题中已整改850个，其余4个问题在跟踪促改。督导评估中心撰写月督导总报告10份，撰写优秀督导案例12篇，获省优秀督导案例1篇，省教育督导新闻1篇。开展幼儿办园行为督导评估，县城关幼儿园、第二实验幼儿园获评市级特色幼儿园。

【校外活动开展】 2021年，县青少年学生校外活动中心开设陶艺、器乐、戏曲、科技、棋类、民族管弦乐团等12个大类、45个项目课程，新增县第二实验小学、第三实验小学、城关三小、建设中心小学4个教学点。开展“艺术教育帮扶送教下乡”志愿活动，为乡镇学校送课25节。举办第六届学生学习成果展示活动，师生书画展作品参评768幅，评选出一等奖131个、二等奖176个；器乐、舞蹈、语言3个专场共56个节目参演，评选出一等奖11个、二等奖17个；67位教师获“优秀教师指导奖”，城关第三小学、县第二实验小学、县第三实验小学获“优秀组织奖”。举办“小舞台·大梦想”全县微视频少儿才艺大赛，共征集197个节目，评选出一等奖16个、二等奖21个、三等奖28个。

【乒乓球、羽毛球、篮球、足球联赛举办】 4月10日，举行“鹭岛眼镜杯”中小学生乒乓球比赛，31支代表队、140余名运动员参赛，44名运动员获奖、14所学校获团体奖、18名教练员获评“优秀教练员”；4月23日，举行“冠珠瓷砖杯”中小学生羽毛球联赛暨青少年羽毛球锦标赛，12所学校、196名运动员参赛，96名运动员获奖、9所学校获团体奖、16名教练员获评“优秀教练员”；5月19日，举行“凤凰豪庭杯”教育系统男子教职工篮球联赛，44所学校、37个代表队、400多名运动员参赛，县一中、第二实验小学、第三实验小学获前三名；11月26日，举行“福建一建·樾龙湾杯”中小学生篮球联赛，33所学校、57支代表队、684名运动员参赛，35名运动员获评“优秀球员”，29所学校获团体奖、29名教练员获评“优秀教练员”，10名裁判员获评“优秀裁判员”。

【消防安全现场推进会召开】 9月7日，县学校消防安全标准化管理现场推进会暨争创消防安全示范学校启动仪式在县第二实验小学举行，副县长赖晶、消防救援大队教导员傅小军、教育局党组书记涂建志，教育局安全股人员、各校分管消防安全副校长、县第二实验小学师生代表等180余人参加活动。

【县教育督导委员会工作会议召开】 11月25日，县政府教育督导委员会工作会议在县教师进修学校一楼会议室召开。副县长、教育督导委员会主任赖晶，政府办副主任、教育督导委员会副主任李志辉，教育局党组书记涂建志，局长范承妙，教育督导委员会19个成员单位分管领导，各乡镇分管教育领导等70余人参加会议。会上聘任总督学1人、副总督学3人、政府督学45人、特约督学15人，讨论通过《大田县乡镇教育工作督导评估意见》。

【实施素质教育督导评估】 12月21—25日，县政府教育督导室对县一中、五中、六中、鸿图中学、四中、城关一小、城关二小、城关三小、均溪中小、太华小学、建设小学、吴山中小等12所学校开展新一轮实施素质教育督导评估工作，下发素质教育综合督导意见书12份，规范学校办学行为，促进学校全面实施素质教育。

【平安校园创建工作现场会召开】 12月28日，县平安校园创建工作现场会在职专召开。市委政法委副书记方艺，市司法局副局长陈官钳，县委常委、政法委书记茅有温，副县长赖晶，市委政法委综治督导科科长余学忠，市法学会秘书科科长李明毅，各乡镇党委政法委员，县委政法委、县法院、检察院、公安局、司法局、教育局、信访局等单位分管领导，全县教育系统校长（园长）和政教处主任等150余人参加会议。

（陈吉胜 乐玲繁）

学前教育

【概况】 2021年，全县幼儿园（班）113所（个），其中公办园35所、附设幼儿班55个、民办园23所，在园幼儿1.31万人。省级示范园1所，市级示范幼儿园8所，县级示范幼儿园19所（其中民办园2所）；普惠性幼儿园21所。学前三年幼儿入园率99.2%，幼儿在公办幼儿园就读率76.34%，普惠性学前教育资源覆盖率98.85%，各级示范性幼儿园占园幼儿率69.79%。教职工1315人，其中公办教师421人、非公办教师894人。公办教师中大学本科249人、专科162人、中专10人；高级职称13人、中级101人、初级277人、未定级30人。2021年，城关幼儿园赤岩分园被认定为“大田县示范幼儿园”，石牌中心幼儿园被认定为“三明市示范幼儿园”；韦才、宏博、橄榄树等3所民办幼儿园认定为县普惠性民办幼儿园；橄榄树幼儿园被认定为一级园；瑞地、小树林、童欣、镇东、妈咪爱、新世纪、福田、东方嘉园、昌盛幼儿园等9所民办幼儿园停止办园。

【招生划片听证会召开】 4月22日，城区部分幼儿园招生划片听证会在县教育局召开。会议调整红星幼儿园部分招生片区，新增红星幼儿园香山分园招生片区。

【主题宣传月活动开展】 5月20日至6月20日，县教育局组织全县幼儿园开展“砥砺十年，奠基未来”主题宣传月活动，收到案例21篇，推荐市教育局展示4篇、推荐“岩城教育”公众号发表12篇、各幼儿园制作宣传美篇43篇。

【听课巡课视导】 11月22—26日，县教育局分5组对全县公办幼儿园开展听课和巡课视导工作，加强课堂教学管理，指导规范教育教学行为，消除“小学化”教学倾向。

【市学前教育管理能力提升研训活动在县举行】 12月22—24日，全市学前教育管理能力提升研训活动在大田县举行。市教育局、三明教育学院相关科室负责人、各县（市、区）教育局分管领导、幼教负责人、教师进修学校幼教教研员、各县（市、区）公办幼儿园园长代表等90余人参加活动，研训内容包括实地观摩、典型经验交流、公开课观摩、专家讲座。

（吴春祥 张斌 林蓉）

义务教育

【概况】 2021年，全县义务教育学校109所（点），在校生4.97万人。其中，小学86所（县直属小学8所，乡镇中心小学15所，村级完小5所，教学点58个），952个教学班，在校生3.67万人，一年级招生5615人，六年级毕业生4771人。

适龄儿童入学率100%；初中23所（完中初中部5所，独立初中14所，九年一贯制学校初中部4所），在校生1.3万人，七年级招生4598人，九年级毕业生3724人。教职工3740人，其中，公办3235人、非公办505人。公办教师中，研究生学历7人、大学本科1968人、大专995人、中专249人、高中及以下16人；正高级职称2人、高级326人、中级1782人、初级1040人、未定级85人。11月，武陵、柯坑和梅山中心小学被市教育局确认为市小学“乡村温馨校园建设典型案例”学校。12月，华兴、湖美、梅山、文江和武陵中心小学等5所学校被确认为省第五批“义务教育管理标准化学校”。

【体育中考首次实行电子化测试】 4月15—18日，县教育局在职专举行初中毕业升学体育与健康考试“身体素质与运动技能测试项目”电子化测试，全县九年级3566名学生参加测试。

【落实“五项管理”工作】 5月，县教育局制定《大田县教育局关于加强中小学生“五项管理”落实减负措施的通知》《大田县教育局关于加强小学作业管理的指导意见》，转发《教育部办公厅关于加强义务教育学校考试管理的通知》《福建省教育厅等八部门关于加快推进全省中小学课后服务扩面提质工作的通知》，将加强作业、手机和考试管理等融入学校日常教育教学工作，切实减轻学生课业负担，全面规范教育教学行为。

【信息技术考查】 6月18—19日，全县八年级4063名学生参加信息技术考查，九年级3613名学生参加理化生实验操作、英语口语、音乐、美术考查。

【市“一师一优课、一课一名师”获奖】 6月22日，县教育局选送的在市“一师一优课、一课一名师”活动中，城关一小郭秀丽、县六中叶秀琴等16人教师课例被评为市级“优课”。

【中招考试】 6月25—27日，县教育局在县五中、六中、鸿图中学、职专4个标准化考点进行中考考试。其中，九年级考生3613人，设考场122个；八年级考生4001人，设考场135个。九年级与考科目为语文、数学、物理、化学、英语、历史、道德与法治7个学科，八年级与考科目为地理、生物2个学科。

【九年一贯制学校初中部委托办学】 秋季，县教育局制订九年一贯制学校初中部委托办学方案，将济阳、屏山、谢洋、前坪4所中心小学毕业生和八、九年级学生均衡分组，随机抽签分配到县五中、鸿图初中部和六中就读，学校实施均衡编班。柯坑中心小学毕业生和八、九年级学生及上京镇户籍的自主选择在上京中学或城区初中就读（招生分配办法与济阳初中等4个学校一致）；非本县户籍的统一安排在上京中学就读。

【农村初中寄宿制全封闭式管理】 秋季，县二中、太华中学、湖美中学、梅山中学等农村初中，结合本校实际探索实行农村寄宿制全封闭式管理，解决农村留守儿童食住问题。

【城区中小学招生】 8月，县教育局完成城区初中招生工作，招生2488人，其中外县户籍99人；9月，完成城区小学招生，共招生3221人，其中进城人员随迁子女754人。

【大田县第七中学成立】 9月，大田县第七中学成立，校址香山北路。首批招收七年级学生686人，该校为完全中学建制，首任校长陈树枝。

【省市“基础教育精品课”评选获奖】 11月30日，省“基础教育精品课”评选结果揭晓，县五中张玉芳、六中熊启滨、鸿图中学颜梅玲、第二实验小学蔡璐璐等4名教师的课堂教学实录被评为省级“基础教育精品课”，刘其槐等14名教师的课堂教学实录被评为市级“基础教育精品课”。

（吴春祥 张斌 苏世佳 林蓉 郭芳 余孔值 郑联鸿 章选辉 郑肇盛）

高中教育

【概况】 2021年，全县高中学校6所，其中独立高中1所、完中高中部5所；高中在校生5203人，普通高中招生1901人，高中毕业生1542人。教职工560人，其中，公办教师530人，非公办教师30人。公办教师中，研究生学历15人、大学本科498人、大专13人、中专3人、高中及以下2人；正高级职称2人、高级169人、中级221人、初级105人、未定级33人。

【普通高等教育统一考试】 7月7—8日，在县一中举行福建省普通高等教育学校招生全国统一考试。全县考生1430人，设考场62个。当年是新高考第一年，取消文史类、理工类选科模式，采取“3+1+2”选科模式，包含历史科目组和物理科目组，12种组合类型。其中，历史科目组普通类331人、艺术类150人、体育类55人；物理科目组普通类813人、艺术类15人、体育类66人。高考结果本科上线934人、上线率70%。

【普高招生计划】 8月，县招收普通高中新生1901人，其中县一中708人（含艺体特长生8人）、五中700人、鸿图中学493人。一中招收艺术（音乐类）、体育（羽毛球、乒乓球）特长生8人。

【新课程新教材实施示范区建设】 2021年，县一中普通高中新课程新教材实施国家级示范校及三明普通高中新课程新教材实施示范区建设。《多维立体劳动教育与实践体系之构建》入选第二批福建省百个中小学劳动教育实践特色项目，《践行法治教育，培育时代新人》入选省第二批“一校一案”落实《中小学德育工作指南》典型案例。

（余孔值 郑联鸿 章选辉 郑肇盛）

职业教育

【概况】 2021年，全县职业中专学校（简称县职专）1所，教职工238人，其中公办教师175人、非公办教师63人。公办教师中研究生学历5人、本科161人、专科6人、中专2人、高中以下1人；高级职称53人、中级89人、初级22人、未定级11人；双师型教师71人。设立65个教学班，在校生2563人。开办20个专业，其中，中草药栽培专业群为省中职学校高水平专业群A类建设项目，机械制造技术专业群为省中职学校高水平专业群B类建设项目。2021年，县职专被省教育厅、省卫健委评为“省中医药文化教育试点学校”，加入“省职业教育教师发展联盟”。

【学业水平考试】 秋季，县职专考生496人，本科上线47人，上线率9.5%（全省本科录取率2.1%），其中农林类本科上线11人、制造类13人、电子类9人、美术与设计类1人、会计类1人、计算机类3人、汽修类3人、教育类6人。专科上线率100%。

【建校30周年庆祝活动】 11月3日，县职专举办建校30周年暨大田县职业教育发展83周年庆祝活动，市教育局局长涂林瑢，副县长赖晶，县教育局党组书记涂建志、局长范承妙及校友代表、嘉宾及全校师生参加庆祝活动。

【职业技能培训与鉴定】 2021年，县职专共承办县应急局高压电工特种作业人员复审、生产经营企业主要负责人和安全管理人员初审等培训9场，组织各级各类培训2167人次；开展职业技能鉴定1185人次。

【合作办学新进展】 2021年，县职专加强产教融合、校企合作，提升学校办学业绩，确立厦门国际会议中心酒店、厦门宏发电力电器股份有限公司、松川（厦门）精密电子有限公司、好利来（厦门）电路保护科技有限公司、福建星网锐捷通讯股份有限公司、厦门三安光电有限公司等企业为2019级学生顶岗实习企业。与三明市凯沃科技发展有限公司、县经济开发区管理委员会建立校企合作，共建校外实训基地，形成学校、政府、行业企业、社会协同育人工作格局。

【学生技能大赛】 2021年，县职专组队参加市中等职业学校技能大赛，获一等奖3项、二等奖10项、三等奖7项，学校获团体三等奖。其中手工制茶、中华茶艺、果蔬嫁接、网络搭建与运用、分布式光伏系统装调与运维等5个比赛项目代表市参加省职业院校技能大赛，获三等奖2项。

【文体竞赛获奖】 2021年，县职专组织参加市第八届中小学文化艺术节现场展演比赛，选送的舞蹈节目《无名功勋》获一等奖、合唱《春暖花开》获二等奖、朗诵《唐诗里的中国》获三等奖；市中学生高中组足球联赛男子组获第三名；省中职学校第一届学生气排球比赛女子组获三等奖。

【高职分类招考】 2021年，全县共818人报名参加高职分类考试。其中，普通高中考生277人（县五中179人、鸿图中学94人、一中2人、社会21人），中职考生541人（县职专499人、卫校22人）。参加11个类别考试，其中农林类53人、制造类86人、电子信息类78人、汽车类33人、计算机类77人、财经管理类28人、旅游服务类17人、美术与设计类24人、教育类107人、医药卫生类37人、电工类1人。

（余孔值 郑联鸿 章选辉 郑肇盛）

高等教育

【概况】 2021年，县电大工作站（县社区学院，简称县电大）有专职教师8人，均为大学本科学历，其中高级职称3人、中级4人、初级1人。开办29个专业、69个班、学生778人，当年招生396人、毕业330人。其中，国家开放大学（中央广播电视大学）开放教育开设14个专业、59个班、学生629人，2021年招生328人、毕业253人。本科有法学、汉语言文学、小学教育、会计学、行政管理、学前教育等6个专业，专科有法律事务、行政管理、会计、学前教育、小学教育、行政管理（乡村管理方向）、建筑工程技术、计算机网络技术等8个专业。奥鹏远程教育中心合作高校有东北师范大学、大连理工大学等2所，开办数学及应用数学、计算机应用技术、土木工程、采矿工程、水利水电工程、机械工程及自动化、安全工程、机电一体化、电气工程及其自动化、金融学、心理健康教育、美术教育等本专科专业15个、10个班、学生149人，当年招生68人、毕业77人。

2021年，县电大获省开放大学“招生工作先进集体”“终身教育信息化应用先进集体”及市2018—2020年度文明单位称号。

【开放教育招生新突破】 2021年秋季，县电大开放教育共有208名新生被国家开放大学录取，招生数首次突破200人，位居全市县级工作站第一名。

【管弦乐作品获奖】 2021年，县社区学院管弦乐团演奏的管弦乐作品《赞歌颂党恩 奋进新时代》获首届“全国老年教育教学成果展”器乐类二等奖。

【终身教育成绩显著】 2021年，县、社区学院合唱团“歌颂新时代唱响主旋律”获评2021年省级“终身学习品牌项目”。县融媒体中心记者林生钟获2021年省“百姓学习之星”称号。

【继续教育网络课程通过省验收】 2021年，县社区学院、县文化馆联合拍摄制作的2门继续教育网络课程大田板灯龙、杂剧作场戏，通过省终身教育促进委员会2019—2020年度继续教育网络课程验收。

【计算机机房改造完成】 2021年，县电大添置计算机桌椅56套，购置联想台式计算机55台，室内铺设金刚板、吊顶等，完成了计算机机房改造，投资35万元。

【《常见法律案例50例》编印】 2021年，县电大、平安办、友富律师事务所联合编印社区教育读本《常见法律案例50例》，以法律案例为主要内容，由律师进行实例分析，向社区居民普及法律常识。其中民事案例28篇、刑事案例12篇、行政案例10篇。

【省首届老年教育成果展获奖】 2021年，县老年开放（互联网）大学选送的《赞歌颂党恩 奋进新时代》获器乐表演类作品二等奖，叶建穗创作的《仰望三明的天空》、连占斗创作的《为祖国，写下爱的诗行》分别获得诗歌类作品二、三等奖，连克想创作的国画《梅花香自苦寒来》获得绘画类作品二等奖，林钟瑜拍摄的《重温誓词》、范可杰拍摄的《银发老妪看大戏》分别获得摄影类一、二等奖。

（郑祥全）

成人教育

【概况】 2021年，全县成人教育机构有教师进修学校、卫生进修学校、农业广播电视学校（简称农广校）。共有专（兼）职教师79人，其中，研究生学历12人、本科58人、大专7人、中专2人；高级职称56人、中级17人、初级2人，未定级4人。

【教师进修学校】 2021年，县教师进修学校在职教职工35人，其中本科学历33人、专科2人；高级教师23人、一级教师12人；特级教师1人，市教学名师1人；省学科带头人3人，市学科带头人7人。学校秉承“品高术精，正心达人”校训，不断完善“五五”闭环工作运行机制（“新任教师、合格教师、骨干教师、学科带头人、名师名校长”五个教师梯级成长机制，“分类调研、确定项目、课程设计、资源整合、联通共享”五个环节培训运行机制，“选择主题、校本研修、听课评课、注重指导、传播推介”五个环节教研运行机制，“研究指南、申报立项、跟踪管理、结题评审、推广运用”五个环节科研运行机制，“集中命题、组织考务、网上阅卷、数据发布、分析评价”五个环节质量监控运行机制），发展成为“研训、质检、指导、服务”一体的教师专业发展中心。9月，在市首届先进教研室评选活动中，中学教研室被授予“先进教研室”称号，1人获市“师德标兵”称号。

【卫生进修学校】 2021年，县卫生进修学校有专（兼）职教师25人，其中大学本科学历18人、大专5人、中专2人；高级职称6人，中级职称17人，初级2人。开办全日制中专学历护理专业2个班、农村医学专业1个班。毕业1个班、33人。5月，2018级护理专业毕业统一考试，33名学生参加；6月，护理专业毕业生参加全国职业护士资格考试，合格率80%以上；护理专业学生参加全省学业水平考试，合格率100%；10—11月，举办全县乡村医生规范培训，培训388人。

【农广校】 2021年，县农广校有专兼职教师19人，其中取得正高级职称3人、副高级职称12人；研究生学历12人、本科7人。完成福建省农业广播电视学校2021级家庭农场生产经营专业学员招生25人。

【教学专著出版】 8月，县教师进修学校郑祥旦与吴昌琦、陈慧芳等编著《小学数学一课一探究》由福建教育出版社正式出版。

【标准化学校建设】 10月，福建省教育厅开展2021年县级教师进修学校标准化建设评估工作，经省级专家现场评估，确定大田县教师进修学校为“福建省示范性县级教师进修学校”。

【高素质农民培训】 2021年，县农广校采取送教下乡培训和异地培训的模式开展新型职业农民培训，通过招投标方式，由中标培训机构漳州市启航职业培训学校承担培训任务，全县完成培训17个班次，培训学员1457人次。2021年，选送优质学员参加省、市举办的高素质农民培训班13人。结合各乡镇特色产业，分类分专业设置果树栽培、生姜种植、生猪养殖、肉羊养殖、鸡鸭养殖、淡水鱼养殖、益农信息社业务人员等专业生产型培训班。理论课程安排现代种养技术、农产品品牌建设、农产品质量安全和检测、农业企业人才建设等；实训课程安排水渔业养殖班到清流县省级渔业合作社学习，青梅班到漳州著名青梅基地和加工企业学习；生猪养殖、肉羊养殖、鸡鸭养殖班结合行业特点在当地课堂开展解剖教学；果树栽培专业聘请专家到当地基地实际开展修剪教学指导；益农信息社信息员培训班安排到惠安县益农信息社窗口、省级现代农业产业园展示中心、泉州惠民农业综合开发有限公司、惠安县家兴家庭农场、惠安县坤德农机专业合作社等参观学习。

（郑祥旦 陈小忠 范双龄）

特殊教育

【概况】 2021年，全县特殊教育学生462人，其中随班就读298人。县特殊教育学校设教学班11个（含1个幼儿班），在校生164人，送教上门对象40人，其中，幼儿4人、小学112人、初中48人。教职工49人，其中公办教师31人、非公办18人；专任教师25人，特教专业院校毕业16人；公办教师中本科学历16人、大专13人、中专2人；高级职称5人、中级10人、初级16人。4月，铭栋初级中学被省教育厅确认为省级“融合教育试点校”。

【折翼天使梦工场启动运行】 6月17日，县特校“小当家·微梦想——折翼天使梦工场”正式启动运行。县委常委、宣传部部长黄芳，县教育局党组书记涂建志及县特校师生代表参加启动仪式。该项目作为特校职业教育实训基地的有机组成部分，探索打造特殊教育学生职业孵化小基地，引导学生提升生产、沟通和社会适应等能力，培养一技之长，促进学生独立于社会、实现就业梦想。

【“创元·凤凰豪庭特教奖”捐赠仪式举行】 12月3日，县特殊教育学校与创元房地产开发有限公司联合举办“创元·凤凰豪庭特教奖”捐赠仪式。县委常委、宣传部部长翁淑燕参加活动。创元房地产开发有限公司向大田特校捐赠“创元·凤凰豪庭特教奖”30万元。此次捐赠资金，专项用于支持和奖励县特殊教育学校爱岗敬业、无私奉献、教育教学业绩突出的教职工，优秀学生、困难学生和最美家长。

（苏世佳）

文化 体育 旅游

□编辑 潘梅

文学艺术

【概况】 2021年，大田县文学艺术界联合会（简称县文联）组织各协会开展文艺活动，举办为抗疫英雄撰写冠名春联活动，被新华社报道；23人次个人文艺作品入选国家、省级展览或获奖；1个村建成人才文化展馆；1人次举办航拍摄影展；8位文艺骨干加入国家省协（学）会；1部杂剧被文化和旅游部列入第五批国家级非物质文化遗产代表性项目名录。县委宣传部举办首届“大田美人茶杯”全国征文赛。8月，省文联、省作协授予广平镇元沙村“大田美人茶文化创研基地”铜匾。10月，大田县茶乡文学创作基地被省委宣传部、省文联评为福建省特色文艺示范基地。12月，县美术工艺师周庆寨获省雕塑学会、省雕刻艺术家协会等单位联合授予的“爱心公益大使”称号。同月，县文联被省人社厅、省文联评为先进单位。

【东佳村人才文化特色展馆开馆】 1月30日，素有“高知村”之称的奇韬镇东佳村人才文化特色展馆建成开放。展馆设在古祠堂“高楼堂”内，以“十年树木、百年树人”为理念，设有简介、百字规、题诗、清代科第仕宦、现代知识分子等栏目，通过图文、实物等形式，宣传东佳村崇文重教、尚德明理的传统，展示东佳村人矢志奋斗、报效家国的风采。

【新华社报道县文联赠冠名春联活动】 1月，县文联举办为2020年支援三明、武汉、宜昌的抗疫工作者赠名字藏头联活动。严垂壁创作2对、官辅忠创作1对楹联，为坚守在抗疫一线的朱起储、林笑容、肖晓梅3位医务工作者赠送冠名春联，新华社报道这项活动，点击率超过75万人次。

【文艺作品在国家省入展或获奖】 4月7日，县3位作者诗歌作品在由省作家协会、省文艺评论家协会、市委宣传部、市文联主办的“风展红旗·如画三明”诗歌征集活动评奖中获奖，叶建穗的《仰望三明的天空（长诗）》获二等奖，连占斗的《一条大河穿过三明城（组诗）》获三等奖，胖荣（陈玉荣）的《白云深处有人家（组诗）》获优秀奖。5月，美术作者叶善俊的油画作品《远眺古堡》、黄沛的油画作品《古村斜阳》、张佳丽的国画作品《万山秋果深处熟》入展省文联举办的庆祝中国共产党成立100周年“八闽丹青奖”第三届福建省美术双年展。6月，由省美术家协会、华侨大学美术学院、市文联、县委宣传部联合主办的“永远跟党走，助力乡村振兴——福建省首届连环画巡展”在县文化馆一楼展厅举办，本次展出连环画作品49组200余幅，作品包括以“厉行节约，反对浪费”为主题和党史题材连环画作品51组65幅，作品有国画、油画、版画、水彩、素描等。县5名美术作者的作品入选。同月，由省文联与省摄协举办的“庆祝中国共产党建党100周年福建摄影展”在评选结果福州揭晓。县摄影家高忠锐的摄影作品《风驰电掣》《生态福地·梦幻仙踪》获优秀奖；连克墨的《五彩斑斓》《山中珍品》获入选奖。8月，县美协郑圣泉漫画作品《身遥心迩——千里思念一机牵》在全国漫画赛上获优秀奖。10月，县工艺美术作品参加福建惠安第三届工艺美术创意设计大赛，工艺美术师许生炜创作的汉白玉雕刻《海韵》获优秀奖；工艺美术师周庆寨创作的《人生如意》参加第六届海峡两岸雕刻艺术大赛，获“福雕奖”最佳创意金奖。

【苏华琦个人航拍摄影展】 4月30日至5月20日，“华光琦影——苏华琦航拍八闽摄影展”在县公共文化展厅展览，按福建9个地市分为9个板块，展出作品100幅。展览由省美术馆、省摄影家协会、厦门市美术馆、三明市艺术馆主办，县文旅局、文联等协办。

【《岩城古事》内刊出版】 4月，范长载收集整理的《岩城古事》，由县民间文艺家协会编辑出版，全书5万字。

【三角亭、蔡公亭建成】 5月，三角亭公园建成，布置田一俊会元匾、会元故事、会元印、会元诗等公园文化，增添街道间人文景观。6月，赤岩公园顶凹处重建蔡公亭，纪念抗日烈士蔡公时，亭旁立有介绍蔡公时主要生平事迹的烈士碑。

【“杂剧作场戏”入选国家级非物质文化遗产名录】 5月，国务院发布《关于公布第五批国家级非物质文化遗产代表性项目名录的通知》，大田“杂剧作场戏”（阔公戏）入选；9月，“杂剧作场戏”（大田县文江朱板丰场戏）被文化和旅游部列入第五批国家级非物质文化遗产代表性项目名录。

【加入国家省协（学）会】 5月，郑祥果、刘其芝、林崇垣加入中华诗词学会；8月，余育承、林还诚加入福建省诗词学会；9月，严垂壁加入福建省楹联学会；12月，连占斗加入中国作家协会；林联泰加入中国工笔画学会。

【音舞诗会举办】 6月26日，以“中国梦·七星湖美”为主题的第七届三明（湖美）音舞诗会暨第一届湖美山水艺术季启动仪式在湖美乡高才村举行，音舞诗会通过现代诗、格律诗、散文诗、短小散文等作品，展示湖美乡库区移民文化、朱子文化、佛学文化等多彩文化。

【奇石工艺美术展】 7月3—8日，县文联、工信局、县城镇联社主办，县文化馆、赏石协会、工艺美术协会承办的“奇石、工艺美术精品展”，在县戏曲文化产业园开展，展出奇石藏品160方、工艺美术品30件。

【首届“大田美人茶杯”全国征文赛】 12月，由福建省作家协会、市文联、县委宣传部主办的“大田美人茶杯”首届全国征文大赛举行，苏诗布的散文获二等奖；陈玉荣的诗歌获二等奖；叶建穗的诗歌作品，严垂壁、刘雪琼、李建政、张忠烈的散文作品获优秀奖。

（严垂壁）

群众文化

【概况】 2021年，县文化馆以中国共产党成立100周年为契机，组织开展元宵节线上灯谜、广场舞大赛、职工书法展、戏曲进校园、乡镇文化惠民演出等一系列群众文艺演出活动，讴歌中国共产党成立100周年以来带领中国人民取得的伟大成就，展示全县干部职工和广大群众爱党爱国赤子之心，弘扬大田红色文化，打造健康文明、昂扬向上的职工业余生活。

【书画名家作品展】 2月10日至3月10日，在县文化馆一楼公共文化展厅举办“大田县贺新春·三明市书画名家线上、线下作品展”活动。此次活动由县文旅局、县文联、市书画院主办，大田县文化馆承办。

【元宵节灯谜活动】 2月26日，由于疫情期间不能举办大型聚集活动，县文化馆举办元宵节线上灯谜活动，灯谜内容涉及元宵节习俗、大田非遗项目等传统文化。

【戏曲展演】 5月1—4日，县文化馆在闽中戏曲文化园开展大田汉剧展演活动。《大发财》《红灯花轿》《火烧凤冠》《兄弟状元》等8场汉剧轮番展演，场场爆满。10月14日，县文化馆在闽中戏曲文化园举办重阳节戏曲演出活动。

【少儿文化活动】 5月23日，县文化馆在闽中戏曲文化园举办“童心向党”少儿红色故事演讲比赛，参赛选手127人。6月1日，由县文旅局、文联主办，县文化馆、美术家协会承办的“党在我心中”少儿美术作品展在县文化馆一楼公共文化展厅开展，从征集的1000余幅少儿美术作品中，评选出550幅展出。

【文化惠民活动在济阳举办】 5月27日，省文艺志愿者艺术团杂技分团的“永远跟党走”文化惠民演出活动在济阳乡举办，活动由省文学艺术联合会主办，省杂技家协会、市文联、县文联、县文旅局、济阳乡党委政府联合承办，县文化馆、县音舞协会协办，县文艺工作者与省文艺家们同台献艺。

【民俗茶艺《龙饮茶》展演】 6

月11日，县文化馆推荐的民俗茶艺《龙饮茶》参加在清流县林畲镇举办的“文化和自然遗产日”主题活动暨第三届方言展示。民俗茶艺《龙饮茶》将国家级非物质文化遗产板灯龙和茶艺结合起来，演绎《龙饮茶》背后的故事，展示大田县独特的板灯龙文化和别具风味的茶文化。

【省首届连环画巡展在县举办】 6月18日，由省美术家协会、华侨大学美术学院、市文联、县委宣传部联合主办的“永远跟党走，助力乡村振兴——福建省首届连环画巡展”在县文化馆一楼展厅举办。本次展览共展出连环画作品49 组、200余幅，展览作品包括以“厉行节约，反对浪费”为主题和党史题材连环画作品51组、65幅，作品围绕主题，取材广泛，手法多样，包括国画、油画、版画、水彩、素描等，县5名作者的作品入选此次展览。

【省第四届广场舞大赛(大田赛区)举办】 6月21日，“全闽共舞·欢庆建党百年”福建省第四届广场舞大赛（大田赛区）在县体育馆举行。此次活动由县委文明办、老干部局、文旅局、妇联、文联、县融媒体中心、广电网络大田分公司主办，县文化馆、舞蹈家协会承办，来自全县机关、乡镇、学校、企业23支队伍300多名选手分2组参赛，评选出特等奖1个、二等奖3个、三等奖5个、优秀组织奖若干个。

【“走进红色武陵”文艺演出活动】 6月28日，由县委宣传部、文旅局、武陵乡政府、县文联主办，县文化馆、音乐家协会、舞蹈家协会、武陵中学、武陵中心小学承办的“永远跟党走·老区再启航”大田县庆祝中国共产党成立100周年“走进红色武陵”文艺演出，以信仰之声歌颂党的光辉历程，向中国共产党建党百年献礼。

【职工书法暨党史邮票展】 7月1日，“大田县庆祝建党100周年职工书法暨党史邮票展”在大田县工人文化宫展出。活动由县委宣传部、总工会主办，中国邮政大田分公司、县工人文化宫、文化馆、书法家协会承办。职工书法作品123幅，通过专家评选展出86幅佳作，同时展出47版（框）1945年至2020年发行的中国共产党题材邮品。

【戏曲进校园活动】 7月10日，县文化馆和集美大学暑期社会实践队联合开展大田戏曲进高校校园实践活动。大学生通过与戏曲专家及民间戏曲艺人座谈、实地参观、亲身体验等形式，详细了解大田县的地方戏曲的种类、分布和传承情况，了解省级非物质文化遗产“杂剧作场戏”、市级非物质文化遗产“大田汉剧”的戏曲表演形式、戏曲剧目和生存现状。10月30日，县文化馆在县五中开展“送戏曲进校园”活动，国家二级演员孙惠惠为师生表演高甲戏的经典选段。12月2日，县文化馆与温镇幼儿园在闽中戏曲文化园联合开展戏曲进校园活动，通过戏服体验、戏曲老师的现场教学以及观看戏曲展演，让孩子们体会戏曲文化的魅力。

【大田山歌线上演唱会】 7月14日，县文化馆在文化活动中心举办大田山歌线上演唱会活动，宣传中国共产党成立100周年来的丰功伟绩，讴歌大田县经济社会发展取得的巨大成就。

【第三届福建省美术双年展获奖作品展】 8月27日，由省文联、省美协、县委宣传部共同主办，县文联、文化馆承办的“庆祝中国共产党成立100周年——‘八闽丹青奖’第三届福建省美术双年展（大田县站）”在县文化馆开展。入展书法作品150件，其中金奖作品9件，金奖提名（银奖）作品20件。

【大田闽中戏曲文化园示范点入选】 10月，省艺术馆公布第一批“福建省艺术普及志愿服务示范点”，通过对41个申报示范点的文化志愿服务年限、实施成效及服务成果、志愿服务团队情况等方面的审核和研究，最终入选单位37个，大田闽中戏曲文化园入选。

【建党百年福建摄影展】 11月8—28日，县文化馆在一楼展厅举办“庆祝中国共产党建党100周年”福建摄影展。本次影展从1.14万件2.1万余幅来稿中精选展出作品200件。

【“戏曲进乡村”文化惠民演出】 12月3日，县文化馆在梅山镇举办学习贯彻中共十九届六中全会精神系列活动“永远跟党走·文化进万家”——戏曲进乡村文化惠民巡演活动。

【“中国梦·劳动美”“三工”主题摄影作品展】 12月15日，由县总工会主办，县工人文化宫、文化馆、摄影家协会承办的“中国梦·劳动美”“三工”主题摄影作品展在县文化馆公共文化展厅展出。本次摄影作品展览是在全县100多名职工摄影爱好者投稿的

1200多幅摄影作品基础上，邀请有关专家根据主题要求和审美艺术角度评选出10幅优秀奖、50幅获奖作品参展。

【全民艺术普及进校园】 12月30日，县文化馆在梅山中学开展“喜迎二十大·永远跟党走·启航新征程”——大田县艺术普及文化志愿服务进校园暨梅山中学庆祝2022年元旦文艺演出活动，该活动由县乡村讲师团“田阳文化”宣讲队、县文化馆、梅山中学主办。

（连福石）

文化市场

【概况】 2021年，县文化市场综合执法大队（简称县文化执法大队）以维护意识形态安全和国家文化安全为主线，开展安全生产监管、扫黑除恶专项斗争、文化和旅游市场执法检查、疫情防控常态化等工作，确保县文化和旅游市场安全有序健康发展。

【重点场所监管】 4月，县文化执法大队在日常检查中发现1家歌舞娱乐场所存在违禁歌曲，对该场所立案查处并给予行政处罚1万元；对群众举报的时代广场1家商户涉嫌提供电子游戏、游艺服务情况进行检查，当场责令停止违规经营行为，撤除未经审批的娱乐项目。当年，县文化执法大队以互联网上网服务场所、娱乐场所、出版物经营单位、印刷企业和校园周边场所为重点领域，以全国“两会”、中国共产党成立100周年、寒暑假期、开学季、国庆节等为重点时段，加强日常执法监管力度，全年出动检查人员400余人次，检查经营场所700余家次，发出整改通知书16份，跟踪整改落实情况，及时消除安全隐患。

【校园周边文化市场治理】 2021年，县文化执法大队按照“护苗2021”行动要求，逐步建立健全校园及周边治安防控体系，净化校园周边文化市场环境。在开学季，强化对校园周边的互联网上网服务营业场所、文化娱乐场所、书店、文具店、报刊亭，以及清单内出版物的执法检查，出动30多人次，检查69家次，发出整改通知书8份，及时整改问题5个。当年，单独或与市场监管、公安等部门联合出动检查人员100余人次，检查经营场所200余家次；与县检察院联合对歌舞娱乐场所、网吧等违规接纳未成年人情况进行专项检查，宣传《中华人民共和国未成年人保护法》，增强业主守法经营意识。

【“扫黄打非”行动】 2021年，县文化执法大队开展2021“绿书签宣传”行动，联合县新华书店、鸿图中学举办“扫黄打非”知识宣传活动，发放海报18张、绿书签500张、展板10幅；依托其他中小学校和县图书馆，开展绿色阅读主题活动，提高青少年自我防范和保护能力；利用县体育中心LED大屏开展“扫黄打非”知识宣传。在开学季，组织执法人员30多人次对城区校园周边的书店、文具店等场所进行出版物专项检查；联合县民宗局对道观、基督教堂等宗教活动场所（活动点）进行出版物使用情况检查，收缴不符合规定出版物6册；对城区街头书摊、游商兜售复制音像品、“六合彩”非法出版物等行为进行劝阻和打击，收缴非法出版物10册；以打击盗版侵权出版物为重点，对农村圩日期间销售或使用违禁和侵权出版物明察暗访，未发现有关违法违规出版物；对在虚拟电商产业园注册的企业利用互联网对违规经营出版物情况进行跟踪监管，通过园区业主向经营户宣传网上出售出版物的有关规定，增强电商的守法经营意识；开展校外培训机构艺术水平考试以及使用教材教辅情况的专项检查，检查70家次，未发现违法违规行为。

【卫星地面接收设施专项整治】 2021年，县文化执法大队制定《2021年大田县卫星电视地面接收设施专项整治行动方案》，联合县公安局、市场监管局对卫星电视地面接收设施开展专项整治行动。在全国“两会”召开期间，出动人员12人次，对星级宾馆、酒店、电器销售维修点、群众居住点等16个点位进行巡查，发放宣传材料30余份。全年出动人员22人次，对28个点位进行巡查，劝导有关人员拆除卫星电视地面接收设备。开展“无小耳朵”社区（小区）创建，在人口聚居密集地段悬挂宣传标语，联合县住建局对龙腾文化广场、碧桂园等小区开展宣传活动，未发现上述场所使用卫星电视广播地面接收设施及境外卫星电视落地。

【文化市场安全生产检查】 2021年，县文化执法大队在元旦、春节期间，联合县公安局、县消防救援大队开展文化经营场所疫情防控、安全生产等专项检查，联合出动执法人员30余人次，下达责令整改通知书5份，责令限期整改。在“五一”、端午节期间，出动30

余人次对文物保护单位、互联网上网服务场所、娱乐场所、星级饭店、A级景区、旅行社、印刷厂、书店等开展安全生产专项整治行动。按照“除隐患保平安，迎建党百年”消防安全隐患集中排查专项行动的要求，出动执法人员126人次，重点对文化娱乐场所、景区、非景区进行专项检查，确保安全生产。

【城市噪声污染整治】 2021年，县文化执法大队按照省、市文旅部门《关于开展“静夜守护”城市夜间噪声污染整治专项行动的通知》部署和安排，结合实际制定整治方案，对城区12家歌舞娱乐场所的音响设施和噪声问题加强管理，开展宣传教育，提高业主守法经营意识，自觉杜绝超时经营。开展“静夜守护”行动，单独或联合生态环境、市场监管等部门出动执法人员30人，排查和检查歌舞娱乐场所50家次，做好经营户音响设施改良工作，解决城区夜间娱乐场所噪声污染问题。在开展超时经营情况检查中，对1家在凌晨2时之后未全部清场的娱乐场所给予警告。

【“不合理低价游”行为整治】 2021年，县文化执法大队开展旅行社“不合理低价游”整治行动，宣传“不合理低价游”对行业市场的不良影响和对旅游消费者的危害，要求从业者自觉抵制“不合理低价游”；打击“不合理低价游”行为，根据群众举报，组织执法人员30余人次，上路对旅游包车开展执法检查。

【文化市场疫情常态化防控】 2021年，县文化执法大队把疫情防控工作作为突出任务，累计出动执法人员300余人次，检查各经营场所500余家次，及时为各场所开通新的“健康码”扫码端口，统一印制“张贴码”100余张，帮助和督促经营户落实疫情防控的非主体责任。组织文旅行业开展核酸检测工作，落实重点人群“应检尽检”，每15天抽取10%的从业人员进行核酸检测等要求，累计检测公共服务人员1000余人次；安排和督促各阶段疫苗接种，确保文旅行业从业人员及时完成疫苗接种。

（范文革）

旅游经济发展

【概况】 2021年，县文体和旅游局（简称县文旅局）着重发展乡村旅游业，打造“闽中之秀·多彩大田”旅游品牌，持续推进茶旅融合、农旅互动；依托大田“中国高山茶之乡”“中国油茶之乡”“中国睡眠康养示范基地”和孝道、土堡、戏曲、章公肉身菩萨、板灯龙，以及中央苏区红色旅游等文化旅游资源，推进大田桃源里旅游度假区、大仙峰·茶美人景区等项目提升，加快培育文旅康养产业；举办“大田首届（云上）樱花节”、大田县第三届红色康养茶海跑等活动。全年接待游客251.54万人次，比上年增长148.14%；旅游收入19.49亿元，同比增长82.15%。

【首届（云上）樱花节活动举办】 2月21日，大田首届（云上）樱花节活动在屏山乡仙居山樱花园举办，活动邀请众多知名网红在仙居山樱花园、大仙峰·茶美人景区现场直播推广，星空卫视《魔星高照》主持人魔术师王冬歌，广东广播电视台主持人周菲，中央广播电视台《歌游中国》栏目导演饶海明参与互动，吸引在线观众200多万人。

【建发国旅集团战略合作】 3月10日，县人民政府与厦门建发国旅集团签订全面战略合作协议，双方将围绕文旅全产业链一站式服务、目的地营销和活动策划业务、乡村振兴、体育赛事、研学教育以及红色旅游等模块多方位入手，着力将大田打造成闽西南县域旅游的一张王牌名片。厦门建发国旅集团引入先进理念和各方资本，整合大田县“红色+”“绿色+”等文旅资源，将现有的旅游亮点串联起来，为县域旅游发展注入新资源、新活力。

【文旅称号获评】 5月，中国国际茶叶博览会组委会主办的第三届茶乡旅游发展大会，发布区域特色美丽茶乡和百条红色茶乡旅游线路名单。该榜单由中国农业国际合作促进会茶产业委员会、中国茶产业联盟联合发布，“大田高山茶乡红色之旅”获评百条红色茶乡旅游精品路线。6月，屏山乡被省气象学会和省旅游协会联合授予“清新福建·气候福地”首批避暑清凉福地称号。12月，经过网络投票、专家评选一系列综合测评，大田茶美人景区·古堡民宿获得“首届三明网红打卡地”称号。

【大田特装馆在厦门旅博会亮相】 6月18日，大田特装馆以土堡造型亮相第十七届海峡旅游博览会厦门建发国旅集团展区，是县政府与厦门建发国际旅行社集团有限公司签订战略合作协议后首次携手参展。展馆通过茶文化、土堡文化以及大田美人茶、富硒姜茶、有机山茶油等50多种特色产品全方位展示大田文旅资源。

【乡村旅游品牌项目申报】 7月，上京镇梅林村旅游服务中心项目申报市旅游服务中心项目，桃源镇泼水景区旅游厕所申报市示范性旅游厕所项目。

【全市地方特色美食大赛获奖】 11月，由海峡两岸（三明）林业博览会筹委会主办、市文旅局承办的“中国绿都·全宴三明”全市地方特色美食宴烹饪大赛中，大田代表队推出的“全猪宴”以总分第六名获“明味全宴奖”三等奖，其中菜品“骨肉相连”“薪火相传”“孝母蹄膀”入选热菜榜前30名。

【获评“星级讲解员”】 11月，在三明革命老区高质量发展示范区讲解员星级评定活动中，县4名讲解员被评为“星级讲解员”，其中被评为“五星讲解员”1人、“三星讲解员”3人。

【国家AAA级旅游景区获批准】 12月，湖美七星湖景区、张坑古村落旅游景区被市文旅局批准为国家AAA级景区。湖美七星湖景区依托七星湖省级森林公园和闽湖国家水利风景区，建有七星桥、环湖自行车骑行道、滨湖步道、鹰嘴岩等景点。张坑古村落旅游景区以传统古建为基础，以“深山含笑”为特色，拥有桃树堂、步云楼、树德堂等精品古建，配套农耕体验营地、花芬稻香园、含笑娱乐谷、深山含笑林等众多特色旅游项目。至年底，全县有国家AAAA级景区1个，国家AAA级景区6个。

【旅游项目建设】 2021年，大仙峰·茶美人景区新建云爽爽乐园、“大众茶馆”等项目；五龙山生态茶园景区新建跑跑卡丁车、彩虹滑道、旋转秋千等体验项目；大田桃源里旅游度假区完成越野车项目、垂钓中心、鸭嘴鱼养殖区、景区游步道、停车场、旅游公厕、人行天桥等项目建设。

【文旅发展规划编制完成】 2021年，县文旅局完成《大田县“十四五”文旅康养产业发展规划》《大田县红色旅游发展规划》等规划的编制。

【旅游宣传推介】 2021年，县文旅局发布旅游资讯及信息70多篇，宣传大田旅游景区点、游览线路、旅游项目。安排旅游系统10多人参加清流林畲红游记、将乐龙栖康养趣、沙县小吃寻味记等宣传营销活动；组织旅游酒店和旅行社员工70多人参加“三明文旅康养产品推介会、海峡旅博会、福建旅游交易会等活动。

（范姝丽）

旅游业服务与管理

【概况】 2021年，县文旅局加强旅游服务，把好旅游服务质量关，优化旅游服务环境与管理；宣传文明旅游，落实旅游法规和文明旅游制度；加强旅游督导检查，按照旅游安全管理实施细则，履行行业监管责任，强化隐患排查治理，保障旅游安全。

【旅游业务培训】 2021年，县文旅局先后安排旅游系统70人次参加大田县革命老区高质量发展示范区现场教学讲解员培训、闽西南青年骨干导游专题培训班、全省星级饭店管理人员培训班“三明实践”系列培训·全市讲解员专题培训班。

【旅游质量监督】 2021年，县文旅局在各旅行社持续推广使用全国旅游监管服务平台，督促县内各旅行社（分社、营业部）及时上报旅游团队信息，落实行前说明会制度，加强内部管理制度、应急机制建设，提升应急处置能力。全年受理旅游质量监督服务投诉件2件，均顺利协调处理并答复完毕。

【旅游安全管理】 2021年，县文旅局加强旅游市场秩序和旅游安全管理，定期排查景区接待设施、警示标牌、路灯照明、引水管道、休闲栈道等有无安全隐患，做好疫情常态化防控，大幅减轻新冠感染对全县旅游产业的影响。当年，出动检查人员600多人次，排查并整改隐患6项。

【文明旅游创建】 2021年，县文旅局持续开展文明旅游进旅行社、星级酒店（含拟评星级饭店）、景区、社区宣传活动；开展旅游志愿服务和帮扶共建活动，结合省级文明县城创建，全年开展旅游志愿服务和帮扶共建活动70多人次。

（范姝丽）

群众体育

【概况】 2021年，县文旅局加强群众体育设施建设，健全完善体育组织网络，组织全民健身活动，开展大田县第二届“平安杯”羽毛球赛、首届“新岩杯”五人制足球邀请赛、“开元宝邸杯”大田县第36届篮球赛比赛，组织城区各所学校召开运动会，举办气排球、羽毛球、乒乓球、健身跑、趣味性运动会等一系列赛事活动，推动全民健身活动开展。

【第二届“平安杯”羽毛球赛举办】 5月14—15日，由县平安建设领导小组办公室、县总工会、中国建设银行大田支行主办，县羽毛球协会承办的大田县第二届“平安杯”羽毛球赛在县体育中心举行，全县11支代表队100多人参赛。

【第七届自然资源杯篮球赛举办】 6月18—25日，由县自然资源局、文旅局主办，篮球协会承办的大田县第七届“自然资源杯”篮球赛在县体育馆开赛，全县8个代表队112人参加。经过角逐，城管队获第一名，建设镇队获第二名，自然资源队获第三名。

【县首届“新岩杯”五人制足球邀请赛举行】 7月10—11日，由县文旅局、足球协会承办的大田县“新岩杯”五人制足球邀请赛在县体育中心举行，参加比赛的有大田足协队、市直机关青年队、永安长泉汽车队等8个队100多名队员参赛。通过比赛，永安长泉汽车队获第一名，大田足协队获第二名，漳平足协队获第三名。

【县第36届篮球赛举办】 7月23日至10月29日，大田县第36届“开元宝邸杯”篮球赛在县体育中心举办，由县文体和旅游局主办，县篮球协会、大田元中地产开发有限公司承办。全县有41支球队（甲级组5支、南部乡镇组8支、乙级组16支、特邀组12支）、500多名球员参赛，赛事历时3个多月，进行94场比赛，消防救援大队获得甲级组冠军，武陵乡获得南部乡镇组冠军，纳亚队获得乙级组冠军，法检联队获得特邀组冠军。

【第三届红色康养茶海跑举办】 12月25日，由市体育局、县人民政府主办的“运动绿都·最氧三明”大田县第三届红色康养茶海跑在屏山乡大仙峰·茶美人景区举办，活动分为19千米的茶海康养越野跑和4千米茶海康养趣味跑，来自厦门、泉州、三明等地的600多名运动员和游客参加活动。经过角逐，福州的肖祖峰和厦门的黄雪梅分别以1小时18分06秒、1小时25分41秒的成绩获得茶海康养越野跑男子组和女子组冠军。

（章美香）

体育训练与竞赛

【概况】 2021年，县文旅局致力提升县体育竞技水平，抓好竞技体育人才培养。继续向上级体校输送体育人才，全年向省体校输送运动员2人、向市体校输送14人。组队参加全省举重锦标赛和跆拳道省冠军赛等体育赛事，大田籍运动员屡创佳绩。

【市少儿举重锦标赛参赛】 6月，县少体校选派36名运动员参加由市体育局、教育局主办的2021年三明市少儿举重锦标赛，全市6支队伍、148名运动员在市少年儿童业余体育学校比赛。经过角逐，县参赛选手获14个第一、6个第二、6个第三、2个第四、2个第五，以团体总分480分的成绩获得第一名。

【奥运会获奖】 8月5日，大田籍运动员林文君在2020东京奥运会皮筏艇女子200米单人划艇决赛中获得第六名。

【全省赛事获奖】 2021年，在全省举重锦标赛中，大田籍运动员叶发生获得男子丙组45公斤级抓举第一名、挺举第一名、总成绩第一名；颜琳娜获得女子丙组40公斤级抓举第三名、挺举第二名、总成绩第二名。在跆拳道U系列省冠军赛中，张紫薇获得女子55公斤级第二名、女子甲组52公斤级第三名；吴紫轩获得女子44公斤级第一名。邱慧恩获得击剑省冠军赛女子乙组花剑锦标赛团体第四名、冠军赛团体第二名。

（施生榕）

图 书

【概况】 2021年，大田县图书馆提供书刊借阅、数字信息查询、电子阅览室及全馆无线上网服务，履行基层业务辅导、便民辅助性服务和延伸性阅读推广读者服务职能，获“读吧！福建”第四届福建文学好书榜评选暨阅读推广活动“优秀组织单位”称号。县新华书店经营教材、教辅及一般图书发行及复印纸、新华眼镜、预包装食品等。2021年，在莆田、厦门等地疫情形势严峻的情况下，及时安全地将中小学课本发放到校，确保“课前到书、人手一册”。

【县图书馆】 2021年，县图书馆馆舍面积6600平方米，总馆有各类图书及报刊文献藏书47.3万册，分馆藏书31.75万册（18个乡镇村的农家书屋31.16万册、电力分馆1298册、残联分馆1146册、白岩分馆1182册、南街社区分馆2000册、“江山印”书房分馆321册）。新办借书证696张，图书借还8.03万册次，读者到馆11.4万人次。“大田县图书馆”微信认证公众号对外发布馆内信息动态896条，阅读4.63万人次。接收19家单位报送的政府公开信息459条。受疫情影响，线下聚集性阅读活动减少，线上数字资源推广为主，线下少量读者阅读活动为辅，阅读推广活动88场。

【县新华书店】 2021年，县新华书店实现销售码洋、营业收入、利润总额和人均工资4项指标同步增长，完成集团预算各项任务指标，同时远超完成3个翻番的八年（2014—2021年）奋斗目标。全年销售图书3021.61万元，比上年增长19.12%；营业收入2900.28万元，同比增长19.16%，其中主营业务收入2396.10万元，其他业务收入504.18万元；利润260.68万元，同比增长12.25%。

【图书分馆建立】 2021年，县图书馆完成屏山茶园图书流通点、县一中图书流通点、南街社区分馆、“江山印”书房分馆建设。至年底，全县有电力公司、白岩社区、残联、闽中戏曲产业园、“睡眠小镇——岩城书房”、南街社区和“江山印”书房7个图书分馆，有上京镇城口村、赤岩社区、县武警中队、消防中队、“陌上期刊流通点”“大田县妇女儿童亲子阅读点”、阳春村、屏山茶园和县一中9个图书流通点。

【开展“读一本好书”活动】 2021年，县新华书店联合县教育局、教师进修学校开展全县中小学“假期读一本好书”读书活动，推荐《三字经》《弟子规》《增广贤文》等国学经典，满足全县中小学生对传统文化读本的需求。

【全民阅读“七进”推动】 2021年，县新华书店发挥图书宣传导向作用，开展图书进农村、进社区、进校园、进军营、进企业、进机关、进家庭（“七进”）活动120次，向读者推荐优秀出版物，营造“多读书、读好书、好读书”的浓厚氛围。

【学校第二课堂打造】 2021年，县新华书店新增儿童阅读区域80平方米，添置桌椅20余套，利用周末、寒暑假时间开展绘本故事、手工DIY制作、绘画、亲子共读等形式多样的公益活动20余场，增进亲子情感交流，培养学习兴趣。

【校园书店建设】 2021年，县新华书店争取项目资金60万元，建设县五中公益书吧330平方米，丰富和活跃校园文化生活。

（郑圣泉 涂小梅）

文物

【概况】 2021年，县文旅局以“保护为主、抢救第一、合理利用、加强管理”为工作方针，加强文物管理，完成全县69处（105个点）文物保护单位和655处一般不可移动文物点记录的档案制作，落实文物安全责任，严守文物安全底线。保护和利用文物资源，发挥博物馆社会文化公共服务作用。是年，文保专项资金争取再创新高，争取文物保护专项补助资金1420万元，在全市各县（市、区）中排名第一。

【县文物入选省第一批革命文物名录】 3月16日，省文物局发出《关于核定公布福建省第一批革命文物名录的通知》，公布第一批省级以下不可移动文物1638处，可移动文物142581件（套）。其中，大田县30处不可移动革命文物、6件（套）可移动文物入选。

【文物机构队伍建设】 6月7日，县委编委批复成立“大田县土堡群保护中心”，主要职责是县土堡群保护的技术和事务工作。中心与大田县文物保护中心合署办公，核定财政核拨事业编制1名。

【文物安全责任落实】 6月，县文旅局加强文物安全管理，根据“谁管理、谁使用、谁负责”工作原则，完成全县各级文物保护单位、一般不可移动文物点和博物馆的挂牌保护工作，明确责任单位和责任人，做到末端守护，解决文物安全责任落实“最后一公里”问题。

【7个文物点参与世界遗产大会线上展示】 7月16日，县7个世界遗产大会考察点的简介及照片在第44届世界遗产大会官网上展示，即全国重点文物保护单位大田土堡

群（安良堡、芳联堡、琵琶堡、泰安堡、广崇堂）、省级文物保护单位大田土堡（绍恢堡、光裕堡）。

【第五批省级历史文化街区入选】 8月18日，为保护历史文化街区，延续城市传统风貌，省政府公布第五批省级历史文化街区14个，大田县“第二集美学村”历史文化街区入选。

【文物保护单位记录档案制作完成】 2021年，县文旅局完成全县69处（105个点）文物保护单位和655处一般不可移动文物点记录档案制作。

【文物安全工作】 2021年，县文旅局印发“文物安全十不准十必须”宣传海报，张贴在各级文物保护单位中，增强人民群众的文物保护意识。完成各级文保单位灭火器配备，全年开展文物安全专项检查4次，发现一般安全隐患109处，整改完成109处，全县各级文保单位未发生安全事故。

（郭善烨）

媒体融合

【概况】 2021年，县融媒体中心围绕县委、县政府中心工作，加强广播、电视、报纸、新媒体等多渠道新闻宣传工作，为新时代多彩大田高质量发展超越营造良好的舆论氛围。刊稿多项指标全市排名前列，其中，学习强国刊稿338篇、《三明日报》刊发379条，总发稿量均位居全市第一；“党史教育学习”专题刊稿位居全市第四。在福建电视栏目发稿97条，在三明电视台《三明新闻》发稿383条。县融媒体中心在省委宣传部“全省优秀县级融媒体中心30强”评选中获三等奖；通过福建省县级融媒体中心建设验收，首批获发全省互联网新闻信息服务许可证。

【多项作品获国家级媒体发布】 3月31日，县融媒体中心制作的《短时间强对流天气，部分乡镇降下冰雹》在CCTV-13《新闻直播间》播出；5月15日，《一片大田“美人茶”两岸茶人情》在CCTV-2中文国际《中国新闻》播出；6月23日，《福建三明多地遭遇暴雨局地出现内涝塌方》在CCTV-2财经频道《第一时间》播出；11月7日，《首届中国美人茶大赛在福建大田举办》在CCTV-17农业农村频道《中国三农报道》播出。稿件《清明刚过，为烈士守护36年的闽中七旬老人开启为烈士寻亲的新旅程》在中央广播电视总台《中国之声》栏目播发后，县融媒体中心记者与江苏常州市两地联动，找到刘元嵩烈士的亲人，让烈士英灵“圆梦回家”。2021年，县融媒体中心在央媒矩阵发布作品流量超30万播放量的有34条（流量超100万播放量的有15条），抖音流量超100万播放量的有6条。

【特色栏目制作宣传】 2021年，县融媒体中心全年录制《大田新闻》1422条。开办特色栏目35期，其中《健康大田》24期、《平安岩城》5期、《五湖四海大田人》6期。在大田电视台、大田新闻网、“大田融媒”微信号和抖音号等平台开设“学习贯彻党的十九届六中全会精神”“党史学习教育”“我为群众办实事”“贯彻党代会·启航新征程”“五比五晒”“新时代文明实践”等专栏，发布各类专题新闻335条。突出重大主题策划，摄制“百年党史·红色大田”、国家公祭日、国家读书日、孝老爱亲、清明追思、“近听老人言”等公益广告短视频作品127个。组织拍摄《大田红色故事》系列及《闽中之秀·多彩大田》《航拍大田》专题片23部。

【多项作品获省部级奖项】 2021年，微电影《寄爱回家》获中宣部表彰全国县级融媒体中心优秀作品双月赛二等奖；通讯稿《官员直播，为“福”带货》获全国党刊重大主题宣传优秀作品一等奖；通讯稿《一个贫困村的华丽转身》获退役军人事务部“老兵永远跟党走·传承红色基因续写军旅荣光”征文优秀作品，是全省推荐该类别作品唯一入选作品；通讯稿《65岁村支书倒在疫情防控一线》获2020年度中国报业协会老年报分会通讯类一等奖、2020年度福建新闻奖二等奖；电视消息《“章公祖师”肉身坐佛像追索案宣判，判令返还》获2020年度中国广播电视大奖电视长消息二等奖、2020年度福建新闻奖三等奖；通讯稿《“大田后生仔”把家乡唱给你听》获《福建日报》2020年度好新闻一等奖。

【赛事活动承办】 2021年，县融媒体中心策划承办县商务局“全闽乐购·多彩大田——县乡走透透·游商圈”活动，通过主播、网红进行直播推广，“线上”观看量67.5万人次；“线下”吸引上海、福州、厦门以及周边市县等2.4万余人现场参加活动，“线上线下”拉动市场消费200多万元。举办“第二届大田美人茶开茶节、国际茶日福建省系列活动启动仪式”、首届中国美人茶大赛新闻发布会。

【公益助农开展】 2021年，县融媒体中心通过电视、微信公众号、抖音号免费为脱贫户滞销产品提供销售服务，总浏览量11.9万人次，为梅山镇菇农卖出香菇5000多公斤、广平镇甘蔗种植户卖出甘蔗4.5万根、均溪镇上太隆园果农卖出脐橙3万多公斤。

【新媒体影响力扩大】 2021年，“大田融媒”微信号发布信息4876条、关注人数增加1.5万人；“大田融媒”抖音号发布信息680条，关注人数由年初的5000人增至3万人，672.8万人次点赞，1950.4万人次浏览。

（郑　畅）

卫生健康

□ 编辑 陈妮

综述

【概况】 2021年，大田县卫生健康局（简称县卫健局）继续推进医药卫生体制改革，全面提升医疗卫生服务综合能力，助推全县卫生健康事业高质量发展。编制完成《大田县“十四五”卫生健康事业发展专项规划》，提出实施资源结构优化、医疗龙头提升、强基固本提质、中医振兴发展、公共卫生促进、人才队伍建设、智慧健康医疗、促进人口家庭发展等八大工程。把好新冠肺炎疫情外防输入关，提升核酸检测能力，序时推进疫苗接种，规范设置医学观察点，加强卫生应急队伍能力建设，落实常态化防控工作。围绕总医院管理、乡村医疗服务、公共卫生服务、基础设施建设、人才队伍建设等五个方面推进医药卫生体制改革。与省级各大医院对接洽谈，建立全方位帮扶协作关系，尽快提升县总医院医疗服务能力。强化重点传染病防控，做优公共卫生服务，严格卫生监督执法，深化医养结合，开展爱国卫生运动，不断提升公共卫生服务水平。不断完善全民健康管护体系，逐步建立“疾病预防、医疗救治、健康管理”三位一体的医防协同融合服务新模式。平稳实施三孩政策，落实计生各项奖励优惠政策和计生特殊家庭扶助关怀，促进计划生育平稳转型发展。2021年，县总医院被市委市政府评为“十三五”期间医改工作表现突出的先进集体；全省公立医院年度满意度调查，县总医院出院患者满意度90.83分、县中医院93.53分。

【新冠肺炎疫情抗击支援】 2021年，县卫健局先后派出16名医护人员，驻点厦门、三明、福州机场参加新冠肺炎医疗救治援助工作。9月13日，县总医院检验科医师高上潮加入三明援莆核酸检测队，参与莆田市城市核酸检测基地核酸检测。9月15日，县总医院林丽荣、吴培镇、乐梦玲、陈媛彬、范芳梅、程雅东、吴珊珊、涂晨虹、乐兰兰、刘梅琴、蒋佑实、吕惠芳、刘晓燕、范惠琳、郑振华、林青华、陈占坛等17人，县妇幼保健院肖玉华、林联霄、田丽霞等3人，组成核酸采样应急队，加入三明市第二批赴莆田支援队，到荔城区开展核酸采样。同日，县总医院主治医师杜承焯加入进修医院厦门医学院附属第二医院新冠肺炎疫情核酸采样应急队，在厦门市开展核酸采样。9月中旬，县疾控中心选派2人支援莆田开展核酸检测和流行病学调查。9月20日，县总医院护师林小蓉作为医院感染管理专业技术人员，与厦门大学附属第一医院支援厦门市第三医院医疗队员共同组成省院感专家团队，参与厦门市第三医院新冠肺炎疫情防控。

【新冠肺炎疫情防控】 2021年，全县无报告新冠肺炎确诊病例、疑似病例和无症状感染者，排查、追踪管理密切接触者8人、次密接81人、一般接触者9人，未发现核酸检测阳性病例。购置新冠病毒疫苗接种扫码设备48台、健康问询签核设备26台，接种新冠病毒疫苗59.06万人剂次。县疾控中心完成新冠病毒核酸样本检测18.27万份，其中应检尽检人群9.19万人份、适时抽检人群7.75万人份、外环境和冷链食品5716份、其他愿检尽检人群7598人份。总医院核酸检测16.0919万人次，其中，医务人员5.97万人次，住院患者3.01万人次，发热病人8419人次，陪护人员1.05万人次，其他人群5万人次，监所工作人员16人次，物表2165份。9月，组建临时核酸检测采样队伍3支，5天完成全县师生7.09万人次核酸检测任务。储备13家酒店宾馆602间房间作为集中隔离医学观察点，满足20间／万人要求；改造华伦特厂区宿舍作为集中医学观察点，储备115间隔离房。集中医学观察点集中隔离409人次。

（廖美妹　蒋丽蓉）

人口与计生服务

【概况】　2021年，县卫健局落实计生各项奖励优惠政策，推进计生服务管理改革，推动实施三孩生育政策及配套支持措施落地。办理生育服务登记1129条（线上810条、线下319条）。发放避孕药具1410人份，区域基本避孕药具发放覆盖率44.66%。至2021年12月，计生统计全县期末总人口43.83万人，期内出生3429人，政策符合率90.11%，出生人口性别比132.79，自然增长率3.26‰。

【计划生育奖励扶助】　2021年，县卫健局兑现计划生育奖励扶助政策，特殊家庭44人，贡献奖奖励12人，城镇奖扶403人，农村奖扶292人，补助农村二女户家庭建房9户，补助二女户升学135人，发放各类奖励金266.67万元。农村计划生育特殊家庭、独女户和二女户等家庭成员2016人，政府补助城乡居民医疗保险64.5万元，城镇养老保险居民6292人，政府补助62.9万元。落实计生特殊家庭扶助关怀工作，为44名扶助对象发放就医服务证、免费体检卡，购买意外伤害和保险住院护理补贴保险，医疗救助13人次1.31万元，走访并发放慰问金4.8万元。

【生育政策贯彻落实】　2021年，县卫健局贯彻落实中共中央《关于优化生育政策促进人口长期均衡发展的决定》，推动实施三孩生育政策及配套支持措施落地。宣传中央关于调整完善生育政策、促进人口长期均衡发展的决策部署，同时对照、梳理有关生育政策、措施。做好三孩生育政策实施前后奖励扶助和制约处罚措施衔接的各项准备工作。入户、入学、入职等不再审核计划生育情况，取消县内所有涉及个人生育情况的协审项目。做好3岁以下婴幼儿照护服务，规范化设置托育服务机构。

（卓祖建）

医药卫生管理

【概况】　2021年，全县各类医疗卫生机构435家，其中，县乡公立医疗卫生机构24家：县总医院、中医院、疾病预防控制中心、卫生计生监督所、妇幼保健院、卫生进修学校、社区卫生服务中心各1家，乡镇卫生院17家；民营医院5家（安康医院、民生医院、东南医院、平安医院、恒康医院），社会医疗机构13家（包括学校及其他部门医疗室），社区卫生服务站8家，村卫生所（室）337家，个体诊所48家，乡村医生313人。全年发放在岗乡医养老保险补助及离岗乡医生活补助84.39万元。完成高等学校招生、义务兵征集和公务员录用等健康体检2974人次，选派医务人员参加县级各类重大活动医疗保障工作、紧急医学救援和公益义诊等活动326人次。

全县卫技人员1636人，每千人5.46人；病床1465张，每千人4.89张。公立医疗卫生机构在编人员819人，其中，卫生专业技术人员778人，其他专业技术人员27人，工勤人员14人。临时聘用卫生技术人员463人，个体诊所医生80人，社区卫生服务站卫技人员71人，民营医院卫技人员187人，社会医疗机构卫技人员16人。

受新冠肺炎疫情影响，县乡两级公立医疗机构全年门诊73.93万人次，比上年增长5.07%，住院2.64万人次，同比下降31.25%。其中，县级医院门诊41.81万人次，同比增长21.43%，住院1.82万人次，同比下降3.7%；乡镇卫生院门诊32.12万人次，同比下降10.6%，住院0.82万人次，同比下降18%。公立医疗单位总收入3.61亿元（财政补助9094.93万元），同比增长4.94%，其中县级医院2.44亿元（财政补助2689.25万元），同比增长9.42%；乡镇卫生院总收入1.17亿元（财政补助6405.68万元），同比下降3.3%。医疗单位总支出3.27亿元，总结余3380.76万元，其中县级医院总支出2.23亿元，收支对抵结余2038.35万元（其中财政项目盈余1902.19万元，医疗盈余136.16万元）；乡镇卫生院总支出1.04亿元，业务收支对抵结余1342.41万元。

【县级公立医院改革】　2021年，县级公立医院继续实行药品零差率，县总医院、中医院药品耗材收入5061.34万元，药品收入占医药收入（2.03亿元）的24.91%；县级两家医院医保支付方式改革，按疾病诊断相关分组（C-DRG）收付费。

县总医院全年医保住院患者1.55万人次，符合C-DRG入组结算1.3万人次，入组结算率84.62%。

完善院长目标年薪制考核办法，落实“全员目标年薪制，年薪计算工分制”经全市年终考核，县总医院核定工资总额1.84亿元，实际发放8819.17万元，其中，总院区6549.3万元，南院区（县中医院）2269.87万元，院党委书记、院长年薪40.1万元；总院区医生年人均工资18.02万元，最高年薪33.4万元；县中医院医生年人均工资14.98万元，最高年薪30.23万元。

2021年，县总医院采购国家集采中选品种药品5批132个品规、320.5万元，福建省带量采购中选品种药品2批31个品规、90.61万元，三明联盟非过评药品带量采购项目药品1批5个品规、10.66万元，2019年6月1日至2021年底，累计集中采购中选品种药品168个品规、421.77万元，集采药品占常用品规数的17.68%。

【医联体建设】 2021年，县卫健局加强医联体建设。12月4日，“田医回田”名医工作室揭牌，26位在榕田医或田医友人“组团式”帮扶县总医院，其中，主任医师13人，副主任医师10人，主治医师3人，涉及共建学科19个；臧卫东一胃肠肿瘤名医工作室揭牌，开展临床诊疗服务、指导总医院学科建设。12月17日，县总医院与福建医科大学附属协和医院签约合作共建医联体，与福建医科大学附属第一医院、厦门中山医院、省人民医院、省康复医院、晋江市中医院、三明市第二医院等6家医院搭建为医联体医院。县妇幼保健院与省妇幼保健院建立医疗联合体的协作关系，成为福建省妇幼专科医联体、福建省儿科专科联盟成员单位。12月，县妇幼保健院成为首批福建省妇儿肺栓塞和深静脉血栓形成防治专科联盟、福建省中医生殖专科联盟成员单位。2021年，省妇幼保健院派出2批次6名驻点医生到县妇幼保健院开展对口帮扶医疗服务，门诊1180人次、手术40台、业务讲座12场次；大型义诊活动2场次，受益患者350人。

【基层医务人员和乡村医生待遇保障】 2021年，县卫健局完善基层医疗卫生机构绩效工资分配制度改革，通过增收节支提高医务人员待遇，提取年终收支节余80%作为绩效工资，实行院长（主任）管理绩效奖励，根据年终考核结果，按本单位人员平均工作绩效奖的3倍发放。全年发放在岗乡医养老保险补助及离岗乡医生活补助85.55万元，发放卫生津贴37.7万元。

【乡村医生“乡聘村用”】 2021年，县卫健局统筹用好乡村医生，乡聘村用乡村医生8名，由乡镇分院聘用到空白村服务，同时报备县总医院，总医院予以核定月基础工资1800—2000元，年终按招聘人数适当追加分院绩效总额。

（廖美妹　蒋丽蓉）

公共卫生

【概况】 2021年，县卫健局加强重点传染病的预防控制和公共场所、饮用水、食品安全等卫生监督，巩固卫生应急综合示范县创建和省级慢性病综合防控示范区成果，推进基本公共卫生服务项目，做好新冠肺炎疫情防控工作，开展爱国卫生运动，保障人民群众身体健康。全县各医疗卫生机构报告死亡病例2196例、新发恶性肿瘤病例407例、急性心脑血管病例1121例，其中死因监测常住人口报告死亡率6.82‰、死因诊断不明比例4.84%、户籍人口报告死亡率5.42‰。

【基本公共卫生】 2021年，全县辖区内居民建立健康档案累计28.47万份，电子建档率95.06%，健康档案使用率70.61%；居民规范化电子健康档案覆盖率62.3%；预防接种报告出生儿童3153人，建卡率100%，免疫规划疫苗接种率均达95%以上，并推广流感疫苗、宫颈癌疫苗接种；全县7岁以下儿童3.79万人，健康管理3.57万人，管理率94.2%，新生儿访视2299人次，婴幼儿健康管理15.3万人次，4—6岁儿童健康管理2.4万人次；全县孕产妇保健分娩活产2405人，产前检查2187人，产后访视2333人，访视率97.01%；做好老年人和中医药健康管理工作，65岁及以上老年人健康管理率71.77%，为2.79万人免费体检和健康指导，其中接受中医药健康管理服务2.72万人，管理率69.89%；辖区内应管理0—36个月儿童1.53万人，按照月龄接受中医药健康管理服务1.06万人，管理率69.28%；管理高血压患者1.82万人，其中按照规范要求管理患者健康1.49万人，管理率81.86%，最近一次随访血压达标1.39万人，血压控制率76.37%，一体化管理8090人，纳入率44.45%；管理2型糖尿病患者5772人，按照规范要求管理4631人，规范管理率80.23%，最后一次随访血糖达标3820人，血糖控制率66.18%，纳入一体化管理1543人，纳入率26.73%；新增严重精神障碍患者76人，在册患者1735人，管理率97.29%（1688/1735），面访率96.31%（1671/1735），服药率94.87%（1646/1735）；在治结核病患者健康管理率100%（115/115），治疗完成率99.1%（114/115）；法定传染病疫情报告率和报告及时率均100%，传染病漏报调查765例，无漏报。未发生突发公共卫生事件，卫生计生监督协管报告率100%。

【疾病调查监测】 2021年，全县报告法定传染病14种899例，报告发病率300.16/10万，死亡2例，报告死亡率0.67/10万。其中艾滋病11例、病毒性肝炎291例、出血热1例、痢疾5例、肺结核112例、猩红热1例、布鲁氏菌病1例、淋病24例、梅毒106例、流行性感冒16例、流行性腮腺炎13例、急性出血性结膜炎11例、其他感染性腹泻102例、手足口病205例。新增HIV感染者和病人17例，死亡4例，自愿咨询检测463人次、监管场所在押人员检测208份，高危人群干预30场次。采集手足口病标本64份，发放麻风病线索调查表293份，发热病人监测血涂片染色镜检270份，完成疑似麻疹监测8例、甲胎蛋白监测2例，上报疑似预防接种异常反应病例127例；7—8月，在均溪河、文江河、六角宫水库、坑口水库等主要水体及重点海产品售卖摊点采集样品48份，未检出霍乱弧菌；11—12月，在湖美乡汉口村开展肾综合征出血热现场监测，未发现可疑病例。

开展碘缺乏病病情监测，调查8—10岁儿童210人、孕妇100人，监测结果显示儿童人群碘营养充足、孕妇人群存在碘营养缺乏风险。采集饮水型地氟病区（桃源镇桃源村）居民末梢水样本1份，检测结果氟含量每升0.18毫克；调查8—12岁学生147人，未发现氟斑牙患者。

卡介苗基础免疫接种率100%（1877/1877）；脊髓灰质炎疫苗接种率100%（2240/2240），加强免疫接种率99.96%（4522/4524）；百白破三联混合疫苗基础免疫接种率99.96%（2532/2533），加强免疫接种率99.97%（3126/3127），白破二联苗加强接种率99.92%（4832/4836）；含麻疹疫苗基础免疫接种率99.97%（3715/3716），麻腮风疫苗加强免疫接种率99.88%（2543/2546）；乙肝疫苗基础免疫接种率99.89%（7506/7514），其中第一针接种及时率99.85%（1998/2001）；乙脑疫苗基础免疫接种率99.96%（2760/2761），加强免疫接种率99.97%（3659/3660）；流脑疫苗基础免疫接种率99.93%（2874/2876），A+C流脑加强免疫接种率99.92%（5033/5037）；甲肝疫苗免疫接种率99.97%（3884/3885）。接种流感疫苗3162人剂、13价肺炎疫苗1220人剂、23价肺炎疫苗1944人剂。辖区新增数字化接种门诊1家。

【卫生监督监测】 2021年，全县新发公共场所卫生许可证109家，延续31家，变更5家，注销10家；新发放射工作人员证7本，新发放射诊疗许可证1家，校验放射诊疗许可证12家，变更放射诊疗许可证5家，放射预评价审核5家，放射诊疗竣工验收4家。开展放射诊疗单位卫生监督检查33家，监督覆盖率100%。从事放射诊疗工作的64人均进行个人剂量监测和健康监护。开展放射职业健康网络培训，复训33人、初训11人均考核合格。监督检查供水单位125家次，快速检测水样123份，全部合格。监督抽检城区市政供水56份，全部合格，监测结果定期在县电视台公示；城区抽检二次供水28份，全部合格。完成城乡饮用水国家卫生监测200份，合格145份，其中枯水期合格率74%（74/100）、丰水期71%（71/100）。完成城市用户水龙头水监测56份，均合格。全年立案查处31件，其中公共场所4件、医疗服务市场8件、传染病防治14件、消毒产品3件、职业卫生2件；其中采用简易程序6件、一般程序卫生行政处罚25件。结案30起（含2020年立案未结案件1起），未结案2起，罚没金额23.97万元。

全县21家医疗机构监测上报食源性疾病910例，未发现食源性聚集性病例和暴发线索。完成食品化学污染物和有害因素监测48份，未发现食品安全风险。按照省市餐饮具一品一码要求，完成2家集中式消毒餐饮具单位一品一码工作；监督抽检消毒餐饮具144件，合格率100%。

公共场所卫生监督检查中，检查各类公共场所经营单位350家次，监督覆盖率100%，立案查处4起。监督抽检公共场所11家，公共用品51份，合格36份，合格率70.59%。公共用品监测66份，合格51份；游泳池水监测29份，合格17份；7个空气卫生质量监测点均合格；集中空调通风系统风管内表面监测 6 份，合格 2 份。

重点企业工作场所职业病危害因素监测 36 家，调查结果为呼吸性粉尘超标率 41.67%（15/36）、噪声超标率 88.89%（32/36）。尘肺病患者随访 1695 人，其中存活 1626 人、死亡 55 人、失访 14 人，在上京、建设、广平、奇韬 4 个乡镇卫生院建立尘肺病康复站。用人单位职业健康体检 3907 人，检出疑似职业病 245 人、职业禁忌证 376 人。从业人员预防性体检 9231 人。到京口工业园区开展职业健康送法进企业宣传活动，制作展板 7 张，横幅 2 条，发放宣传单 2000 余份。组织执法人员双随机抽检矿山企业 30 家，下达执法文书 4 份，责令限期整改 12 项。

开展医疗行业综合监管专项整治行动，检查医疗机构 812 户次，下达卫生监督意见书 9 份。检查生活美容场所 92 家，专项整治设置妇产科、泌尿外科、不孕症诊疗科目的综合医院非法应用人类辅助生殖技术等违法犯罪行为 6 家。驻点监督检查吴山、济阳、屏山等 3 家乡镇卫生院并下达意见书 3 份。医疗卫生机构消毒质量监测 47 份，合格 41 份；集中消毒餐饮具监测 144 件，均合格。

开展 236 家医疗卫生机构传染病防治分类监督综合评价，优秀 33 家、合格 201 家、重点监督 2 家；开展传染病防治监督，检查医疗机构 733 户次，下达卫生监督意见书 80 份。监督检查 24 个预防接种点。加强学校日常监督，落实学校传染病防控。监督监测持有办学许可证的托幼机构 55 所、校外培训机构 15 所，监督抽检培训机构 10 所及中小学校 11 所，合格率 100%。11 月 27 日，抽检香山学区教室 3 间，人均面积、黑板和教室采光、教室照明、课桌椅分配符合率、室内微小气候、噪声和生活环境监测等项目均符合国家卫生标准。12 月 5—13 日，开展 7 所学校 46 个班 2290 名学生近视筛查，近视率 49.56%（1135/2290），比 2019 年下降 5.2 个百分点，其中，男生占 44.52%（593/1332）、女生占 56.58%（542/958）；幼儿园儿童占 11.04%（18/163）、小学生占 34.35%（427/1243）、初中生占 72.65%（433/596）、高中生占 89.24%（257/288）。

【卫生应急】 2021 年，县、乡两级医疗卫生机构储备应急设备、救治药品、消杀灭药品、个人防护物品、监测检验设备等卫生应急物资 200 万元。组建紧急医学救援队伍和疫情防控队伍各 1 支、乡镇卫生应急分队 18 支。组织卫生应急队员参加“穿脱防护服技能比赛”、全员核酸检测应急演练、疫情防控知识强化培训、新型冠状病毒肺炎疫情应急处置演练、新冠肺炎核酸检测采集和院感防护培训、核酸采样和检测应急队伍培训等 10 余场次。报告传染病疫情 8 起，其中水痘疫情 2 起、手足口病 4 起、学校散发肺结核病 2 起。采取流行病学调查、隔离病人、宣传教育、消毒、疫苗接种等综合防控措施，迅速控制疫情。发生食源性疾病事件 2 起，均为家庭误食毒蘑菇中毒，暴露 16 人，发病 10 人，无死亡病例，所有病例经治疗均痊愈。县总医院急诊科接到各类急诊电话 2359 个，“120”救护车出诊 2331 车次，派出医护人员 4662 人次，接诊病员 2331 人，院前病人急救抢救成功率 98.63%，各类意外伤害得到及时妥善救治。

【妇幼保健】 2021 年，全县孕产妇分娩 3338 人，住院分娩率 100%，其中剖宫产 724 人、占 21.51%。高危产妇 1585 人，筛查率 47.48%，高危产妇管理率 100%，全部住院分娩。孕产妇死亡 1 人，死亡率 29.7/10 万。全县含流动人口 7 岁以下儿童 43105 人，健康管理 41186 人，管理率 95.55%；3 岁以下儿童 13189 人，管理 12495 人，管理率 94.74%，筛查出高危儿 1156 人，筛查率 2.8%，高危儿专案管理率 100%。5 岁以下儿童死亡 13 人，死亡率 3.86‰；婴儿死亡 6 人，死亡率 1.78‰；新生儿死亡 4 人，新生儿死亡率 1.19‰；死胎死产 9 人，早期新生儿死亡 3 人，围产儿死亡率 3.56‰。

全县新婚夫妇 1666 对，参加婚前检查男 159 人、女 160 人，婚检率 9.54%。其中，男性检出各类疾病 5 人，法定传染病 1 人，患病率 3.14%；女性检出各类疾病 11 人，法定传染病 1 人，患病率 6.88%。查出的各类疾病均给予相应的治疗及指导。

32 所公、民办托幼机构开展儿童健康体检、眼和口腔保健。入托园儿童 7474 人，体检 7296 人，体检率 97.6%。筛查视力低于标准值儿童 924 人，诊断弱视儿童 32 人，口腔防龋齿 3346 人。

实施妇幼重大公共卫生服务项目，农村孕妇和城市低保孕妇免费产前筛查诊断，采血筛查怀孕 15—20 周的孕妇 713 人，血清筛查高风险 42 人；排畸检查孕妇 1257 人，胎儿畸形 15 人，畸形率 11.93‰，NT 检查（筛查胎儿染色体异常）

1117人，阳性430人，阳性率38%（颈项透明层增厚3例，NT高限4例，无脑儿1例，颈部水囊瘤1例）；产前二级筛查2393人，阳性600人，阳性率25%，发现胎儿畸形8人（未探及胎儿明显鼻梁骨2例，双胎输血综合征、脊柱裂伴脊膜膨出、右位主动脉弓各1例，双侧肾窝未显示、双肾缺如可能1例，足内翻、侧脑室增宽各1例）；为农村育龄妇女1953人增补叶酸预防神经管畸形；免费检测地中海贫血729对，基因检测16对。检出地贫基因携带者17人，其中筛查出α地贫基因携带者13人、β地贫基因携带者4人，夫妇为同型地贫基因携带者2对；实施预防艾滋病、梅毒和乙肝母婴传播项目，检测产妇1846人，发现并跟踪随访梅毒感染产妇11人，乙肝表面抗原阳性孕产妇201人；免费筛查宫颈癌5071人、乳腺癌5261人，其中筛查出宫颈癌3人、乳腺癌7人；免费提供夫妻孕前优生检查1624人，男性812人、女性812人，检出高风险人群117人，占7.2%。健康教育1700人次，覆盖率134.92%；咨询指导1624人次；早孕随访61人。

【爱国卫生】 2021年，全县开展冬春季爱国卫生运动助力常态化疫情防控、第33个爱国卫生月、夏季爱国卫生运动、秋季爱国卫生运动、迎新春专项爱国卫生运动等5个专项爱国卫生活动。12月，在城区开展大规模消杀蚊子、苍蝇、蟑螂和灭鼠等除“四害”活动，投放灭鼠药4.78吨。统筹衔接农村户厕的尾水治理和农村生活污水治理工作，推进农村厕所粪污资源化利用，农户自建房建户厕432户。申报创建省级卫生乡镇3个、卫生村45个、卫生社区2个。

【健康教育与宣传】 2021年，县卫健局与县电视台联办《健康大田》栏目，每半个月播出1期10分钟，全年播出24期。卫健系统各单位结合全民健康生活方式行动日、全国高血压日、世界糖尿病日、世界艾滋病日等活动日开展各类主题宣传活动120场次，其中多部门联合大型活动5次，印制发放健康教育宣传材料、新冠肺炎疫情防控等各类宣传单页（册）12.3万份，宣传品1万余份。各基层医疗卫生机构设置宣传栏366个、更新健康宣传内容2148期，播放健康教育音像426种、9078次，组织健康教育咨询活动208场次、参加1.6万人，举办健康教育讲座505场次、参加2.49万人。妇幼健康教育活动26场次，惠及妇女、儿童6550人，健康教育宣传栏34版，发放宣传单（册）20余种、1.5万份，孕妇学校听众620人，新婚学校听众319人。利用“大田疾控”“大田县总医院”“大田县妇幼保健院”“大田融媒”等微信公众平台，普及健康知识，全年发文1200余篇。3—4月，举办居民健康素养监测项目培训1期，调查城乡15—69周岁的常住居民1500人，居民健康素养水平17.9%。

【心血管病早期筛查与综合干预】 2021年，全县完成2018—2021年心血管病高危筛查项目工作任务，累计初筛15271人，完成率100.5%（15271/15200），高危对象检出率26.7%（4076/15271）；高危对象调查及干预3612人，完成率95%（3612/3800）；高危对象短期随访及干预3325人，完成率87%（3325/3800）；高危对象长期随访及干预4526人，完成率39%（4526/9800）。

【医防协同融合】 2021年，县卫健局健全医防协同融合一体化服务模式，县疾控中心与县总医院开展人员交流和业务合作、人员互训，推进疾控中心与总医院服务水平和服务能力“双提升”。普及健康知识、提升全民健康素养，组建健康科普讲师团65人，由县总医院、妇幼保健院、疾控中心、监督所、基层分院的主治医师以上人员组成，建立内容丰富的健康教育课题清单供市民点“单”，与县融媒体合作搭建医防融合健康教育网络直播平台，录播“健康大田”12期，通过“大田融媒”“大田县总医院”“大田疾控”微信公众号媒介发布合理膳食、适量运动、戒烟限酒、心理平衡、重点疾病防控等健康科普知识810篇。

持续推进疾控机构综合改革，落实绩酬分配机制，健全绩效考核评价办法；开展医防互训6期、参训1150人次；健康教育网络直播平台录制播出“你点我讲”健康讲座12期；推广接种流感、肺炎等非免疫规划疫苗；新登记活动性肺结核病人106例，完成率86.18%（106/123），病原学阳性率54.72%（58/106），新病原学阳性耐药筛查率94.12%（32/34）；提供重点传染病分析研判和预警提示12期，完成传染病报告质量分析12期，撰写严重精神障碍患者在册与管理月报12期。

（廖美妹　蒋丽蓉　肖其富　林小红　陈亚周　林兴楼）

基本医疗保险

【概况】 2021年，三明市医疗保障基金中心大田管理部落实新冠肺炎疫情防控措施和医疗保障政策，做好医疗保障业务，为参保人员提供优质高效便捷的服务。全县继续在县级及以上公立医院实行住院费用按疾病诊断相关分组（简称C-DRG）收付费，规范医疗保障基金运行。全县基本医疗保险定点医疗机构228家，其中二级公立医疗机构2家，妇幼保健院1家，社区卫生服务中心1家，乡镇卫生院18家（含1家分院），民营医院5家，社区卫生服务站8家，村卫生所183家，个体诊所10家。定点零售药店39家（含盲人按摩2家）。

【城乡居民医保参保及基金运行】 2021年，全县城乡居民医保参保32.92万人，个人缴费280元/人，政府补助580元/人，筹集医保基金2.83亿元。全年基金支出约2.5亿元，基金使用率88.22%。其中，普通住院支出1.66亿元，普通门诊支出1808.18万元，门诊特殊病种支出4324.7万元，大病保险支出2239.94万元。住院4.9万人次，住院费用6744.53元/人次，统筹基金报销金额1.66亿元，3847.45元/人次，住院总费用报销比例57.05%。

【城镇职工医保参保与基金收支】 2021年，全县职工基本医疗保险参保2.78万人，医保基金系统收入11030.06万元，其中，个人账户4034.8万元，统筹账户6995.26万元；系统支出8748.31万元，其中，个人账户3489.6万元，统筹账户5258.71万元；系统结余2281.75万元，其中，个人账户545.2万元，统筹账户1736.55万元。

【职工住院医疗费用报销】 2021年，全县城镇职工医保住院5896人次，县内一级医院住院806人次，占全县住院总人次的13.67%，统筹基金支出162.21万元，报销比例82.65%；县内二级医院住院2466人次，占41.82%，统筹基金支出1050.36万元，报销比例73.83%；县内三级医院住院994人次，占16.86%，统筹基金支出844.05万元，报销比例73.48%；转外就医住院424人次，占7.19%，统筹基金支出379.25万元，报销比例46.13%；异地安置住院1206人次，占20.45%，统筹基金支出1173.08万元，报销比例51.81%。

（郑启祥）

医院建设

【概况】 2021年，全县各医疗卫生单位加强卫生专业技术人员培养，开展公开招聘，委托省内医学高等院校培养医学定向本科生20人、专科生10人。公开招聘卫技人员22人，定向委培生毕业15人。完善基础设施建设，更新添置医疗设备，改善县、乡两级医疗卫生机构服务环境，施行医疗新技术、新项目，提升医疗质量和服务水平。县总医院添置或维修保养医疗设备投入1340万元，县妇幼保健院添置医疗设施设备投入334万元。

【医疗卫生项目建设】 2021年，县政府修缮济阳、武陵、华兴、梅山等分院业务用房，投入80万元；完成21个空白村卫生所标准化建设，投入13.2万元。完成建设、桃源、广平、上京、石牌、奇韬、湖美、华兴、吴山、武陵10个分院预检分诊室和核酸采样室建设，均溪、建设、桃源、广平、太华、上京、石牌、奇韬、湖美、华兴、屏山、吴山、武陵13个分院“三区两通道”改造及发热病人临时留观室建设，投入200余万元。完成建设、广平、上京、奇韬4个分院尘肺病康复站及建设镇建忠村、广平镇苏桥村、广平镇栋仁村、上京镇上坪村、上京镇溪口村、文江镇朱坂村、奇韬镇桃舟村7个尘肺病康复点建设项目投入394万元。太华镇卫生院迁建项目完成主体结构，建筑面积8589平方米，设门诊综合楼、员工周转房及配套用房。

大田县传染病防治综合楼项目完成主体结构工程建设，设置传染病防治综合楼、水电设备综合楼、污水处理站，总建筑面积6858.75平方米，配置传染病病床80张（呼吸发热和非呼吸发热病床各40张），配套相应的传染病门诊、医技用房，总投资5776.84万元，争取中央预算内资金1100万元、国家疫情特别国债3000万元，缺口1670万元。11月，县总医院医技楼三楼原消化内镜室改造为电支镜室，总投资94.43万元。

【分级诊疗】 2021年，县总医院组织县级专家434人次，到基层医疗卫生机构开展分级诊疗，诊治患者839人次，查房带教16次，开展教学讲座59次，病案指导369份，入户随访23户。总医院下转患者468人次，分院上转患者708人次。

【"六大中心"运营】 2021年，县远程医学影像诊断中心完成县域诊断6181例、省级诊断51例；心电诊断中心完成诊断30203例；病理诊断中心完成县域诊断489例、省级诊断5例；医学会诊中心完成县域诊断251例、省级诊断1例；临床检验中心完成县域检验54例；消毒供应中心完成消毒233次3324包。

【胸痛中心、卒中中心建设】 1月21日，中国胸痛中心核查专家组到县总医院现场核查评审胸痛中心、卒中中心建设。4月13日，大田县总医院胸痛中心通过中国心血管健康联盟、中国胸痛中心联盟2020年度第三批次中国胸痛中心及中国基层胸痛中心认证。全年，接诊胸痛患者554例，其中，启动溶栓治疗25例（溶栓后转上级医院17例），转上级医院进一步治疗患者71例。

7月8日，县总医院卒中中心加入中国卒中急救地图建设并成为地图医院；7月30日，"国家防治卒中中心"资质认证材料经审核通过；11月25日，省脑防委专家组现场培训指导县总医院防治卒中中心建设工作；12月13日，县总医院卒中中心获省脑卒中防治工作委员会办公室第二批防治卒中中心认证。全年，接诊脑卒中患者514人，其中，静脉溶栓治疗64人，溶栓后转上级医院进一步治疗19人。

【医疗新技术应用】 2021年，县总医院在10个科室施行新技术、新项目13项，其中超声引导下神经阻滞、乳腺微创旋切术、玻璃体腔内注药术3项被市卫健委认定为2021年度市医疗新技术，肌电图、子宫输卵管超声造影在不孕不育中的应用等5项被市卫健委认定为2021年度市医疗新项目。全年，开展肌电图535例、肾透析动静脉内瘘成形术15例、生物制剂治疗39例、经尿道膀胱肿瘤电切术4例、乳腺微创旋切术22例、宫腔水囊引产54例、新生儿抚触1384例、超声引导下神经阻滞56例、眼耳鼻咽喉科玻璃体腔内注药术19例、子宫输卵管超声造影在不孕不育中的应用1例、皮肤创面修复中西医综合治疗156例、盆底超声10例。

【医疗卫生信息化建设】 2021年，县总医院完成多码融合移动支付，实现预交金通存通用。优化改造客户随访系统，提高医院随访工作效率和工作质量。应用云桌面技术，为吴山镇阳春村实行远程医疗、远程医保结算、药品物流配送下乡等服务。完成医院信息集成平台及互联互通4级建设，由市农业银行出资436万元搭建，并建立集成平台与基卫系统对接，实现数据无缝对接。在全市县级医院中，首家实现住院费用按疾病诊断相关分组前置审核管理系统应用。

【医养结合服务优化】 2021年，县总医院南院区医养服务中心结合开展常态化疫情防控，为入住老人提供"云探视""零褥疮""中西医结合"等全方位医养结合个性化服务。全年，入院13人，58张床位全部住满，开科以来总入院231人；医护人员8人，护理员16人。医养服务中心的作品《精心养护仁爱传情》获国家卫生健康委老龄健康司征集的医养结合主题图文故事一等奖。在市民政局、市人社局、市总工会共同主办的第三届养老护理员职业技能竞赛中获团体二等奖及多个个人奖项。

【医患纠纷调处与保险理赔】 2021年，全县参加医疗责任保险医疗机构348家，投保率80%（348/435），其中公立医疗机构21家和民营医院5家，投保率100%；村卫生所及个体医疗机构投保率78.03%（309/396）。全年发生医疗纠纷12起，没有申请医疗事故鉴定，向人民法院起诉4起，其中，调解12起，补偿额115.37万元；保险公司理赔12起，赔付65.08万元。

（蒋丽蓉 廖乃基）

医学教育与科研

【概况】 2021年，县卫健局推动医学教育与科研工作，临床医护人员参加福建医学通讯继续教育496人，到上一级医院进修48人；参加各种短期培训、学术交流等332人次，乡村医生规范化线上培训317人次。取得执业资格护士10人、执业医师（含助理）资格39人；取得初级职称56人、中级职称55人、高级职称24人。8月，县卫校2018级护理班毕业23人。在校学生140人，其中，2020级护理专业37人，农村医学专业35人；9月新招收2021级护理专业新生68人。

【医师电子化注册管理】 2021年，县卫健局继续推行医疗机构、医师、护士电子证照申领工作，申领电子证照医疗机构433家，医师电子证照652份、护士电子证照932份，完成率100%。

（廖美妹）

社会生活

□编辑 陈妮

人力资源和社会保障管理

【概况】 2021年，大田县人力资源和社会保障局（简称县人社局）围绕“人才优先、民生为本”工作主题，加快健全多层次社会保障体系，加强人事人才工作，构建和谐劳动关系，抓好疫情防控期间人力资源和社会保障各项工作，促进企业复产、劳动力复工。全面落实各项稳就业政策，就业形势总体保持稳定，职业技能培训不断加强。创新创业产业园被市人社局确定为市级创业孵化示范基地。新增就业见习基地3个，就业见习25人次。做好被征地的报批审查工作，全年报批4宗地，涉及耕地1.93公顷，预留被征地人员养老保障金84.82万元。简化社会保障卡制作流程，新增3300张，挂失补办3502张。通过“12333”全国人力资源和社会保障政务服务平台精简办事流程，做到企业增减人员一次性服务，实现“减环节、减材料、减时限、减趟数”“让数据多跑路，让群众少跑腿”。

【创业就业服务】 2021年，全县城镇新增就业826人，城镇下岗失业人员再就业485人，其中就业困难对象再就业155人；农村劳动力转移就业3229人。城镇登记失业率2.07%。职业技能培训4595人，取得国家职业资格证书4362人。为1238人发放失业补助金494.66万元。为托管人员办理退休手续150人。规范发展劳务派遣业务，152个用工单位签订劳务派遣合作协议，派遣员工2737人，劳动合同签订率100%。开展茶艺师、焊工、育婴员等各类职业技能培训4595人次，其中取得各类资格证书4362人，发放各项就业补贴114.06万元，就业培训工作位居全市前列。开展优秀创新创业项目评选活动，做好创业担保贴息贷款工作，发放创业担保贷款296笔4767.5万元，2084人次享受创业贷款贴息542.5万元。利用电信短信平台发送岗位信息5000条，通过劳动就业管理信息系统发布招工信息232条，提供岗位9893个。求职登记4221人，推荐城镇失业人员826人和农村劳动力3229人就业。开展“迎新春送温暖、稳岗留工”专项活动，举办直播带岗线上招聘、“职在民企，就有未来”为主题的“民营企业招聘月”等活动，参加企业365家，提供就业岗位14527个，达成就业意向2255人，其中线上提交简历1431份。通过市公共就业平台、大田招聘网、大田资讯网宣传就业创业惠企惠民政策，推送岗位招聘信息，189家企业发布岗位信息6538个，869人通过线上报名达成意向。鼓励外省务工人员留在大田县过年，奖励11家有外省务工人员留在大田县过年的企业3.21万元，涉及107人；给予春节期间1家不停工连续生产企业一次性稳就业奖补3万元，涉及员工108人。

【人才队伍建设】 2021年，县人社局招聘事业单位工作人员186人（含教育系统18人），其中紧缺急需专业39人。指导企事业单位专业技术人员578人申报参加评定职称，其中取得高级专业技术职称35人、中级99人、初级444人。为解决应届毕业生就业，设置非教育岗位8个。组织协调各乡镇安置“三支一扶”（大学生在毕业后到农村基层从事支农、支教、支医和扶贫工作）高校毕业生15人。推进各类人才申报认定887人次（B类1人次、D类7人次、E类27人次、实用型一类467人次、实用型二类385人次）。新增省级、市级技能大师工作室各1个（余小妹技能大师工作室、金志坚大田县仙庭御华园酒楼技能大师工作室）。

【社保体系完善与发展】 2021年，县人社局做好全民参保工作，落实城乡居民养老保险扶贫政策。全年收入养老基金12900.7万元，支出8960.4万元。1909家城镇企业养老保险参保职工3.37万人，机关事业单位参保0.83万人，城乡居民参保21.34万人；工伤保险参保企业2191家5万人，失业保险参保1.84万人。发放城镇企业职工养老保险费2.67亿元、机关事业单位养老保险费1.94亿元、城乡居民基本养老保险费8948.74万元、工伤保险费9737.34万元。企业参加失业保险1566家，参保职工18378人，为1027名失业人员发放失业金535.45万元，为农民工37人发放一次性生活补助8.01万元；为339人代缴医疗保险63.87万元；为211人发放价格临时补贴1.24万元。结合省中心下达的重点监测数据核查，全面开展城乡居民养老金领取人员被判刑、死亡等冒领、重领养老保险金的追回工作，追回3.5万元。

【和谐劳动关系构建】 2021年，县人社局加强监察执法，完善劳动人事争议调解机制，构建和谐劳动关系。全年开展巡察检查31次，受理欠薪举报投诉3160人次，帮助追回欠薪1660万元；受理各类劳动争议案件266件，涉及266人1919.8万元，企业劳动合同签订率96%。

（施发谱）

民政工作

【概况】 2021年，大田县民政局继续践行“民政为民、民政爱民”工作理念，巩固拓展困难群众“两不愁三保障”（稳定实现扶贫对象不愁吃、不愁穿，保障其义务教育、基本医疗和住房）成果。健全多层次社会保障体系，应对人口老龄化国家战略，加强和创新社会治理，深化专项改革和社会事务管理改革。在县民政局办公楼内（雪山南路2号）设置救助管理站服务场所，6月29日，救助站从建山路231号搬迁至新址。7月12日，三明市被民政部、国家发展和改革委员会等七部委批复同意列入康复辅助器具产业第二批国家综合创新试点城市，大田县作为试点的主核心区域，获得省级项目补助326万元。2021年，县民政局被三明市委、市政府评为“三明市2018—2020年度文明单位”，被县委、县政府评为“平安先进单位”，被县委法制办、宣传部、司法局评为“2016—2020年全县普法工作先进单位”，县民政局党支部被县委评为“全县先进基层党组织”。

【社会救助】 2021年，全县完善临时救助制度，畅通急难社会救助申请和急难情况及时报告、主动发现渠道。给予广平镇廖菊芳、屏山乡陈开还和陈吉友等7人紧急突发情况急难救助3.8万元。全年临时救助1604人次383.92万元，其中，重大疾病救助810人次198.32万元，教育救助462人次118.94万元，突发意外事件救助26人次11.2万元，其他困难救助306人次55.46万元。为流浪乞讨人员提供食宿、医疗救助10人次，帮助寻找亲人、购买车票或护送返回原籍，投入资金38.12万元，其中自主返乡69人次，异地护送11人次，安置流浪乞讨及易肇事肇祸重性精神障碍的人到医疗机构治疗10人。

【城乡居民低保】 2021年，县民政局动态管理低保对象6790人（2020年将建档立卡符合低保条件的贫困人口3666人全部纳入保障范围），较上年12月新增482人，增长人数位居全市第一，低保覆盖率1.6%，高于全市1.4%的平均水平。开展困难群众“漏保”“漏救”问题“点题整治”工作，利用省民政厅提供的8类困难群众名单，在兜底保障“回头看”排查基础上，摸排特殊困难群体11365人，纳入或拟纳入低保1674人，特困供养对象391人。发放城乡低保对象80周岁以上老年人高龄补助20.39万元，电价补贴34.72万元。全县农村低保对象2934户6532人，发放低保金3327.31万元，月人均补助442元；城镇低保对象153户258人，发放低保资金141.73万元，月人均补助467元；特困供养对象912人，发放供养生活资金1049.41万元，护理补助资金639.12万元，月人均补助1551元。

【基层组织建设】 2021年，县民政局指导村（居）民自治工作，进行村（居）委会换届选举。9月24日，县委办、县政府办印发《大田县2021年村委会换届选举工作实施方案的通知》（田委办〔2021〕53号），召开全县村（居）委会换届选举工作会议，安排部署村（居）委会换届选举工作。至12月14日，全县266个村委会、8个社区居委会全部完成换届选举工作，一次性选举成功率、“一肩挑”率、指标完成率3个目标均达100%。12月下旬，民政局与县委组织部联合举办村（居）委会主任任职培训，全部村和社区居委会主任参加。文昌、白岩、玉凤、镇东、南街居委会各招聘1名大学生参与社区服务和社区治理工作。县民政局会同县人社局开展2019服务社区大学生期满考核工作，确定“优秀”1人、“合格”4人；开展2020年服务社区大学生年度考核，确定“优秀”1人、“合格”4人。

【殡葬管理】 2021年，县民政局多举措做好殡葬管理工作。联合县委文明办发放《文明祭祀倡议书》1000多份；到太华镇汤泉村开展“移风易俗 深化殡葬改革”主题宣传活动，接待咨询群众160多人次，发放宣传单500多份。与县民宗局、县委文明办和道教协会共拟“厚养薄葬，文明节俭”倡议书，向社会倡导文明简朴的丧葬礼俗。通过融媒体的微信公众号和大田新闻网宣传殡葬有关知识。开展违建坟墓整治“回头看”行动，摸排2019年5月17日以来的违建坟墓，逐一登记造册，分类整治，通过疏堵结合、标本兼治，确保整治到位，严防反弹。建立大田县殡葬业价格秩序和公益性安葬设施建设经营专项整治工作部门联席会议制度。落实村级公益性骨灰楼（堂）项目建设，建设乡村公益性骨灰楼堂13个。继续推行惠民殡葬政策，全年境内火化遗体2089具（均为本县户籍），免除基本殡葬费184.88万元（每具885元）；困难对象85人（城乡低保58人、特困供养人员24人、重点优抚和革命“五老”人员3人）免除其他项目费用2.52万元；财政物价差补65.8万元。

【社团管理】 2021年，县民政局登记社会团体8家（大田县房地产中介协会、大田县建设镇商会、大田县石牌镇商会、大田县人民调解员协会、大田县信鸽协会、大田县湖美乡乡村振兴促进会、大田县桃源镇商会、大田县农村建筑工匠协会），注销4家（大田县婚姻收养管理协会、大田县拥军优属协会、大田县福利企业协会、大田县老龄事业发展促进会），登记民办非企业单位12家（大田县湖美乡岬才村万寿延养老服务中心、大田县石牌镇鳌江村万寿延养老服务中心、大田县武陵乡桃溪村万寿延养老服务中心、大田县阳春红色教育培训中心、大田县宏博幼儿园、大田县建设镇闪现应急救援队、大田县一和社会工作服务中心、大田县建设镇和平村万寿延养老服务中心、大田县韦才幼儿园、大田县橄榄树幼儿园、大田县屏山乡瑞美村万寿延养老服务中心、大田县浩学文化培训学校）。社会组织需年检265家，其中，社团组织144家（年检通过104家，不合格退回5家，未参加35家），民办非企业单位120家（年检通过78家，不合格退回3家，未参加39家），基金会年检合格1家。参加评估社会组织2家。

【勘界区划工作】 2021年，县勘界工作站开展县乡两级行政区域界线联检，7月底，完成太华镇与前坪乡行政区域界线等7条乡级行政区域界线联检，界线总长73.86千米；完成大田县与尤溪县（县级市）县级行政区域界线联检，界线总长101.45千米。落实界线界桩管护经费，建立健全界线界桩管护员队伍，重新聘任2021年至2025年期间县级界桩管护人员，为界桩管护员办理团体意外伤害保险。科学利用勘界成果，为社会各界人士提供服务18次。

【地名工作】 2021年，县地名委员会办公室做好地名命（更）名和地名规划工作，提高新生地名文化品位。审慎稳妥推进不规范地名清理整治工作，会同县公安局等有关部门推进标准地址二维码管理，组织做好二维码门牌设置。做好地名普查成果转化利用，加强地名文化保护。

【老区工作】 2021年，县民政局向上争取老区发展资金50万元，用于武陵乡百束村红四军第四纵队驻地旧址、奇韬镇奇韬村文韬乡苏维埃政府旧址暨红九军团驻扎地旧址、谢洋乡和春村中共大田县委大（田）永（春）德（化）边委驻地旧址等老区发展（革命遗址保护利用）项目。争取中央财政衔接推进乡村振兴补助资金110万元，用于石牌镇龙坑村水尾、石牌镇盖山村、太华镇罗丰村丰山自然村、太华镇大合村郭村坑、桃源镇广汤村岭后至横洋自然村混凝土道路硬化。落实革命“五老”人员（老地下党员、老游击队员、老交通员、老接头户、老苏区乡干部）优待政策，为“五老”人员每人每年发放个人门诊补助费580元。8月起，“五老”人员定期生活补助标准每人每月从1520元提高到1720元，“五老”遗偶定期生活补助标准月人均575元。

【养老服务】 2021年，县民政局牵头制定的全省农村居家养老服务规范，获省专家评审通过并发布，大田县山区养老服务“110”模式在全国养老服务体系建设经验专题培训班推介，并作为国家数字乡村试点案例，被中央网信办刊发。仙峰村农村幸福院"党建+养老"构建农村养老摇篮入选省养老服务改革创新案例。新建吴山镇区域性养老服务中心，奖补广平铭栋、谢洋珍山居家社区养老服务示范点。引进大田县福洋护理服务有限公司，投资建设夕阳红闽中康养服务中心项目。推进县老年人护理院建设，上京护理分院工程完成三层主体建设。实施困难老年人家庭适老化改造248户。

【儿童关爱保护】 2021年，县民政局提高孤儿及事实无人抚养儿童基本生活保障金，每人每月从1500元和900元分别提高至1800元和1400元，为15名孤儿和133名事实无人抚养儿童分别发放基本生活费33.06万元（1—5月最多有18名孤儿）、206.92万元。落实"福彩圆梦·孤儿助学工程"，向15名在校大学生发放助学金13.17万元。开展农村留守儿童关爱保护和困境儿童保障示范创建专项行动，打造武陵、屏山、广平、桃源示范点，提高农村留守儿童和困境儿童关爱服务水平。

【残疾人补助】 2021年，县民政局实行领取困难残疾人生活补贴和重度残疾人护理补贴人员数据动态管理，将领取补贴人员名单与火化、低保、五保人员名单数据变动进行比对，开展自查抽查。通过第三方评估，完成购买残疾人服务工作，落实残疾人两项补贴政策。1月起，困难残疾人生活补贴由每人每月80元提高到92元；重度残疾人护理一级每人每月115元，二级非生活困难的重度残疾人护理补贴每人每月85元，二级生活困难的重度残疾人护理补贴每人每月92元。向3923名困难残疾人发放生活补贴375万元，向5069名重度残疾人发放护理补贴545万元。

【慈善救助】 2021年，县慈善总会春节慰问贫困家庭300户、慰问金15万元，"六一"期间奖励优秀教师和学生89.6万元，资助革命老区武陵乡教育事业100万元，资助湖美农村养老服务设施建设资金1万元。开展解忧暖心传党恩活动，慰问91户贫困户2.73万元。配合残联开展残疾人辅助器具宣传捐赠活动，捐赠器具价值6.4万元。

【婚姻登记】 2021年，县婚姻登记处实行"周六便民服务"制度，婚姻登记周六不休。全年，办理结婚登记1667对、离婚登记556对，补发结婚证书702本、离婚证书64本。

【福利彩票销售】 2021年，全县福利彩票销售额937.99万元，比上年增加205.37万元。其中，电脑福利彩票827.32万元，同比增加305.7万元；即开票110.67万元，同比增加62.52万元。

【社会工作人才队伍建设】 2021年，县民政局组织57名社区工作者和从事社会工作的相关人员参加全国社会工作者职业水平考试。32人取得社会工作者职业资格证书，其中助理社会工作师和社会工作师各16人。举办社工人才及志愿者培训8场，参训200人。建立健全社会工作人才队伍激励保障机制，大田县户籍（或常住大田县）人员，在县内从事社会工作满一年以上（机关事业除外），参加全国社会工作者职业资格考试并获得职业资格证书，且未申请政府其他形式补贴或奖励的，获得助理社会工作师资格证书的，给予一次性奖励2000元；获得社会工作师资格证书的，给予一次性奖励3000元。

【社工站建设】 2021年，县委、县政府将社工站建设纳入为民办实事项目，明确社工站服务和社会救助服务所需经费，由困难群众救助补助资金年度预算总额的5%安排列支。建设县社工总站、区域性中心社工站、乡镇社工站、村级社工服务点四级网络，在县民政局设立社工总站，各乡镇设立乡镇社工站，村（社区）设立社工服务点，将18个乡镇划分为6个片区，分别在均溪镇、吴山镇、广平镇、太华镇、石牌镇、湖美乡设立区域性中心社工站，统筹协调服务开展。社会工作服务站通过公开招标购买服务，社工总站由厦门开心社工机构中标承接，18个乡镇分别由大田县青心社会工作服务中心、大田县明正社会工作服务中心、大田县青晨社会工作服务中心取得3个区域乡镇社工站政府购买服务项目。配备整合社工39名，其中县社工总站3名、乡镇社工站36名。

（詹金花）

退役军人事务

【概况】 2021年，大田县退役军人事务工作以习近平新时代中国特色社会主义思想为指导，学习领会习近平总书记关于退役军人工作重要论述，落实全国退役军人工作会议部署要求，做好退役军人服务保障体系建设，提升退役军人服务水平。5月，县退役军人服务中心、太华镇退役军人服务站被省委退役军人事务工作领导小组办公室评为“退役军人服务保障体系建设‘五有’（有机构、有编制、有人员、有经费、有保障）先进单位”。12月底，18个乡镇退役军人服务站和27家服务对象50人以上的村（社区）退役军人服务站通过省级验收，被省退役军人事务厅认定为全国乡镇（街道）示范型退役军人服务站。

【厅长伍斌到县调研】 8月23日，省退役军人事务厅党组书记、厅长伍斌一行4人到县调研退役军人工作，听取县委书记陈文华就县退役军人工作情况汇报，全面查看机构政治文化环境建设、“五有”落实保障和退役军人工作开展情况。

【双拥共建】 11月15日，解放军某部到前坪乡上地村开展结对帮扶活动，建设百亩油茶种植基地路沟渠、蓄水池，改造提升村民饮用水工程；慰问退役军人、退役军人遗属、脱贫户。为村民免费理发，送医送药，向村卫生所赠送医疗设备，在前坪中心小学开展国防教育。

【军地结对帮扶】 2021年，县领导走访慰问驻军官兵并送去价值7.8万元的慰问品。慰问军休干部、残疾军人等重点优抚对象，发放慰问金。慰问烈士遗属、生活困难退役军人党员、党龄65年以上退役军人老党员，发放慰问金。

【退役军人就业创业】 2021年，县退役军人事务局帮助退役士兵尽快转变角色融入社会，组织当年度退役士兵参加首期退役军人就业创业适应性培训。10月30日，县退役军人事务局、县人社局等联合主办的“就在金秋职面未来”招聘会在白岩公园举行，51家企业提供450个就业岗位。

【优抚安置政策落实】 2021年，县退役军人事务局全面落实优抚安置政策。提高部分优抚对象抚恤和生活补助标准，向重点优抚对象发放抚恤补助资金。落实医疗补助政策，为因病住院的重点优抚对象报销医疗补助和发放门诊补助。发放义务兵家属优待金、预备消防士兵家属优待金、进新疆地区服役一次性奖励金、参军入伍的普通高等院校大学生一次性奖励金、自主就业地方经济补助金、优秀士兵奖励金、三等功奖励金。完成伤残人员换发新证工作。

【烈士纪念设施管理保护】 2021年，县政府做好烈士纪念设施保护管理工作，制定实施《大田县烈士纪念设施保护管理暂行办法》，与烈士亲属签订《散葬烈士墓保护管理协议书》。县政府投入经费12万元，制作散葬烈士墓大理石纪念碑58块，吴山镇、桃源镇投入经费8万元，修缮红军无名烈士墓各1处。

【退役军人保障法宣传】 2021年，县退役军人事务局学习宣传贯彻《中华人民共和国退役军人保障法》，将军人地位和权益保障工作作为拥军优属、拥政爱民等工作评比和有关单位负责人以及工作人员考核评价的重要内容。征订《中华人民共和国退役军人保障法》系列辅导读本303套2.1万元。到机关、社区、企业摆放宣传展板、悬挂宣传横幅、发放宣传册、开展法律咨询，向广大退役军人宣传《中华人民共和国退役军人保障法》，解答相关咨询60余人次，发放宣传资料和法规手册1500余份。在报刊、电视台等新闻媒体开设国防和双拥专题节目，全年向省、市、县报送信息160余篇。

【退役军人助力乡村振兴】 2021年，县退役军人事务局引导退役军人投身基层社会治理，在推进乡村振兴战略中，帮助退役军人更好地实现自身价值，成立退役军人志愿服务队18支，开展志愿服务42次，帮扶困难群众123次，调解居民纠纷80余起，为群众办好事、办实事126件。

【退役军人常态化联系机制建立】 2021年，县退役军人事务局建立退役军人常态化联系机制，做好退役军人常态化联系工作，局机关及直属各单位全员参与。重点联系功臣模范、伤残人员、参战参试人员、烈士遗属、特困退役军人等，针对退役军人及其家庭急难愁盼问题，尽心尽力排忧解难。

（陈开奖）

老龄工作

【概况】 2021年，大田县民政局立足山区实际，整合资源，提高养老服务能力，打造新时代山区养老产业“大田样板”，让老年人老有所养、老有所依、老有所乐、老有所安。完善农村留守老年人关爱服务工作机制，持续推进农村幸福院质量提升专项行动。登记养老服务中心民办非企业单位78家。

【老年人高龄补贴发放】 2月6日，大田县政府办印发《关于大田县完善高龄老人生活补贴发放工作实施办法的通知》（田政办〔2021〕10号），完善高龄补贴发放办法，高龄补贴发放周期4月份起由每季度发放改为每个月发放。继续为80周岁以上老年人发放高龄补贴，80—89周岁每人每月50元，90—99周岁每人每月100元，100周岁以上每人每月300元，全年发放高龄老年人补贴524.79万元。3月26日，县民政局组织全县民政办主任、民政协理员学习培训高龄补贴发放办法，提高业务水平，做好高龄补贴发放工作。

【养老项目建设】 2021年，全县有养老服务机构19个、居家养老服务照料中心8个、乡镇区域性养老服务中心3个、农村幸福院92个、老年人活动中心171家，养老床位2773张，平均每千名老人拥有养老床位39.1张。县政府引进福洋护理服务有限公司投资兴建夕阳红闽中康养服务中心项目，总投资7250万元，建筑面积1.3万平方米，建成后可新增养老床位180张。推进老年人护理院建设，完成上京护理分院主体工程改扩建，建设面积2500平方米。改善完成困难老年人家庭居住环境适老化改造248户。

【高龄老年人慰问】 10月，县委、县政府开展重阳节慰问活动，慰问90周岁以上老年人1110人，发放慰问金17.91万元，其中90—94周岁老年人913人，发放慰问金9.13万元；95—98周岁老年人164人，发放慰问金3.28万元；100虚岁老年人11人，发放慰问金1.1万元；100周岁以上老年人22人，发放慰问金4.4万元。县委书记陈文华走访慰问桃源镇桃源村涂仁养、吴山镇吴山村林糖两位百岁老人。

2021年大田县百岁老人一览表

表9

序号	姓名	性别	出生年月	居住地
1	陈初火	男	1922年4月	南山路137号
2	陈阿花	女	1922年9月	怀德村
3	张华新	男	1922年5月	桃源镇前村前村片
4	魏瑞魁	男	1922年7月	溪尾村
5	陈春治	女	1922年6月	武陵乡百束村
6	陈娶娣	女	1922年9月	万湖村
7	章其长	男	1922年10月	华山村
8	郑万厚	男	1922年12月	万湖村
9	张秀娇	女	1922年3月	建强村
10	蒋春姬	女	1922年6月	广平镇五峰村
11	林金花	女	1922年1月	大田县东风农场大石分场睦坪村
12	温梅花	女	1920年8月	大田县福塘村
13	陈联步	男	1921年6月	温镇村324号
14	严啊梅	女	1920年9月	均溪镇建成村
15	廖首用	男	1920年1月	湖山路94号（13#）606室
16	陈克占	男	1918年11月	福塘村
17	颜淑珍	女	1921年11月	大田县均溪镇宝山路84号
18	林糖	女	1921年6月	吴山村
19	涂仁养	男	1920年11月	桃源镇桃源村南街70号
20	林志批	男	1919年10月	武陵乡百束村
21	林新枝	女	1920年1月	黄沙村
22	苏行生	男	1921年3月	甲魁村
23	郑尚击	男	1921年4月	西埔村
24	张中备	男	1921年5月	黄沙村
25	陈端使	女	1921年8月	黄沙村

续表 9

序号	姓名	性别	出生年月	居住地
26	罗双娇	女	1918 年 11 月	建爱村
27	陈永兴	男	1921 年 3 月	大同村
28	张新娥	女	1913 年 8 月	栋仁村
29	郭良使	女	1919 年 11 月	栋仁村
30	余娟娥	女	1920 年 10 月	栋仁村
31	林新建	男	1921 年 1 月	奇韬镇奇韬村龙床 81 号
32	吴香娥	女	1920 年 11 月	沈口村
33	陈孟宣	男	1921 年 11 月	高泉村

（陈志斌）

社会新风

【“希望包”征集发放】 1 月，中国共产主义青年团大田县委员会（简称团县委）弘扬社会新风，倡导文明节俭、健康向上，推进移风易俗，树立文明风尚，提升社会文明程度。与青晨青少年社会工作服务中心（以下简称青晨社工）为武陵八一希望小学、太华中心小学、建设中心小学等 3 所小学的 120 名留守儿童和困境儿童征集爱心“希望包”，依托省青少年发展基金会“青公益平台”收取爱心捐款，收到“希望包”120 个、生活物资 120 份，折合人民币 4 万元。

【新春送温暖】 2 月 2 日，团县委与青晨社工在省同心慈善基金会及福州市海风社工服务中心的支持下，开展留守儿童、留守老人家庭新春送温暖慰问活动，志愿者们详细了解老人们的生活情况，与老人们亲切交谈，叮嘱他们好好照顾身体，同时向老人们致以最诚挚的春节祝福。志愿者们详细了解了留守儿童在校学习生活、父母在外务工、委托监护人监护等相关情况。将 30 份暖春礼包，送给 20 名老人和 10 名儿童。

【留守儿童慰问】 9 月 18 日，青晨社工联合喆西农场、明一乳业开展“心系儿童，情暖中秋”留守儿童慰问活动，为武陵八一希望小学的 32 名留守儿童送去价值 5000 元的慰问品，并教授孩子们防疫常识。

【名医工作室签约授牌】 12 月 4 日，“田医回田”名医工作室揭牌启动仪式在县总医院举行。26 位在榕田医及田医友人“组团式”帮扶县总医院，其中，主任医师 13 人，副主任医师 10 人，主治医师 3 人，涉及共建学科 19 个。名医工作室每个星期固定派出工作室团队成员到县总医院为市民诊疗。同时，通过学术活动和培训，言传身教，培养医生，尤其是年轻医生，是“留下不走的医疗队”。

（王尧钦）

乡镇（社区）概况

均溪镇

□ 编辑 陈妮

【概况】 2021年，均溪镇面积140.38平方千米，辖建制村23个，村民小组205个；总户数2.67万户，总人口8.8万人。全镇城镇人均可支配收入4.23万元，比上年增长12.2%；农民人均可支配收入2.29万元，比上年增长4.1%。1月，南街社区被省妇联评为“福建省三八红旗集体”。3月，“第二集美学村”旧址被省委、省政府列为“福建省爱国主义教育基地”“福建省党史学习教育参观点”。周田村、建成村被省农业农村厅列入省级“乡村治理示范村”建设名单。

【农业】 2021年，全镇耕地面积765.4公顷，其中水田612.32公顷、旱地153.08公顷。种植主要农作物850.23公顷，其中，谷物514.93公顷、产量3079吨，薯类281.2公顷、产量763吨，豆类54.1公顷、产量101吨。出栏生猪1.71万头、禽兔72.8万羽（只）。林地面积1.05万公顷，造林168.8公顷，森林覆盖率63.91%。家庭农场80个，专业合作社84个、社员1571人。实施高标准农田建设项目，在上太、东坑、建成、周田、许思坑5个行政村建设高标准农田33.8公顷，计划投资105万元，完成工程量的83%。银顶生态循环农业科技园项目（一期）完成两栋进境种猪隔离场猪舍6000多平方米及核心种猪区、物料仓库、化验室、门卫及地磅、一级洗消等养殖相关附属设施建设，项目总投资10.33亿元，占地266.67公顷。2021年出售种猪5000头，产值3000万元。

【工业】 2021年，全镇规模以上工业企业24家，同比减少2家，职工675人，工业增加值6.2亿元；新增固定资产投资5000万元以上项目11个，500万—5000万元项目3个；实施技改项目2项，投入资金5.2亿元。工业总产值79.92亿元，同比增长1.36%。

【第三产业】 2021年，全镇集贸市场面积1.32万平方米、固定摊位635个，集市年交易额2.04亿元；社会消费品零售额41.8亿元，与上年持平；各类企业和个体工商户1.08万家，其中商业7052家、餐饮业3761家；各类金融服务网点37个；运输企业42家，货车1408辆，其中挂车540辆。新增限额以上商贸企业5家，新增规模以上服务企业1家。第三产业增加值2.22亿元，同比增长0.45%。

【社会事业】 2021年，均溪中心小学教师298人，其中公办教师166人、代课教师132人，在校生2286人，学校下属幼儿园4所（均溪中心幼儿园、温镇幼儿园、福塘幼儿园、城北幼儿园），教学点1个（上太村），入园幼儿1439人。9月，福塘幼儿园投入使用，总投资2450万元，占地7425.7平方米，建筑面积5231平方米，教学班18个，可容纳入园幼儿540人。均溪卫生院建筑面积2200平方米，其中业务用房1500平方米，病床64张、实际开放40张，配备卫技人员61人。村卫生所42家，社区卫生服务站8家，乡村医生、医护人员92人。投入680万元新建周田河护岸1.2千米、排水涵管2处、下河台阶11处。

【社会保障】 2021年，全镇享受低保的村民277户603人，五保户78户80人，发放低保金312万元，五保供养金144万元；享受临时救助206人，救助金额58万元；享受护理补贴的困难残疾人901人，发放补贴金额102万元；享受生活补贴的困难残疾人536人，发放生活补贴金额58.8万元；享受高龄补贴917人，发放补贴金额62.4万元。参加城乡居民社会养老保险2.3万人，参保率91.59%。享受基础养老金村民6516人，发放养老金1112万元。参加城乡居民医疗保险5.39万人，收取医保基金1508万元。养老院闽中康养中心建筑面积1.63万平方米，床位300张，均溪镇籍老人入住21人。

【老旧小区改造】 2021年，均溪镇协助城市管理“五难”（停车难、如厕难、背街小巷通行难、农贸市场整治难、小区物业管理难）治理专项行动，实施小区改造项目23个、受益2908户，整治背街小巷301条，新增智慧管理停车泊位653个，完成古山路、富山新村等11个小区改造。

【重点项目建设及用地征迁】 2021年，全镇协助各项目指挥部推进41.88公顷用地征迁工作，完成原石凤水泥厂（二期）、虎母顶等地块征迁任务，出让土地10.65公顷；推进坪尾仑、原麻纺厂（四期）、枫坑垅、原火电厂、菜坂洋（二期）、六迪坑、均溪工业园区等地块征迁工作。协助兴泉铁路、田安高速均溪互通口、国道纵五线经兴泉铁路客运站至县城区连接线等项目建设，国道纵五线（二期）全线通车。全年新增五个一批项目18个。

（黄羽裳）

华兴镇

□ 编辑 陈妮

【概况】 2021年，华兴镇面积92.86平方千米，辖建制村10个，村民小组108个；总户数3600户，总人口2.1万人（含京口工业园区），其中，流动人口1705人。党支部16个，党员501人。镇财政收入1193.67万元。被评为中国传统村落5个，入选省级文物保护单位3个，其中，杞溪村被中国地质学会公布为全国首批地质文化村，为福建省首个开展地质文化村建设工作的村。重点挖掘“红色、绿色、古色、土色”四色旅游资源，乡村旅游蓬勃发展，美丽休闲的“彩虹小镇”、大田首个户外水上项目仙峰漂流、连绵万亩的油茶林、神秘古朴的古村落群以及叶炎煌红色文化园，吸引着越来越多的游客，初步成为旅游观光的新兴地。

【农业】 2021年，全镇耕地面积419.2公顷，其中水田299.8公顷、旱地119.4公顷。粮食总产量2468吨；油茶种植面积1733.33公顷，占全县的1/5；木薯36.07公顷、产量1416吨，玉米18公顷、产量218.5吨、产值122.36万元，花生32.6公顷、产量118吨、产值141.6万元，生姜32.6公顷、产量5617吨，出栏生猪1221头、禽兔15.95万羽（只）。林地面积7435.33公顷，造林27.93公顷，森林覆盖率78.17%。农林牧渔业总产值2.13亿元，同比增长2.4%。年底，家庭农场15个，专业合作社23个。

【工业】 2021年，全镇规模以上工业企业18家。工业总产值60.73亿元，比上年增长22.41%；固定资产投资5.87亿元。主要企业有福建省华闽纸业有限公司，生产生活用纸、薄页纸、民俗用纸等9680吨；大田县山友机械有限公司生产矿山破碎筛分、重力筛分一体机等设备106台。

【第三产业】 2021年，全镇流通领域的国有、集体、私营企业和个体工商户170家，其中商业99家、餐饮业16家，其他服务业55家；各类机动车603辆（载货汽车53辆、小汽车506辆、农用车19辆、拖拉机25辆）；金融服务网点2家。社会消费品零售额4102.87万元，同比增长3.43%。

【社会事业】 2021年，全镇教育事业投入350万元，辖区内初级中学1所，中心小学1所，初小3所，教职工64人，在校生239人。华兴卫生院病床10张，医务人员15人，乡村医生8人。华兴中学（实践基地）完成省级课题《劳动实践课程开发与实施研究》立项申报。总投资1900万元的华兴幼儿园4月动工建设，11月完成主体工程。投入100.6万元改造提升张墩、京口、仙峰“万寿延”养老服务中心，仙峰村“党建+养老”幸福院养老服务案例入选省养老服务改革创新案例。

【社会保障】 2021年，全镇享受低保的村民124户255人、五保42户42人，其中，分散供养35人，集中供养7人，发放低保金138万元、五保供养金60.8万元；参加城乡居民社会养老保险7932人，参保率97.32%，享受基础养老金村民2037人，发放养老金310.45万元，参加城乡居民医疗保险1.17万人，参保率98.86%。

（刘晓松）

石牌镇

□ 编辑　陈妮

【概况】　2021年，石牌镇面积129.52平方千米，辖建制村16个，村民小组136个；户数5150户、人口2.05万人。镇财政收入1520.42万元，比上年增长2.52%，财政预算总支出418.96万元。农民人均可支配收入2万元，同比增长5.26%。在全县“五比五晒”活动考评中居小组第1位。

【农业】　2021年，全镇耕地面积976公顷，其中水田555公顷、旱地421公顷。粮食种植面积710公顷、总产量4069吨，同比增长6.57%；种植蔬菜683公顷，产量1.85万吨；种植中药材23.7公顷，产量11吨；种植烟叶11公顷，产量420担。出栏生猪3852头、牛羊860头、禽兔8.5万羽（只）。发展青梅特色农业产业，种植青梅60公顷。林地面积1万公顷，林木蓄积量110.27万立方米，森林覆盖率77.09%。农民专业合作社30个，家庭农场58个。

【工业】　2021年，全镇工业企业40家，职工1226人，产值45.2亿元，同比增长12.16%，其中规模以上工业企业11家、产值40.3亿元，同比增长32.96%；全镇完成固定资产投资3.81亿元。宝山机械、岩石机械、欣胜机械公司等企业生产矿山机械2260台（套）；嘉福铸造、福盛铸造、瑞鑫铸造厂等企业生产铸件5.5万吨；雅安居家具公司生产家具8000件；金阳矿业公司生产硅锰合金5.3万吨；新泉包装公司生产编织袋2.7亿个；黎祥食品公司生产各类糖果、巧克力280吨；昇辉建筑材料公司生产煤矸石矿渣页岩综合利用机制砖1.3亿块；瓦能科技有限公司生产硅、硅铝、氧化铌、氧化锆、氧化钛等靶材，年产量330吨。组织各类招商活动28场次，新签约项目8个、总投资21.15亿元，新落地开工项目5个、总投资10.2亿元，“五个一批”新增开工项目4个、总投资14.26亿元，新增投产项目3个、总投资4.14亿元。

【第三产业】　2021年，全镇集贸市场面积2200平方米、摊位62个，社会消费品零售额1.59亿元，同比增长13.57%；集市贸易额3867万元，同比增长11.99%；流通领域国有企业3家、私营企业108家、个体工商户1068户。金融服务网点农村信用社1家；第三产业增加值7.46亿元，同比增长22.5%。

【社会事业】　2021年，石牌小学（含幼儿园）教师182人，在校小学生1702人、入园幼儿551人；石牌中学教师69人，在校学生691人。卫生院医护人员30人，其中，中、高级职称12人，初级18人；病床35张；设临床科室6个，医技科室4个。卫生所（室）16家，乡村医生13人。石牌派出所业务用房、石牌中心小学前教学楼投入使用。红湖新村131户村民在春节前迁入新居，该项目总投资1.05亿元，占地总面积9.53公顷，计划建设房屋243幢，建筑面积9.87万平方米。下坂新村安置建设项目总投资1.28亿元，占地面积2万平方米，完成回填工程7800立方米，规划设计安置房屋64幢，建筑占地面积6831平方米，总建筑面积3.91万平方米，全年完成装修入住36户。全镇农村公路混凝土硬化新增2.93万平方米，路面加宽和错车道面积3891平方米。

【社会保障】　2021年，全镇享受低保的村民129户321人，发放低保金161.17万元；五保户57人，发放生活及护理补贴69.13万元；享受残疾人两项补贴252人次、发放补贴金25.24万元；护理补贴310人，发放补助金34.87万元。落实产业扶贫项目6个，带动贫困人口就业145人，为129户发放产业扶贫资金23.87万元。参加城乡居民社会养老保险1.11万人，参保率98%；享受养老金村民2865人，发放养老金481.23万元。

【品牌建设】　2021年，石牌镇持续发展“石牌大骨头”地域名片，培育“石牌大骨头诚信经营示范店”，打造上坡泉韵文化、长溪交通小镇、拱桥蜜蜂部落等一批乡村振兴“微品牌”“小名片”，石牌多元化产业发展格局正在形成。

【村级组织建设】　2021年，石牌镇完成村“两委”换届试点工作，“一肩挑”（村党组织书记、村民委员会主任和村级集体经济组织、合作经济组织负责人由同一人担任）比例和一次性成功率均100%，新一届村两委平均年龄38岁，高中中专以上学历占80%，女性占40%，35周岁以下2人，指标结构均符合要求，实现年龄、学历、结构“一降、一升、一优”。实施“人才回引”工程，回引一名大企业高管担任龙坑村党支部第一书记，向上争取省派任职第一书记1名、县派任职第一书记5名，争取项目13个、资金530万元。

【新冠肺炎疫情防控】 2021年，石牌镇严格推行健康码应用，落实“外防输入、内防反弹”，管控中高风险地区、境外回村人员。摸排中高风险地区来（返）石牌人员972人，境外返石牌人员30人，核酸检测1032人次。推进疫苗接种工作，完成18周岁以上人员接种第二剂次疫苗1.04万人，占应接种人员的98.11%；接种第三剂次疫苗6132人，占应接种人员的77.29%。

（林莲叶 朱晓芳）

桃源镇

□编辑 陈妮

【概况】 2021年，桃源镇面积219.08平方千米，辖建制村13个，村民小组83个；户数5708户，人口2.16万人。镇财政收入1276.35万元（含上级补助各项专项资金231.86万元），比上年下降33.34%。4月，桃源镇被省委、省政府评为第十四届省级文明乡镇；5月，东坂村被省委、省政府评为福建省脱贫攻坚先进集体；10月，桃源镇被农业农村部评为第十一批全国“一村一品示范村镇”。

【农业】 2021年，全镇耕地面积1411公顷，其中水田1005公顷，旱地406公顷。粮食总产量6676吨，同比下降17.83%；烟叶种植面积149公顷、产量5638担、产值931万元，玉米190公顷、产量764.9吨、产值248.33万元，甘薯89.6公顷、产量538吨、产值644.36万元，花生3.7公顷、产量11.6吨、产值11.32万元，大豆41.37公顷、产量69吨、产值53.9万元；出栏生猪1.49万头。全镇农林牧渔业总产值4.46亿元，同比增长3.48%。2021年，新增插秧机、联合收割机、无人植保机等农机具90余台。全镇良种率及农业机械化率87%。

【工业】 2021年，全镇企业980家（集体87家，私营103家，个体790家），职工1623人，规模以上工业企业8家，工业总产值18.38亿元，同比下降19.17%，固定资产投资4.06亿元。引进企业3家，其中，三明康耀玻璃有限公司占地面积3000平方米，总投资3680万元；恒达通精密铸件及机械加工建设项目，总投资3.1亿元。

【第三产业】 2021年，桃源镇社会消费品零售额7980.33万元，同比增长5.71%。流通领域的各类企业和个体工商户566家，其中商业453家、餐饮业70家，其他服务业43家；金融服务网点2家。桃源泉鲤水乡景区建设项目，总投资1.13亿元，完成特色主题生态餐厅、特色民宿东风公馆，智能化停车场、冷泉鱼养殖基地、鸭嘴鲟养殖基地建设，5月投入营业，可供500余人就餐、50余人住宿。

【社会事业】 2021年，全镇教育事业投入2458.9万元，辖区内初级中学、中心小学各1所，教职工163人，在校生1717人，幼儿园2所，入园幼儿369人（民办幼儿园1所，入园幼儿107人）。桃源卫生院建筑面积约2000平方米，病床20张，医务人员19人；村卫生所13家、乡村医生13人。集镇街道增设人车隔离护栏1500余米、停车位130个、警示标志23处、减速带9处、急弯凸面镜34面、波形护栏900多米。

【社会保障】 2021年，全镇享受低保的村民135户265人，发放低保金144.6万元。特困低保户分散供养9户9人，发放生活费9.83万元、护理费3.14万元，集中供养20户20人，发放生活费28.25万元、护理费30.4万元。参加城乡居民社会养老保险7242人，参保率95.93%，享受基础养老金村民2849人，发放养老金494.8万元，参加城乡居民医疗保险1.19万人，参保率98.08%。敬老院建筑面积773.1平方米，床位40张、入住23人。

【环境综合治理】 2021年，桃源镇政府开展村庄清洁行动11次，发动村民投工投劳2118人次，集中清理村道两旁沟渠24千米，清理残垣断壁21处、村内淤泥29吨。完成裸房整治264座，同时做好旱厕拆除、卫生整治、河道整治、家禽圈养、生态公厕建设等工作。

【文明乡镇创建】 2021年，桃源镇调解土地、邻里等各类纠纷198起，化解率100%。完善文化服务活动中心、新时代文明实践站所建设，评选文明家庭、平安家庭示范户16户，举办“风展红旗·如画三明”专题演讲、文明讲座、农民春晚等10余次，参加听讲和观看演出3000余人次。

（施傲然 颜辰昱）

上京镇

□编辑 陈妮

【概况】 2021年，上京镇面积152.97平方千米，辖建制村16个，村民小组161个；总户数6035户，总人口2.4万人，其中，流动人口1329人，非农业1098户、2425人。镇财政收入1317.78万元（含上级补助各项专项资金1065.78万元），比上年下降46.41%。农民人均可支配收入1.83万元，同比增长1.67%。村民人均住房58.65平方米，集镇居民人均住房54平方米。发放扶贫资金28.19万元（中央和省级财政衔接推进乡村振兴补助资金分别为15.78万元、3.91万元，相对贫困家庭市级补助资金8.5万元）。土地确权纠错工作有序推进。

【农业】 2021年，全镇耕地面积995.47公顷，其中，水田812.35公顷，旱地183.12公顷。粮食总产量6170吨，同比下降12.63%，其中省中稻新品种选育和生产试验基地2.46公顷、产量9吨；烟叶种植面积196.7公顷，黄城村省级水稻新品种示范基地完成参试品种省级区域试验59个、生产试验17个、感光生产试验6个，省农科院试种品种8个，县级展示品种14个、县级示范品种18个；投入9万余元，改良上平金牡丹美人茶茶园2公顷。出售生猪2.39万头。全镇农林牧渔业总产值3.51亿元，同比增长21.03%。全年造林绿化86.2公顷，森林抚育197.33公顷，封山育林90.13公顷，林木采伐1.24万立方米，森林覆盖率73.8%。总投资120万元的林业站标准化建设项目通过省市验收；实地核查疑似违法图斑39个、及时查处违法图斑5个，遏制非法侵占林地和非法采伐林木等违法行为。新培育县级农村新型经营主体示范社1家、县级示范农场2家。

【工业】 2021年，全镇企业146家（私营52家、个体94家），规模以上工业企业14家，工业产值68亿元，比上年增长10.29%。固定资产投资5000万元以上6家，5000万元以下2家；工业企业技改投资2家，“五个一批”新增开工项目2个、投产3个；招商引资项目落地（含投产）7个；总投资12.5亿元的新岩水泥技改项目竣工投产，年生产水泥250万吨；永明新型建材制造有限责任公司年产煤矸石页岩机制砖1.2亿块。

【第三产业】 2021年，全镇集贸市场面积2600平方米、摊位115个，社会消费品零售额8572.6万元，同比下降0.93%；集市贸易额8965.4万元，同比下降0.64%；流通领域的国有、集体、私营企业和个体工商户1034家，同比减少51家；机动车1324辆（客车12辆、载货汽车378辆、小汽车533辆、农用车138辆、拖拉机263辆）；金融服务网点3家。规模以上服务业7家，限额以上贸易企业4家。第三产业增加值2987.3万元，同比下降3.01%。

【社会事业】 2021年，全镇教育事业投入1900余万元，辖区内初级中学1所，中心小学1所，初小4所，教职工215人，在校生2230人；民办、企业办幼儿园各1所，入园幼儿315人。上京中心幼儿园完成主体工程建设；上京中学完成后山滑坡治理，改造围墙及配电房，综合楼完成地基建设；柯坑学校拓宽校内道路，添置办公桌椅等教学设备。上京中学中考量化考评居全县乡镇学校第二名，全县学校第五名；考入大田一中29人、考入二级达标以上中学74人。上京卫生院病床20张，医务人员19人；大田恒康医院病床150张，医务人员43人；村卫生所16家，乡村医生16人。

【社会保障】 2021年，全镇享受低保的村民331人，发放低保金168.9万元；特困人员42人，发放补助金68.6万元；享受残疾人两项补贴405人、63.9万元，救灾救济金65户、13.4万元，高龄老人补贴491人、33万元，“五老”（老干部、老战士、老专家、老教师、老劳模）遗属和重点优抚对象优抚金28人31.1万元，残疾人就业创业补助9人3.3万元、居家托养补助14人2.8万元。提升上京镇区域性养老服务中心项目，新增养老院建筑面积2600平方米，设有食堂、餐厅、卫生间、活动室、棋牌室、聊天室等，床位50张、入住15人。上京镇隆美村幸福院被省民政厅评为五星级农村幸福院。

【机械铸造产业集聚区建设】 2021年，福建（大田）机械铸造产业集聚区完成土地征收69.65公顷，其中，G平台填土区5.33公顷，中心大道旁（新岩水泥技改项目）5.59公顷，长鑫船舶旁（超越项目）1.73公顷，大田铸造装备产业基地项目57公顷。太宇中高端铸件生产及机械制造、福建省鑫跃机械制造有限公司等17家企业入驻园区。集镇（园区）供水提升工程投入使用，总投资1041.4万元。

【乡村振兴试点村建设】 2021年，隆美村、梅林村、灵川村搭建“跨村联建”党总支，下设服务公司，解决村民就业问题。梅林村投入113余万元，完成绿化环境提升一期、绿化环境二期（栈道延伸）、古寨旅游基础设施建设二期入选省级绿盈乡村。隆美村整治裸房3座，道路混凝土硬化300米，设路灯60盏，获县级“七五普法”先进单位。

【“一事一议”项目实施】 2021年，上京镇实施上京、上平、延京、黄城、南坑、赤水、下溪口等7个村“一事一议”项目，投入225万余元。完成南坑村桶头道路硬化500米，上京村卓坂洋安装护栏700米、增设路灯16盏，赤水村水尾道路硬化200米、增设错车道10个，黄城村厚德垅至烧民岬道路硬化1.1千米，延京村安装护栏1千米，下溪口村大路岭道路硬化1千米。上京、下溪口、南坑、溪尾、丰田等5个村高标准农田项目233.33公顷全面完成，新增机耕道4.8千米、修复灌溉渠6.5千米、排洪沟1.8千米、防冲护岸1千米，总投资560万元。溪口村清水坑机耕路、南坑村路亭、溪尾村拦河坝、三阳村护栏、黄城村厚德垅路面硬化、丰田村水尾至灵地易坪路基拓宽等民生工程全面完成，村民自筹143万余元。赤水村、溪口村、三阳村等9个村完成旧村复垦1.66公顷，经自然资源部验收合格。

【美丽乡村建设】 2021年，上京镇修复保护桐林祠、蓝田祠红色文化基地，投入112万元；提升梅林村、隆美村夜景工程和古寨等旅游基础设施，投入92万元；上平村在2020年自筹150多万元的基础上再筹30多万元，增修仙亭公园景观栈道150米、护栏160米、种植梅花0.67公顷，加快推进梅林村、隆美村、上京村、延京村、上平村、黄城村、赤水村等乡村旅游路线“串点成线”。上京高速路口交通安全隐患点完成新增车道路面硬化及护坡施工，总投资430万元；建设京东长下坡紧急避险车道总投资400多万元，年内完成前期征地、林木砍伐。实施亮警灯及居安工程，投入40多万元；提升梅林隆美“一党委三中心”示范点，投入2万元。推进梅林沃柑、梅岭古寨和环境提升工程等乡村振兴示范村项目，总投资200万元；推进隆美村、三阳村、灵川村、溪口村、下溪口村、黄城村等6个村国土空间规划。

（陈维众）

太华镇

□ 编辑 陈妮

【概况】 2021年，太华镇面积245.54平方千米，辖建制村24个，村民小组280个；总户数8919户，总人口3.61万人。镇财政收入719.65万元，比上年增长5%。农民人均可支配收入2.16万元。开展招商引资活动27场次，签约12家，其中投资亿元以上项目4个。落地项目18个（开工15个，竣工11个），总投资19.03亿元。

【农业】 2021年，全镇耕地面积2809.5公顷，其中水田2358.61公顷；种植水稻1946公顷、产量1.06万吨，同比增长2.91%；种植烟叶154.33公顷，产量6117.18担，产值1058.2万元；茶叶243.33公顷，产量1825吨；茭白28公顷，产量420吨；玉米78.67公顷，产量1534吨。出栏生猪9.6万头、禽兔36万羽（只）。林地面积1.87万公顷，全年造林167.67公顷，森林覆盖率67.15%。农林牧渔业产值8.77亿元，同比增长3.42%；农机总动力2.87万千瓦。全镇新型农业经营主体129家，其中合作社53家，家庭农场76家。县级合作社1家，省级、县级家庭农场各1家。

实施农业综合开发项目，完成太华镇2020年度高标准农田建设项目，总投资847.6万元、面积346.67公顷；万湖村高标准农田建设示范项目，总投资234万元、面积160公顷。绿肥示范推广533.33公顷，其中冬种紫云英面积113.33公顷。完成小华村烟后稻新品种展示示范片和黄沙、万湖、西埔、华溪、小华等19个村粮食生产功能区绿色高质高效示范片项目。福建省共兴生态农业、大田县宏牧农场有限公司等项目正式落地，大田县翰福生猪养殖项目建成投产。

【工业】 2021年，全镇企业265家，其中集体企业5家、私营企业260家。固定资产投资新增项目入库9个（5000万元以上7个，5000万元以下2个），总投资额15.05亿元；培育规模以上工业企业2家。工业生产总值79.36亿元，同比增长28.68%。实施技改项目3项，投入资金3.31亿元。全年生产铁矿入选矿27.3万吨，低品位矿19.4

万吨，原煤 33.77 万吨，石英石矿 10.19 万吨，石灰石矿 37.16 万吨。福建工友机械有限公司的“一种铸件生产用中频炉修整用铁屑收集装置”项目和大田鑫华铸造有限公司的“一种铸铁件制造生产用降温设备”项目在福建省百万职工“五小”创新大赛中分获一、二等奖。

【第三产业】 2021 年，全镇集贸市场面积 6600 平方米，固定摊位 162 个。集市贸易额 5600 万元，同比下降 35.89%；社会消费品零售额 6700 万元，同比增长 1.87%。个体工商户 786 户，其中商业 636 户，餐饮业 64 户，其他服务业 86 户。金融网点 3 个。

【社会事业】 2021 年，全镇教育事业投入 80 万元。辖区内初级中学 1 所，中心小学 1 所，小学教学点 5 个，教职工 340 人，在校生 2632 人；公办幼儿园 2 所，5 个教学点设有幼儿班，入园幼儿 564 人。9 月，太华第二中心幼儿园投入使用，太华中学实行封闭式管理。成立太华教育发展基金会，募集资金 270 万元、物资设备及基础设施建设资金 173 万元。太华卫生院病床 40 张，医务人员 28 人；村卫生所 31 家，乡村医生 36 人。

【社会保障】 2021 年，全镇享受低保的村民 544 人，发放低保金 295.61 万元，特困人员 65 人，发放补助金 110.75 万元；临时救助 180 人，发放补助款 17.47 万元。参加城乡居民社会养老保险 2.24 万人，收取基金 316 万元。享受基础养老金村民 4772 人，发放养老金 871 万元。参加城乡居民医疗保险 2.79 万人，收集医保基金 892.26 万元（政府补助 1991 人、63.71 万元）。太华敬老院建筑面积 785.6 平方米，床位 40 张，实行社会化运营模式，入住 22 人。

【农村人居环境整治】 2021 年，太华镇实施城乡环卫一体化服务项目，投入 270 万元，建设垃圾收集点 273 个，实现农村生活垃圾处理全覆盖；完成仕坑、温坑等 12 个村村庄规划编制。整治顶风违建图斑 13 宗、危旧房屋 76 座、裸房 350 座，清理镇、村存量垃圾 22 万吨。

【新冠肺炎疫情防控】 2021 年，太华镇做好新冠肺炎疫情防控，排查摸底、登记造册境外、国内中高风险区域等地返（来）太华人员。至年底，18 周岁以上人群完成疫苗接种 3.18 万剂，12—17 周岁人群完成疫苗第二针剂接种 1872 人，3—11 周岁人群完成第二针剂 2498 人。

【乡村文化建设】 2021 年，太华镇举办“富强太华·优美小镇”发展论坛 3 期，聘请乡村振兴发展顾问 6 人，回引优秀人才 7 人。建成太华镇华麟小区夜谈广场、华溪村夜谈亭、万湖村邻聚里学堂等居民夜谈会平台。汤泉革命斗争史迹展览馆被市委宣传部评为“市级爱国主义教育基地”。

（林友波 朱明珠）

建设镇

□ 编辑 郑祥果

【概况】 2021 年，建设镇总面积 68.59 平方千米，辖行政村 12 个，村民小组 105 个，户籍数 5995 户，总人口 2.74 万人。镇公共财政收入 1924 万元，比上年增长 5.77%。2021 年，建设镇被中共中央精神文明建设指导委员会授予继续保留“全国文明村镇”称号；镇武装部被三明军分区评为“规范化建设先进单位”；镇林业站被省第一护林联防区委员会授予“2021 年度护林联防工作先进单位”称号；镇退役军人服务站被省委退役军人事务工作领导小组办公室授予“省级示范型服务中心（站）”称号；建忠村获市委、市政府“2018—2020 年度市级文明村镇”称号；建国村被市司法局、市民政局命名为全市民主法治示范村，被省实施乡村振兴战略乡村生态振兴专项小组列入第二批高级版“绿盈乡村”名单，获市委、市政府“2018—2020 年度市级文明村镇”称号，村党支部获省委“全省先进基层党组织”称号；建国村等 4 个村被省爱卫办命名为“福建省卫生村”。

【农业】 2021 年，建设镇农林牧渔业产值 4.04 亿元，比上年增长 3.06%。耕地面积 916.14 公顷，其中水田 780.44 公顷；农作物播种面积 894.57 公顷，全年完成春季蔬菜种植 212 公顷，瓜果 10.58 公顷，三宝雪蔗 666.66 公顷，集中连片种植特色果蔬（甜瓜、西红柿等）5.33 公顷，晒曲 150 万千克，总产值 3.52 亿元。“宫边红”获得食品生产许可认证，注册茶品牌“琵琶美人”商标。农业合作社 24 家、社员 431 人，推动雪蔗、红曲、果蔬等农产业发展，农村居民人均可支配收入 2.43 万元。林地面积 4768 公顷，2021 年造林面积 48

公顷、森林覆盖率71.1%，总产值3077.8万元。生猪存栏5200头，家禽存栏11.46万羽，畜牧渔业总产值7038.4万元。

【工业】 2021年，建设镇工业企业39家（集体2家，私营37家），职工总数4376人，其中规模以上工业企业14家，总产值64.67亿元，比上年增长8.4%，主要工业产品有煤、锰、建材、木材、石材、陶瓷、空心砖等。完成固定资产投资26.06亿元，比上年增长10.5%。总投资15.79亿元的英仑卫生陶瓷洁具生产项目，在京口工业园区落户；总投资5.28亿元的宝斯特颜料生产项目完成土地出让摘牌。

【第三产业】 2021年，建设镇社会消费品零售额1.86亿元。集镇市场面积1.53万平方米，店面210个、固定摊位400个、流动摊位312个，实现年集市交易1.76亿元。个体工商户数1480家，其中专卖店162家、餐饮业114家、中小超市14个；金融网点2个，快递服务网点3个。全镇机动车1834辆，其中，客车54辆、农用车48辆、载货汽车104辆、小汽车1628辆。光裕堂被列入省文物保护单位，获得修复资金补助80万元，完成新亦佳民宿主体工程建设，总投资3.56亿元。

【社会事业】 2021年，全镇学校8所（中学1所、中心小学1所、教学点5个、中心幼儿园1所），专任教职工355人，在校学生4205人，其中，幼儿入园750人，小学入校2665人，中学入校790人。当年，二中学生参加中考，被省一级达标（一中）校录取31人，建设籍学生参加高考本科录取86人。卫生院建筑面积1506.06平方米，主要诊疗设备有彩超仪、全自动生化仪、五分类血球仪、DR机、心电图仪等，病床20张，配备卫生技术人员21人。村医所数12所，村医在岗26人。大田县鸿晖养老服务中心入住老人108人，其中特困供养老人21人，社会老人87人。超额完成新冠疫苗第一针接种任务，第二针完成率96%。建元线进行拓宽、桃建线路基开始施工修复。建爱至建国农村公交路线完成车辆购置和驾驶员招聘。

【社会保障】 2021年，建设镇发放低保金318.07万元、残疾人两项补贴54.11万元、农村特困供养金94.27万元、高龄补贴38.78万元，救助困难群众116人次、38.01万元。全镇新型农村合作医疗参保率93.8%；城乡居民养老保险参保率96%，完成参保缴费8416人，比上年新增1693人。

【供水工程改扩建项目完成建设】 8—12月，建设镇集镇供水工程改扩建项目（一期）完成现场施工，总投资约200万元（含净水设备79万元）。完成管道安装11.25千米、不锈钢集成式净水设备一套、1座沉砂池等，涉及建国、建丰、建民、建强、建设、建忠和建爱等7个村，日供水量新增5000立方米。

【建设派出所业务用房建设】 9月，县公安局建设派出所业务用房完成主体建设，总投资739.6万元，建筑面积1710.3平方米。

【建设村饮用水安全改造提升项目竣工】 9月，建设镇建设村饮用水安全改造提升项目竣工验收并投入使用，投资13.48万元，完成蓄水池1座、输水管道安装1.5千米。

【大田红釉文化研究中心项目竣工】 12月，全国首个集研发、生产、销售及旅游于一体的大田红釉文化研究中心项目竣工验收，投资1000万元，用地6541.91平方米，建筑面积2749.12平方米，包括A、B、C三幢钢混框架结构展览性建筑。

【“一事一议”奖补项目实施】 2021年，建设镇实施村级公益事业建设“一事一议”财政奖补项目9个，投资171万元。其中上级财政补助141万元，用于村道拓宽3千米、修建农业生产道路1.2千米、村道建设2处、安装路灯100盏、文化活动场所建设2处、老年活动中心二期修缮1处。

（郑雪萍）

广平镇

□ 编辑 郑祥果

【概况】 2021年，广平镇总面积171.58平方千米、辖行政村15个、村民小组数190个、户数9061户、户籍人口数3.99万人。镇财政收入1977万元，比上年增长5.39%。当年，镇平安建设工作位居全县综合排名第一。元沙村获评全国民主法治示范村、大田美人茶文化创研基地、市普法工作先进单位。益铭茶叶合作社获评省级茶叶种植加工标准化示范区，福大元家庭农场获第十三届海峡论坛第七届海峡茶会海峡两岸茶王赛金奖。

【农业】 2021年，全镇耕地面积1743.37公顷，其中水田面积1541.73公顷。粮食总产量1.14万吨。蔬菜产量2.3万吨、柑橘产量5803吨、玉米产量656吨、甘蔗产量1.37万吨、烟叶产量155吨，笋产量466吨。茶叶种植面积416公顷，年产值5720万元；林地面积1.4万公顷，当年造林84公顷、森林覆盖率77.15%；农林牧渔业总产值8.38亿元。专业合作社41个、社员1268人，年人均收入1.86万元。

【工业】 2021年，全镇企业48家，其中规模以上工业企业15家。规模以上工业总产值41.89亿元，同比增长24.52%。完成固定资产投资6.89亿元，同比增长92.01%。秦朝木业、鑫城水泥科技研发投入共1117万元。

【第三产业】 2021年，全镇集贸市场面积4200平方米，固定摊位225个，实现年交易额9536万元；个体工商户752家，新办76户，其中商业户数61家、餐饮业户数15家；银行金融网点数3个、快递服务网点9个；全镇机动车1348辆，其中客车39辆、载货汽车146辆、农用车171辆、拖拉机96辆、小汽车896辆。

【新冠疫情防控】 2021年，全镇疫苗接种工作，完成第一剂疫苗接种近2万人、第二剂近1.8万人，检测核酸1.1万次，筑牢疫情防控屏障。严格落实重点人群、重点场所、重点交通卡口、重大活动的管控。9月福建疫情发生以来，共实施居家健康监测180人，境外返回集中隔离3人，实现疫情防控“零确诊”。

【项目推进】 2021年，广平镇组织各类招商活动25次，签约项目5个、总投资17.48亿元，新落地开工项目1个、总投资3.06亿元。新增省级“五个一批”项目18个，总投资93.1亿元，鑫岩城固废处理等8个项目开工建设，宏岩建材、鑫城水泥等技改项目完工投产。莆炎高速（广平段）已建成通车、国道534线（栋仁段）征迁工作全面完成，东大路拓宽改造主体工程全线完成。广平中心幼儿园改扩建、广平居家养老服务照料中心竣工投入使用。闽鹭矿业资源环保产业园、县道广华线等项目持续有序推进。广平智能制造产业园完成控规评审、环评编制排污口论证及可行性研究。

【社会事业】 2021年，全镇中心园幼儿园3所、独立园2所，附设幼儿园4所，村级2所，民办1所；38个班级，在校幼儿839人；小学9所，其中中心校1所、完全小学4所，教学点4个，98个班级，在校生3520人。专任教师数287人，临时后勤人员90人。卫生院建筑面积2800平方米，主要诊疗设备有低压机1台、彩超仪1台、心电图2台、血常规仪1台、尿常规仪1台、化验机1台、病床数40床，配备卫技人员数34人（含借用3人、规培4人）。村卫生所43所、乡村医生43人。

【社会保障】 2021年，全镇享受低保299户，保障金发放645人次、金额336万元。参加新农保1.05万人，基金缴交366.49万元。参加新农合3.25万人，基金缴交1039.07万元，2021年支付补偿3.24万人次、金额1039.07万元；敬老院建筑面积500平方米，住五保户10人、低保户1人，工作人员3人，房间内设床铺、热水器、柜子、床头柜、桌子等。幸福院建筑面积5000平方米，主要设施有娱乐室、阅览室、餐厅、休息室、操场等。

【文化旅游系列活动】 5月15日，广平镇在元沙村五龙山举办国际茶日福建省系列活动启动仪式暨大田美人茶开茶节；11月20日，举办广平镇第四届银杏文化节；11月30日，举办大田美人茶文化创研基地授牌暨知名作家看三明（大田）主体采风活动。苏桥村廖新记获三明市道德模范表彰、栋仁村郑家泉获大田县第三届孝老爱亲道德模范表彰并参加颁奖晚会。

【村两委换届选举】 12月11日，广平镇15个村“两委”换届，选出新一届“两委”班子成员91人，村党支部书记、村委会主任“一肩挑”比例100%。村党（总）支部书记平均年龄40.6岁，中专高中以上学历占100%，其中大专以上学历占60%，女性占比40%。村“两委”平均年龄40.9岁，中专高中以上学历占80%，女性占比34.1%。

【两违及裸房整治】 2021年，全镇拆除两违建筑10栋，打击制止乱占耕地行为35起。实行“两扶持一奖励三不补”政策，重点整治铭栋、苏桥等高速、国道沿线村庄及广平、元沙等重点村的裸房260余栋。

【社工站服务平台建设】 2021年，广平镇是全县社工站建设试点乡镇，广平镇社工服务站建设，配备必要的办公场所和服务设施设备，内设社工办公室、多功能活动室、心理咨询室、书香家园阅览室、来访接待室等，投资29.86万元。

（施金龙）

奇韬镇

□ 编辑 郑祥果

【概况】 2021年，奇韬镇总面积70.74平方千米，全镇辖12个行政村，71个村民小组，总户数4505户，总人口1.61万人。镇财政收入1812.23万元，同比增长3.11%。

【农业】 2021年，全镇耕地面积926公顷，其中，水田749公顷，旱地177公顷。农机总动力8080千瓦，生猪出栏9516头，造林11.6公顷，森林覆盖率73.01%。全镇农林牧渔总产值3.61亿元，同比增长6.8%。粮食播种面积900公顷，总产5152吨。建立粮食生产功能区绿色高质高效示范片185公顷、冬种绿肥示范片7公顷。

【工业】 2021年，全镇企业189家，其中集体12家、私营28家、个体149家，固定资产2.1亿元；完成工业总产值6.29亿元，销售收入4.4亿元，实现利税2154万元。完成签约项目9个，总投资13.32亿元。申报开工项目7个，其中签约亿元以上落地项目6个，总投资11.42亿元，申报限上贸易企业2家。

【第三产业】 2021年，全镇社会消费品零售额4423.22万元；农贸市场固定摊位142个，实现集市贸易额4168.91万元，流通领域的国有、集体、私营企业及个体工商户412家；金融服务网点1个；全镇拥有机动车1146辆（客车8辆，载货汽车84辆，小汽车885辆，农用车145辆，拖拉机24辆），比上年增加40辆。固定电话机1442部，移动电话机1.06万部；第三产业增加值2698.04万元。

【社会事业】 2021年，全镇教育事业投入57.2万元，学校7所，在校学生1161人，教师128人，其中高级教师8人。闭路电视用户2046户，镇卫生院面积1300平方米，病床33张，医务工作人员15人，村卫生所6个，乡村医生13人，老年人活动中心5个。100%以上的人口饮用自来水。奇韬中心幼儿园10月如期完工并交付使用，总投资1050万元。文经村小学教学楼翻建、卫生院门诊楼建设、桃舟小学教学楼加固一系列项目总投资620万。奇韬安全生态水系项目总投资878万元，桃东村山水林田湖草项目总投资350万元，两项目分别于8月、10月竣工并通过验收。镇村两级自筹资金280万元，奇韬村建设延灵桥、龙虎桥、友谊桥。奇韬、龙溪村等5个村“财政一事一议”项目75万元，完工交付验收；文江溪奇韬桃舟段河道治理工程项目，总投资2691万元，获得省水利厅通过，并送水利部项目入库。

【社会保障】 2021年，奇韬镇对全镇低保人员进行重新核查，发放城乡低保补助111户、265人、127.62万元；发放特困供养补助23户、24人、29.9万元；发放高龄补贴355人、24.87万元；发放残疾人户补贴140人、15.23万元；发放残疾人生活补贴85人、8.55万元，办理临时救助32人、补助11.06万元。抓好安全饮水和改厕工作，配合全县专项核查，对全镇12个村安全饮水情况进行排查，对反馈出来的问题整改完毕。贫困人口医保参保率和贫困边缘户医保参保率100%。

【乡村振兴文化广场建设】 2021年，奇韬镇用好老区政策，投资200万元，围绕爱国主义教育基地苏维埃政府旧址——“双龙堂”，建设奇韬乡村振兴文化广场，挖掘孝廉文化，打造孝廉文化长廊，丰富文化底蕴。

【国道534项目建设工作】 2021年，奇韬镇贯彻落实“依法和谐征迁”百日攻坚动员会精神，成立以镇长为组长、驻村领导为副组长的征迁工作班子。谋划在先、及时研判、攻坚克难，对国道534项目需要征迁的房屋10幢、土地26.5公顷，完成红线内需征迁房屋4幢；征地主线长5.8千米，全部征迁完成。

【集镇面貌整治】 2021年，奇韬镇筹措资金260万元，完成农贸市场功能区划摊位设定、集镇街道改造提升，购置垃圾桶550个，沿街商户裸房整治12幢；新建西韬村荷花池休憩园，完成福韬嘉园7户商户住宅楼主体建设及立面装修。

【新冠疫情风险防控】 2021年，奇韬镇结合疫情常态化工作，检查镇域企业53户次，提出整改意见30多项；加强食品药品、农产品安全监测；开展食品药品安全讲座2次，农产品安全监测3次。

（陈建升）

文江镇

□编辑 潘梅

【概况】 2021年，文江镇总面积112.71平方千米，辖行政村20个、村民小组122个，总户数5449户、总人口2.28万人；镇财政收入814.59万元，比上年下降3.03%。争取上级财政扶贫资金71.416万元，用于贫困户发展产业206人次。

【农业】 2021年，文江镇耕地面积2206公顷，其中水田970公顷。水稻种植705公顷、产量4860吨，甘薯、玉米、大豆等种植325公顷，产量1305吨；黑米种植25公顷，产量102吨；蔬菜种植855公顷，产量2.7万吨。出栏生猪8130头，出栏肉兔23万只，出栏鸡12.85万羽、鸭7.92万羽。林地面积8780公顷，造林95公顷，森林覆盖率70.71%；投入13万元，完善巡林护林设备，配齐护林人员，组建2支半专业扑火队。农林牧渔业总产值5.23亿元，同比下降5.08%。拥有农机总动力1.19万千瓦。农民专业合作社44个，社员315人，经营性收入405万元。

【工业】 2021年，文江镇企业65家，其中，私营企业50家、内资企业15家，比上年增加2家，职工总数1215人，固定资产15.3亿元。工业总产值7.67亿元，入园企业5家，其中双创园4家，上京工业园1家。

【第三产业】 2021年，文江镇社会消费品零售额1.92亿元，同比增长5.49%；集贸市场面积2800平方米，固定摊位78个，实现年交易额1.38亿元，同比增长2.22%；个体工商户280个，其中商业269户、餐饮业11户；金融机构1家、服务网点2个；第三产业增加值9980万元，同比增长0.75%。

【社会事业】 2021年，全镇有初中1所、小学4所、幼儿园4所，教师125人、学生926人、幼儿入园212人，全年投入85万元对中小学多功能教室、学生宿舍、食堂、教学楼等进行改造建设；卫生院建筑面积2600平方米，主要诊疗设备有五分类血球计数仪、尿液自动分析仪、全自动生化仪、心电图仪、DR机、彩超机等6台，病床30张，配备卫技人员16人，村卫生所23所、乡村医生23人；投入40万余元，安装龙门、联盟等9处路口减速带，安装温厝、小芹等村护栏1.6千米，修复山芹等村水沟1.2千米。

【社会保障】 2021年，文江镇参加新农保1.32万人，基金缴交264万元，3182人领取基础养老金414万元；参加新农合人数2.2万人，基金缴交704万元，支付1.5万人次医疗补偿费138万元。发放低保金208户、220.08万元，发放残疾人两项补贴699人、66.37万元，发放农村特困供养金55人、50.55万元，发放80岁以上高龄人群各类补贴536人、21.98万元，发放临时困难救助73人、23.82万元。

【水利工程项目建设】 2月，总投资3700万民主溪生态廊道可持续发展工程获得批复，项目新建生态护岸9.5千米，生态步道9.5千米，生态隔离带0.2平方千米，湿地公园1平方千米，涉及文江镇民主村、大文村、联盟村。12月，项目动工建设。

【国道534建设】 2021年，国道534文江段项目被列为省级重点项目，项目路线起于文江镇镇区，经文江村、桥下村、文经村，终于奇韬镇水泥厂，路线全长8.73千米。10月，项目动工建设。

（程楠）

前坪乡

□编辑 林生钟

【概况】 2021年，全乡总面积45.86平方千米，辖行政村11个，村民小组55个，户籍数2244户，总人口8764人；乡财政收入844.22万元，同比下降3.1%。获评县平安乡镇，商贸经济类乡（镇）综合考评良好；乡前坪卫生院获评县平安先进卫生院；山川回族村、前坪村获评2021年省级卫生村；上地村获评市级先进基层党组织。

【农业】 2021年，全乡耕地面积541.4公顷，其中水田215.26公顷、旱地326.14公顷；粮食播种面积826.5公顷，总产量3284吨，同比增长1.77%；果树种植面积65.26公顷，产量1106吨；生猪出栏3485头；农机总动力6345千瓦；拥有手扶变型拖拉机18辆，微型耕整机76部；全乡农林牧渔总产值1.56亿元，同比增长2.6%；主要农产品有优芬鸡蛋、高峰金姜、生态油茶、大田美人茶、高山蔬菜等；引进田优农业，盘活、流转土地示范种植9.06公顷高山蔬菜。

【工业】 2021年，全乡企业125家（集体企业1家，私营企业60家，个体企业64家），职工总数2389人。工业固定资产5.56亿元；工业总产值75亿元，其中规模以上企业15家，总产值69亿元，同比增长29.51%；销售收入24.9亿元，实现利税8567万元；新增省级“五个一批”项目3个，投资13亿元；奇义金属、广建环保、田优农业等4个项目落地开工；创银生物、超越科技等4个项目投产或部分建成。

【第三产业】 2021年，全乡社会消费品零售额671万元，集市贸易额892万元，均与上年基本持平；培育限上贸易企业1家，实际利用外资200万元；流通领域的国有、集体、私营企业132家；金融服务网点1个；载货汽车87辆，农用车48辆，拖拉机12辆；移动电话5642部，同比增加218部；佳田农业公司探索“买全县、供部队、销全省”模式，开展“线上+线下”供销业务，拓宽农副产品销售渠道，销售额达400多万元；第三产业增加值5242万元，同比增长0.23%。

【社会事业】 2021年，筹划成立教育发展促进会，建设研学实践基地，前坪98名初中学生和9名教师委托城区学校管理，开通学生返乡“周末班车”；中心小学（含附设幼儿园）1所、完全小学1所、初级小学1所，教职工47人，在校学生187人、幼儿入园60人；闭路电视用户398户；乡卫生院建筑面积1150平方米，病床6张，医务人员7人；村卫生所4个，乡村医生8人；新购置血球计数仪1台；新建、改建乡村道路14.6千米；群众（老年人）活动场所面积1486平方米。

【社会保障】 2021年，全乡居民参加基本养老保险3030人，参保率86.6%；全乡参加医疗保险6537人，参保率95.5%；60周岁以上村民1016人，发放基础养老金151.5万元；享受低保46户123人，五保3户3人；幸福院建筑面积680平方米，床位7张；敬老院建筑面积300平方米，床位8张；常态化开展疫情防控工作，有序推进疫苗接种，全面完成12周岁以上疫苗接种任务；化解欠薪纠纷5起，涉及工人143人，金额237万元。

【基础设施】 2021年，实施路灯亮化工程2个、新增太阳能路灯100余盏，投入64万元；电网建设与改造投入76万元，新增一台2号主变压器投入300万元；河堤护栏工程5个，建造小河坝24个、饮用水蓄水池6个，投入110万元；屋顶坡面、裸房、旧木屋修缮等项目投入55万元；新建健身步道、桥亭、公园、公厕等设施16处，村道道路硬化10千米，新增错车道30处，投入200万元；县道729纵线滑坡治理工程投入17万元；植树造林28.13公顷、封山育林23.33公顷，实现森林增绿增质增效；修缮校舍、购买寄宿生床上用品等，改善学生生活条件，投资14万元。

【“退役军人助力乡村振兴”实践基地建设】 2021年，前坪乡建设“退役军人助力乡村振兴”实践基地，木质结构二层合院建筑1座，占地650平方米、建筑面积550平方米，投资140万元，设置办公、接待、培训、交流、展示、体验等功能区。

【禽类屠宰冷链项目建设】 2021年，禽类屠宰冷链项目由中铁一局厦门分公司捐资援建，占地645平方米，总投资110万元，集自动化屠宰、冷藏、运输于一体，配置屠宰、冷藏、办公、物料、包装、运输等现代化功能区。

【美人茶产业项目建设】 2021年，前坪乡美人茶产业不断壮大，通过结对帮扶带动30多名社员靠茶致富，新改扩建茶园133.33公顷，投资40余万元采购设备，新增SC认证标准厂房1座，乡下人茶叶专业合作社获2021年首届中国美人茶大赛“茶王”、金奖等称号。

【兵支书兵委员】 2021年，前坪乡完成村“两委”换届工作，村党支部和村委会一次性选举成功率100%，村主要领导“一肩挑”比例100%。11个村选举产生新一届村“两委”成员54人，其中，“兵支书”7人，“兵委员”5人，顺利实现年龄、学历、结构“一降、一升、一优”，同时首次实现省直部门选派第一书记。

（严振达）

梅山镇

□编辑 林生钟

【概况】 2021年，全镇总面积192.08平方千米，辖行政村21个，村民小组187个，户籍数6036户，总人口2.55万人；镇财政收入1588.51万元，比上年减少8.61%。获评市2018—2020年度文明乡镇；

香坪村获评2021年省级卫生村、2021年福建省森林村庄。

【农业】 2021年，全镇耕地面积1552.91公顷，其中水田1335.59公顷，旱地217.32公顷；粮食播种面积1000公顷，总产量5848吨；农机总动力8900千瓦；生猪出栏1.83头、禽兔38.9万羽（只）；林地面积1.61万公顷，造林面积91.4公顷，森林覆盖率70.54%；家庭农场27个，专业合作社55个；农林牧渔业产值7.36亿元，同比增加2.5%。

【工业】 2021年，全镇工业企业180家（私营85家，个体95家），职工总数1304人，固定资产5.01亿元。其中，规模以上工业企业2家，职工58人，工业增加值0.78亿元，工业总产值1.84亿元，同比增长73.6%。新增固定资产投资5000万元以上项目4个，500万—5000万元项目1个。

【第三产业】 2021年，全镇社会消费品零售额3100万元，同比增长2.85%；集市贸易额1510万元，与上年持平；流通领域的国有、集体、私营企业115家；金融服务网点2家；全镇机动车1437辆（客车35辆、载货汽车47辆、小汽车1200辆、农用车105辆，拖拉机50辆）；固定电话1610部，移动电话1.61万部；第三产业增加值3900万元，同比增长1.67%。

【社会事业】 2021年，全镇初级中学、中心小学各1所，初级小学1所；在校生1308人，其中中学生292人、小学生1016人，同比增加274人；镇卫生院病床17张、医务人员21人，村卫生所23家、乡村医生23人；农村居民人均住房34.22平方米，集镇居民27.28平方米；98.81%的人口饮用自来水。

【社会保障】 2021年，全镇村民享受低保219户、460人，发放低保金243.41万元；享受基础养老金补助4012人，发放养老金601万元；参加新农合2.13万人，收缴医保基金560万元；参加新农保1.12万人；龙口敬老院建筑面积860平方米，床位40张，入住特困人员21人。

【溪流域水生态修复项目建设】 4月1日，梅山溪流域郭井、西书水生态修复项目建设竣工，项目历时70天，总投资390万元。新建护岸947.14米、护脚214.8米，河道清淤清障180米。

【城乡客运交通线路开通】 6月1日，大田至梅山城乡客运交通线路开通，客运线路全长55千米，途经9个站点，投入19座中型客车3辆，每日运营16趟次，执行票价减半。

【国道纵五线梅山段通车】 7月27日，国道纵五（G235）线（大田段）梅山德州至均溪溪柏林段正式通车，香坪村、梅山村至国道连接线建成投入使用，雄峰村至国道连接线建设有序推进。

【梅山镇教育发展促进会成立】 9月10日，梅山镇教育发展促进会成立，筹集首批教育发展资金41万元，用于奖教奖学和助教助学工作，当日举行授牌仪式及“奖教金”“奖学金”颁发仪式。

【梅山中学标准足球场建设】 12月，梅山中学标准足球场完成场地建设交付使用，项目总投资300万元，建设面积4500平方米，配套建设挡墙护坡、土方工程等设施，周边绿化，建设篮球场并添置体育器材设施等。

（刘明霞）

湖美乡

□编辑 林生钟

【概况】 2021年，全乡总面积138.47平方千米，辖行政村16个，村民小组108个，户籍数3536户，总人口1.51万人；全乡完成工农业总产值7.21亿元，同比增长3.59%；实现村财政自有收入509万元，农民年人均纯收入18753元。

【农业】 2021年，全乡耕地面积432.6公顷，其中水田302公顷、旱地132.6公顷；粮食总产量4736吨，同比增长0.48%；全乡农林牧渔总产值2.46亿元，同比增长24%。

【工业】 2021年，全乡工业企业35家（集体企业4家，私营企业31家），职工总数813人。工业固定资产1.09亿元，工业总产值16.9亿元，同比增长131.5%；销售收入2.51亿元，实现利税3570万元；全乡三资企业4家，总投资1.67亿元；对接招商项目落地10个，其中“五个一批”项目谋划11个、签约5个、开工1个、投产3个；固定资产投资入库5000万元以上项目3个，5000万元以下项目1个。

【第三产业】 2021年，全乡社会消费品零售额1001.5万元，比上年增长0.7%；集市贸易额6005.77万元，同比增长0.09%；流通领域的国有、集体、私营企业及个体工商户277家；金融服务网点1个；客车2辆，载货汽车27辆，小汽车351辆，农用车57辆，拖拉机13辆；固定电话141部，同比减少15部；移动电话7943部，同比增加27部；第三产业增加值2959万元，同比增长0.34%。

【社会事业】 2021年，乡财政教育事业投入260万元，各类学校6所，在校学生613人；闭路电视用户431户；乡卫生院病床12张，医务人员14人；村民人均住房面积55平方米，集镇居民36平方米；每百户拥有洗衣机89台，自行车33辆，电视机173台，电冰箱81台，摩托车100辆；98%以上的农户用上液化气、电磁炉、沼气池；100%人口饮用自来水。

【社会保障】 2021年，全乡居民参加基本养老保险4241人，参保率86.53%；村民参加新型农村合作医疗1.15万人，参合率108%；临时救助62人、13.8万元，低保救助161户352人、179.2万元，五保救助47户48人、99.7万元；发放残疾人两项补贴金额34.5万元；帮助申请就业创业补贴5名；重度残疾人居家托养服务补助12人；“一户多残”残疾人家庭生活困难补助21户48人；第一届“奖教促学”表彰大会共计发放奖教奖学金6.56万元。

【成立乡村振兴促进会】 6月20日，湖美乡成立乡村振兴促进会，作为全乡性联合组织、非营利性社会组织，由乡内外各行各业人士和离退休人员自愿组成。促进会加强湖美乡在外乡贤、企业家与政府部门的沟通和联系，助力湖美乡产业、人才、文化、生态和组织振兴，形成推动乡村发展合力，开创乡村振兴新局面。

【举办“中国梦·七星湖美”第七届三明（湖美）音舞诗会】 6月26日，“中国梦·七星湖美”第七届三明（湖美）音舞诗会暨第一届湖美山水艺术季启动仪式在高才村举办，中共湖美乡委员会、湖美乡人民政府和集美大学美术与设计学院主办，大田县作家协会牵头。征集了与湖美乡元素有关的文学作品，集中展示湖美乡库区移民文化、朱子文化、佛学文化、“古”文化等文化底蕴，以艺术方式为观众送上一场文化盛宴，献礼建党百年。

【湖美中心幼儿园建成】 11月18日，湖美中心幼儿园建成投入使用，占地面积5279.19平方米，建筑面积2676.73平方米，总投资1300万元。该项目是大田县重点项目，于2018年立项，2020年动工建设，可容纳学生64名。

【七星湖创评国家AAA级旅游景区】 12月17日，大田湖美七星湖景区成功创评为国家AAA级旅游景区。

【爱国主义教育基地建设】 2021年，湖美乡投入1300多万元打造环湖自行车道、鹰嘴岩瀑布、湖美溪河滨公园、足球场、树屋民宿、七星桥改造提升、游客服务中心、旅游公路、高才千年渡口、主题墙绘、亲子农耕园等旅游亮点。福建省第三批“离退休干部党员传承红色基因学习教育基地”、三明市爱国主义教育基地等8个共建成果落地，组建湖美红色宣讲团，共接洽省委统战部等各级单位开展主题党日活动70余场次，参加活动1500余人次。

（肖　玲）

屏山乡

□编辑　陈吉浣

【概况】 2021年，屏山乡总面积106.34平方千米，辖行政村13个，村民小组150个，4013户、14941人（公安户籍人口数）。乡财政收入742.2万元，比上年增长2.6%。农村居民可支配收入年人均17474元，同比增长3.4%。2月，首届云上助农樱花节在仙居山樱花园开幕。3月，福建省基层对台交流示范点在大仙峰·茶美人景区挂牌成立。12月，内洋村被省生态环境厅选入第二批高级版“绿盈乡村”，被省绿化委和省林业局选入2021年福建省森林村庄。

2021年，屏山乡在县年度绩效考评中位居生态农业组第六，被评为平安先进乡镇。1月，被省爱国卫生运动委员会评为福建省卫生乡镇。7月，被省气象协会、旅游协会评为2021年“清新福建·气候福地”首批气候康养福地。

【农业】 2021年，全乡耕地面积628.53公顷，其中，水田578.73公顷，旱地49.8公顷；农机动力4612千瓦，粮食产量4873吨，同比增长0.17%；出栏生猪2067头。

茶叶种植面积 1092 公顷，年产毛茶 830 吨。农林牧渔业总产值 3.3 亿元，同比增长 0.34%。林地面积 8122 公顷，当年造林 20 公顷，森林覆盖率 77.29%；农民专业合作社 63 个，社员 191 人。投入 400 多万元建设高标准农田，修建灌溉水渠 2721 米、排洪沟 2473 米，水泥混凝土路面机耕道 3676 米；9 月，三明市、大田县总工会、屏山乡人民政府、屏山乡工会 4 个单位，在大方广茶业有限公司联合举办“建功‘十四五’·奋进新征程”第二届大田美人茶制茶技能竞赛。

【工业】 2021 年，全乡有福建大田大方广茶业有限公司、大田县高峰茶业有限公司、福建省一方茶业有限公司规模以上农产品加工企业 3 家，职工 1341 人，固定资产 10.5 亿元，总产值 6.58 亿元，销售收入 3.71 亿元。11 月，福建大田美人茶标准化生产线建设项目［张庆泉（福建）茶业有限公司投资］，5 栋厂房建设完成，位于内洋村龙母山，占地 9000 多平方米，建筑面积 5000 平方米。12 月 27 日，大田玖悟茶叶加工及冷链一体化建设项目（三明玖悟农业有限公司投资）在屏山村开工，计划投资 5.06 亿元，建设标准化、清洁化加工厂房、仓储等设施。

【第三产业】 2021 年，屏山乡集贸市场面积 220 平方米，固定摊位 60 个，集市贸易额 867.8 万元，同比增长 2.1%，社会消费品零售额 1842.9 万元，同比增长 1.5%；个体工商户 399 家，其中商业户 385 家、餐饮业 14 家；金融服务网点 2 个。第三产业增加值 772.8 万元，同比增长 3.6%。福建茶天下旅游开发有限公司再投入 500 万元，建设云爽爽乐园项目，吸引游客 6000 人次，直接产生经济效益 42 万元。8 月 31 日，三明市、大田县妇女联合会，县农业农村局、屏山乡人民政府在大仙峰·茶美人党员实训基地举行以“中华文化共传承，同心一味话佳茗”为主题的 2021 第二届闽台茶文化交流活动大田“美人茶”专场。7 月 12 日，大仙峰·茶美人国家 AAAA 级景区被省教育厅评为第四批福建省中小学研学实践教育基地营地，该景区全年接待游客 25.3 万人次，旅游经营收入 272 万元。

【社会事业】 2021 年，全乡教育事业投入 40 万元，学校 2 所（幼儿园、小学各 1 所），教职工 38 人，在校学生 192 人；闭路电视用户 225 户。乡卫生院病床 15 张，医务人员 19 人。村卫生所 13 个、村医 17 人；投入 25 万元修复乡村主干道掏空和溜方清理，新增设减速带 4 条、防护栏 2 处；投入 10 多万元，建设 13 个村标准化新时代文明实践站。

【社会保障】 2021 年，全乡享受低保村民 112 户、231 人次，发放低保金 115.68 万元；给特困群众 68 人次发放特困金 125.4 万元。参加农保 4383 人，参保率 87%，收集农保基金 87.66 万元。村民参加新型农村合作医疗 11031 人，参保率 95.06%，收集医保基金 352.99 万元。幸福院建筑面积 1200 平方米，床位 28 张，入住 16 人。

【“走茶乡、品茶香、学茶艺”活动】 3 月 18 日，大田县妇联与屏山乡妇联结合“再学习、再调研、再落实”主题，邀请各界妇女代表、屏山乡班子成员等 60 多人，在屏山茶产业实训基地开展“走茶乡、品茶香、学茶艺”活动。

【乡直机关党支部党日活动】 4 月 20 日，屏山乡党委组织党员干部前往武陵乡开展党史学习教育，参观武陵乡革命烈士纪念碑、中共闽中工委会址等 4 个红色遗址点，聆听红色故事、重温入党誓词，使党员干部进一步学习党史知识，提高党性。

【第十四次党代会召开】 5 月 31 日，中国共产党屏山乡第十四次党员代表大会召开，19 个选举单位的 103 名代表和 2 名列席代表参加会议，县委组织部指导组成员莅会指导，完成各项会议议程，选出新一届乡党委、纪委委员，召开乡党委和纪委第一次全体会议，选举产生新一届乡党委书记、副书记和乡纪委书记、副书记。

【残疾人运动员慰问】 11 月 1 日，屏山乡党委、政府慰问美阳村郭燕兰，祝贺她在全国第十一届残疾人运动会暨第八届全国特殊奥林匹克运动会取得 2 枚金牌的好成绩。

【第三届红色康养茶海跑举办】 12 月 25 日，“山水陆空·运动绿都”2021 大田县第三届红色康养茶海跑，在大仙峰·茶美人景区开跑。厦门、泉州、三明等地长跑协会的 600 多名运动员和游客参加活动，提升“中国绿都·最氧三明”和“多彩大田”的知名度和影响力，发展“体育 + 红色 + 旅游”新业态。

（施发墩）

济阳乡

□编辑 陈吉浣

【概况】 2021年，济阳乡面积66.43平方千米，辖村12个，村民小组113个，总户数2679户，总人口9140人。乡财政收入408.37万元，比上年增长6.2%。2021年，济阳乡被评为省级文明乡镇；灵动济阳被省农业农村厅列入2011—2017年福建省休闲农业示范点监测合格名单；济阳村被省委扶贫开发成果巩固与乡村振兴工作领导小组办公室评为乡村振兴实绩突出村；济中村被省生态环境厅列入全省第二批高级版“绿盈乡村”名单。

【农业】 2021年，全乡耕地面积447.73公顷，其中，水田377.33公顷，旱地70.4公顷。稻谷产量2294吨。茶园面积530.77公顷，同比增长0.86%，产量4273.74吨，同比增加169.74吨；生猪出栏1.35万头，肉兔出栏6.7万只。全年造林绿化23.46公顷，森林覆盖率74.3%。大田县丰阳蔬菜种植专业合作社，生产高山优质蔬菜180吨。济阳乡农林牧渔业总3.19亿元，同比增长1.31%。初阳蛋鸡产业化及生态种植综合开发项目完成厂房建设。

【工业】 2021年，全乡工业企业22家，其中规模以上4家，完成工业总产值19.21亿元，同比增长11.43%。固定资产投资3.25亿元，固定资产投资项目入库5个，引进港资151万港元。12月，凯沃中高端铸件生产加工及整机装备项目投产。

【第三产业】 2021年，济阳乡集贸市场年交易额573.97万元，同比增长12.84%；个体工商户83家，其中商业24家、餐饮业7家；金融网点1个；机动车315辆（客车2辆、载货汽车79辆、小汽车207辆、农用车16辆、拖拉机11辆），同比增加34辆；旅游业投资1031.7万元，同比增长8.6%，年接待游客90万人次，营业收入553.86万元，同比增长8.6%。6月28日，与三明华清云上旅游开发有限公司、陕西千寻翰文控股集团有限公司分别签订战略合作协议、文旅项目开发运营合作协议。

【社会事业】 2021年，济阳乡中心小学、幼儿园各1所，在校学生230人，入园幼儿46人，教职员工38人（幼儿园10人）。修缮提升济阳派出所办公综合楼，投入90余万元；完成德横线一期（济阳至上丰段）公路5.95千米改建工程，总投资1200多万元；德横线二期（上丰至大儒段）公路8.24千米改建动工，预算投资1400多万元；德横线三期（大儒至德化美湖段）公路5.81千米改建项目完成方案设计，正在筹措建设资金；完成集镇主干道3千米改沥青混凝土路面，投资300多万元。9月，济阳乡集镇供水提升工程改造扩建项目，拦水坝及附属工程交付使用，投资500万元。

【社会保障】 2021年，全乡享受低保村民102户235人、五保33户34人，发放低保金120.99万元、五保金70.19万元，临时救助补贴12.99万元；享受残疾人护理补贴125人，困难残疾人生活补贴131人，发放两项补贴金额27.66万元；为80周岁以上高龄老人225人发放生活补贴16万元；春节慰问困难群众76人，发放慰问金2.06万元。参加城乡居民医疗保险6363人，参保率93.35%，收集医保基金203.6万元；参加城乡居民社会养老保险4161人，收集农保基金103.7万元，享受基础养老金村民1399人，发放养老金229.8万元。发放贫困家庭产业发展补助资金10.43万元，实施10个产业扶贫项目，开发贫困人员光伏公益性岗位17个。

【党史学习教育系列活动】 6月29日，济阳乡在济阳村阳中堂举行“光荣在党50年”纪念章颁发、“奋斗百年路 启航新征程”摄影作品展揭幕暨党史学习教育系列活动。结合庆祝中国共产党成立100周年活动，开展党史宣传教育30余场，覆盖群众1000余人。

【章兴金捐资仪式举行】 10月18日，济阳乡在乡政府会议室举行乡贤章兴金（厦门市中信隆进出口贸易有限公司董事长）为家乡砚坑村修路捐资231万元捐赠仪式，县纪委书记、监委主任童作光和乡政府领导班子成员、驻村干部、部分群众代表等60人参加。

【村级党支部换届完成】 10月，济阳乡12个村党支部换届完成，支部委员平均年龄39.3岁，中专高中以上学历占80.6%。其中党支部书记平均年龄40.9岁，大专以上学历占66.7%。

【乡村振兴重点示范线建设】 2021年，济阳乡深化“跨村联建”党建模式，整合优化资源配置，推动片区共同发展。济阳、济中村被列入“游古村落、品美人茶”市级乡村振兴重点示范线建设项目，谋划重点建设项目27个，总投资5200多万元，打造乡村振兴“串点连线成片”示范样板。

（陈紫莹）

吴山镇

□编辑 陈吉浣

【概况】 2021年，全镇辖村9个，自然村31个，村民小组92个，3652户11433人。土地面积93.33平方千米，山地面积占90%，其中耕地389.3公顷，林地6529公顷，森林覆盖率74.36%。茶园面积1200公顷，是大田美人茶主产区之一。镇财政收入1918.43万元。吴山镇党委被中共中央、国务院授予全国脱贫攻坚先进集体称号，吴山镇被省委农村工作领导小组、省委组织部、民政厅等6个部门评为乡村治理示范乡镇，被省爱国卫生运动委员会评为省级卫生乡镇，被市委宣传部、市司法局评为普法工作先进单位，被市委、市政府评为文明村镇；镇“氏大人”评理室被省信访工作联席会议办公室、省政府信访室评为十佳评理室；县绩效综合考评和“五比五晒”活动均获得农业类乡镇一等奖。阳春村被中央农村工作领导小组办公室、国家乡村振兴局等6个部门评审为第二批全国乡村治理示范村；阳村村党支部被省委、省政府授予脱贫攻坚先进集体称号。

【农业】 2021年，全镇造林面积18.7公顷，拥有农机总动力1.23万千瓦；粮食总产量4715吨，比上年增长4.52%；生猪出栏2936头。农林牧渔业总产值4.55亿元，比上年增长6.7%。全镇茶园换种改植45.3公顷，新修茶园机耕道12千米，组织茶农外出参观学习3次，逢元、瑞边龙等4家茶企通过食品生产许可证（SC）认证；吴山茶叶加工集中区完成征地及清表工作。举办吴山镇首届“岩兴杯”美人茶和首届“象山岩杯”铁观音斗茶赛，吸引各方客商，提升茶产业知名度。

【工业】 2021年，全镇招商引资签约项目5个，开工3个，总投资15.98亿元；“五个一批”项目开工、投产各2个；完成固定资产投资项目入库4个，澳方投资增加60万美元。省、市重点项目艾佩克斯人造石英石生产加工项目，总投资2亿元，完成设备安装；重点项目佳丰铸造试生产，融通铸造基本完成设备安装，岩兴气体二期项目开工。是年，全镇工业总产值38.3亿元，同比增长38.77%。

【第三产业】 2021年，吴山镇限额以上贸易企业新增3家，个体工商户1868户，其中餐饮业62户。集市贸易额116.1万元，同比增长6.3%；社会消费品零售额7852.2万元，同比增长7%。阳春村森林康养基地被省林业局、民政厅等6个部门确定为2021年省级森林康养基地，被中国林业产业联合会定为国家级森林康养试点建设基地，建设生态木屋、度假酒店、生态停车场、森林康养步道等设施，基地分为综合服务区、森林康养区、体验教育区，初见雏形；张坑村被市文旅局评为国家AAA级旅游景区，集田园观光、古村研学、农耕体验、森林康养、户外休闲于一体，形成“一产接二连三产”的互动融合发展态势。引进福建大田联信联合茶旅康养发展有限公司开发国家茶叶公园项目，总投资5亿元，涵盖茶园观光、茶文化体验、森林康养等功能。

【社会事业】 2021年，镇辖学校4所，大田第四中学（学生211人、教师34人）、吴山中心小学（学生622人、教师39人）、吴山中心幼儿园（入园幼儿198人、教师8人）、阳春幼儿园（入园幼儿12人、教师1人）。大田四中中考被大田一中录取6人、大田五中录取10人。10月，数字阳春幼儿园投入使用，投资280万元，占地850平方米，建筑面积675平方米；成立吴山镇教育基金理事会，筹措捐款60万元。投入680万元，建设吴山镇农村区域性养老服务中心和阳春村卫生所。吴山卫生院建筑面积1600平方米，设有内科、外科、儿科、妇产科、中医馆、防疫科、公共卫生科、心电图室、放射科、B超室、化验室等，病床20张，卫技人员13名。村卫生所9个、乡村医生8名。投入580万元，完成屏吴公路冷坑至科山接线6米宽混凝土路面2.2千米；建成集镇第二水厂，日供水500吨，清理维修集镇供水管网设施。

【社会保障】 2021年，全镇低保户93户219人、五保户21人，发放低保金108.8万元、五保金45.2万元。参加新农保5662人，缴费100.3万元，1505人领取基础养老金286.2万元。是年，参加新农合7363人，缴交医保金279.8万元。全镇幸福院5所，床位14张。

年内完成集镇社工站建设。

【脱贫成果巩固】 2021年，吴山镇开展建档立卡脱贫户、相对贫困户动态调整，精准核查梳理脱贫户信息，全镇脱贫户93户291人，相对贫困户12户51人，摸排脱贫户、相对贫困户、致贫返贫风险，争取项目扶贫资金17.05万元，其中，建档立卡脱贫户扶贫资金13.45万元，相对贫困户扶贫资金3.6万元，用于基础设施、家庭产业发展、教育资助、医疗补助、就业帮扶、住房保障等民生项目，巩固脱贫成果。

【乡村振兴示范点创建】 2021年，吴山镇开展"游古村落·品美人茶"市级乡村振兴重点示范线创建活动。将示范线路分解成68个项目，明确具体责任人、时间节点，一周一汇报，半月一调度；突出一村一业，提升"数字阳春"建设水平；持续推进"互联网+农业"，带动东埔村、梓溪村发展个性化认养农场。突出一村一品，抓好全镇农村生活垃圾分类工作，落实"两统筹、两统管"（县统筹、乡统管，地统筹、事统管）农房规划建设管理机制，合理布局村庄内各种功能区划；严控新增裸房，推进示范线沿线216栋裸房整治；建立健全村庄保洁长效机制，每月末开展一次"清沟扫地摆整齐"常态化村庄清洁行动，建设宜居乡村。

【红色资源保护利用】 2021年，吴山镇投入220万元在阳春村修建红军亭、红军墓、红军馆、红军路，同时充分运用红四军第二、三纵队及前委机关休整旧址、大田县"第二集美学村"旧址等本地红色资源，开展"永远跟党走"群众性主题宣传教育和"学党史、铸信念、守初心"主题党日活动，开展党史宣讲活动20场次。新建红色主题馆2个，参观学习路线2条，参与学习的党员干部及群众5000余人次。举办大型"庆党100周年"文艺会演，利用数字吴山平台，向广大群众进行党史学习教育云宣讲。

【农业产业特色打造】 2021年，吴山镇巩固提升阳春村森林康养、和洋茶叶一条街，建设制茶体验馆、研学基地，发展茶园经济；实施梓溪村新奇特瓜果苗木基地项目，建设"水肥一体"、无土栽培、移动苗床，总投资200万元。以阳春村、和洋茶叶为主核心区，进行产业发展布局再拓展，打造东埔村生姜、梓溪村现代农业、科山村黄花菜、锦山村芦柑等一批生态产业基地，丰富吴山农特产品，提升农业效益。

【安全生产隐患排查】 2021年，吴山镇加大生产、交通、农村房屋安全隐患和重点场所排查力度，排查辖区生产安全隐患23处、交通安全隐患205起、农村房屋安全隐患21处，排查"三合一""多合一"人员密集场所及群租房、高层建筑、石化企业和养老服务机构、幼儿教育场所、标志性建筑等消防安全高危领域及重点场所85家（次），整治消防安全隐患35处。

【矛盾纠纷化解】 2021年，吴山镇继续以镇"氏大人"评理室为平台，进行圩日接访评理，发挥评理室主阵地作用。开展各类矛盾纠纷"大走访、大排查、大化解"，排查调处矛盾纠纷88件，化解87件，调处成功率98.87%，未发生民转刑、群体性事件及越级非正常上访事件，做到"小事不出村，大事不出镇"。

【平安创建】 2021年，吴山镇完善矛盾纠纷排查和化解机制，开展"七五"普法"平安三率"（群众安全感率、扫黑除恶好评率、执法工作满意率）、"六无"村（无犯罪、无涉毒、无赌博、无邪教、无失信、无群体性上访）创建活动及各类平安宣传集中活动9次，防范打击电信网络诈骗，摸清辖内滞留境外和频繁出入境人员，41名出入境可疑人员劝返37人。精准打击各种犯罪行为，查结治安案件18起，确保一方平安。

（陈云龙）

谢洋乡

□ 编辑 潘梅

【概况】 2021年，全乡面积116.12平方千米，辖14个行政村，91个村民小组；总户数2104户、总人口8085人。乡财政收入1114.7万元，比上年下降9.2%。当年，坑口水库饮用水水源保护区治理工程及搬迁安置工作全面完成。

【农业】 2021年，全乡耕地面积703.6公顷，其中水田面积571.6公顷。主要农作物水稻种植面积571.6公顷，产量3386吨；茶叶种植面积455.2公顷，年产量1237吨。出栏生猪8573头、鸡5.82万羽、鸭2.57万羽、兔8.7万只。林地面积1万公顷，造林绿化30.47公顷，森林覆盖率81.85%（全县首位）。农林牧渔业总产值3.09亿元，比上年增长1.64%。农业专业合作社27个，社员168人，经营性收入43万元。农民人均纯收入1.91万元，比上年增长9.78%。

【工业】 2021年，全乡规模工业企业3家，铅锌矿产值4.42亿元，比上年增长12.47%。与县政协办共同招商引资，大田正晟精密铸件生产及机械加工项目落地开工。

【第三产业】 2021年，全乡个体工商户124家，其中商业122户、餐饮业1户。金融网点数1个。

【社会事业】 2021年，谢洋乡教育投入735.4万元，教职工46人、在校生147人（小学生71人、幼儿生30人、初中生46人）。卫生院建筑面积1080平方米，病床数14张，医技人员8人，配备有大生化、心电图、B超、血常规、尿常规等诊疗设备。村卫生所8个，乡村医生4个。

【社会保障】 2021年，全乡低保户、五保户250人，发放保障金199.17万元。参加新农保2548人，缴交基金75.85万元，1306人领取保障金219.73万元。参加新农合6143人，缴交医保基金196.58万元，参保率98.5%。幸福院4所，建筑面积2000平方米，床位40张，入住12人，主要设施有消防设备、厨房、卫生间、洗衣机、电视、床、柜子、茶桌、跑步机、踏步机、棋牌桌、乒乓球桌、按摩椅等。

【党建共建】 2021年，珍山村党支部与福建协胜律师事务所党支部结对共建，是全市第二个实现村律党建结对共建村（居），打通法律服务乡村振兴“最后一公里”。开展基层党支部达标创星活动，落实“四个一”挂钩帮扶机制，推进谢洋村党支部软弱涣散整顿转化工作。

【村级换届】 2021年，谢洋乡推进村“两委”班子换届工作，实现一次性选举成功，党支部书记、村委会主任“一肩挑”。新一届村“两委”学历和年龄“一升一降”成效明显，村“两委”平均年龄39.2岁，村“两委”中专、高中以上学历占比75%，其中新一届村党支部书记、村委会主任平均年龄41.71岁，大专及以上学历占比64.29%。

【饮用水水源保护区综合治理】 2021年，谢洋乡完成治理工程的控规项目，福建省闽江流域山水林田湖草生态保护修复工程通过验收，达到精品项目验收合格标准。坑口水库饮用水水源经过综合治理，水质从Ⅲ级达到Ⅱ级，城区居民喝上安全水、健康水、生态水。加大“坝水一方”“三江源”景区开发力度，完善坑口生态旅游开发建设，完成景区漫步道、木屋、垂钓中心、观光休闲屋、夜景灯、耕牛雕塑、“坝王别居”装修及其他基础配套设施建设，流转闲置土地1公顷用于木槿花种植。

【基础设施建设】 2021年，谢洋乡争取资金38万元，实施县道065科仕线路面破损置换工程，置换面积约3000平方米；争取资金24万元，实施仕福到漳平村道路建设项目；争取资金70万元，实施怀德村、珍山村、和春村生态护岸工程、河道整治工程和珍山村环境卫生整治项目；争取资金130万元，在谢洋村实施水土流失治理项目；争取移民资金168万元，在珍山等地建设森林漫步道、休闲凉亭、停车场等旅游设施；争取资金120万元，在科里村实施河道整治工程。加强道路安全建设，完成科里村、三角尾村道防护栏安装112米；实施科里到岬丘道路拓宽改造项目，投入335万元；在象山村实施集镇饮用水改造提升工程，投入40万元；在怀德村、谢洋村实施集镇饮用水管网改造提升项目，投入120万；在珍山村、科里村、仕福村、蕉坂村、草垄崎村等实施“一事一议”项目，投入65万元；蕉坂村、仕福村建设错车道5个。

【脱贫攻坚】 2021年，谢洋乡巩固“两不愁三保障”（不愁吃、不愁穿，义务教育、基本医疗、住房安全有保障）和饮水安全成果，落实摘帽不摘责任、摘帽不摘政策、摘帽不摘帮扶和摘帽不摘监管的“四个不摘”要求，健全防止返贫监测和帮扶机制，确保脱贫群众稳定增收、不返贫；城乡低保户、五保户标准进一步提高，全年发放保障金284人、204.2万元。谢洋村铝合金加工厂扶贫项目建设完成，投入使用。

（肖成业）

武陵乡

□编辑 潘梅

【概况】 2021年，全乡面积80.3平方千米，辖有9个行政村，村民小组94个；户籍数3745户，总人口1.29万人。乡财政收入1196.87万元，同比上年下降19.77%，其中专项收入380万元，同比下降46.21%。2021年，武陵乡获评“福建省脱贫攻坚先进集体”“三明市文明乡镇”；大石村、仕洋村获评福建省卫生村，大石村获评省级乡村治理示范村；百束村获评省级“一村一品”示范村，茶山村获评市级“一村一品”示范村。

【农业】 2021年，全乡林地面积6239.85公顷，造林57.6公顷，森林覆盖率71%。农作物播种总面积1484.27公顷，其中，种植谷物449.87公顷、产量2956吨，薯类137.34公顷、产量684吨，烟叶23.6公顷、产量62吨，蔬菜767.67公顷、产量2.69万吨，其他105.79公顷主要特色产品为雪山萝卜、食用菌，年产量分别为2.7万吨、345吨。引进台企方宇茶业，实施馨芳茗轩茶叶加工建设项目，种植美人茶26.67公顷，改良雪山美人茶10.07公顷；出栏生猪1.31万头、肉兔15.76万只，出栏牛139头、羊1245头。农林牧渔总产值2.96亿元，比上年增长1.37%。拥有农机总动力6500千瓦，机耕面积占85%，当年获国家和省农机购机补贴14.7万元。农民专业合作社26个，成员372人，经营收入74万元。

【工业】 2021年，全乡企业43家，工业总产值27.04亿元（规模以上工业企业5家，产值15.85亿元），同比下降7.05%，完成固定资产投资4.26亿元。武陵乡大石铸造产业集中区新入驻荣毅金属、智创科技2家企业。2021年，引进大田县生文机械制造生产项目，完成厂房及配套设施建设，进入设备安装和调试阶段。

【第三产业】 2021年，全乡集贸市场面积2000平方米，固定摊位30余个，年交易额2638.61万元，同比增长2.8%。社会消费品零售额5336.88万元，同比增长3.2%。金融机构服务网点1个，运输车辆42辆。第三产业增加值4289.89万元，同比增长5.4%。

【社会事业】 2021年，全乡学校4所（中学1所、小学2所、幼儿园1所），教职工88人、在校学生435人。全乡教育事业投入65.25余万元，其中教育基金会投入54.36余万元。武陵卫生院建筑面积1289平方米，病床数15张、卫技人员11人；配备血液生化分析仪、尿常规检测仪、电解质分析仪等诊疗设备；村卫生所（室）10个、乡村医生10人。根据“一事一议”财政奖补政策，实施上岩村2021年饮用水工程、绿然菌业拦水坝工程、仕洋村赤石口饮用水工程、三宝洋生产道路拱桥建设工程、孟墘水渠及雪山水源工程等5个项目。

【社会保障】 2021年，全乡低保户107户247人，发放补贴120多万元；全年临时救济69户71人，发放临时救助金22.48万元；自然灾害救助2户，发放救助金2000元；核报享受重度残疾人生活补贴155人、护理补贴184人，发放补贴34.42万元；参加新农保3748人，缴交基金82.08万元，1872人领取基础养老金285.45万元；参加新农合1.04万人，缴交基金332.26万元。

【村级党支部换届完成】 10月，武陵乡9个村党支部换届完成，支部委员平均年龄41.75岁，中专、高中以上学历占75%，其中党支部书记平均年龄33.8岁，中专、高中以上学历占88.9%。

【乡村旅游项目完善】 2021年，持续完善“红色武陵·五彩大石”景区，打造“渔家晚霞·灯光小镇”；发展研学旅行产业，完善研学旅行（中小学生社会实践基地）基础设施，将原闲置的大石小学改造成研学旅行住宿场所；引进福建省旅游投资集团和福建棕旅房车有限公司项目资金，与村集体共同投资约600万元建设“棕旅房车　五彩大石”露营地，营地计划投入房车12部，可容纳50人住宿。

【红色文化保护】 2021年，修建并开放占地面积约400平方米的林大蕃故居，实施红四军第四纵队驻地旧址（福临堂）修缮项目，印制完成“红色武陵·五彩大石”纪念邮折。

（朱小杰）

县城社区

□ 编辑 陈妮

【概况】 2021年，县城社区面积12平方千米，县城区辖白岩、文昌、玉凤、仙亭、南街、赤岩、东门、镇东8个社区，辖区单位172个，城镇居民36678户，常住人口10.45万人，户籍人口5.55万人。社区基层党支部8个，党员764人，培养入党积极分子16人，吸纳预备党员8人，预备党员转正4人。县社区工作者47人，大学生志愿者3人。慰问社区困难党员和困难群众40人，发放慰问金2.56万元。

【社区服务】 2021年，县城区宣传居民低保政策，掌握低保对象信息，实行民主评议和公示制度，做到公平、公正、公开。低保生活保障对象147户、253人，月发放保障金11.71万元；特困人员9人，月发放生活补助金9800元，全年取消低保对象15户，新增18户，变更低保金额13次。医疗救助对象90人，发放补助金36.68万元。

【社区安全防范】 2021年，县城区加强社区人民调解规范化建设，排查和化解人民内部矛盾，受理民间纠纷129件，经调解全部结案，结案率100%。针对网络诈骗的方式、特点，制作宣传单3万余份，提高防范电信诈骗的知晓率和普及率。成立义务巡逻队，协助公安派出所安全防范巡视，保护居民群众安全，创造良好社会治安环境。

【新冠肺炎疫情防控】 2021年，县城区办联合辖区共建单位、产权单位和志愿服务队伍，将城区划分为132个网格，做好责任路段入户宣传、卡口值守、人员排查、巡查劝导等工作。组织社区干部、片警、小区物业人员、业委会人员、楼栋长等人员加强对居民、单位房屋出租情况的摸底排查，推行县外人员入田个人信息二维码登记制度。片警、社区干部通过入户、电话、微信视频随访随查等方式，监测8875名中高风险地区返回大田人员的居家健康情况。

【省级文明县城创建】 2021年，县城区开展环境整治、基础设施建设工作。集中整治辖区内小广告、占道堆放、违章搭建、饲养家畜等问题，拆除鸡鸭窝228个，清理小广告8500多处，整治乱堆乱放456处，整理清运卫生死角垃圾486车；协调县交警大队统一清理清除各类长期停放、报废破旧、无人认领的自行车、摩托车等2630余辆。

（章开苗）

人 物

□ 编辑 郑祥果

县领导

陈文华 汉族，1965年4月生，福建莆田人，1988年7月参加工作，1987年12月加入中国共产党，大学学历，会计师。1993年5月至1997年6月历任三明市财政局农财科副科长、预算科副科长、基本建设科科长，其间，1994年4月至10月挂职任福建省财政厅商业企业财务处处长助理。1994年10月至1995年4月挂职任福建省财政厅农业税收管理处处长助理。1997年6月至2000年1月历任三明市财政局预算科副科长、主任科员、预算科科长。2000年1月至2007年5月历任明溪县副县长、明溪县委常委、常务副县长、县委副书记。2007年5月至2008年12月历任三明市财政局副局长、党组成员、副书记。2008年12月任三明市政府副秘书长，政府办党组成员（2010年7月确定为正处职级）。2012年2月任三明市国土资源局局长、党组书记。2015年1月任中共永安市委副书记，政府党组书记、市长。2018年4月任中共大田县委书记。

林金龙 汉族，1966年3月生，福建南安人，1987年7月参加工作，1995年6月加入中国共产党，大学学历，经济师。1997年6月至2000年9月历任三明市政府办公室农经科副科长、市委办公室政文科副科长。2000年9月至2012年2月历任三明市委办公室主任科员、督查室副主任（主持工作）、办公室秘书二科科长、办公室副调研员、办公室副主任、室务会议成员、市委副秘书长。2012年2月任三明市安全生产监督管理局党组书记、局长。2016年4月任中共大田县委副书记、县政府党组书记、副县长、代理县长。2016年5月任中共大田县委副书记，县政府党组书记、县长。

夏寿南 汉族，1978年9月生，福建明溪人，2002年12月参加工作，2006年7月加入中国共产党，大学学历。2009年3月任三明市三元区委督查室主任。2010年5月至2016年4月，历任三明市委办公室综合科副科长、市委督查室副主任、秘书三科科长。2016年4月任三明市政府办公室党组成员、副主任。2020年3月至2020年12月历任三明市政府副秘书长，市政府办党组成员、三级调研员。2020年12月任中共大田县委副书记、三级调研员。

翁淑燕 女，汉族，1976年1月生，大田桃源人，1997年10月参加工作，2000年12月加入中国共产党，在职大学学历。2002年2月至2008年4月历任县委宣传部副主任科员，县外经贸办副主任。2008年4月至2015年9月历任武陵乡党委副书记、乡长，湖美乡党委书记。2015年9月任海西三明生态工贸区党工委委员、管委会副主任。2020年9月任海西三明生态工贸区党工委委员、管委会副主任、三级调研员。2021年7月任中共大田县委常委、宣传部部长，三级调研员。

茅有温 汉族，1969年3月生，大田均溪人，1992年11月参加工作，1992年8月加入中国共产党，在职大学学历。2002年9月至2011年5月历任文江乡党委副书记、乡长、党委书记。2011年5月任建设镇党委书记。2016年7月任中共大田县委常委、政法委书记。2021年4月任中共大田县委常委、政法委书记、三级调研员。

童作光　汉族，1970年6月生，福建长汀人，1993年8月参加工作，1999年11月加入中国共产党，大学学历。2002年9月至2009年6月历任明溪县委对台办副主任，县委办公室副主任、对台办主任、信访局局长。2009年6月至2019年5月历任明溪县纪委副书记、监察局局长，城关乡党委书记。2019年5月任三明市委巡察组副组长、副处级巡察专员。2021年7月任大田县委常委、县纪委书记。2021年12月任大田县委常委、县纪委书记、县监委主任。

黄春明　汉族，1987年10月生，广东茂名人，2018年8月参加工作，2006年6月加入中国共产党，博士研究生学历。2020年8月至2019年8月历任清流县政府党组成员、科技副县长，林畲镇党委副书记（挂职）。2020年8月至2021年1月历任中共大田县委常委、县委办主任（兼）、县委台港澳办主任（兼）、县档案局局长（兼）。2021年1月任中共大田县委常委、湖美乡党委书记。

陈　磊　汉族，1973年8月生，福建福安人，1992年8月参加工作，1996年7月加入中国共产党，在职大学学历。2002年10月至2016年7月历任三明市委组织部副主任科员、主任科员、干部监督室副主任、干部举报中心主任、党员电化教育中心主任。2016年7月任三明市委非公企业工委办公室主任。2017年8月至2020年12月历任三明市委组织部人才工作办公室主任，一级主任科员，四级调研员。2020年12月任中共大田县委常委、组织部部长，兼任县直机关工委书记、县委党校（县行政党校）校长。

吴文旗　汉族，1965年5月生，大田文江人，1987年8月参加工作，1990年1月加入中国共产党，在职大学学历。1989年1月至1993年8月历任太华镇政府文书、党委秘书，1993年4月挂职任莆田市仙游县枫亭镇镇长助理。1993年8月至1997年3月历任太华镇政府副镇长、党委副书记。1997年3月任县民政局勘界办主任、地名办主任。2001年6月至2011年5月历任县政府水电站库区办主任、县国土资源局副局长、县库区移民开发局局长、县国土资源局党组成员。2011年5月任石牌镇党委书记。2016年7月任县政府党组成员，12月任县政府党组成员、副县长。2021年7月任县委常委、统战部部长、县政协党组副书记（兼），2021年8月兼任县总工会主席。

詹冬华　汉族，1977年11月生，福建将乐人，2001年8月参加工作，2000年4月加入中国共产党，大学学历。2006年12月任三明市三元区政府办公室副主任科员、法制科科长。2008年1月至2016年7月历任三明市人大常委会办公室督办科副科长、研究室综合科科长、办公室督办科科长、人秘科科长。2016年7月任大田县政府党组成员，12月任县政府党组成员、副县长。2017年10月至2018年11月在省交通厅挂职任建管处副处长，2020年10月兼任县招商服务中心党组书记。2021年7月任大田县委常委，县人民政府党组副书记、副县长。

陈剑生　汉族，1968年7月生，福建仙游人，1990年8月参加工作，1998年4月加入中国共产党，大学学历，经济师。1999年9月至2008年4月历任三明市重点项目前期办基础设施部副主任、重点项目建设领导小组办公室主任科员。2008年4月至2009年10月任三明市发改委服务业发展科科长、重点项目建设领导小组办公室负责人。2009年10月任沙县政府党组成员、副县长。2016年7月任中共大田县委常委，县政府党组副书记、副县长。2020年10月至2021年1月任县政协党组副书记、三级调研员。2021年1月任县政协党组副书记、主席。2021年7月任县政协党组书记、县政协主席。2021年12月任县人大常委会党组书记、主任。

陈钦梅　女，汉族，1968年12月生，大田均溪人，1992年8月参加工作，大学学历。1997年8月任县公安局副科级侦察员、法制科副科长。1999年11月任县司法局副局长。2004年1月任建设镇政府镇长。2006年5月任县司法局局长。2009年2月任县人大常委会副主任。2013年12月任县政府副县长。2016年12月任县政协副主席。2021年5月任县政协副主席、三级调研员。2021年12月任县人大常委会副主任、三级调研员。

余维语　汉族，1967年10月生，大田文江人，1984年12月参加工作，1986年12月加入中国共产党，在职大学学历。1992年8月任吴山乡党委副书记。1994 年 9 月至 1999 年 7 月历任县纪委宣教室主任、常委。1999 年 7 月至 2009 年 10 月历任上京镇党委副书记、镇长，武陵乡党委书记，广平镇党委书记。2009 年 10 月任县政府党组成员、副县长，2015 年 5 月至 2017 年 4 月兼任县市场监督管理局局长。2020 年 10 月任县人大常委会党组副书记。2021 年 1 月任县人大常委会党组副书记、副主任。2021 年 5 月任县人大常委会党组副书记、副主任，三级调研员。

刘永生 汉族，1968 年 6 月生，大田吴山人，1984 年 12 月参加工作，1987 年 8 月加入中国共产党，在职大学学历。1995 年 4 月任大田县宣传系统党委副书记、纪委书记。1997 年 11 月任共青团大田县委书记。2002 年 2 月至 2007 年 1 月历任文江乡党委副书记、乡长，桃源镇党委副书记、镇长，屏山乡党委书记。2007 年 1 月任县政府党组成员、办公室主任。2011 年 7 月任县人大常委会党组成员、副主任，2011 年 7 月至 2013 年 11 月兼任县京口工业集中区管委会主任、县京口工业园开发建设有限公司董事长，2013 年 11 月至 2014 年 11 月兼任大田经济开发区党委书记，2013 年 12 月至 2014 年 12 月兼任大田经济开发区管委会主任。

郑宜堆 汉族，1964 年 6 月生，大田广平人，1987 年 8 月参加工作，1991 年 7 月加入中国共产党，在职大学学历。1996 年 4 月任桃源镇政府副镇长。1999 年 7 月至 2006 年 5 月历任太华镇党委副书记、镇长。2006 年 5 月任前坪乡党委书记。2009 年 4 月任均溪镇党委书记。2011 年 7 月任县人大常委会党组成员，12 月任县人大常委会党组成员、副主任。2021 年 5 月任县人大常委会党组成员、副主任，三级调研员。

姜 妍 汉族，1972 年 1 月生，福建尤溪人，1994 年 8 月参加工作，1997 年 9 月加入中国共产党，在职大学学历。2002 年 4 月至 2005 年 11 月历任尤溪县公安局刑警大队经侦中队副中队长、刑事侦查大队副大队长（主持工作）。2005 年 11 月至 2013 年 1 月历任尤溪县公安局刑事侦查大队大队长、刑事侦查大队大队长（正科）。2013 年 1 月至 2020 年 7 月历任尤溪县公安局副局长、党委委员、主任科员、四级高级警长。2020 年 7 月任大田县人民政府党组成员、副县长，公安局党委书记、局长、督察长。

陈博天 汉族，1992 年 6 月生，河南濮阳人，2012 年 10 月加入中国共产党，博士研究生学历。2020 年 8 月参加工作。2020 年 8 月任大田县人民政府党组成员、科技副县长，2020 年 8 月至 2021 年 9 月兼任均溪镇党委副书记。

黄和新 汉族，1967 年 10 月生，福建尤溪人，1987 年 8 月参加工作，1991 年 12 月加入中国共产党，大学学历。1996 年 10 月任大田县委副科级组织员、组织部组织科长，1999 年 11 月任县委办副主任、政研室主任。2000 年 7 月至 2009 年 4 月历任湖美乡党委副书记、乡长，梅山乡党委书记，上京镇党委书记。2009 年 4 月至 2016 年 7 月历任县发展和改革局局长，县政府党组成员、办公室主任，政府直属部门党委书记、效能办主任（兼）。2016 年 7 月至 2020 年 10 月任县委办主任、台办主任、台港澳办主任，县档案局局长（兼），四级调研员。2020 年 10 月任县人民政府党组成员、副县长，2021 年 7 月兼任大田经济开发区管委会第一副主任、县招商服务中心党组书记。

陈秀达 汉族，1975 年 5 月生，大田吴山人，1994 年 8 月参加工作，1998 年 5 月加入中国共产党，中央党校大学学历。2003 年 1 月至 2011 年 5 月历任前坪乡政府副乡长，建设镇党委副书记（分管计生）。2011 年 5 月至 2013 年 11 月任上京镇政府正科级干部、镇人大主席。2013 年 11 月至 2020 年 12 月历均溪镇党委副书记、镇长，广平镇党委书记、一级主任科员。2020 年 12 月任县人民政府党组成员、副县长，广平镇党委书记。2021 年 1 月任县人民政府党组成员、副县长。

廖正楼 汉族，1976 年 4 月生，大田前坪人，1998 年 8 月参加工作，1998 年 6 月加入中国共产党，中央党校大学学历，中学二级教师。2002 年 9 月至 2010 年 2 月历任吴山乡党委组织委员、前坪乡党委副书记兼纪委书记。2010 年 3 月至 2020 年 6 月历任吴山乡人大主席，武陵乡党委副书记、乡长、党委书记。2020 年 6 月任均溪镇党委副书记、镇长（副处级）。2021 年 7 月任县人民政府党组成员、副县长。

范德溥 汉族，1970年10月生，大田均溪人，1993年8月参加工作，1993年4月加入中国共产党，大学学历。2001年1月至2010年1月历任前坪乡政府副乡长、党委副书记、纪委书记、人大主席。2010年1月至2021年5月历任文江乡党委副书记、乡长、党委书记，桃源镇党委书记、四级调研员。2021年7月任县人民政府党组成员、四级调研员。2021年12月任县人民政府党组成员、副县长。

赖 晶 女，汉族，1982年10月生，福建永安人，2005年7月参加工作，大学学历。2009年6月至2016年5月历任永安市人民政府燕西街道办事处副主任，永安市上坪乡政府副乡长。2016年12月至2021年7月历任永安市城镇集体工业联合社主任、文体和旅游局局长、新闻出版广电局局长。2021年7月任大田县人民政府办公室副主任（正科级）。2021年8月任大田县人民政府副县长。

吴初增 汉族，1966年2月生，大田梅山人，1986年8月参加工作，1995年2月加入中国共产党，省委党校研究生学历。1999年11月至2011年7月历任县委副科级组织员、县委组织部副部长、县委组织员办主任（正科级），县委组织部副部长兼县人事局局长。2011年7月至2016年7月任县委办公室主任、台办主任。2016年7月任尤溪县政府党组成员，12月任尤溪县政府党组成员、副县长。2020年10月任尤溪县政府党组成员、副县长，三级调研员。2021年7月任大田县政协党组书记。2021年12月任大田县政协党组书记、主席。

杨兴和 汉族，1969年5月生，湖南常德人，1989年3月参加工作，1990年12月加入中国共产党，在职大学学历。2015年12月任县政协党组成员。2016年1月任县政协党组成员、副主席。2021年7月任县政协党组副书记、副主席。

阮 芳 女，汉族，1964年11月生，福建福州人，1982年12月参加工作，在职大学学历。2002年4月至2005年1月历任县法院副科级审判员、少年庭庭长。2005年1月至2016年12月历任县人大常委会华侨委副主任、财经委副主任、财经委主任。2016年12月任县政协副主席。

林宗镇 汉族，1968年7月生，大田湖美人，1990年8月参加工作，大学学历。1997年1月至1997年11月历任广平镇政府副镇长、副主任科员。11月任县政府驻莆田市办事处主任。1999年10月历任县委组织部组织科科长、副科级组织员。2002年2月至2009年3月历任吴山乡党委副书记、乡长、党委书记。2009年4月任县委农办主任、县农业系统党委副书记。2011年7月任县国土资源局局长、党组副书记、党组书记。2018年12月任县自然资源局党组书记、局长，四级调研员。2020年12月任县政协党组成员，县自然资源局党组书记、局长，四级调研员。2021年1月任县政协党组成员、副主席，县自然资源局党组书记、局长。

肖明朗 汉族，1970年10月生，大田桃源人，1991年8月参加工作，大专学历。2005年1月至2016年11月历任县审计局副主任科员、县监察局副局长。2016年11月至2021年12月历任县监察局副局长（正科级）、县财政局副局长（正科级）、县审计局局长。2021年12月任县政协副主席、县审计局局长。

（县委组织部干部科）

先进人物

林占中 大田县人大常委会原副主任。2021年3月，林占中家庭被全国妇联评为“全国最美家庭”。

吴红女 大田县总医院党委书记。2021年3月，被全国妇联授予“全国巾帼建功标兵”称号。

陈乘立 大田县公安局民警。2021年4月，被公安部评为“全国公安机关扫黑除恶专项斗争成绩突出先进个人”。

李勤模 大田县人民法院执行局局长、审判委员会委员、一级法官。2021年7月，被中共福建省委评为优秀共产党员。

林乐坚 大田县吴山镇阳春村党支部书记。2021年7月，被中共福建省委评为优秀党务工作者。

（县妇联 县公安局 县委组织部）

逝世人物

刘应术（1922—2021）男，山东省乳山县人。1947年2月参加工作，1947年加入中国共产党。1947年2月至1956年10月在中国人民解放军历任排、连、营副职领导职务。1956年11月，转业到省属安溪湖头劳动教养农场任副场长、晋江专署泉州教养院院长。1958年9月至1986年2月，历任大田“七一”钢铁厂车间主任，上京煤矿后坪矿区支部书记，建设粮站主任，县政府建设科科长、知青办主任、档案组负责人、支前办主任等职。1986年6月，离职休养。

章大茂（1947—2021）男，大田太华人。1963年3月参加工作，1971年7月加入中国共产党。1963年至1990年1月历任县委通讯员、县革委会办事员、团县委副书记、太华乡副乡长、均溪镇副镇长。1991年4月至2007年8月历任县协作办主任（正科），经贸局副局长、主任科员。2007年9月退休。

林以欢（1930—2021）男，大田谢洋人。1949年4月加入革命队伍，1950年4月加入中国共产党。1949年4月，任尤溪县游击队通讯员。1978年10月任大田县人事局局长。1983年11月任县民政局局长兼老区办主任及残联理事长等职。1986年2月退休，享受处级待遇。

郑昌建（1963—2021）男，大田广平人。1982年8月参加工作，1986年7月加入中国共产党。1982年8月至1999年1月历任济阳供销社统计员、县纪委干事、城乡建设局副局长。1997年1月至2017年4月，历任县统计局局长、县总工会副主席（正科）。

吴生才（1932—2021）男，大田梅山人。1950年12月参加工作，1953年1月加入中国共产党。1950年12月至1954年7月历任大田第五区武装班战士，组织部干事，区委秘书，县监委秘书、鉴定员。1958年7月至1992年11月历任广平乡、广平公社党委书记、共青团县委书记，上京公社革委会主任、党委书记，县商业局长，县科协主席、主任科员。1992年11月退休。

季本善（1932—2021）男，上海人。1949年7月参加革命，1949年7月参加中国人民解放军，1951年8月至1955年6月参加抗美援朝。1955年6月历任炮兵师某部班长、排长、助理员。1959年10月转业到晋江地区工商局任干事。1960年9月至1989年8月历任大田县工商局干事、城关税务所所长、县铭溪化肥厂供销组副组长、五交化公司副经理、商业总公司科员。1989年8月，离职休养。

卢诵厚（1940—2021）男，大田华兴人。1958年6月参加工作，1960年5月加入中国共产党。1958年6月至1984年9月，历任县林业局干事、股长，县人武部军事科助理，政工科副科长、科长，县政府办副主任。1984年10月至2000年5月历任县政府办主任，县经济研究室主任、主任科员。2000年5月退休。

郑家勋（1930—2021）男，大田广平人。1951年3月参加工作，1954年12月加入中国共产党。1951年3月至1979年6月历任解放军战士、班长，汤泉公社武装部部长、革委会副主任。1979年7月至1980年9月任前坪公社党委副书记、革委会主任。1980年10月因身体欠佳主动要求退休。

叶清境（1945—2021）男，大田梅山人。1964年3月参加工作，1965年9月加入中国共产党。1964年3月至1988年7月，历任解放军战士、班长，文江乡武装部干事，梅山乡武装部部长。1987年8月至2005年8月，历任广平镇、梅山乡人大主席团主席、主任科员。2005年8月退休。

邱清和（1926—2021）男，大田华兴人。1943年6月参加工作，1950年7月加入中国共产党。1943年3月至1949年6月分配到大漳边区、武陵小学从事中共地下党工作，1949年6月至1954年9月参加中国人民解放军。1954年10月复员回乡任支部书记。1955年1月至1980年4月在大田湖美区、早兴公社、上京公社、县化肥厂、煤炭公司工作。1980年10月退休，1982年4月改办离休。

程立森（1964—2021）男，大田华兴人。1984 年 12 月参加工作，2001 年 10 月加入中国共产党。1984 年 12 月至 1994 年 5 月历任县医药公司职工、县广播电视局财务。1994 年 5 月至 2015 年 11 月历任县工商局财务、科员、监察室副主任、主任、纪检组组长，县市场监督局副局长，县工商局局长，县政协提案和法制委主任科员。

陈春花（1935—2021）女，大田屏山人。1951 年 12 月参加工作，1953 年 4 月加入中国共产党。1952 年 1 月至 1978 年 9 月历任屏山六区副乡长，妇联干事、副主任，汤泉区副区长，省燃料工业局人造石油车间主任，县商业局人秘股股长，县革委会四个面向办公室副组长，县妇联副主任。1978 年 10 月至 1983 年 12 月历任县委委员、县人大常委会委员、县妇联主任。1990 年 5 月退休。

刘世德（1928—2021）男，大田上京人。1949 年 6 月参加工作。1949 年 6 月至 1987 年 8 月，历任福建军区某司令部教务队队员，大田县桃源、上京中心小学教员，山东德州二中、大田一中、梅山中学、县进修学校教员，城关中学教务处副主任等职。1988 年退休，1988 年 6 月改办离休。

吴家森（1948—2021）男，大田梅山人。1968 年 8 月参加工作，1972 年 7 月加入中国共产党。1968 年 8 月至 1990 年 8 月，历任梅山公社农技员，梅山中学团总支书记，梅山公社革委会副主任、副乡长、党委副书记，太华公社党委副书记兼纪委书记。1990 年 9 月至 2008 年 8 月历任文江乡乡长，谢洋乡、武陵乡党委书记，县人大农村委主任、人事委主任、主任科员。2008 年 9 月退休。

章明德（1944—2021）男，大田屏山人。1964 年 8 月参加工作，1972 年 12 月加入中国共产党。1964 年 8 月至 1989 年 6 月历任省社教工作队队员、湖美学校教导主任、县教育局人事组组长、永安监狱政治处副主任。1989 年 7 月至 2004 年 2 月历任县文明委党委书记、县土地局主任科员。2004 年 3 月退休。

（县委组织部 老干部局）

重要文件选编

□ 编辑 林生钟

大田县人民政府办公室
大田县完善高龄老人生活补贴发放工作实施办法

田政办〔2021〕10号

为进一步规范完善我县高龄老年人生活补贴发放工作，提高发放时效性和准确性，避免出现漏发、错发、重发等问题发生，切实把县委、县政府惠民政策项目落实好，根据我县实际，特制定本实施办法。

一、发放范围

凡本县行政区域内，持有本地城乡居民户口，且年满80周岁及以上的高龄老人（注：若2021年为1941年12月31日前出生的即归入此类人员，以此类推），均属补贴范围（不含享受机关、企、事业离退休养老金人员）。

二、发放标准

年满80—89周岁的高龄老人每人每月发给50元生活补贴；年满90—99周岁的高龄老人每人每月发给100元生活补贴；年满百岁及以上的高龄老人每人每月发给300元生活补贴。

三、发放流程

（一）申请。个人或家庭向所在村（居）委会申报，按要求如实填写高龄老人生活补贴申报审批表，并提供本人户口簿、第二代身份证复印件，同时将原件交村（居）委会查验；无身份证的，由村（居）委会到当地派出所进行核查。

（二）公示。申报材料经村（居）委会初审后，申报审批内容应在村（居）所在地公示5日，公示无异议后，各村（居）填写《大田县高龄老人生活补贴发放花名册（村级）》，由经办人、村主干、驻村队长、驻村领导签字后，盖村委会公章，报送至乡（镇）民政办。

（三）审批。各乡（镇）政府对各村报送的申报材料进行审批，乡（镇）民政办根据审批结果，填写《大田县高龄老人生活补贴发放花名册（乡镇）》及《大田县高龄老人生活补贴发放汇总表》，由经办人、民政办主任、分管领导签字确认后，盖乡（镇）人民政府公章，存档备查，并报送县民政局备案。

（四）发放。高龄老人生活补贴由县财政核拨县民政局，县民政局按月下拨到乡（镇）民政办，由乡（镇）政府按月及时发放。任何单位和赡养人不得挤占、挪用高龄老人生活补贴资金。

四、资金筹措和人员变动办法

（一）资金筹措。全县高龄老人生活补贴所需资金，由县财政每年列入年度财政预算，实行专项管理。

（二）高龄老人生活补贴的增减变动。每年1月份为符合条件的高龄老人申报时间。减少的类型分为享受对象死亡、户口迁出本县等，终止时间为享受对象出现终止情况的次月。乡（镇）民政办每季度最后一天要组织召开乡、村两级民政协理员会议，并借助民政办开具的火化证明数据、公安派出所、社会保障所等相关数据平台开展数据集中核查比对，提高甄别、审批精确度。人员增减情况应填写《大田县高龄老人生活补贴变动人员汇总表》并及时报送县民政局备案；乡（镇）民政办每月底应与乡（镇）派出所进行户籍核对，出现县内户籍变动，应由迁出乡（镇）与迁入乡（镇）

做好对接，防止漏发、错发、重发现象的发生。

五、工作要求

（一）加强领导。为80周岁以上老年人发放高龄生活补 贴，是关心关注民生，构建和谐大田的一项重要举措，是一项长期工作，各乡（镇）要高度重视，切实加强领导。县民政局要加大对发放工作的监督、检查、指导力度，真正把这一保障和改善高龄老人基本生活、维护老年人合法权益的民生实事办好办实。

（二）广泛宣传。要加大对实施高龄老人生活补贴制度的宣传力度，使之家喻户晓，人人皆知，确保符合条件对象均能享受优待政策。同时，要大力宣传中华民族尊老敬老爱老传统美德，呼吁全社会关心关注老龄事业，努力营造全社会关心关爱老年人的浓厚氛围。

（三）规范手续。高龄老人生活补贴发放工作涉及人员多、补贴资金量大、工作任务重。各乡（镇）要规范申请、审核、审批各个环节要求，严格把关，既要让符合条件的老年人及时享受优待政策，又要坚决维护政策实施的严肃性，杜绝弄虚作假、虚报瞒报。对空巢和行动不便等有实际困难的老年人，可由各村（居）提供上门办理申请手续，力争符合条件的对象不遗漏。

（四）加强管理。各乡（镇）要落实专门工作人员，加强相关资料管理，全面收集发放对象的信息，建立发放数据库，实行动态化管理，每月定时进行财务核销和相应调整工作，确保我县高龄老人生活补贴发放工作落到实处。

六、本实施办法从2021年4月1日起实行。《大田县高龄老人生活补贴发放工作实施办法》（田政办〔2014〕97号）同时废止。

大田县人民政府办公室

2021年2月2日

大田县人民政府办公室
大田县烈士纪念设施保护管理暂行办法

田政办〔2021〕20号

第一条 为进一步贯彻落实《中华人民共和国英雄烈士保护法》《烈士褒扬条例》《烈士纪念设施保护管理办法》《烈士安葬办法》等法律法规规章规定，加强烈士纪念设施的建设、保护及管理，促进烈士褒扬工作创新发展，结合我县实际，制订本暂行办法。

第二条 本暂行办法所称烈士纪念设施，是指在本县境内为纪念烈士专门修建的烈士陵园、纪念碑、散葬烈士墓（包括红军墓）等纪念设施。

第三条 县级退役军人事务主管部门是烈士纪念设施保护管理工作的行政主管部门，应当依法做好烈士纪念设施保护工作。

第四条 在散葬烈士墓立一块大理石纪念牌，规格约为：高1.4米、宽60厘米、厚度4厘米，书写“XXX烈士之墓”大字，落款“中共XX乡（镇）委员会、XX乡（镇）人民政府立”，背面烈士简介50个字左右。

第五条 经费保障，全县烈士纪念设施保护管理专项经费列入县级财政预算，管理经费20万元/年。

第六条 散葬烈士墓由县退役军人事务局负责保护和管理工作，县退役军人事务局可以委托有关单位、个人保护管理。县级退役军人事务部门应当与被委托方签订委托协议，明确保护管理职责。保护管理单位要将辖区内所有烈士纪念设施纳入管理保护体系。强化日常管理制度，安排专人对辖区内零散烈士墓进行定期不定期的巡查检查，定期巡查每月不少于一次，及时发现存在的问题并消除问题隐患，逐步建立健全长效管理机制。

第七条 烈士纪念设施保护单位要高度重视烈士纪念设施建设管理工作，切实维护革命先烈的严肃性、庄重性。要成立烈士纪念设施管理保护领导小组，具体负责指导、督促烈士纪念设施的建设、保护及管理工作。

第八条 烈士纪念设施应当设立保护标志。

第九条 改建、扩建烈士纪念设施，应当经原批准等级人民政府的退役军人事务部门同意。任何组织或者个人不得侵占烈士纪念设施保护范围内的土地和设施。禁止在保护范围内进行其他工程建设。

第十条 未经批准，不得迁移烈士纪念设施。因重大建设工程确需迁移的，须经原批准等级人民政府同意，并报上一级人民政府的退役军人事务部门备案。

第十一条 烈士纪念设施应当做好绿化美化环境，使烈士纪念设施形成庄严、肃穆、优美的环境和气氛，为社会提供良好的瞻仰和教育场所。

第十二条 烈士纪念设施是安葬、缅怀、褒扬革命先烈的重要场所，是党员干部和人民群众学习党的历史、发扬红色传统、传承红色基因的生动教材。是对广大民众特别是青少年进行爱国主义和革命传统教育的重要载体，是不可再生的红色宝贵资源。各乡（镇）党委、政府每年清明或烈士纪念日要就近到烈士纪念设施开展一次纪念活动，接受传统教育。

第十三条 烈士纪念设施保护单位要开展烈士史料征集研究、事迹编纂和陈列展示工作，组织烈士纪念活动，宣传烈士的英雄事迹、献身精神和高尚品质。充分发挥红色资源优势，发挥爱国主义教育基地作用。发挥烈士纪念设施在学史明理、学史增信、学史崇德、学史力行方面的独特作用。

第十四条 烈士纪念设施保护单位应当健全瞻仰凭吊服务、岗位责任、安全管理等内部制度和工作规范，对本单位工作人员定期进行职业教育和业务培训。配备具备资质的讲解员。

第十五条 县退役军人事务部门将不定期对各烈士纪念设施进行抽查，及时通报检查情况，对不落实政策措施、烈士纪念设施保护不力的部门及人员追究责任。

第十六条 本办法自2021年5月1日起施行。

大田县人民政府办公室

2021年4月29日

大田县人民政府办公室
大田县深入推进闽江流域生态环境综合治理工作行动计划

田政办〔2021〕64号

大田县深入推进闽江流域生态环境综合治理工作行动计划根据省政府办公厅《关于印发深入推进闽江流域生态环境综合治理工作方案的通知》（闽政办〔2021〕10号）、市政府办《关于印发三明市深入推进闽江流域生态环境综合治理工作行动计划的通知》（明政办〔2021〕16号）文件要求，结合我县实际情况，制定本行动计划。

一、工作目标

2021—2022年，闽江流域Ⅰ—Ⅲ类水质比例保持在96%以上，其中Ⅰ—Ⅱ类优质水比例保持在60%以上。到2021年底，闽江流域生态环境突出问题有效解决，环境基础设施进一步完善，安全保障水平持续提升，生态修复有序推进，保护修复机制初步建立；到2022年底，中央生态环境保护督察整改任务全面完成，闽江流域环境质量和生态功能显著改善，资源环境承载能力有效提升，流域经济社会高质量发展和生态环境高水平保护协同并进，“美丽河湖”建设迈出坚实步伐，初步显现幸福河美好景象。

二、治理范围

以均溪河、文江河干流和重点湖库为突破口，统筹推进全域水系综合治理。治理范围主要包括均溪河、文江河等2条干流及其主要支流，街面水库大田库区、坑口水库、六角宫水库等重点湖库。九龙江流域所属的桃源、上京、谢洋和东风农场等乡（镇、场）比照开展治理。

三、主要任务

（一）进一步提升安全保障能力。强化防洪、供水、饮水安全，持续推进均溪河、文江河干流防洪提升和中小河流、重点河段防洪治理，优化防洪布局，推动一批重点水源和重大水利工程建设，加快城乡供水融合发展，全面提升农村供水保障水平。

（二）进一步强化污染源头治理。严控工业、农业、城乡生活污染，强化重点行业专项治理，加快废水分类处理和合理回用，实施工业园区污染防治攻坚战，制定科学系统的治理方案，实现精准治污。开展化肥农药使用量零增长减量化行动和畜禽粪污资源化利用整市推进行动；强化水产养殖综合治理，巩固网箱清理整治成果；持续开展鳗鱼养殖专项整治行动。实施城乡生活污水整治攻坚战，加快完善城市生活污水管网和处理设施，建立符合农村实际的生活污水垃圾处理处置体系。

（三）进一步加快实施生态修复。实施小流域生态治理攻坚战，持续推进水土流失综合治理和安全生态水系建设，2021—2022年小流域Ⅰ—Ⅲ类水质比例保持96%以上。加快推动水电站生态改造，落实水电站生态下泄流量考核工作，基本解决水电站开发造成的减水脱流问题。持续强化河湖管护，加大河湖“四乱”问题整治力度。

（四）进一步推动科学保护开发。严格落实生态环境保护“三线一单”及相关规划要求，策划并推动实施一批生态环境综合治理项目。落实最严格水资源管理制度，加强水资源论证和取水许可管理，优化水资源配置。

四、工作要求

（一）落实工作责任。各乡（镇、场）和部门要牢固树立流域一盘棋思想，统筹推进水资源、水生态、水环境、水灾害系统治理，充分兼顾上中下游自然禀赋的差异，有效提升尤溪（大田段）生态环境保护修复的系统性、整体性、协同性。各乡（镇、场）要严格落实属地责任，强化“党政同责”“一岗双责”，主要领导是本行政区第一责任人，统筹推进辖区内水生态环境综合治理工作。各相关部门要严格落实监管责任，切实履行生态环境保护责任，主动对标、积极作为、分工协作、共同发力，构建闽江大保护大修复齐抓共管大格局。

（二）依法严格监管。完善生态综合执法和刑事司法衔接机制，推进联合执法、区域执法、交叉执法，严厉打击流域生态环境违法行为。提升监测预警能力，依托生态云、河湖长制信息平台等，加强均溪、文江流域常态化、立体化、实时化的数据监管体系和能力建设，推进各级各相关部门监测数据汇聚共享。

（三）加大推进力度。实行项目化管理，建立任务清单、项目清单和问题清单，对纳入闽江流域生态环境综合治理的项目，符合条件的要参照重点项目管理，优先保障前期要素，优先启动实施。加强跟踪调度，由县河长办统筹协调，各部门分工负责，建立联席会议制度，实行一月一调度、一季一通报、一年一总结，将项目推进情况纳入中央环保督察整改进度调度表，每月 20 日前向县河长办报送当月整改进展情况。强化目标考核，组织开展评估，评估结果纳入绩效考核、生态环境目标责任制和河湖长制考核。

（四）强化宣传发动。加强科学研究和成果转化，推广生态环境治理技术，组织高校、科研机构开展河湖健康评估。加强宣传发动，总结推广各地各相关部门经验做法。实时公开水质状况、工作推进动态，利用互联网、监督电话等收集社会各界举报投诉信息，及时回应社会热点问题。引导群众积极建言献策，营造全民共建幸福闽江的浓厚氛围。

大田县人民政府办公室

2021 年 11 月 1 日

统计资料

□ 编辑 林生钟

经济统计资料

【概况】 2021年，大田县积极应对国内外疫情反复、市场经济下行压力等不利因素，多方采取各种措施，促进经济持续稳定发展。全县经济稳定恢复态势持续巩固，经济运行总体良好。其中农林牧渔业总产值、全社会消费品零售总额、全体居民人均可支配收入和全社会工业用电量增幅居全市第2位，城镇居民人均可支配收入和第三产业增加值增幅居全市第3位，全县地区生产总值、固定资产投资和农村居民人均可支配收入增幅居全市第4位，本外币金融机构存、贷款余额增幅居全市第5位，限上批发业销售额增幅居全市第6位，规模以上工业增加值、全县公共财政总收入和地方一般公共预算收入增幅居全市第7位。

2021年大田县国民经济和社会发展情况统计表

表10

项　目	单 位	2021年	比上年增长（%）
一、综合	—	—	—
大田县生产总值	亿 元	249.38	6.6
其中：第一产业	亿 元	46.61	6.4
第二产业	亿 元	124.13	4.9
第三产业	亿 元	78.64	9.5
人均生产总值	元	83154	6.8
第三产业占全县生产总值比重	%	31.5	—
二、农业	—	—	—
农林牧渔业总产值	亿 元	78.25	6.3
其中：农业产值	亿 元	54.04	2.9
林业产值	亿 元	7.36	-1.2
牧业产值	亿 元	14.49	23.9
渔业产值	亿 元	1.84	3.1
农林牧渔服务业	亿 元	0.52	5.6
谷物产量	万 吨	6.78	0.5
薯类产量	万 吨	1.93	1.6
豆类产量	万 吨	0.22	3.9
甘蔗产量	万 吨	3.54	4.6
烟叶产量	万 吨	0.16	0.7

续表 10

项　目	单 位	2021 年	比上年增长（%）
蔬菜产量	万 吨	51.14	2.9
瓜果	万 吨	2.6	4.8
油料作物产量	吨	1143	5.0
水产品产量	吨	8600	2.9
其中：淡水养殖	吨	8600	2.9
肉蛋总产量	吨	3330929	20.0
生猪出栏数	万 头	19.51	—
羊出栏数	万 只	5.58	—
家禽出栏数	万 羽	377.44	—
农村居民人均可支配收入	元	21874	11.1
三、工业	—	—	—
1. 规模以上工业增加值	亿 元	—	3.7
规模以下工业增加值	亿 元	—	—
2. 规模以上工业产值	亿 元	—	3.7
四、邮政业务总量	万 元	3747	15.9
五、固定资产投资（不含农户）	亿 元	—	17.7
六、社会消费品零售总额	亿 元	60.67	11.2
七、财政、金融	—	—	—
（一）地方公共财政收入	亿 元	7.81	3.2
（二）地方公共财政支出	亿 元	29.99	-0.2
（三）本外币存款余额	亿 元	146.32	5.8
（四）本外币贷款余额	亿 元	126.82	12.7
八、文化、教育、卫生	—	—	—
小学在校学生数	人	—	—
普通中学在校学生数	人	—	—
医院床位数	张	—	—
卫生技术人员	人	—	—
九、劳动工资	—	—	—
单位从业人员	人	16106	-9.9
单位从业人员全年平均劳动报酬	元	77012	6.5
十、人口	—	—	—
总 户 数	户	107232	0.8
总 人 口	人	411926	-0.7
其中：城镇人口	人	138388	0.0
非城镇人口	人	273538	-1.0
出生人数（以计生为准）	人	4383	—
出生率（以计生为准）	‰	—	—
死亡人数（以计生为准）	人	—	—
死亡率（以计生为准）	‰	—	—
自然增长率（以计生为准）	‰	3.26	—

（黄钟煊）

附　录

□ 编辑　林生钟

2021年党政社团组织机构及其领导人名录

【中共大田县委员会】

电　话　7222097　邮编　366100
地　址　凤山西路40号
书　记　陈文华（2018.4—　　）
副书记　林金龙（2016.4—　　）
　　　　夏寿南（2020.12—　　）
常　委　施正立（2016.4—2021.7）
　　　　黄　芳（女，2016.7—2021.7）
　　　　黄家发（2016.4—2021.7）
　　　　蔡兴山（2016.7—2021.7）
　　　　茅有温（2016.7—　　）
　　　　黄春明（2020.8—　　）
　　　　蔡　健（2020.10—2021.10）
　　　　陈　磊（2020.12—　　）
　　　　翁淑燕（女，2021.7—　）
　　　　童作光（2021.7—　　）
　　　　吴文旗（2021.7—　　）
　　　　詹冬华（2021.7—　　）
　　　　王焕华（2021.10—　　）
　　　　（其中书记、副书记为常委不重列）

【大田县人大常委会】

电　话　7222223　邮编　366100
地　址　凤山西路40号
主　任　陈汉良（2011.2—2021.12）
　　　　陈剑生（2021.12—　　）
副主任　余维语（2021.1—　　）
　　　　张爱兰（女，2013.12—2021.12）
　　　　刘永生（2011.12—　　）
　　　　郑宜堆（2011.12—　　）
　　　　陈钦梅（女，2021.12—　）

【大田县人民政府】

电　话　7222168　邮编　366100
地　址　凤山西路40号
县　长　林金龙（2016.5—　　）
副县长　吴文旗（2016.12—2021.7）
　　　　詹冬华（2016.12—　　）
　　　　姜　妍（2020.7—　　）
　　　　陈博天（2020.8—　　）
　　　　黄和新（2020.10—　　）
　　　　陈秀达（2020.12—　　）
　　　　廖卉喆（女，2021.4—2021.7）
　　　　廖正楼（2021.7—　　）
　　　　范德溥（2021.12—　　）
　　　　赖　晶（女，2021.8—　）

【政协大田县委员会】

电　话　7220099　邮编　366100
地　址　凤山西路40号
主　席　陈剑生（2021.1—2021.12）
　　　　吴初增（2021.12—　　）
副主席　陈钦梅（女，2016.12—2021.12）
　　　　杨兴和（2016.1—　　）
　　　　阮　芳（女，2016.12—　　）
　　　　林宗镇（2021.1—　　）
　　　　肖明朗（2021.12—　　）

【中共大田县纪委】

电　话　7222226　邮编　366100

地　址　凤山西路 40 号

书　记　黄家发（2016.4—2021.7）

童作光（2021.7—　　　）

副书记　黄丽玲（女，2016.7—2021.7）

许志鹏（2017.12—　　　）

田有彬（2021.7—　　　）

【大田县监察委员会】

电　话　7222226　邮编　366100

地　址　凤山西路 40 号

主　任　黄家发（2016.4—2021.7）

童作光（2021.7—　　　）

副主任　黄丽玲（女，2016.7—2021.7）

许志鹏（2017.12—　　　）

田有彬（2021.7—　　　）

【县委工作部门及直属单位】

办公室

电　话　7222097　邮编　366100

地　址　凤山西路 40 号

主　任　黄春明（兼，2020.10—2021.1）

郑成鑫（2021.8—　　　）

组织部

电　话　7222096　邮编　366100

地　址　凤山西路 40 号

部　长　陈　磊（2020.12—　　　）

县委非公有制企业和社会组织工委

电　话　7222550　邮编　366100

地　址　凤山西路 40 号

书　记　詹永璋（2021.9—　　　）

常务副书记　陈新彬（2020.6—2021.9）

陈奥非（2021.9—　　　）

宣传部

电　话　7222093　邮编　366100

地　址　凤山西路 40 号

部　长　黄　芳（女，2016.7—2021.7）

翁淑燕（女，2021.7—　　　）

统战部

电　话　7222413　邮编　366100

地　址　凤山西路 40 号

部　长　施正立（2016.4—2021.7）

吴文旗（2021.7—　　　）

政法委

电　话　7222001　邮编　366100

地　址　凤山西路 40 号

书　记　茅有温（2016.7—　　　）

群众工作部

电　话　7332970　邮编　366100

地　址　龙山路 4 号

部　长　茅有温（兼，2016.7—　　　）

编办

电　话　7267897　邮编　366100

地　址　凤山西路 40 号

主　任　陈汝传（2013.11—　　　）

县直机关工委

电　话　7222228　邮编　366100

地　址　凤山西路 40 号

书　记　陈　磊（兼，2020.12—　　　）

常务副书记　甘满香（女，2015.10—2021.08）

陈长堤（2021.8—　　　）

巡察办

电　话　7332005　邮编　366100

地　址　凤山西路 40 号

主　任　叶玉成（2019.7—　　　）

巡察一组

电　话　7332006　邮编　366100

地　址　凤山西路 40 号

组　长　高忠怀（2019.7—　　　）

巡察二组

电　话　7332007　邮编　366100

地　址　凤山西路 40 号

组　长　叶德镇（2016.7—　　　）

巡察三组

电　话　7332008　邮编　366100

地　址　凤山西路 40 号

组　长　章鹏程（2020.7—　　　）

老干部局

电　话　7223291　邮编　366100

地　址　白岩山南路 1 号

局　长　张春艳（女，2019.8—　　）

文明办

电　话　7222255　邮编　366100

地　址　建山路 46 号
主　任　陈震阳（2020. 6—　　）

党史和地方志研究室
电　话　7222086　邮编　366100
地　址　文山路 9 号
主　任　卢作福（2018. 12—　　）

党校（行政学校）
电　话　7222094　邮编　366100
地　址　文山路 12 号
校　长　陈　磊（兼，2020. 12—　　）
常务副校长　张景程（2019. 7—　　）

档案馆
电　话　7222183　邮编　366100
地　址　银山北路 2 号
馆　长　丁梅芳（女，2020. 7—　　）

融媒体中心
电　话　7222562　邮编　366100
地　址　银山北路 2 号
主　任　颜全飏（2019. 9—　　）

【县人大常委会工作机构】

办公室
电　话　7222223　邮编　366100
地　址　凤山西路 40 号
主　任　涂振鹏（2015. 5—　　）

内司委
电　话　7225117　邮编　366100
地　址　凤山西路 40 号
主　任　林起严（2019. 8—　　）

财经委
电　话　7225117　邮编　366100
地　址　凤山西路 40 号
主　任　李方广（2017. 4—　　）

教科文卫委
电　话　7226151　邮编 366100
地　址　凤山西路 40 号
主　任　郑小玲（女，2016. 7—　　）

人事代表工作室
电　话　7320987　邮编　366100
地　址　凤山西路 40 号
主　任　章宗炼（2013. 12—　　）

环城委
电　话　7223423　邮编　366100
地　址　凤山西路 40 号
主　任　程美花（女，2019. 8—　　）

侨台委
电　话　7335665　邮编　366100
地　址　凤山西路 40 号
主　任　林雁强（2019. 8—　　）

农工委
电　话　7335665　邮编　366100
地　址　凤山西路 40 号
主　任　黄军晖（2017. 4—　　）

【县政府工作部门及直属机构】

办公室
电　话　7226582　邮编　366100
地　址　凤山西路 40 号
主　任　陈有明（2016. 7—　　）

发展和改革局
电　话　7223188　邮编　366100
地　址　建山路 20 号
局　长　温如凤（2019. 1—　　）

教育局
电　话　7222064　邮编　366100
地　址　建山路 190 号
书　记　涂建志（2020. 6—　　）
局　长　范承妙（2020. 7—　　）

科学技术局
电　话　7222139　邮编　366100
地　址　凤山西路 40 号
局　长　林奕明（2016. 7—　　）

工业和信息化局
电　话　7222048　邮编　366100
地　址　建山路 27 号
局　长　杨维瓦（2019. 1—2021. 8）
　　　　连　峰（2021. 8—　　）

公安局
电　话　7230909　邮编　366100
地　址　建山路 1 号
局　长　姜　妍（2020. 7—　　）
政　委　倪　明（2020. 10—　　）

指挥中心
电　话　7230904　邮编　366100
地　址　建山路 1 号

主　任　余建载（2011.12—　　　）

国内安全保卫大队

电　话　7230909-3128　邮编　366100

地　址　建山路 1 号

大队长　余新荣（2017.6—　　　）

公共网络安全监察大队

电　话　7230904　邮编　366100

地　址　建山路 1 号

大队长　吴　欣（2019.9—　　　）

刑侦大队

电　话　7223325　邮编　366100

地　址　白岩山北路 5 号

大队长　郑乾智（2011.4—　　　）

出入境管理大队

电 话　7230906-3136　邮编 366100

地　址　建山路 1 号

治安大队

电　话　7230909 邮编　366100

地　址　建山路 1 号

大队长　陈长裕（2017.4—　　　）

经侦大队

电　话　7230909-3143　邮编　366100

地　址　建山路 1 号

大队长　涂红彤（2017.9—　　　）

交警大队

电　话　7222013　邮编　366100

地　址　兴田路 9 号

大队长　苏　炉（2017.6—　　　）

法制大队

电　话　7230906-3126　邮编　366100

地　址　建山路 1 号

大队长　谢志峰（2015.4—　　　）

拘留所

电　话　7222068　邮编 366100

地　址　白岩山北路 5 号

所　长　林　清（2019.10—　　　）

看守所

电　话　7222067　邮编　366100

地　址　白岩山北路 5 号

所　长　陈大吉（2017.4—　　　）

森林警察大队

电　话　7222058　邮编　366100

地　址　雪山南路 3 号

民政局

电　话　7222101　邮编　366100

地　址　雪山南路 2 号

局　长　黄桂珍（女，2015.10—　）

司法局

电　话　7222107　邮编　366100

地　址　南山路 253 号

局　长　肖长祥（2016.7—　　　）

财政局

电　话　7223376　邮编　366100

地　址　凤山西路 40 号

局　长　郑丁炫（2020.7—　　　）

人力资源和社会保障局

电　话　7222150　邮编　366100

地　址　赤岩山路 2 号福万通大厦 8 楼

书　记　吴高勇（2019.7—　　　）

局　长　温秀梅（女，2020.7—　）

自然资源局

电　话　7223527　邮编　366100

地　址　建山路 11 号 2 楼

局　长　林宗镇（2011.7—　　　）

住房和城乡建设局、人民防空办公室

电　话　7222155　邮编　366100

地　址　建山路 24 号

局　长、主　任　刘传贵（2019.8—　　　）

交通运输局

电　话　7222028　邮编　366100

地　址　凤山中路 209 号

局　长　郑际楷（2012.3—　　　）

水利局

电　话　7222063　邮编 366100

地　址　建山路 23 号

局　长　林建明（2019.8—2021.8）

林芳庆（2021.8—　　　）

农业农村局

电　话　7223311　邮编　366100

地　址　凤山中路 219 号

局　长　郑成鑫（2015.5—2021.8）

涂东明（2021.8—　　　）

商务局

电　话　7223022　邮编 366100

地　址　建山路 188 号
书　记　周万裕（2019.8—2021.8）
　　　　林志铭（2021.5—　　　）
局　长　苏祎群（女，2019.8—　　　）

贸促会（国际商会）

电　话　7221796　邮编　366100
地　址　凤山西路 40 号
会　长　周万裕（2019.12—　　　）

文体和旅游局

电　话　7222157　邮编　366100
地　址　建山路 14 号
局　长　叶增稳（2019.1—　　　）

卫生健康局

电　话　7222116　邮编　366100
地　址　建山路 174 号
局　长　陈永晶（2015.5—　　　）

退役军人事务局

电　话　7220016　邮编　366100
地　址　雪山南路 2 号
局　长　施正钻（2019.1—　　　）

应急管理局

电　话　7220737　邮编　366100
地　址　福田路 216 号
局　长　魏初铭（2019.1—　　　）

审计局

电　话　7222268　邮编　366100
地　址　建山路 31 号
书　记　严建忠（2017.3—　　　）
局　长　肖明朗（2020.7—　　　）

林业局

电　话　7222185　邮编 366100
地　址　雪山南路 3 号
局　长　肖宏强（2016.7—　　　）

市场监督管理局

电　话　7221113　邮编　366100
地　址　福田路 230 号 1 幢
局　长　林春忠（2019.1—　　　）

统计局

电　话　7222284　邮编　366100
地　址　建山路 20 号
局　长　魏祥强（2019.8—　　　）

信访局

电　话　7222117　邮编　366100
地　址　龙山路 4 号
局　长　罗　浩（2016.7—　　　）

经济开发区管委会

电　话　7326776　邮编 366100
地　址　文山路 9 号
主　任　蔡兴山（兼，2017.5—2021.7）
　　　　林金龙（兼，2021.7—　　　）

行政服务中心管委会

电　话　7233100　邮编　366100
地　址　赤岩山路 2 号福万通大厦 3 楼
主　任　郭秀完（女，2015.11—2021.8）
　　　　周　丽（女，2021.8—　　　）

生态综合执法局

电　话　8736356　邮编　366100
地　址　赤岩山路 2 号福万通大厦 6 楼
主　任　林芳庆（2019.8—2021.8）
　　　　颜佳秀（女，2021.8—　）

供销合作社联合社

电　话　7222051　邮编　366100
地　址　雪山南路 5 号
主　任　陈占对（2016.7—　　　）

城镇集体工业联合社

电　话　7222089　邮编　366100
地　址　宝山路 35 号
主　任　林起煌（2021.10—　　　）

水利水电工程移民发展中心

电　话　7243595　邮编　366100
地　址　宝山路 107 号
主　任　林玉温（2011.7—　　　）

旅游发展中心

电　话　7260655　邮编 366100
地　址　白岩山南路 1 号
主　任　廖舒静（女，2019.9—　）

农业发展促进中心

电　话　7223311　邮编　366100
地　址　凤山中路 219 号

机关事务保障中心

电　话　7223202　邮编　366100
地　址　凤山西路 40 号
主　任　陈生炫（2020.7—　　　）

国土资源执法监察大队
电　话　7263163　邮编　366100
地　址　建山路 11 号 2 楼
大队长　廖生抬（2016. 7—　　　）
农村社会经济调查队
电　话　7222260　邮编　366100
地　址　建山路 20 号
队　长　黄初齐（2016. 10—　　　）
城市社会经济调查队
电　话　7222260　邮编　366100
地　址　建山路 20 号
队　长　苏立荣（2020. 7—　　　）
文体和旅游市场综合执法大队
电　话　7222157　邮编　366100
地　址　建山路 14 号
大队长　范文革（2019. 3—　　　）
运输发展中心
电　话　7222110　邮编　366100
地　址　凤山中路 213 号
交通运输综合执法大队
电　话　7280909　邮编　366100
地　址　建山路 210 号
大队长　张　文（2011. 12—　　　）
坑口水库服务中心
电　话　7236870　邮编 366100
地　址　谢洋乡坑口村
主　任　范明铁（2013. 12—　　　）
茶业发展促进中心
电　话　7223311　邮编　366100
地　址　凤山中路 219 号
主　任　方斯前（2021. 9—　　　）
勘界工作站
电　话　7230016　邮编　366100
地　址　雪山南路 2 号
主　任　林开斌（2011. 6—　　　）
机关事业社会保险中心
电　话　7222126　邮编　366100
地　址　赤岩山路 2 号福万通大厦 4 楼
主　任　陈志清（2010. 3—　　　）
林业科技推广中心
电　话　7335989　邮编 366100
地　址　雪山南路 3 号
主　任　陈秉宇（2019. 8—　　　）
大仙峰省级自然保护区管理处
电　话　7266191　邮编　366100
地　址　雪山南路 3 号
主　任　高上尧（2019. 8—　　　）

【县政协工作机构】

办公室
电　话　7222099　邮编　366100
地　址　凤山西路 40 号
主　任　陈德强（2010. 3—2021. 10）
　　　　陈新镇（2021. 10—　　　）
文史学习和民族宗教委
电　话　7223628　邮编　366100
地　址　凤山西路 40 号
主　任　陈新镇（2019. 8—2021. 10）
　　　　陈德强（2021. 10—　　　）
经济和港澳台侨委
电　话　7223628　邮编　366100
地　址　凤山西路 40 号
主　任　田　勇（2016. 7—2021. 8）
提案和法制委
电　话　7223628　邮编　366100
地　址　凤山西路 40 号
主　任　蔡建峰（2019. 8—　　　）
社会事业委
电　话　7220193　邮编　366100
地　址　凤山西路 40 号
主　任　易清花（女，2019. 8—　　　）
农业和农村委
电　话　7223628　邮编　366100
地　址　凤山西路 40 号
主　任　池乃国（2019. 8—　　　）

【县人民法院】

电　话　7222232　邮编　366100
地　址　凤山西路 30 号
院　长　杨绍东（2016. 12—2021. 7）
　　　　王有章（2021. 12—　　　）
副院长　史小闽（1995. 10—2021. 12）
　　　　陈　晶（女，2002. 5—　　　）
　　　　肖雄忠（2002. 5—　　　）

刘涌泉（2020.3—　　挂职）

【县人民检察院】

电　　话　7223609　邮编　366100
地　　址　福田路231号
检 察 长　应学军（2021.1—　　）
副检察长　蒋原成（1999.10—　　）
　　　　　吴明华（2002.5—　　）
　　　　　郑向阳（2011.7—　　）

【群众团体】

工商联
电　话　7222472　邮编　366100
地　址　凤山西路40号
主　席　涂志敏（兼，2016.12—　　）
常务副主席　李建政（2016.12—　　）

总工会
电　话　7222039　邮编　366100
地　址　凤山西路73号
主　席　施正立（兼，2016.7—2021.7）
　　　　吴文旗（兼，2021.7—　　）
常务副主席　黄圣洁（2020.6—　　）

团县委
电　话　7222227　邮编　366100
地　址　白岩山南路1号
书　记　施秋萍（女，2021.10—　　）

妇联
电　话　7222522　邮编　366100
地　址　白岩山南路1号
主　席　林爱红（女，2013.12—　　）

科协
电　话　7222154　邮编　366100
地　址　凤山西路40号
主　席　田仁芳（2019.7—　　）

残联
电　话　7222902　邮编　366100
地　址　建山路231号
理事长　周茂座（2020.6—　　）

侨联
电　话　7222549　邮编　366100
地　址　凤山西路40号
主　席　连宝聪（2019.10—　　）

文联
电　话　7222157　邮编　366100
地　址　建山路14号
主　席　张知松（2019.9—　　）

社科联
电　话　7222093　邮编　366100
地　址　凤山西路40号
主　席　乐成春（2020.6—2021.9）

【其他事业单位】

农科所
电　话　7248935　邮编　366100
地　址　赤岩山路2号
所　长　章赞德（2019.8—　　）

良种场
电　话　7382115　邮编　366100
地　址　桃源村308号
场　长　黄志金（2010.3—　　）

总医院
电　话　7222137　邮编　366100
地　址　雪山北路180号
书　记　吴红女（女，2020.7—　　）
院　长　温春水（2020.7—　　）

疾病控制中心
电　话　7222017　邮编　366100
地　址　香山路181号
主　任　郑雪珍（女，2013.9—　　）

卫生计生监督所
电　话　7238288　邮编　366100
地　址　南山路150号
主　任　苏启睿（2019.3—　　）

妇幼保健院
电　话　7222038　邮编　366100
地　址　建山路69号
院　长　林其汉（2020.7—　　）

市场监管综合执法大队
电　话　7226800　邮编　366100
地　址　福田路230号1幢
大队长　吴长相（2017.4—　　）

不动产登记中心
电　话　7233878　邮编　366100
地　址　赤岩山路2号福万通大厦3楼

主　任　郭景盛（2017.4—　　　）

石牌超限运输检测站

电　话　7275003　邮编　366100

地　址　石牌镇长溪村梅溪路 76 号

站　长　涂双锋（2015.5—　　　）

教师进修学校

电　话　7222197　邮编　366100

地　址　玉山路 12 号

校　长　林再生（2013.9—　　　）

一中

电　话　7222167　邮编　366100

地　址　文山路 17 号

校　长　连青阳（2017.8—　　　）

五中

电　话　7222613　邮编　366100

地　址　天山路 43 号

校　长　廖明昶（2017.8—　　　）

福建电大大田工作站

电　话　7222266　邮编　366100

地　址　玉山路 12 号

站　长　俞建营（2011.6—　　　）

职业中专

电　话　7223634　邮编　366100

地　址　福田路 160 号

校　长　杨生强（2019.7—　　　）

二中

电　话　7408219　邮编　366105

地　址　建设镇建设街 272 号

校　长　刘永志（2020.8—　　　）

三中

电　话　7382819　邮编　366101

地　址　桃源镇西街 85 号

校　长　颜全圣（2020.8—2021.9）

　　　　郑徽勇（2021.9—　　　）

【乡镇党委、人大、政府】

均溪镇

电　　话　7223419　邮编　366100

地　　址　凤山中路 156 号

党委书记　黄永强（2020.3—　　　）

人大主席　田美颂（2019.8—　　　）

镇　　长　廖正楼（2020.6—2021.7）

　　　　　李序扶（2021.7—　　　）

华兴镇

电　　话　7229968　邮编　366100

地　　址　兴田路 301 号

党委书记　颜佳秀（女，2015.5—2021.5）

　　　　　林起洲（2021.5—　　　）

人大主席　郑开京（2015.5—　　　）

镇　　长　林起洲（2019.8—2021.5）

　　　　　吴煌珠（女，2021.12—　　　）

石牌镇

电　　话　7224731　邮编　366100

地　　址　石牌村 1 号

党委书记　陈结章（2019.7—　　　）

人大主席　林芳炳（2019.8—2021.5）

　　　　　张兆钡（2021.12—　　　）

镇　　长　陈开尧（2016.12—2021.5）

　　　　　陈建伟（2021.12—　　　）

屏山乡

电　　话　7308238　邮编　366116

地　　址　兴屏街 1 号

党委书记　林生长（2016.5—　　　）

人大主席　吴绍锯（2016.12—　　　）

乡　　长　柳书报（2019.8—2021.5）

　　　　　林开聪（2021.12—　　　）

吴山镇

电　　话　7328063　邮编　366118

地　　址　吴山新街 48 号

党委书记　廖卉喆（女，2020.6—2021.5）

　　　　　范清玲（女，2021.5—　　）

人大主席　陈振宋（2019.8—　　　）

镇　　长　黄　坤（2020.7—　　　）

济阳乡

电　　话　7348850　邮编　366117

地　　址　济阳新街 007 号

党委书记　杨道成（2016.5—　　　）

人大主席　余有龙（2016.12—　　　）

乡　　长　范清玲（女，2019.8—2021.5）

　　　　　连华状（2021.12—　　　）

武陵乡

电　　话　7358088　邮编　366121

地　　址　宏图街 001 号

党委书记　陈如双（2020.6—　　　）

人大主席　方　亮（2020.7—　　　）
乡　　长　林惠萍（女，2020.7—　）
谢洋乡
电　　话　7338115　邮编　366119
地　　址　复兴路1号
党委书记　张乃军（2015.5—　　　）
人大主席　田首道（2010.3—2021.5）
　　　　　周联灯（2021.12—　　　）
乡　　长　罗春苗（2019.8—　　　）
桃源镇
电　　话　7382210　邮编　366101
地　　址　桃源村1号
党委书记　范德溥（2016.5—2021.5）
　　　　　陈开尧（2021.5—　　　）
人大主席　陈首光（2019.8—2021.5）
　　　　　李明东（2021.12—　　　）
镇　　长　陈建伟（2016.12—2021.5）
　　　　　柳书报（2021.12—　　　）
上京镇
电　　话　7363205　邮编　366102
地　　址　上京南路1号
党委书记　林世畅（2016.5—2021.5）
　　　　　乐永权（2021.5—　　　）
人大主席　方来炽（2014.2—　　　）
镇　　长　廖上培（2016.12—2021.5）
　　　　　林芳炳（2021.12—　　　）
太华镇
电　　话　7391020　邮编　366103
地　　址　太华村35号
党委书记　陈建文（2016.5—2021.5）
　　　　　廖上培（2021.5—　　　）
人大主席　张正春（2016.12—　　　）
镇　　长　涂育严（2014.2—　　　）
建设镇
电　　话　7408018　邮编　366105
地　　址　建设街001号
党委书记　乐永权（2016.5—2021.5）
　　　　　陈建锋（2021.5—　　　）
人大主席　林玉安（2016.12—　　　）
镇　　长　陈建锋（2016.12—2021.5）
　　　　　陈文校（2021.12—　　　）
广平镇
电　　话　7416237　邮编　366107
地　　址　广平村325号
党委书记　李序扶（2021.1—2021.5）
　　　　　田起杨（2021.5—　　　）
人大主席　陈文校（2019.8—2021.5）
　　　　　余成建（2021.12—　　　）
镇　　长　柯永晋（2020.6—　　　）
奇韬镇
电　　话　7438026　邮编　366108
地　　址　奇韬村372号
党委书记　黄兴烈（2016.5—2021.5）
　　　　　陈庆进（2021.5—　　　）
人大主席　陈世忠（2014.2—2021.5）
　　　　　林起杰（2021.12—　　　）
镇　　长　涂锦发（2019.8—　　　）
文江镇
电　　话　7458028　邮编　366109
地　　址　文江路161号
党委书记　陈庆进（2016.5—2021.5）
　　　　　黄兴烈（2021.5—　　　）
人大主席　张兆钡（2019.8—2021.5）
　　　　　蒋联生（2021.12—　　　）
镇　　长　连华状（2016.12—2021.5）
　　　　　涂一彪（2021.12—　　　）
前坪乡
电　　话　7478134　邮编　366112
地　　址　前坪村1号
党委书记　田起杨（2019.7—2021.5）
　　　　　陈光伟（2021.5—　　　）
人大主席　陈文集（2016.12—　　　）
乡　　长　陈光伟（2016.12—2021.5）
　　　　　陈先烂（2021.12—　　　）
梅山镇
电　　话　7468028　邮编　366114
地　　址　梅山村036号
党委书记　吴善寨（2019.7—　　　）
人大主席　柯春艳（2019.8—　　　）
镇　　长　林昌儒（2012.1—2021.5）
　　　　　涂一彪（2021.12—　　　）
湖美乡
电　　话　7488011　邮编　366115
地　　址　仁美村1号
党委书记　李序扶（2019.7—2021.1）

黄春明（2021.1— ）
人大主席 徐成章（2014.2—2021.5）
陈世忠（2021.12— ）
乡 长 陈志堂（2016.12— ）

【部分省、市属单位】

永安煤业公司
电 话 7366699 邮编 366102
地 址 上京镇京仙路1号
党委书记、董事长 陈荣万（2018.3—2021.12）
陈文阶（2021.12— ）

生态环境局
电 话 7222081 邮编 366100
地 址 建山路76号
局 长 林起雄（2019.4— ）

医疗保障局
电 话 7236079 邮编 366100
地 址 建山路75号
局 长 周家好（2019.7— ）

国家税务总局大田县税务局
电 话 7230399 邮编 366100
地 址 建山路193-1号
局 长 黄茂萌（2021.1— ）

国网大田县供电公司
电 话 7241888 邮编 366100
地 址 均溪镇后坂洋1号
总经理 尤国荣（2018.11— ）
书 记 张智敏（2021.1— ）

三明银保监分局大田监管组
电 话 7261696 邮编 366100
地 址 建山路18号
组 长 乐光锻（2011.6—2021.7）
吴振峰（2021.7— ）

人行大田支行
电 话 7222372 邮编 366100
地 址 建山路18号
行 长 刘善鹏（2017.4—2021.9）
纪圣森（2021.9— ）

工行大田支行
电 话 7227688 邮编 366100
地 址 凤山西路36号
行 长 曾钦略（2017.8—2021.5）
赖 荣（2021.5— ）

农行大田支行
电 话 7222358 邮编 366100
地 址 雪山南路1号
行 长 曾庆斌（2021.3— ）

建行大田支行
电 话 7238579 邮编 366100
地 址 建山路51号
行 长 苏树友（2020.5— ）

中行大田支行
电 话 7320993 邮编 366100
地 址 建山路195号
行 长 姜丽华（女，2020.9— ）

邮政储蓄大田支行
电 话 7221298 邮编 366100
地 址 建山路99号
行 长 游敏奇（2018.9— ）

农村信用联社
电 话 7232683 邮编 366100
地 址 赤岩山路2号
理事长 钟先礼（2019.11— ）

中国财产保险股份有限公司大田支公司
电 话 7222241 邮编 366100
地 址 凤山中路156号
经 理 曾 涛（2018.1— ）

中国人寿保险股份有限公司大田县支公司
电 话 7229767 邮编 366100
地 址 建山路10号
经 理 杨卫国（2020.11— ）

邮政公司
电 话 7222178 邮编 366100
地 址 宝山路111号
总经理 张高伟（2020.4— ）

中国电信大田分公司
电 话 7239599 邮编 366100
地 址 凤山西路44号
经 理 林科翰（2018.6— ）

公路事业发展中心大田分中心
电 话 7222076 邮编 366100
地 址 雪山北路210号
局 长 王龙辉（2020.5— ）

福建省大田县气象局
电 话 7222077 邮编 366100

地　址　建山路 20 号
局　长　高青芳（女，2017.5—　　）

烟草专卖局

电　话　7239668　邮编　366100
地　址　建山路 37 号
局　长　柯旗炎（2020.7—　　）

水文局

电　话　7222115　邮编　366100
地　址　均溪镇福塘村 226 号
局　长　田敏烨（2021.7—　　）

桃源林场

电　话　7382198　邮编　366101
地　址　桃源镇桃源村 559 号
副场长　林华章（2017.12—　　）

梅林林场

电　话　7365345　邮编　366102
地　址　上京镇梅林村 93 号
场　长　叶远昌（2017.11—　　）

福建新华发行集团有限责任公司大田分公司

电　话　7223017　邮编　366100
地　址　建山路 6 号
经　理　林还诚（2013.12—2021.12）

（李勤垂）

教育、文化、卫生单位名录

2021 年大田县主要教育单位一览表

表 11

名称	类型	地址	电话	负责人
大田一中	高中	均溪镇文山路 17 号	7223612	连青阳
大田二中	完中	建设镇建设村 272 号	7408219	刘永志
大田三中	完中	桃源镇桃源街 108 号	7382819	郑徽勇
大田四中	初中	吴山乡吴山新村 161 号	7328007	池上裕
大田五中	完中	均溪镇天山路 43 号	7266826	廖明昶
大田六中	初中	均溪镇白岩山南路 116 号	7335006	陈育海
大田七中	完中	均溪镇香山路 150-3 号	7236608	陈树枝
大田县鸿图中学	完中	均溪镇白岩山南路 118 号	7320099	郭传曙
石牌初级中学	初中	石牌镇石牌村 46 号	7249666	陈宗冠
上京初级中学	初中	上京镇上京村京南路 4 号	7363103	郑上森
太华初级中学	初中	太华镇太华街 1 号	7391133	张乃洪
铭栋初级中学	初中	广平镇铭溪村 728 号	7410852	涂振接
广平初级中学	初中	广平镇五峰村 151 号	7416386	何加钎
奇韬初级中学	初中	奇韬镇奇韬村 399 号	7438122	郑振浪
文江初级中学	初中	文江乡文江村 162 号	7458005	叶聿江
梅山初级中学	初中	梅山乡龙际路 003 号	7468005	朱成灯
湖美初级中学	初中	湖美乡湖美街 22 号	7488013	余志味
武陵初级中学	初中	武陵乡宏图街 44 号	7358023	章赞扬
实验小学	小学	均溪镇文山路 8 号	7240909	张江梅
第二实验小学	小学	均溪镇象山路 52 号	7220036	林芳锃
第三实验小学	小学	均溪镇栋山支路 1 号	7260196	柯传琦
城关第一小学	小学	均溪镇雪山北路 58 号	7226693	杜肆贰
城关第二小学	小学	均溪镇玉山路 22 号	7322688	吴生煌

续表 11

名称	类型	地址	电话	负责人
城关第三小学	小学	均溪镇福田路 103 号	7333189	苏元炜
城南小学	小学	均溪镇福塘村 285 号	7321928	廖明嵩
香山小学	小学	均溪镇香山路 150-2 号	7237116	林 泉
均溪中心小学	小学	均溪镇温镇村 53 号	7201999	徐明煦
石牌中心小学	小学	石牌镇石牌村 061 号	7242939	郑超盛
上京中心小学	小学	上京镇京南路 8 号	7363027	郑得星
桃源中心小学	小学	桃源镇桃源村 4 号	7382961	郭秀丽
太华中心小学	小学	太华镇太华村 36 号	7391131	陈仁稳
建设中心小学	小学	建设镇建设村 274 号	7408112	吴昌琦
广平中心小学	小学	广平镇广平村 133 号	7416838	郭守寨
奇韬中心小学	小学	奇韬镇奇韬村 399 号	7438133	涂全民
文江中心小学	小学	文江乡文江村 175 号	7458977	吴同炼
梅山中心小学	小学	梅山乡梅秀新街 246 号	7408612	陈兴栋
湖美中心小学	小学	湖美乡湖美街 19 号	7488016	施生劲
华兴中心小学	小学	华兴乡华安村 4 号	7232212	叶聿祥
吴山中心小学	小学	吴山乡吴山村 163 号	7328001	章进锋
武陵中心小学	小学	武陵乡宏图街 11 号	7358033	范建坤
前坪中心小学	九年一贯制	前坪乡黎明村 8 号	7478596	章进绵
屏山中心小学	九年一贯制	屏山乡屏山村兴屏路 2 号	7308256	吕仕锦
济阳中心小学	九年一贯制	济阳乡济阳村 14 号	7348820	章庆民
谢洋中心小学	九年一贯制	谢洋乡谢洋村文兴路 14 号	7338158	林凤伟
柯坑中心小学	九年一贯制	上京镇京仙路 5 号	7366278	赖昌健
教师进修学校	教研培训	均溪镇玉山路 12 号	7237838	林再生
电大工作站	大学	均溪镇玉山路 12 号	7233968	俞建营
大田职专	职业教育	均溪镇福田路 160 号	7223634	杨生强
特殊教育学校	特殊教育	均溪镇玉山路 12 号	7335399	林幼春
实验幼儿园	学前教育	均溪镇前山路 33 号	7226966	田尾香
第二实验幼儿园	学前教育	均溪镇福田大道福滨东三路 1 号	5032988	蔡 茜
城关幼儿园	学前教育	均溪镇福田路 50 号	3509003	李幼贞
红星幼儿园	学前教育	均溪镇雪山南路 26 号	7227402	柳 琳
中小学生社会实践基地	校外教育	华兴乡华兴街 6 号	7232212	章志钢
青少年学生校外活动中心	校外教育	均溪镇玉山路 12 号	7333180	林青珠

（陈吉胜）

2021 年大田县主要文化单位一览表

表 12

名称	类型	地址	电话	负责人
大田县文体和旅游局	文化	大田县建山路 14 号	7222157	叶增稳
大田县旅游发展中心	旅游	大田县建山路 15 号	7222157	廖舒静
大田县文化市场综合执法大队	文化	大田县建山路 14 号	7222157	范文革
大田县文化馆	文化	大田县建山路 14 号	7222012	连福石

续表 12

名称	类型	地址	电话	负责人
大田县博物馆	文化	大田县银山北路 2 号	7230968	陈其忠
大田图书馆	文化	大田县银山北路 2 号	7222216	郑圣泉
大田县少体校	体育	大田县银山北路 2 号	7222215	陈继棉
大田县影剧院	文化	大田县建山路 14 号	7226211	林乐朝
大田县文联	文化	大田县文山路 9 号	7222225	张知松

（严序雄）

2021 年大田县主要卫生单位一览表

表 13

序号	机构名称	类型	详细地址	负责人	联系电话
1	大田县卫生健康局	卫生	大田县均溪镇建山路 174 号	陈永晶	7222132
2	大田县总医院	卫生	大田县均溪镇雪山北路 180 号	温春水	7222137
3	大田县中医院	卫生	大田县均溪镇福田路 179 号 1 幢	温春水	7222047
	大田县卫生进修学校	教育	大田县均溪镇福田大道 160 号	陈小忠	7222312
4	大田县妇幼保健院	卫生	大田县均溪镇建山路 69 号	林其汉	7222038
5	大田县疾病预防控制中心	卫生	大田县均溪镇香山路 181 号	郑雪珍	7222017
6	大田县卫生计生监督所	卫生	大田县均溪镇南山路 150 号	苏启睿	7238288
7	大田县均溪社区卫生服务中心	卫生	大田县均溪镇建山路 17 号	施发权	7222085
8	大田县石牌镇卫生院	卫生	大田县石牌镇街道 62 号	肖佳篇	7242970
9	大田县桃源镇卫生院	卫生	大田县桃源镇桃源村西大街 81 号	陈瑞华	7382377
10	大田县上京镇卫生院	卫生	大田县上京镇京南路 5 号	詹光治	7363105
11	大田县太华镇卫生院	卫生	大田县太华镇太华村 42 号	杨连熠	7391350
12	大田县建设镇卫生院	卫生	大田县建设镇建设村建槐路 27 号	蒋联义	7408159
13	大田县广平镇卫生院	卫生	大田县广平镇五峰村 148 号	林生军	7416368
14	大田县奇韬镇卫生院	卫生	大田县奇韬镇奇韬村 77 号	高加埁	7438113
15	大田县文江镇卫生院	卫生	大田县文江镇街道 40 号	涂黎明	7458095
16	大田县梅山镇卫生院	卫生	大田县梅山镇龙际路 20 号	陈之耀	7468008
17	大田县华兴镇卫生院	卫生	大田县华兴镇兴田路 320 号	施发钰	7335769
18	大田县吴山镇卫生院	卫生	大田县吴山镇陈吴路 187 号	林起庙	7328191
19	大田县前坪乡卫生院	卫生	大田县前坪乡红坪街 15 号	吴志愿	7478178
20	大田县湖美乡卫生院	卫生	大田县湖美乡湖美街 55 号	刘朱远	7488008
21	大田县屏山乡卫生院	卫生	大田县屏山乡屏山村 120 号	苏庆棋	7308224
22	大田县济阳乡卫生院	卫生	大田县济阳乡济阳村新街 9 号	乐士酬	7437120
23	大田县谢洋乡卫生院	卫生	大田县谢洋乡谢洋村文兴路 16 号	郑启红	7338008
24	大田县武陵乡卫生院	卫生	大田县武陵乡鸿图街 10 号	郭建统	7338008
25	大田民生医院	卫生	大田县建设镇建设村 680 号	黄建国	7409066
26	大田安康医院	卫生	大田县均溪镇建山路 206 号	张裕治	7222088
27	大田平安医院	卫生	大田县均溪镇建山路 231 号	林泽锋	7229979
28	大田东南医院	卫生	大田县均溪镇凤山东路 80 号	季建娥	7231938
29	大田恒康医院	卫生	大田县上京镇京东路 1-1 号	廖伟	18950929897

企业名录

2021 年大田县新注册工业企业一览表（注册资金 500 万元及以上）

表 14

序号	统一社会信用代码	企业名称	法定代表人/负责人	注册资本(万元)	经营范围	成立日期	住所
1	91350425MA8U680702	福建和正园医药用品有限公司	叶勇军	1000	许可项目：卫生用品和一次性使用医疗用品生产；消毒剂生产（不含危险化学品）；第二类医疗器械生产 一般项目：医学研究和试验发展；技术服务、技术开发、技术咨询、技术交流、技术转让、技术推广；日用化学产品销售；化妆品批发；专用化学产品制造（不含危险化学品）；第一类医疗器械生产	2021-10-27	福建省三明市大田县华兴镇京口村 520 号 2 幢 2 层（大田县经济开发区）
2	91350425MA8RC0XNXF	大田县佳盛机械制造有限公司	林彩培	1000	一般项目：铸造机械制造；黑色金属铸造；通用零部件制造；有色金属合金制造；建筑用金属配件制造；五金产品制造；金属加工机械制造；金属废料和碎屑加工处理；非金属废料和碎屑加工处理；金属矿石销售	2021-01-21	福建省三明市大田县武陵乡大石村 248 号
3	91350425MA8RPEDQ6R	三明市英仑陶瓷有限公司	杨旭伟	5000	一般项目：卫生陶瓷制品制造；洁具制造；玻璃、陶瓷和搪瓷制品生产专用设备制造；洁具研发；厨具卫具及日用杂品研发；新材料技术研发；卫生陶瓷制品销售；建筑装饰材料销售	2021-03-19	福建省三明市大田县华兴镇京口村 505 号
4	91350425MA8RHQ528M	三明大田造艺陶瓷有限公司	温清民	1000	一般项目：日用陶瓷制品制造；工艺美术品及礼仪用品制造（象牙及其制品除外）；茶具销售；互联网销售（除销售需要许可的商品）	2021-03-01	福建省三明市大田县均溪镇宝山路 31-8 号一层
5	91350425MA8RKUBP1W	福建荣飞矿业有限公司	刘晓辉	1000	一般项目：非金属矿物制品制造；非金属废料和碎屑加工处理；建筑材料销售；非金属矿及制品销售；金属矿石销售；金属材料销售；五金产品零售；矿山机械销售；金属制品销售；机械设备销售；劳务服务（不含劳务派遣）；装卸搬运 许可项目：建筑劳务分包	2021-03-08	福建省三明市大田县上京镇梅林村 121 号梅林水泥厂 3 幢

续表 14

序号	统一社会信用代码	企业名称	法定代表人/负责人	注册资本(万元)	经营范围	成立日期	住所
6	91350425MA8RCY4Y8H	三明大田三顺工贸有限公司	田仁庄	3000	一般项目：非金属矿物制品制造；非金属矿及制品销售；建筑材料销售；水泥制品销售；五金产品批发；煤炭及制品销售；劳务服务（不含劳务派遣）；机械设备租赁 许可项目：道路货物运输（不含危险货物）	2021-01-26	福建省三明市大田县太华镇仕坑村 295 号一层
7	91350425MA8RHLQJ72	必升才（福建）机械有限公司	周维义	1000	一般项目：隧道施工专用机械制造；模具制造；金属加工机械制造；通用设备制造（不含特种设备制造）；专用设备制造（不含许可类专业设备制造）；高铁设备、配件制造；液压动力机械及元件制造；金属结构制造；环境保护专用设备制造；金属切割及焊接设备制造；机械零件、零部件加工；专用设备修理；生产性废旧金属回收；机械设备研发；普通机械设备安装服务；机械设备租赁；租赁服务（不含出版物出租）；建筑工程机械与设备租赁；建筑材料销售；金属材料销售；五金产品批发；广告制作 许可项目：各类工程建设活动	2021-03-01	福建省三明市大田县均溪镇凤山西路 75-1 号 1 单元 202 室
8	91350425MA8RFN609E	三明市力求建材有限公司	吴燕斌	3000	一般项目：水泥制品制造；非金属矿物制品制造；建筑砌块制造；建筑材料销售；非金属矿及制品销售；煤炭及制品销售；五金产品批发；劳务服务（不含劳务派遣）；机械设备租赁；水泥制品销售；建筑防水卷材产品销售；石灰和石膏销售；铸造用造型材料销售；新型催化材料及助剂销售；新型膜材料销售；新型有机活性材料销售；工程和技术研究和试验发展；园林绿化工程施工；新材料技术研发；建筑装饰材料销售；化工产品销售（不含许可类化工产品）；合成材料销售；专用化学产品制造（不含危险化学品）。 许可项目：道路货物运输（不含危险货物）；汽车租赁	2021-02-20	福建省三明市大田县桃源镇翁厝村 235 号

续表 14

序号	统一社会信用代码	企业名称	法定代表人/负责人	注册资本(万元)	经营范围	成立日期	住所
9	91350425MA8RN5K88Q	大田县瑞联竹业有限公司	苏新芳	1000	一般项目：竹制品制造；地板制造；非食用林产品初加工；竹制品销售；林业产品销售	2021-03-15	福建省三明市大田县梅山镇秀岭村 116-5 号
10	91350425MA8RND875R	三明康耀玻璃有限公司	柯礼齐	518	许可项目：货物进出口；道路货物运输（不含危险货物）一般项目：玻璃制造；日用玻璃制品制造；技术玻璃制品制造；门窗制造加工；技术玻璃制品销售	2021-03-16	福建省三明市大田县桃源镇桃源村 518 号
11	91350425MA8RKQDK2H	福建三明强护阀业制造有限公司	吕子贵	1800	一般项目：普通阀门和旋塞制造（不含特种设备制造）；铸造机械制造；金属加工机械制造;金属切割及焊接设备制造;五金产品制造；机械零件、零部件加工；专用设备制造（不含许可类专业设备制造）；建筑装饰、水暖管道零件及其他建筑用金属制品制造；洁具制造；卫生用品和一次性使用医疗用品销售;阀门和旋塞销售;五金产品零售；建筑陶瓷制品销售；防火封堵材料销售；机械设备销售；黑色金属铸造；金属材料销售；金属矿石销售	2021-03-08	福建省三明市大田县上京镇机械铸造产业集聚区
12	91350425MA8RH2UM5X	福建利缘制造有限公司	叶乘舟	6858	一般项目：普通阀门和旋塞制造（不含特种设备制造）；黑色金属铸造；阀门和旋塞销售；有色金属合金制造；通用设备制造（不含特种设备制造）；工业自动控制系统装置销售；五金产品批发；五金产品制造	2021-02-26	福建省三明市大田县上京镇机械铸造产业园聚集区
13	91350425MA8RFFKD2D	福建省岩晟建材有限责任公司	郑光聪	5000	一般项目：水泥制品制造；建筑材料销售；非金属矿物制品制造；非金属矿及制品销售；石油制品销售（不含危险化学品）；砼结构构件制造；砼结构构件销售。许可项目：道路货物运输（不含危险货物）；矿产资源（非煤矿山）开采	2021-02-19	福建省三明市大田县均溪镇银山北路 2-4 号三层
14	91350425MA8TAK3G7X	福建省泉盛机械制造有限公司	李良福	1000	一般项目：铸造机械制造；安全、消防用金属制品制造；橡胶加工专用设备制造；模具制造；模具销售；铸造机械销售；通用设备制造（不含特种设备制造）	2021-06-01	福建省三明市大田县上京镇机械铸造产业集聚区

续表 14

序号	统一社会信用代码	企业名称	法定代表人/负责人	注册资本(万元)	经营范围	成立日期	住所
15	91350425MA8REX2EXY	大田合盛铸造有限公司	王进财	500	一般项目：黑色金属铸造；铸造机械制造；通用零部件制造；有色金属合金制造；建筑用金属配件制造；五金产品制造；金属加工机械制造；金属废料和碎屑加工处理；非金属废料和碎屑加工处理；非金属矿及制品销售；金属矿石销售	2021-02-07	福建省三明市大田县石牌镇桃山村 13-7 号
16	91350425MA35DKL14P	福建三明正晟机械制造有限公司	杨清河	1800	一般项目：铸造机械制造；金属加工机械制造；金属切割及焊接设备制造；五金产品制造；普通阀门和旋塞制造（不含特种设备制造）；机械零件、零部件加工；专用设备制造（不含许可类专业设备制造）；建筑装饰、水暖管道零件及其他建筑用金属制品制造；洁具制造；卫生用品和一次性使用医疗用品销售；阀门和旋塞销售；五金产品零售；建筑陶瓷制品销售；防火封堵材料销售；机械设备销售；黑色金属铸造；金属材料销售；金属矿石销售	2021-01-13	福建省三明市大田县上京镇机械铸造产业集聚区
17	91350425MA8TY7MR35	大田县荣毅金属制品有限公司	周贺	1000	一般项目：金属链条及其他金属制品制造；金属制品销售；金属结构制造；金属工具制造；金属加工机械制造；五金产品批发；金属丝绳及其制品制造；汽车零配件零售；机械零件、零部件加工；汽车零配件批发；摩托车零配件制造	2021-09-10	福建省三明市大田县武陵乡大石村下坑 249 号
18	91350425MA8TLC267Q	福建煜德铸造有限公司	徐礼集	6000	一般项目：黑色金属铸造；有色金属铸造；通用设备制造（不含特种设备制造）；锻件及粉末冶金制品制造；工程塑料及合成树脂制造；金属制品研发；消防器材销售；铸造机械销售；锻件及粉末冶金制品销售；机械设备销售	2021-07-19	福建省三明市大田县上京镇机械铸造产业集聚区
19	91350425MA8TM4F8XN	三明迪凯瑞服装制造有限公司	胡素婷	500	一般项目：服装制造；服饰制造；服装辅料制造；针织或钩针编织物及其制品制造；劳动保护用品生产；家用纺织制成品制造；产业用纺织制成品制造；面料印染加工；互联网销售（除销售需要许可的商品）；服装服饰批发；服装辅料销售；劳动保护用品销售；产业用纺织制成品销售；针纺织品及原料销售；纺织、服装及家庭用品批发；箱包销售	2021-07-23	福建省三明市大田县均溪镇北山路 15 号 2 楼

续表 14

序号	统一社会信用代码	企业名称	法定代表人/负责人	注册资本(万元)	经营范围	成立日期	住所
20	91350425MA8TU5A68W	福建省冠文体育用品有限公司	陈丽虹	3000	一般项目：体育用品及器材制造；体育消费用智能设备制造；橡胶制品制造；日用品生产专用设备制造；产业用纺织制成品制造；日用品销售；户外用品销售	2021-08-25	福建省三明市大田县均溪镇福田路345号4幢三楼
21	91350425MA8TT8WG2Q	大田全汇新型建材有限公司	章进津	3000	一般项目：新型建筑材料制造（不含危险化学品）；轻质建筑材料制造；密封用填充剂制造；涂料制造（不含危险化学品）；五金产品制造；家具制造；门窗制造加工；家具零配件生产；轻质建筑材料销售；建筑材料销售；建筑装饰材料销售；保温材料销售	2021-08-20	福建省三明市大田县均溪镇红星村东鼓处
22	91350425MA8TXF4P97	福建黄地坂纸业有限公司	张成杰	1000	一般项目：纸制造；纸制品制造；纸和纸板容器制造；纸制品销售；日用品销售；食品用塑料包装容器工具制品销售；工艺美术品及礼仪用品销售（象牙及其制品除外）；卫生陶瓷制品销售；特种陶瓷制品销售；食品销售（仅销售预包装食品）。许可项目：食品用纸包装、容器制品生产	2021-09-07	福建省三明市大田县华兴镇仙峰村58-6号
23	91350425MA8TMAB05Q	大田耀锐体育用品有限公司	方华玉	1500	一般项目：体育用品及器材制造；服装制造；服饰制造；家用纺织制成品制造；产业用纺织制成品生产；鞋制造；箱包制造；日用杂品制造；面料纺织加工；皮革制品制造；电子元器件制造；技术服务、技术开发、技术咨询、技术交流、技术转让、技术推广；服饰研发；纺织、服装及家庭用品批发；针纺织品及原料销售；电子产品销售；日用品销售；餐饮管理；物业管理；租赁服务（不含出版物出租）许可项目：餐饮服务；住宿服务；小微型客车租赁经营服务	2021-07-23	福建省三明市大田县均溪镇福田路345号13幢二层

续表 14

序号	统一社会信用代码	企业名称	法定代表人/负责人	注册资本(万元)	经营范围	成立日期	住所
24	91350425MA8TT9YH6Q	三明市力能工贸有限公司	曹秋伟	1000	一般项目：金属制日用品制造；安全、消防用金属制品制造；金属材料制造；金属工具制造；风动和电动工具制造；金属切削加工服务；农林牧副渔业专业机械的制造；农业机械销售；农业机械租赁；农林牧渔机械配件销售；农、林、牧、副、渔业专业机械的销售；消防器材销售；金属制品销售；安防设备销售；劳动保护用品销售；特种劳动防护用品销售；体育用品及器材零售；户外用品销售；文具用品零售；二手日用百货销售；日用百货销售；润滑油销售；五金产品零售；园艺产品销售；专用化学产品销售（不含危险化学品）；环境保护专用设备销售；显示器件销售；农副食品加工专用设备销售；配电开关控制设备销售；农林牧渔专用仪器仪表销售；气压动力机械及元件销售；棉花加工机械销售；金属切割及焊接设备销售；金属链条及其他金属制品销售；金属结构销售；电子专用设备销售；电力电子元器件销售；电容器及其配套设备销售；电工仪器仪表销售；畜牧机械销售；智能仪器仪表销售；轴承销售；轴承、齿轮和传动部件销售；物业管理；企业管理咨询；健身休闲活动；体验式拓展活动及策划；教育咨询服务（不含涉许可审批的教育培训活动）；安全咨询服务；纺织、服装及家庭用品批发；鞋帽零售	2021-08-20	福建省三明市大田县均溪镇宝山路 99-4 号
25	91350425MA8T65AAXF	福建省鸿乾包装材料有限公司	严允康	6000	一般项目：金属包装容器及材料制造；塑料包装箱及容器制造；产业用纺织制成品制造；包装服务	2021-05-11	福建省三明市大田县均溪镇后华村 37 号

续表 14

序号	统一社会信用代码	企业名称	法定代表人/负责人	注册资本(万元)	经营范围	成立日期	住所
26	91350425MA8T88A4XE	福建省连钢铸造有限公司	连广围	3000	一般项目：模具制造；模具销售；黑色金属铸造；有色金属铸造；铸造用造型材料生产；铸造用造型材料销售；铸造机械销售；新材料技术研发；五金产品研发；安全、消防用金属制品制造；金属加工机械制造；矿山机械制造；建筑工程用机械制造；建筑材料生产专用机械制造；电工机械专用设备制造	2021-05-20	福建省三明市大田县太华镇魁城村 607 号
27	91350425MA8T8FE600	福建省大田县启明铸造有限公司	陈先仕	1000	一般项目：黑色金属铸造；铸造机械制造；机械设备销售；通用零部件制造；机械设备租赁；普通机械设备安装服务；再生资源回收（除生产性废旧金属）；金属废料和碎屑加工处理；金属材料销售；铸造用造型材料销售；高性能有色金属及合金材料销售；新型金属功能材料销售；机械零件、零部件销售	2021-05-21	福建省三明市大田县武陵乡大石村 249 号
28	91350425MA8RW9QY9A	三明康祥包装材料有限公司	蔡建福	500	一般项目：塑料包装箱及容器制造；塑料制品制造；塑料制品销售	2021-04-07	福建省三明市大田县华兴镇京口村 506 号
29	91350425MA8TBE5C6M	福建三明万豪实业有限公司	何宣华	5000	一般项目：以自有资金从事投资活动；有色金属合金制造；有色金属合金销售；金属材料制造；金属材料销售；金属制日用品制造；建筑用石加工；塑料制品制造；工艺美术品及礼仪用品制造（象牙及其制品除外）；建筑装饰、水暖管道零件及其他建筑用金属制品制造；建筑材料销售；模具销售；殡葬设施经营；殡葬服务；殡仪用品销售；礼仪服务；市政设施管理；园林绿化工程施工；城市绿化管理；专业设计服务；技术服务、技术开发、技术咨询、技术交流、技术转让、技术推广 许可项目：建设工程设计；房屋建筑和市政基础设施项目工程总承包；各类工程建设活动；货物进出口	2021-06-04	福建省三明市大田县上京镇机械铸造产业园聚集区 B5-31 号

续表 14

序号	统一社会信用代码	企业名称	法定代表人/负责人	注册资本(万元)	经营范围	成立日期	住所
30	91350425MA8RYJ9E5Q	三明蒸九味食品有限公司	吴国和	1000	许可项目：食品生产；食品互联网销售；食品经营 一般项目：食用农产品零售；食用农产品初加工	2021-04-14	福建省三明市大田县均溪镇北山路 19 号 3 楼
31	91350425MA8TC3HL1T	三明市东田精密铸造有限公司	陈晓东	1000	一般项目：模具制造；模具销售；铸造机械制造；机械零件、零部件加工；机械设备销售；机械零件、零部件销售；黑色金属铸造；有色金属铸造；租赁服务（不含出版物出租）	2021-06-08	福建省三明市大田县上京镇机械铸造产业集聚区
32	91350425MA8T08BF2X	福建大田保拓再生资源有限公司	严允康	6800	一般项目：金属废料和碎屑加工处理；再生资源回收（除生产性废旧金属）；生产性废旧金属回收；金属材料销售；有色金属合金销售；高性能有色金属及合金材料销售	2021-04-16	福建省三明市大田县武陵乡大石村 248 号一层
33	91350425MA8T1WF06R	福建省福胜智能制造有限公司	陈飞中	1000	一般项目：智能仪器仪表制造；智能基础制造装备制造；智能车载设备制造；安防设备制造；铸造机械制造；建筑装饰、水暖管道零件及其他建筑用金属制品制造；泵及真空设备制造；安全、消防用金属制品制造；五金产品制造；五金产品研发；软件开发；工程和技术研究和试验发展；技术服务、技术开发、技术咨询、技术交流、技术转让、技术推广；普通机械设备安装服务；智能输配电及控制设备销售；智能仪器仪表销售；安防设备销售；五金产品批发；消防器材销售；软件销售；金属制品销售；铸造机械销售；泵及真空设备销售；管道运输设备销售 许可项目：消防技术服务；消防设施工程施工	2021-04-22	福建省三明市大田县上京镇机械铸造产业集聚区
34	91350425MA8RUH6475	大田县德瑞建材有限公司	廖明库	500	一般项目：非金属矿物制品制造；建筑陶瓷制品加工制造；建筑材料销售；建筑装饰材料销售；建筑陶瓷制品销售；水泥制品销售；五金产品批发；五金产品零售；金属材料销售；物业管理	2021-04-02	福建省三明市大田县均溪镇红星村芹菜垅石材集中加工区

续表 14

序号	统一社会信用代码	企业名称	法定代表人/负责人	注册资本(万元)	经营范围	成立日期	住所
35	91350425MA8T624L3H	福建省恒达通铸锻发展有限公司	杨元恭	2021	一般项目：铸造机械制造；黑色金属铸造；通用设备制造（不含特种设备制造）；通用零部件制造；锻件及粉末冶金制品制造；金属成形机床制造；金属表面处理及热处理加工；工程和技术研究和试验发展；汽车零部件及配件制造	2021-05-11	福建省三明市大田县上京镇机械铸造产业集聚区
36	91350425MA8TGEMB3W	大田县圆融印务有限公司	陈菲	500	许可项目：包装装潢印刷品印刷；文件、资料等其他印刷品印刷 一般项目：广告设计、代理	2021-06-29	福建省三明市大田县均溪镇建山路81号8幢102室
37	91350425MA8TEJUU2R	三明市辉达五金制品有限公司	邱志辉	1000	一般项目：五金产品制造；有色金属铸造；普通阀门和旋塞制造（不含特种设备制造）；金属制日用品制造；建筑装饰、水暖管道零件及其他建筑用金属制品制造；金属链条及其他金属制品制造；安全、消防用金属制品制造；金属表面处理及热处理加工；有色金属压延加工；常用有色金属冶炼；铸造机械制造；橡胶制品制造；国内贸易代理	2021-06-21	福建省三明市大田县上京镇机械铸造产业集聚区
38	91350425MA8TEJYX2W	三明大田县展瑞箱包有限公司	李发增	500	一般项目：箱包制造；皮革鞣制加工；皮革制品制造；毛皮鞣制加工	2021-06-21	福建省三明市大田县文江镇文江街62号
39	91350425MA8TBKA81J	福建省瑞盈铸锻有限公司	陈苍树	1000	一般项目：铸造机械制造；铸造机械销售；模具制造；通用设备制造（不含特种设备制造）；金属加工机械制造	2021-06-04	福建省三明市大田县上京镇机械铸造产业集聚区
40	91350425MA8RTP2H46	福建韬润工贸有限公司	陈虬明	2000	一般项目：非金属矿物制品制造；石灰和石膏制造；金属矿石销售；非金属矿及制品销售；建筑材料销售；制鞋原辅材料销售	2021-03-31	福建省三明市大田县奇韬镇奇韬村龙床11号二层
41	91350425MA8U8XNRXJ	大田万协制造有限公司	陈维后	500	一般项目：黑色金属铸造；铸造机械制造；通用零部件制造；通用设备制造（不含特种设备制造）；普通阀门和旋塞制造（不含特种设备制造）；有色金属合金制造；非金属矿及制品销售；非金属废料和碎屑加工处理；金属矿石销售；金属加工机械制造	2021-11-12	福建省三明市大田县太华镇万湖村664-1号

续表 14

序号	统一社会信用代码	企业名称	法定代表人/负责人	注册资本(万元)	经营范围	成立日期	住所
42	91350425MA8UAG584L	大田县佳玉工贸有限责任公司	魏初佳	2000	一般项目：日用化学产品制造；日用化学产品销售；纸制品制造；纸制品销售；宗教场所用品销售；工艺美术品及礼仪用品销售（象牙及其制品除外）	2021-11-24	福建省三明市大田县石牌镇长溪村 2 号
43	91350425MA8UBFU19A	福建大星连发体育用品有限公司	王技术	1000	一般项目：体育用品及器材制造；鞋制造；橡胶制品制造；劳动保护用品生产；服装制造；体育消费用智能设备制造；日用品生产专用设备制造；产业用纺织制成品制造；制鞋原辅材料销售；日用品销售；户外用品销售；互联网销售（除销售需要许可的商品）；货物进出口；技术进出口	2021-12-01	福建省三明市大田县京口工业园
44	91350425MA8UDUFD36	福建蓝狮鞋业有限公司	林美妹	1000	一般项目：鞋制造；服装制造；技术服务、技术开发、技术咨询、技术交流、技术转让、技术推广；制鞋原辅材料销售；箱包制造；箱包销售；针纺织品销售；日用百货销售；电子产品销售；服装服饰批发；服装服饰零售；鞋帽批发；鞋帽零售；互联网销售（除销售需要许可的商品）	2021-12-16	福建省三明市大田县太华镇小华村 171 号
45	91350425MA8UEGU85K	福建牧音乐器有限公司	施生庆	1000	一般项目：乐器制造；乐器零配件销售；乐器维修、调试；玩具制造；谷物销售；林业产品销售；农副产品销售；服装服饰批发；鞋帽批发；厨具卫具及日用杂品批发；家用电器销售；家居用品销售；日用品批发；日用木制品制造；日用百货销售；服装制造；服饰制造；美发饰品生产；珠宝首饰制造；珠宝首饰批发；文具用品批发；日用品销售；箱包销售；皮革制品销售；五金产品批发；汽车零配件批发；个人互联网直播服务；网络技术服务；文艺创作；品牌管理；互联网销售（除销售需要许可的商品）	2021-12-21	福建省三明市大田县湖美乡岬才村 27-2

续表 14

序号	统一社会信用代码	企业名称	法定代表人/负责人	注册资本(万元)	经营范围	成立日期	住所
46	91350425MA8UF4J613	大田县力恒工贸有限公司	陈宝花	1000	一般项目：金属制日用品制造；安全、消防用金属制品制造；金属材料制造；金属工具制造；风动和电动工具制造；金属切削加工服务；农林牧副渔业专业机械的制造；农业机械销售；农业机械租赁；农林牧渔机械配件销售；农、林、牧、副、渔业专业机械的销售；消防器材销售；金属制品销售；安防设备销售；劳动保护用品销售；特种劳动防护用品销售；体育用品及器材零售；户外用品销售；文具用品零售；二手日用百货销售；日用百货销售；润滑油销售；五金产品零售；园艺产品销售；专用化学产品销售（不含危险化学品）；环境保护专用设备销售；显示器件销售；农副食品加工专用设备销售；配电开关控制设备销售；农林牧渔专用仪器仪表销售；气压动力机械及元件销售；棉花加工机械销售；金属切割及焊接设备销售；金属链条及其他金属制品销售；金属结构销售；电子专用设备销售；电力电子元器件销售；电容器及其配套设备销售；电工仪器仪表销售；畜牧机械销售；智能仪器仪表销售；轴承销售；轴承、齿轮和传动部件销售；物业管理；企业管理咨询；健身休闲活动；体验式拓展活动及策划；教育咨询服务（不含涉许可审批的教育培训活动）；安全咨询服务；纺织、服装及家庭用品批发；鞋帽批发	2021-12-24	福建省三明市大田县均溪镇福塘村 49 号

（黄清渊、张秀莹）

村级 社区概况

2021 年大田县各镇（乡）村级行政区划单位概况表

表 15

乡镇别	村别	村民小组（个）	户数（户）	人口（人）	耕地（亩）	村财收入（万元）	党支部书记 / 村委会主任
均溪镇	红星	19	1612	7188	656.68	450	杨善芬
	玉田	21	1265	6255	334.8	300.57	范先右
	福塘	18	1202	5465	260.12	87.96	陈有桂
	金岭	4	161	720	832.21	90.4	陈开基
	宋京	9	549	2344	918.18	142.36	范荣慧
	良元	6	227	1130	536.45	114.98	温乃敬
	郭村	5	192	756	361.63	55.42	连秀美
	翰林	4	192	776	635.66	48.2	李序宙
	温镇	8	745	3027	694.02	53.9	叶壮秀
	周田	4	418	1685	589.14	57.19	茅有浪
	许思坑	5	215	850	516.99	30.24	周文慧
	建成	4	236	936	565.9	212.1	柳传宁
	东坑	12	484	1902	814.24	53.12	郑善池
	金山	6	202	898	533.17	38	郑传宝
	上华	6	468	2318	1623.6	43	罗秀琴
	和丰	8	252	1176	797.07	10.3	周仲军
	和丰坪	6	286	1143	982.8	80.12	周高岩
	后华	6	238	968	551.51	41.68	严昌垓
	华坑	6	315	1220	479.43	81.9	丁宜相
	上太	10	837	1818	1045.08	34.14	乐朝阳
	太山崎	7	232	1068	819.17	5	林善孝
	城东	6	856	4618	282.09	101.73	廖明镜
	大道山	3	107	434	386.6	14.78	郑联明
	白岩	39	104	13144	—	—	郑淑梅
	文昌	16	49	13359	—	—	章梦楠
	南街	21	151	21713	—	—	张丽美
	仙亭	22	98	33242	—	—	陈玉音
	玉凤	23	129	14717	—	—	杜小燕
	赤岩	10	69	12651	—	—	连荣诗
	东门	20	81	11835	—	—	林淑香
	镇东	5	83	14947	—	—	陈有顶
华兴镇	华安村	9	554	2009	816	46.1	郑青梅
	仙峰村	12	484	1923	748	44.61	翁丽芸
	早兴村	15	383	1400	779	11.41	卢作炜
	张乾村	10	267	1021	600	1.44	邱永昭
	杞溪村	7	167	663	326	13.59	陈捷选
	柯坑村	8	239	778	491	32.73	杨连怀

续表 15

乡镇别	村别	村民小组(个)	户数(户)	人口(人)	耕地(亩)	村财收入(万元)	党支部书记/村委会主任
华兴镇	横坑村	12	238	924	570	11.26	杨国事
	京口村	17	742	3048	875	28.4	叶玉团
	昆山村	15	439	1770	788	63.5	程作谦
	洪坑村	2	91	384	295	11.3	李勤操
石牌镇	石牌	6	628	1741	155	16.19	陈富
	老厝	10	468	2033	780	35.66	陈华焕
	上坡	8	304	1288	641	40.69	黄兴煖
	马山	6	187	820	486	17.53	陈立慎
	盖山	6	149	641	502	18.96	苏启锭
	拱桥	5	130	490	999	59.27	苏亨鸿
	石坑	7	191	739	956	30.55	陈开尧
	长溪	13	340	1466	573	92.91	李永川
	小湖	13	467	2072	1428	20.24	乐建木
	桃山	8	363	1547	1173	100.38	杜明旗
	桃坑	8	317	1492	1998	170.13	乐见筹
	鳌江	14	530	2355	1570	123.45	吴文教
	三坊	10	335	1419	1388	10.07	张兴府
	下洋	10	292	1245	1029	18.51	魏吉文
	龙坑	8	288	1213	442	10.94	乐丁意
	京程	5	118	492	521	13.96	池冬妹
吴山镇	张坑村	3	84	336	281	10.08	章德樑
	锦山村	10	220	922	745	10.89	刘贞昌
	科山村	9	178	688	782	10.34	刘振华
	程堂村	10	270	1106	597	16.7	陈兴繁
	吴山村	21	838	2798	1258	21.67	陈生文
	和洋村	6	184	717	324	10.11	陈明昌
	阳春村	17	412	1797	1161	57.13	林乐坚
	东埔村	4	88	327	270	13.08	陈淑珠
	梓溪村	12	289	1096	363	25.52	曾连芳
桃源镇	桃源村	11	1413	5504	3504	55.22	张福财
	西安村	10	357	1670	2589	10.88	郑和取
	东坂村	9	227	1026	1823	19.62	张吉清
	桥山村	6	185	874	925	7.24	郑得进
	翁厝村	8	405	1816	2640	29.83	翁文普
	前厝村	3	289	1133	1368	12.46	郑英雄
	前村村	8	227	1056	1130	84.17	张兆良
	广汤村	7	598	2740	3280	39.24	俞上武
	杨坑村	6	223	1076	1174	6.19	肖兆海
	上举村	4	149	675	547	10.01	肖先锋
	兰玉村	5	501	2149	2028	57.34	肖基武
	桃新村	3	174	740	230	10.71	郑永田
	桃林村	3	63	289	391	10.26	涂德热

续表 15

乡镇别	村别	村民小组（个）	户数（户）	人口（人）	耕地（亩）	村财收入（万元）	党支部书记/村委会主任
上京镇	上京	18	729	3083	1430	110.37	陈乘耿
	上平	16	526	2537	1460	65.7	吴义腰
	黄城	13	556	2489	2018	28.92	陈兆治
	桂坑	9	268	1074	1302	51.46	肖文强
	城口	9	272	1314	1065	64.92	黄成铨
	丰田	11	270	1270	866	73.96	朱起明
	南坑	5	156	762	586	29.76	陈小妹
	溪尾	8	174	774	503	48.45	魏祥坪
	下溪口	10	296	1453	912	32.05	刘生祐
	溪口	11	489	2467	996	40.46	刘开远
	三阳	6	215	945	530	49	叶长久
	赤水	13	315	1586	1056	108.34	连娇华
	梅林	10	373	1623	675	182.02	田奕锋
	隆美	8	239	1211	473	72.61	田五九
	灵川	7	196	799	237	52.88	田民鑫
	延京	8	176	1096	1021	72.14	陈源汪
太华镇	群团	34	875	3414	2417.5	104.98	陈首锵
	太华	4	207	747	226.08	12	叶万新
	华溪	7	315	1344	1567.19	36.09	陈传绍
	高星	4	109	420	901.41	35.76	黄荣积
	小华	12	330	1313	837.95	35.36	林新标
	温坑	12	313	1148	672.46	79.87	陈兴泉
	仕坑	10	350	1342	1048.89	16.18	陈祖荣
	魁城	18	900	3653	2153.73	90.45	连良钢
	张地	6	215	923	749.19	24.03	连宇标
	玉井	9	324	1239	1093.95	10.89	叶高专
	万湖	36	976	3848	2976.99	48.42	连光裕
	西埔	10	402	1660	1200.46	46.12	张珍
	甲魁	8	211	868	946.03	53.60	涂燕青
	大合	12	292	1301	1185.31	20.19	廖明斗
	莒坑	7	187	767	1207.14	16.33	连春茶
	坑头	9	225	1030	1383.67	11.20	周初稳
	汤泉	27	940	3512	2553.18	106.76	陈维善
	池元	8	245	999	1189.51	10.01	陈代坦
	德安	8	305	1138	1870.05	106.17	陈开茂
	罗丰	14	499	2010	2153.04	98.06	高超广
	黄沙	6	209	834	1233.83	25.02	张流龙
	锦溪	5	114	463	413.75	12.61	周先继
	华山	8	262	1043	950.38	39.35	章先砚
	潘车	6	177	751	842.85	10.06	郑晓跃

续表 15

乡镇别	村别	村民小组（个）	户数（户）	人口（人）	耕地（亩）	村财收入（万元）	党支部书记 / 村委会主任
建设镇	建爱村	12	578	2902	1069	133.76	黄文津
	建忠村	12	702	3464	1413	299.01	陈昌沐
	建设村	12	1059	4269	1764	121.46	李凤益
	建强村	7	364	1883	712	115.1	池瑞建
	建民村	7	339	1675	733	53.09	郑宗分
	建丰村	10	722	3612	1684	87.71	高锦栖
	建乐村	9	528	2585	1185	26.67	高加禄
	建国村	7	289	1408	752	304.26	田生炳
	和平村	10	439	2167	1183	53.19	郑永镇
	元山村	8	284	1407	102	71.85	池上专
	大同村	10	679	2657	1736	38.11	廖世连
	香浮村	3	120	538	588	37.1	周文舍
广平镇	广平	1129	24	5450	3433.8	35.53	林维河
	五峰	469	12	1939	1128.6	10.48	蒋联文
	万筹	600	15	2752	1786.8	47.28	郑宣斌
	万宅	269	5	1174	1597.35	42.64	余文敏
	元沙	1326	27	6709	4164.45	10.51	张乃善
	苏桥	1454	23	7100	3044.85	55.71	詹恢显
	铭溪	946	19	4477	1812.45	20.6	张裕森
	栋仁	1176	29	6070	3008.55	20.97	郑新严
	岬头	173	4	873	596.1	11.01	林青奋
	东景	148	5	704	952.2	14.22	李兴勇
	西园	322	8	1548	1243.65	8.33	王升平
	丰庄	437	11	2140	2220.6	10.15	罗施秀
	大吉	63	6	319	296.4	9.47	郭碧芳
	兴埔	141	1	646	197.7	10.29	廖占锦
	龙宫	75	2	420	653.25	6.09	郑振广
奇韬镇	奇韬村	23	1460	4442	3254	203.98	郑上林
	东佳村	11	470	1435	408	258.94	张春校
	丁华村	3	117	362	975	14.03	谢宏壮
	西韬村	3	234	719	646	40.74	吴成贤
	文经村	9	891	2740	532	41.13	方胥金
	桃东村	3	415	1282	878	60.48	方来烧
	桃舟村	3	380	1161	437	33.66	黄其为
	洋地村	5	335	1015	456	21.05	胡上润
	龙坪村	4	315	952	1061	27.08	黄其普
	金华村	2	117	370	527	16.49	陈生干
	龙溪村	2	159	493	1580	118.8	吴美华
	永德村	3	168	509	117	37.48	刘思谨
	机关	—	115	326	—	—	—

续表 15

乡镇别	村别	村民小组(个)	户数（户）	人口（人）	耕地（亩）	村财收入(万元)	党支部书记/村委会主任
屏山乡	屏山村	12	289	1268	728	36.82	郭守梆
	内洋村	16	496	2132	1232	60.56	苏庆俊
	溪头村	15	262	1230	698	79.67	苏华隆
	玉屏村	16	312	1721	939	21.84	陈文煌
	芹阳村	9	214	717	416	87.03	陈荣候
	和坑村	18	532	2213	1252	45.92	陈敬清
	美阳村	15	495	2232	1246	28.79	郭文杰
	瑞美村	15	344	1170	743	51.68	郭盛理
	内山村	6	152	635	422	52.08	郭传钦
	王坪村	8	163	630	352	18.24	章选服
	杨梅村	8	236	1011	621	43.98	章进电
	蒋山村	5	110	562	356	46.25	章永伟
	许坑村	8	130	650	423	52.65	章双标
济阳乡	济阳	17	475	1979	1058	102.44	涂振喜
	济中	11	274	1159	708	282.93	刘增强
	三扎	4	106	405	260	85.42	涂建强
	德仁	5	116	406	228	30.97	涂主上
	芳林	6	131	434	231	17.42	林香莲
	国庆	10	229	850	369	33.1	涂继星
	上丰	13	331	1346	713	22.41	涂仁志
	泮林	8	177	621	267	22.58	涂志良
	高升	10	182	740	428	44.07	涂德俊
	砚坑	4	103	381	180	120.65	章江海
	大儒	14	425	1494	610	29.15	章志雄
	大乾	11	332	1207	687	26.1	陈大军
谢洋乡	谢洋	12	287	913	18741	13.22	林玉添
	怀德	16	264	1026	12243	14.46	林起满
	坑口	4	134	518	6229.5	50.24	林开品
	白玉	2	71	293	150	20.46	林冬梅
	象山	5	88	341	4227	17.62	林凤兴
	科里	11	285	1162	22498.5	12.81	林起毕
	珍山	8	204	831	14397	10.31	林凤炬
	草垄崎	4	123	486	9231	10.24	林联安
	三角尾	3	65	221	8827.5	10.77	林联首
	上珍	4	68	258	7432.5	10.04	陈春坦
	蕉坂	2	51	187	2229	10.77	林凤録
	和春	6	97	426	9876	10.04	林永庆
	碧山	4	82	311	12000	10.02	林银香
	仕福	10	288	1112	30229.5	21.91	林凤录

续表 15

乡镇别	村别	村民小组（个）	户数（户）	人口（人）	耕地（亩）	村财收入（万元）	党支部书记／村委会主任
武陵乡	武陵	12	647	2056	1427.8	12.77	林德祥
	红君	11	388	1344	908	10.15	林佳族
	桃溪	16	579	2017	1922.9	24.93	林已超
	上岩	12	394	1527	1539.9	11.83	叶式熠
	百束	12	461	1588	1876	12.96	林克隆
	茶山	7	227	750	1389	11.41	陈芳财
	岬坪	7	173	600	671.9	10.18	陈进县
	大石	14	798	2683	2114.9	53.10	林恢固
	仕洋	3	92	273	595.7	11.85	陈上围
文江镇	文江	13	640	3297	1753	32.32	陈汝治
	大中	11	453	1824	1289	65.5	陈斯遵
	民主	9	347	1469	821	78.31	叶琼玲
	大文	6	380	1417	903	90.43	陈先仑
	小文	4	136	668	531	81.41	余孟佳
	典坑	3	95	406	403	19.44	陈初溧
	朱坂	12	536	2312	1490	81.41	廖尚俊
	琼口	8	406	1858	847	32.23	余联修
	白沙	2	72	324	262	14.53	崔　杰
	大安	4	224	1062	473	58.23	廖尚堆
	桥下	3	102	440	331	24.37	陈福毅
	龙门	5	269	1193	670	35.52	周学辉
	光明	6	220	1000	910	27.1	林启名
	后洋	4	175	807	424	40.45	林朝湘
	温厝	3	190	945	595	23.99	张树学
	花桥	3	119	602	534	24.72	王景庚
	小芹	5	139	746	482	21.06	柯桂万
	山芹	3	118	465	395	28.32	林志江
	昭文	13	234	1469	956	25.42	杨丰昌
	联盟	5	137	731	561	34.17	陈升朗
梅山镇	新楼	4	111	405	13.32	10.77	陈育苑
	梅山	16	620	2189	116.07	51.11	吴春盛
	郭井	14	433	1937	82.29	11.41	吴同阳
	秀岭	16	422	1831	103.11	11.52	詹宏天
	沈岭	9	369	1738	42.73	11.40	吴自添
	沈口	9	273	1222	95.36	11.10	陈长植
	雄锋	12	380	1572	135.32	50.37	吴大营
	盖竹	2	98	435	29.84	10.43	朱成森
	德州	3	82	359	18.31	10.22	俞珠莲
	沧州	16	538	2205	113.05	54.69	陈其樟
	璞溪	4	151	649	20.01	12.95	苏始福
	西书	13	397	1806	90.20	10.81	吴联增
	西坑	7	263	1103	85.53	11.55	叶德创

续表 15

乡镇别	村别	村民小组（个）	户数（户）	人口（人）	耕地（亩）	村财收入（万元）	党支部书记/村委会主任
梅山镇	龙口	6	155	715	91.64	25.57	陈美烺
	岭后	5	215	884	82.14	11.27	陈上华
	金阳	14	407	1769	129.77	10.80	林长敏
	高泉	12	367	1503	93.72	15.76	陈占地
	长坑	8	198	847	73.46	10.38	陈扬塔
	长津	6	174	766	43.33	10.12	陈永彪
	香坪	7	261	1015	38.79	10.10	叶长深
	黎坑	4	122	508	43.30	11.10	吴志桂
前坪镇	前坪	6	155	724	861	27.13	蒋芳正
	黎明	7	219	1050	1026	33.3	蒋先斜
	上地	4	105	536	618	29.6	林长泉
	下坑	7	254	1183	981	45.2	廖青途
	下地	4	146	614	383	42.9	林绍作
	山川	4	126	621	618	104.8	林幼桂
	湖坪	7	236	1068	1066	68.7	林英国
	黄龙	6	159	829	823	46.8	林廷浮
	北坑	2	90	336	450	19.1	杨先修
	福井	4	150	623	745	27.2	张春巍
	吉坑	4	125	571	644	15.6	林廷昌
湖美乡	大尤	4	128	582	495	25.89	刘春奖
	前进	5	210	896	682	42.69	林芳铿
	旺建	9	418	1741	651	142.19	廖新旭
	西燕	5	259	1049	1089	41.77	张钦琳
	元安	12	294	1199	916	107.12	颜全斌
	仁美	10	351	1346	559	40.39	廖生从
	湖上	11	308	1196	577	33.46	施生晖
	岬才	9	230	1741	336	159.25	施生塔
	宏才	12	347	1342	762	34.36	施明锋
	长坂	5	162	570	286	33.7	吴祥卢
	后坪	4	95	369	546	33.73	吴建清
	高才	4	89	321	236	59.09	刘文第
	后坑	4	94	320	365	18.59	施明沦
	林兜	6	241	935	358	30.03	林高善
	汉口	4	184	932	319	16.3	吴钟灿
	仁东	4	126	523	287	33.88	廖明塘

索 引

说明

一、本索引采用主题词分析法，按主题词首字汉语拼音字母顺序排列。

二、栏目、分目标题用黑体字。“专文”“大事记”“人物”“重要文件选编”“统计资料”“附录”内容不作索引。

三、索引主题词后的数字表示页码。

A

B

C

D

E

F

G

K

N

S

T

W

X

Y

Z